L.W Seyffarth

Pestalozzis sämtliche Werke

Dritter Band

L.W Seyffarth

Pestalozzis sämtliche Werke
Dritter Band

ISBN/EAN: 9783742868794

Hergestellt in Europa, USA, Kanada, Australien, Japan

Cover: Foto ©Thomas Meinert / pixelio.de

Manufactured and distributed by brebook publishing software (www.brebook.com)

L.W Seyffarth

Pestalozzis sämtliche Werke

Pestalozzi's sämmtliche Werke.

Gesichtet, vervollständigt und mit erläuternden Einleitungen versehen

von

L. W. Seyffarth,
Rector und Hilfsprediger zu Luckenwalde.

Dritter Band.

Brandenburg a. H.
Druck und Verlag von Adolph Müller.
1869.

Lienhard und Gertrud.

Dritter Theil.

Einleitung.

Pestalozzi hatte anfangs nicht die Absicht gehabt, auf den ersten Theil von Lienhard und Gertrud noch drei andere folgen zu lassen. Erst in der Vorrede zum zweiten Theile machte er diesen Entschluß bekannt. Sie lautet in der ersten Ausgabe, (in der letzten fehlt sie): „Hier ist der zweite Theil eines Buches, das ich mit dem ersten beendigt glaubte. Aber so, wie ich jetzt mein Ideal träume, mögen noch zwei solche Bändchen folgen. Ich verspreche sie aber nicht und könnte sie nicht versprechen. Ich muß vielmehr selbst warten, ob und wie die Erfahrungen reif werden wollen, die mich in den Stand setzen können, mit Muth und Zutrauen auf mich selber in diesem Werk fortzuschreiten."

Die beiden ersten Theile entwickelten die Ereignisse in schneller Folge, im dritten und vierten Theile schreitet die Entwickelung langsamer vorwärts, der Verfasser verweilt in den Tiefen und auf den Höhen, um dem Leser entweder ihr Grausen oder ihre Lieblichkeit zu enthüllen. In der ersten Ausgabe sind diese Betrachtungen nicht in dem ausgedehnten Maße enthalten, als in der letzten und diese abstracten Ausführungen sowohl, wie die Erweiterung der historischen Grundlage haben im dritten und vierten Theile der letzten (Cotta'schen) Ausgabe eine vollständige Veränderung herbeigeführt. Es trat an den Herausgeber die Frage heran, ob er der jetzigen Ausgabe die erste oder die letzte Ausgabe zu Grunde legen sollte. Er mußte sich für die letzte entscheiden, nicht nur weil die darin enthaltenen Betrachtungen von unermeßlicher Tragweite sind, sondern auch weil die Erweiterungen der Erzählung zugleich Vertiefungen derselben sind, während die erste Ausgabe doch manches Veraltete enthält. Doch sind die bedeutsamsten Stellen aus dieser mit aufgenommen,

während in den Betrachtungen mannichfache Zusammen=
ziehungen und Verkürzungen (so hauptsächlich in den abstracten
Abhandlungen des vierten Theiles) vorgenommen sind, so
daß die jetzige Ausgabe als eine ziemlich veränderte und
eigenartige erscheint.

In der Einleitung zum dritten Theile werden wir uns
hauptsächlich mit der Fabel (der „historischen Grundlage")
beschäftigen, während die des vierten Theiles mehr in die
abstracten Particeen, die in diesem Theile überwiegen, ein=
führen soll. Ein fünfter Theil, der in der Cotta'schen
Ausgabe ganz fehlt, wird endlich den Abschluß des Ganzen
bringen.

Die Fabel hatte mit dem zweiten Theile in ästhetischer
Beziehung einen gewissen Abschluß erreicht: die frühern
Uebelthaten waren durch die Darstellung des Vogt in juridischer
wie psychologischer Hinsicht gesühnt. Die Hauptsache ist
also nicht mehr die Entwickelung des Romanes, sondern die
Lösung der durch die Ereignisse selbst aufgeworfenen Fragen,
die unausgesprochen in des Lesers Seele aufgestiegen waren.
Der Lösung dieser Fragen nun sind die beiden folgenden
Theile gewidmet. Darum tritt die Erzählung hier stellen=
weise ganz zurük, während die philosophirende Betrachtung
das Uebergewicht erhält. Halten wir nur immer fest,
daß Pestalozzi nicht einen Roman schaffen wollte, sondern
daß er selbst, wie er in der Einleitung zur ersten Auflage
sagt, es als einen Versuch darstellt, „dem Volk einige ihm
wichtige Wahrheiten auf eine Art zu sagen, die ihm in
Kopf und ans Herz gehen sollte": so werden wir darin
auch den rechten Maßstab zur Beurtheilung dieser zwei Bände
haben, nämlich, daß wir die geschichtliche Grundlage nur
als ein wirksames Mittel zur Verbreitung seiner Ideen,
nicht als Zweck in sich betrachten.

Die erschütternden Ereignisse, die den bodenlos versumpften
Zustand des Dorfes aufgedeckt haben, erheischen gebieterisch
eine Besserung. Anknüpfend an die Predigt und die frühern
Lebensumstände Hummels, welche letztere den Dorfschaden
als allgemeinen Landesschaden erkennen lassen, wirft Arner,

der als das treibende Princip des Guten in der Erzählung erscheint, dem Pfarrer gegenüber die Frage wegen der Besserung des Dorfes auf. Wichtig ist hierbei, wie der Pfarrer sich in den Dienst des Guten stellt, frei von aller Eigenliebe und Selbstsucht, ein wahrer Vertreter der Wissenschaft, die nicht für sich leben, sondern für das allgemeine Beste wirken soll, zugleich aber auch der Vertreter der Kirche, die ja gegenüber dem starren Gesetzeswesen des Staates, das den Menschen nur als Rechtsobject betrachtet, die Subjectivität des Einzelnen wahren soll, eine Forderung, der leider unsere Zeit nicht genügt. „Es bleibt die schöne Wirkung der Kirche, in welcher, so lange sie ihrem Berufe treu ist, der einzelne Mensch nimmer einen bloßen Marktpreis hat, einer Staatsansicht, welche am Ende die Menschen nur als Stoff des Staates betrachtet, die Wage zu halten, indem sie als geistige Macht den Werth wahrt, welcher dem allgemeinen Staat entgegen gesetzt ist, den Werth des Menschen als Einzelnen, in welchem sie das Unvergängliche sucht, des Menschen als Person in sich."*) — Ich bin weit entfernt, den Geistlichen als alleinigen Vertreter der Kirche anzusehen — nach dem ächt evangelischen Princip des allgemeinen Priesterthums ist jedes erwachsene Mitglied ein solcher —, hier aber soll der Pfarrer Ernst die Kirche repräsentiren und er erkennt seinen Beruf und wirkt in ihm. Weit entfernt, nach einer wissenschaftlich dogmatischen Richtung das Leben anzuschauen oder es gar danach gestalten zu wollen, ja einer solchen sogar, wie sie sich im Hartknopf darstellt, im Volksleben scharf und siegreich entgegen tretend, faßt er den Menschen auf nach seiner besondern Individualität und der darin ausgeprägten sittlichen Richtung; nicht auf Meinungen sieht er, sondern auf die Thaten; seine neugestaltende Einwirkung — man denke an seine Seelsorgerarbeit am Vogt, der Vogtin, dem Michel, dem Wüst, dem Treufaug, dem Hartknopf u. A. — gründet er nicht auf sein Amt, sondern

---

*) Dr. A. Trendelenburg: Friedrich der Große und sein Staatsminister Freiherr. v. Zedlitz. Berlin 1859. S. 28.

auf die Macht des Geistes, und wo das bürgerliche Gesetz hart straft, sucht er den Getroffenen aufzurichten, ja, wo die Strafen nicht bessernd, sondern zerstörend wirken würden, sucht er sie sogar durch seine Fürbitten und Vorstellungen abzuwenden. Bei einem solchen Manne sucht Arner, der Vertreter des Gesetzes und der bürgerlichen Ordnung, Rath und findet ihn. Er bietet gern die Hand zur Herbeiführung besserer Zustände, aber fern von eitler Selbstüberhebung erkennt er seine Wirksamkeit als unfruchtbar, wenn nicht im Volke selbst die wahren Helfer gefunden werden. „Ein Pfarrer ist für das, was Sie suchen, wenn ihm sonst im Dorf Niemand hilft, wie das fünfte Rad am Wagen."

Durch seinen Vorschlag wird eine neue Person in die Handlung eingeführt: der Baumwollenmeyer und durch diesen seine Schwester, das Mareili. Durch Fleiß und Umsicht hat er sich ein ansehnliches Vermögen erworben; er betreibt die Baumwollenweberei ins Große und gibt dem größten Theile der Dorfbewohner Arbeit und Verdienst. Im Gespräch mit Arner, Glülphi und dem Pfarrer erscheint er als ein erfahrungsreicher Mann, der sehr wohl das Verderben des Dorfes und seine Quellen, aber auch die Mittel kennt, durch die geholfen werden könnte, die er aber nicht im Gesetz oder irgend einem äußern Zwange, sondern in der freien Selbstbestimmung erblickt, welche nur angeregt und zum Guten gelenkt werden muß. Pestalozzi führt auch hier sein Princip der sittlichen Selbstbestimmung durch und gerade das ist es, was seinen Ideen ihre eigenthümlich ansprechende und anregende Kraft gibt und ihnen ihre bleibende Bedeutung sichert. Wissend, daß das Gute von kleinen und unscheinbaren Anfangspunkten ausgehen muß, baut Meyer seine Hoffnung auf die „Stillen im Lande", die unter der frühern traurigen Regierung haben schweigen müssen. Aber er kennt auch die Feinde jeder Aufklärung und sittlichen Regeneration des Volkes. „Die selbstsüchtigen Schlauköpfe, die sich in Rücksicht auf ihre Revenuen gewissermaßen als zur Civilliste des Staates gehörig ansehen und denen die Administrationen aller Geld=, Ehren= und Rechtsangelegenheiten im Staate gleichsam als Erbgut zufallen, lieben es natürlich gar nicht, wenn Leute, die in dieser Hinsicht nicht zu ihnen gehören, sich zu irgend einem Einflusse auf das öffentliche Wohl berufen und zur Mitwirkung für dasselbe fähig glauben" — in diesem Worte Glülphi's findet er seine eignen Anschauungen wiedergegeben. — Von praktischem Sinne zeigen seine weitere Vorschläge zu Volkssparkassen und deren Begünstigung, sowie zur wahren Verbesserung der Schulen, die er in ihrer jetzigen Gestalt als Mistbeete bezeichnet, weil sie auf unnatürliche Weise den Menschen sich selbst entfremden, ihn vom Leben hinwegführen und mit ihm in Widerspruch setzen, ein Gedanke, den der feurige Glülphi mit Lebhaftigkeit auffaßt und weiter ausführt. Wir kommen später darauf zurück und weisen nur noch auf den furchtbaren Ernst hin, der in dem Gespräche über den Einfluß der Obrigkeit liegt und auf die Mittel zur Abhülfe in der Wahl der Vorgesetzten und wie Pestalozzi auch hier für die Selbstbestimmung eintritt: alles Grundsätze, die damals eben so neu als gewagt waren und die vielfach die Ursache sind der Anfeindungen, die Pestalozzi damals erfuhr und heute noch erfährt — man denke an die Verfolgung oder wenigstens Nichtbeachtung der pestalozzischen Bestrebungen in vielen deutschen Staaten — und die zum großen Theile der Grund sind zum Mißlingen seiner Pläne, was er freilich selbst wenig erkannte und was auch uns heute nicht mehr zu erforschen möglich ist. Und dennoch waren seine Grundsätze wahr, denn wir finden sie in neuster Zeit vielfach durchgeführt in Bildungs-, in Spar- und Creditvereinen, theilweise im allgemeinen Wahlrecht und hie und da auch in den Schulen. Hier schwebt der Kampf noch, aber auch hier wird die Wahrheit siegen.

Das Hauptmittel zur Volkshebung sind die Schulen. "Alles, was Sie thun werden", sagt Meyer zu Arner, "auch das Herz der bessern Leute im Dorf zu gewinnen, wird nicht im Stande sein, befriedigend dahin zu wirken, wohin Sie zielen, wenn nicht für die Nachwelt und die Jugend durch die Schulen besser gesorgt wird."

Auf die Frage, wie eine solche Schule wohl eingerichtet

werden müsse und wer ihnen dazu behülflich sein könne, weist Meyer, der als Arbeitsgeber die meisten Haushaltungen kennt, auf Gertrud hin, die in ihrer Wohnstube ihre Kinder selbst bildet nach naturgemäßen Grundsätzen.

Jetzt tritt eine andere Seite der Thätigkeit Gertruds in den Vordergrund: die erziehliche. Es wäre ganz verkehrt, was hier in dichterischer Darstellung ausgeführt wird, aufs Leben übertragen zu wollen, noch dazu in einer Zeit, wo das Princip der Arbeitstheilung immer weitere Fortschritte macht; aber nicht minder verkehrt ist es, die Darstellung für verfehlt zu erachten, weil sich davon nicht eine einfache Nachahmung im Leben machen läßt. Gegenüber solchen Beurtheilungen nehmen wir für Pestalozzi die dichterische Licenz in Anspruch, die in der Form sich wohl vom praktischen Leben entfernen darf, wenn nur die zu Grunde liegende Idee der Wahrheit entspricht. Noch weniger der Wirklichkeit entsprechend wird z. B. in den Fabeln und Gleichnissen die Wahrheit dargestellt. Und daß es gar nicht in der Absicht Pestalozzi's liegt, in Gertruds Schule eine bis aufs Einzelne im Leben durchzuführende Maßregel geben zu wollen, beweist ja eben die Einführung eines besondern Schullehrers neben der Gertrud, in dessen Schule auch sie ihre Kinder schickt; hätte er die Schule und den Lehrer für überflüssig erklären wollen, er hätte den Gang der Erzählung so einrichten müssen, daß Gertrud's Schulstube in immer mehr Familien Durchführung erhalten hätte. Aber eben Glülphi und seine Schule und die Gespräche über die Schulen beweisen, daß Pestalozzi nicht im Entferntesten daran gedacht hat, der Mutter allen Schulunterricht noch neben ihren häuslichen Geschäften und, wie es besonders im Arbeiterstande der Fall ist, neben ihrem Broterwerb übertragen zu wollen. Daß das eine Unmöglichkeit ist, wußte Pestalozzi wohl, aber er wußte auch, daß eine Mutter sich um ihre Kinder kümmern und vorzüglich in den ersten Jahren ihre physische, intellectuelle und moralische Bildung in ihren ersten Keimen pflanzen und pflegen soll; er tritt jenen Aftermüttern entgegen, die aus zärtlicher Sorgfalt für ihren Leib — die nicht einmal eine Sorgfalt ist, denn sie widerstreitet dem Naturgesetz — die erste Ernährung den Ammen und die erste Bildung den Bonnen überlassen, eine schwere Versündigung an Leib und Seele der Kinder.

Und wenn Gertrud als in der Schule mit thätig dargestellt wird, so ist auch hierin Pestalozzi ein praktischer Fehlgriff nicht vorzuwerfen. Gertrud tritt hier auf als die personificirte Mutterliebe, die als bestimmendes Princip den schaffenden Geist der Schule bilden muß und dadurch der Hauptfactor des erziehlichen Unterrichts ist. Bei ihr holt sich Glülphi Rath, findet er Unterweisung und Anfeuerung zur selbstlosen Hingabe an die Kinder — man vergleiche das treffliche Capitel (III, 31): „Ueber den Zusammenhang des Mutterherzens mit dem innern Wesen einer guten Schule", — dieser Geist der Mutterliebe allein kann den Unterricht auch in seinem mehr mechanischen Theile heben und schaffen, daß er etwas mehr wird als ein bloßes Abrichten in einigen Schulfertigkeiten und ein Mittheilen von nützlichen Kenntnissen. Und ebenso vertritt das Mareili in Glülphi's Schule eine Idee, die nämlich, daß die Schule vom Hause respectirt und geachtet werden muß, wenn sie ihren höhern Zweck erreichen soll, eine Idee, die leider unserer Zeit ganz abhanden gekommen zu sein scheint. Wie könnte man sonst den Lehrer und seine Familie so vielfach darben lassen? — So spricht also Pestalozzi in Gertrud und Mareili ein subjectives und objectives Postulat aus und stellt in beiden die auf Liebe und Achtung gegründete Wirksamkeit der Schule dar, eine Darstellung, die, wenn sie auch nicht der prosaischen Wirklichkeit entspricht, jedenfalls eine tiefe ideale Wahrheit enthält.

Glülphi, der früher nur nebenbei erwähnt wurde, tritt jetzt als eine Hauptperson mit in Action, als Träger der Idee der neuen Schule, des erziehlichen Unterrichts gegenüber der banausischen Praxis, dem alten Schlendrian, der vom alten Schulmeister repräsentirt wird und auf eine jämmerliche Weise endigt. Dagegen erhebt sich Glülphi durch die Macht der neuen Idee, die ja ein Ausfluß der modernen Staats-

und Weltidee überhaupt ist, zu einer kaum geahnten Höhe und zeigt in seinen „Träumen" in immer weiter gehender Perspective die Folgen und den Einfluß dieser Idee auf Staaten und Völker.

Er ist früher Soldat gewesen, also in einer strengen, auf unbedingte Subordination gegründeten, zu Festigkeit, Ordnung, Muth und Ausdauer erziehenden Schule gebildet worden; seine tiefere Bildung hat ihn vor der Rohheit des Soldatenhandwerks (im vorigen Jahrhundert) bewahrt. Die Feldmessungskunst, welche er längere Zeit schon ausgeübt hat, hat ihn mit dem Landbau und den Verhältnissen der Landleute in verschiedenen Ländern bekannt gemacht; vielfache Lebenserfahrungen haben ihn die Menschen kennen gelehrt von ihrer guten, wie von ihrer schlechten Seite und mit klarem Blick erfaßt er das Leben. Leicht erregbar, wird er von dem traurigen Zustande in Bonnal aufs Tiefste ergriffen und erkennt die Schäden in ihren tiefern Wurzeln, zu deren Ausrottung beizutragen er einen mächtigen Drang in sich fühlt. Der Hinweis des Baumwollenmeyer, daß nur durch eine bessere Bildung des heranwachsenden Geschlechtes das Uebel in seinen Wurzeln zerstört werden könne und die überraschenden Leistungen einer fast ungebildeten Maurerfrau, die er in der Stube der Gertrud erblickt, bringen ihn nach einem kräftigen innern Kampfe zu dem Entschlusse, Schulmeister zu werden.

Rechnen und Raumlehre (Zahl und Form) waren Lieblingsfächer Pestalozzi's und wir begreifen, warum er gerade einen in diesen Fächern vorzüglich gebildeten Mann zum Schulmeister macht. Er hielt diese beiden Gegenstände — und mit Recht — für vorzüglich geeignet, den Kopf aufzuräumen und klar zu machen, zu scharfem Beobachten und tiefem Denken anzuregen und vor Irrthum und Gedankenlosigkeit zu bewahren und das stellt er, indem er Glülphi in jenen Fächern eine vorzügliche Bildung gibt, als Hauptpostulat an die Schulen hin, noch dazu in einer Zeit, wo durch einen gedankenlosen Mechanismus die Menschen noch mehr verdummt und in ihrem Aberglauben bestärkt wurden.

In der ersten Ausgabe sagt Pestalozzi: „Recht sehen und hören ist der erste Schritt zur Weisheit des Lebens und Rechnen ist das Band der Natur, das uns im Forschen nach Wahrheit vor Irrthum bewahrt, und die Grundsäule der Ruhe und des Wohlstandes, den nur ein bedächtiges und sorgfältiges Berufsleben den Kindern der Menschen bescheert."

Ich darf wohl kaum darauf hinweisen, wie falsch es wäre, wenn man aus dieser Persönlichkeit den Schluß ziehen wollte, Pestalozzi verachte die besondere Fachbildung des Lehrers. Er weist vielmehr ausdrücklich auf deren Nothwendigkeit hin und stellt in der Person Glülphi's nur die Grundbedingungen zur Ertheilung des Unterrichts in erziehlicher Weise auf, vor allen Dingen Begeisterung für den zwar schweren, aber hohen und heiligen Beruf eines Menschenbildners und Liebe zu den Kindern. Vorzüglich gelungen ist hierin der Uebergang vom ersten zum zweiten Schultage (IV, 31). Die Schlechtigkeit, die ihn am ersten Tage nur empören konnte, erregt am zweiten sein Mitleiden und „er fühlte in diesem Mitleiden eine Kraft sich entfalten, die ihn jetzt doppelt freute, weil sie ihm gestern so sehr mangelte." Später (IV, 61) wird dieser Geist näher charakterisirt, auch in seinen Früchten: „Es war in der Führung der Gertrud eine stille Kraft, die dem festen Ernst, mit welchem Glülphi zu Werke ging, in einem hohen Grad zu Hülfe kam und wesentlich dazu beitrug, daß die sichtbar wachsende Lieblichkeit im Zusammenleben dieses Schulhauses in keiner Rücksicht in Schwäche ausartete und dieses Haus sich dem heimathlichen, sich gegenseitig in Freiheit und Frohsinn liebenden und dienenden Leben täglich mehr näherte, das man sonst in einer Schule so selten findet, ohne welches aber jede Schule mehr ein Gewalthaus der Abrichtung zu irgend einem Kenntniß- und Fertigkeitsfach, als eine Bildungsanstalt zur freien und harmonischen Entfaltung des ganzen Umfangs der menschlichen Anlagen und Fertigkeiten ist."

So stehen also diese drei: Glülphi, Gertrud und Mareili, als Repräsentanten verschiedener Seiten einer guten Schule da. „Die liebevolle Unschuld der Gertrud, das feste

Benehmen des Mareili, sowie die ausgezeichneten Kenntnisse, die großen Lebenserfahrungen und die unermüdliche Thätigkeit des Lieutenants konnten nicht anders, als auf den guten Fortgang der Schule einen entscheidenden Einfluß haben." —

„Die erhabene Seele der Gertrud entkeimte dem Geiste der Frömmigkeit, das Mareili lebte weniger erhaben, aber fest in ihrer Wahrheit und Glülphi hob sich mit jedem Tage im wachsenden Fühlen ihres Segens höher empor."

Später treten Gertrud und Mareili zurück, an Gertruds Stelle tritt Margarethe zur Leitung, Unterweisung und Beaufsichtigung hauptsächlich der Mädchen in ihren Handarbeiten.

Glülphi tritt aber neben seinem Schulamte noch auf eine andere Weise in die öffentliche Wirksamkeit ein: er dient dem Gesammtleben durch seine Kenntnisse, wie sich das beim Baumsetzen zeigt und weiß auch diese Handlungen der Schule dienstbar zu machen, indem er sich dadurch und dabei den nöthigen Respect verschafft. Voll köstlichen Humors (der übrigens auch sonst in vielen Stellen durchbricht) ist die Scene, wo er den Dorfmeistern, die in ihrem nunmehrigen Schulmeister ein willenloses Spielzeug ihres Witzes sehen, entgegentritt und wie kleinlaut sie ihm folgen, seine persönliche Ueberlegenheit anerkennend.

Diese geistige Ueberlegenheit ist dem Lehrer nothwendig, natürlich darf sie sich nicht als Hochmuth zeigen, sondern muß, wie beim Glülphi, mit Liebe verknüpft sein. Es ist natürlich, daß, wo der Lehrer nur mit den Kenntnissen einer einklassigen Dorfschule ausgerüstet in die Gemeinde tritt, so daß ihn jeder Bauernsohn, der nur eine Stadtschule besucht hat, übersieht, sein Ansehen und das Ansehen, sowie auch die einflußreiche Wirksamkeit der Schule dahin ist! Einem solchen Lehrer ist seine Stellung eine Last, seine Arbeit ist eine geistige Tagelöhnerarbeit. Ohne höhere, wissenschaftliche Bildung in seinem Berufsfache fehlen ihm auch die höhern, begeisternden und treibenden Ideen, ohne Muth und Freudigkeit schleppt er seine Tage mühsam dahin, eine Hingabe an die Kinder, ein Leben in ihnen fehlt ihm ganz und die Treue in seinem Amte, die sich bei ihm höchstens auf ein Innehalten der festgesetzten Zeit und eine Absolvirung und Einpaukung des befohlenen Pensums bezieht, ist nicht eine Folge seines eignen Lebens und Strebens, sondern eine Folge äußerer Nöthigung des Gesetzesbuchstabens und der bevormundenden Beaufsichtigung — eine traurige Verwechselung! — Wer will sagen, daß Pestalozzi's Idee eines Lehrers, wie sie sich in Glülphi darstellt, überall durchgeführt wäre? Ach es fehlt unserer Zeit noch viel, noch sehr viel daran. Die ersten Keime eines solchen Lebens sind durch die leidige Reaction fast überall in Deutschland erstickt und selbst da, wo ein auf innerer Freiheit sich erbauendes Leben noch zu herrschen scheint, sind es oft nichts, als liberale Phrasen, wie manches deutsche Ländchen einen Beleg dazu liefert.

Es ist nur eine Folge dieser idealen Höhe, auf der Glülphi steht, daß er sein Schulamt nicht als etwas Isolirtes auffaßt, sondern als einen Theil des Ganzen, für welches mitzuwirken er nun auch auf andere Weise sich veranlaßt fühlt. Diese weitere öffentliche Wirksamkeit wird dargestellt in seiner Theilnahme an den Sonntagsversammlungen, dem Vereine zur Hebung des Dorfes und zur Beförderung des Volkswohles. Will der Lehrer nachhaltig wirken fürs Leben, so muß er das Leben kennen, muß in ihm stehen, muß in dasselbe mit eingreifen. Wir reden damit nicht einer agitatorisch politischen oder kirchlichen Wirksamkeit das Wort, mag sie sich nun der rechten oder der linken Seite zuwenden, nur das ist damit gesagt, daß der Lehrer nicht dem Leben entfremdet werde und mit ihm in Gegensatz trete, wie es leider durch die einseitige und abgeschlossene Bildung desselben nur zu häufig geschieht. Wie schön stellt Diesterweg diese Seite der Lehrerwirksamkeit dar! „Der Schullehrer soll ein Mann des Lebens sein; nichts darf ihn gleichgültig lassen, was das Leben fördert. — Das Volk schmachtet noch vielfach unter dem Alp des Aberglaubens. Schulmeister heran! Wir werden es von bösen Gewohnheiten zu befreien suchen, die Branntweinpest austreiben — auf! — Wir werden auch die Verbrecherkinder auf den Arm legen, — wo irgend ein Verein das Volk berührt, werden wir euch brauchen. Kurz, eure Hülfe wird man überall bedürfen, wo immer gemeinnützige Zwecke kostenfrei ausgeführt werden sollen ... Darum werdet ihr jede Art der freien Entwickelung in euern Gemeinden nicht nur mit Freuden begrüßen, sondern sie auch nach euern Kräften zu fördern bemüht sein. **Die Schulverhältnisse stehen im Wechselverhältnisse mit allen andern**; gedeihen diese: die religiösen, die socialen, die ökonomischen, die juridischen, die polizeilichen ⁊c., es kommt der Schule zu gut und umgekehrt."*)

Wir begnügen uns mit diesen Andeutungen über die in Glülphi dargestellten Ideen und bemerken nur noch, daß auch die Sonntagsgesellschaft, die Vereinigung Arners, des Pfarrers, des Lehrers mit den geistig und sittlich hervorragenden Persönlichkeiten des Dorfes ebenfalls einen Reichthum von Ideen in sich birgt, wenn die Form, in der sie erscheinen, auch nicht in allen Einzelheiten der Wirklichkeit entspricht. Wahr ist es, daß je höher die Ideen sind, die die Menschheit bewegen, desto mehr auch die Standes- und Rangunterschiede verschwinden und als etwas Aeußerliches und Unwesentliches zurücktreten, wie man denn auch umgekehrt den Schluß ziehen kann, daß eine Zeit, welche von solchen äußern Formalitäten beherrscht wird, an einer innern Ideenarmuth leidet. Die Ideen sind mächtiger, als die von den Menschen geschaffenen äußern Verhältnisse. Wahr ist es ferner, daß nur da, wo keine schroffe Scheidung im Volke herrscht, wo auch die Regierung mit dem Volke Hand in Hand geht, wo die Regierung den wahren Bedürfnissen des Volkes lauscht und das Volk auf den Weg des Guten leitet, ihm selbst die Ausführung überlassend ohne bureaukratische Bevormundung, daß nur da für das Gemeinwohl Erprießliches erreicht werden kann, während nothwendiger Weise das Ganze leiden muß, wo Jeder seinen Weg geht oder wo die einzelnen

---

*) Dr. A. Diesterweg: Wegweiser zur Bildung für deutsche Lehrer. Vorrede von 1841.

Stände zur Erreichung egoistischer Interessen sich gegenseitig absondern und befeinden.

Der Egoismus, als der Gegensatz der Liebe, kennt außer sich keine andern Zwecke; er nimmt auf die Welt außer sich nur so weit Rücksicht, als sie ihm selbst dient; er ist der ärgste Feind der menschlichen Gesellschaft, deren Gedeihen er untergräbt. Wir lernten ihn in den beiden ersten Theilen im Vogt Hummel kennen und sahen seine zerstörende Macht, aber er war durch die Macht des Guten besiegt worden. Jetzt tritt er in einer neuen Gestalt auf, weniger craß, aber um so verderblicher. Seine Repräsentanten sind Helidor, Fräulein von Wildheim, Sylvia und die Eichen= bergerin, deren bereites Werkzeug.

Um die ersten beiden bildet sich in der Hauptstadt eben= falls ein Verein, der mehr oder weniger in ihren Interessen arbeitet. Es ist eine Wohlthätigkeitsgesellschaft, die aber unter dem Scheine, der Armuth aufzuhelfen, nur zur Ver= herrlichung ihrer Spitzen dient und so mit der Strahlenkrone christlicher Nächstenliebe prahlend alle heiligen Fundamente des Volkslebens untergräbt und die Quellen des geistigen, sittlichen und bürgerlichen Elends des Landes noch vergiftet. Hier ist Fräulein von Wildheim, die unter der Larve hoher weiblicher Anmuth und äußeren Anstandes und unter dem Scheine christlicher Frömmigkeit die höchste Verhärtung des Herzens verbirgt, das eigentliche treibende Princip. Pestalozzi nennt diese wohlthätige Gesellschaft „ästhetische Dilettanten der Sittlichkeitskraft, deren innere Wahrheit sie in sich selbst verloren haben."

Welch einen Contrast bildet diese Gesellschaft mit ihren pomphaften Wohlthätigkeitsübungen gegen die stille Wirk= samkeit der Sonntagsgesellschaft in Bonnal! Welche Gegen= sätze zwischen Arner und Helidor, Sylvia und Gertrud, dem Fräulein von Wildheim und dem Mareili! Je schwärzer der Schatten, desto heller das Licht: gerade auf diesem dunkeln Hintergrunde des hauptstädtischen Lumpenlebens hebt sich die still schaffende Thätigkeit der guten Seelen auf jenem einsamen Dorfe so wirksam ab, daß sie unwillkürlich jedes edle Gemüth für sich und ihre Bestrebungen gewinnen muß, wie denn auch eine Königin Luise in ihrer schwersten Trübsal das herrliche Wort gesprochen hat: „Ich fühle mich wohl in diesem Dorfe."

Helidor ist ein Mann dunkler Herkunft; seine seltenen Anlagen und seine Bildung scheinen ihm seine Stellung am Hofe verschafft zu haben. Aber mit seinen Anlagen und seiner Bildung tritt er nicht in den Dienst der Gesellschaft, sondern gegen sie. Sein Grundsatz von der „Vernunft der Macht" tritt in sophistischer Auslegung und Anwendung aller freien Selbstbestimmung entgegen und führt ihn damit auch consequenter Weise zur Verachtung der Menschennatur, für deren inneres göttliches Wesen er allen Sinn verloren hat. Natürlich verachtet er damit auch alle sittlichen Gesetze, sein Egoismus ist ihm alleinige Norm seines Handelns und der Diebstahl, den er beim Herzog begeht, ist die einfache Consequenz seiner Principien. Mag diese Darstellung auch zu drastisch sein: es liegt ihr nichts desto weniger eine tiefe Wahrheit zu Grunde, daß nämlich dem Menschen, der in egoistischer Verblendung das Menschliche verachtet, nichts mehr heilig ist.

Natürlich ist er der entschiedenste Gegner von solchen Bestrebungen, wie sie in Bonnal sich zeigen. Im Anfange hat er zwar nur ein vornehm spöttisches Lächeln darüber; als er aber merkt, die Sache könnte weitere Folgen haben, könnte auch ihm schaden oder wenigstens unbequem werden, da sie auch in der Hauptstadt und sogar am Hofe Vertheidiger findet hauptsächlich an seinem Collegen Bylifsky, läßt er sich erst geheime Berichte abstatten und sucht Arner Schwierigkeiten zu bereiten, als dies aber nichts fruchtet, tritt er öffentlich dagegen auf, um durch die Macht seiner Stellung schwachen Gemüthern Furcht einzuflößen. Ob Pestalozzi vielleicht die preußischen Minister Wöllner und Bischofswerder vorgeschwebt haben? Ob er in dem edeln Freiherrn von Zedlitz (unter Friedrich II.) vielleicht die Grundzüge zu seinem Bylifsky gefunden hat? Bekanntlich begünstigte v. Zedlitz die Bestrebungen des Herrn von Rochow, wie

Bylifsky die Arners; und daß v. Rochow's Person wenigstens Pestalozzi bekannt war, läßt sich aus seinem „Schweizerblatt" schließen, in welchem er ein Gedicht dieses Mannes aufgenommen hat; läßt sich auch vermuthen aus dem großen Anklange, den die philanthropischen Bestrebungen auch in der Schweiz fanden.

Sylvia, Helidors Helfershelferin, von der Natur ebenfalls mit guten Anlagen ausgestattet, aber auch mit einer starken Neigung zum Bösen, stellt ein abschreckendes Beispiel der widernatürlichen Erziehung dar, ein Zeugniß zugleich gegen Rousseau's natürliche Erziehung, oder vielleicht eine Ironie darauf. — Anstatt die bösen Neigungen, die durch die Verhältnisse ihrer frühsten Jugend zu einer furchtbaren Macht geworden sind, in der Wurzel zu heilen, wird sie im Kloster durch eine unmenschliche Behandlung und in der Pension durch Belebung des Ehrgeizes auf äußere Tournüre abgerichtet und bringt nun in ihrer Schlechtigkeit wenn auch nicht Verwirrung in das Dorf, so doch vielfachen Verdruß und andere Unannehmlichkeiten.

Ein Charakter, der zwar zunächst in den Gang der Ereignisse nicht bestimmend eingreift, schließlich aber einen befriedigenden Abschluß (im 5. Bande) herbeiführt, ist der Herzog. In seinen ersten Regierungsjahren philanthropischen Träumereien nachhängend, aber in seiner Gutmüthigkeit von schlauen Betrügern hintergangen, denkt er bisweilen voll Wehmuth noch an seine getäuschten Hoffnungen und fehlgeschlagenen Versuche zur Hebung des Volks, ohne sich jedoch zu einem wirksamen Glauben an eine wahrhafte Hülfe wieder erheben zu können, während sein Minister Bylifsky in Arners Bestrebungen die Principien - nicht zur Glückseligkeit, wie die Philanthropisten, wohl aber zu einer Abstellung des alten Verderbens und einer materiellen Hebung, einer intellectuellen Weckung und sittlichen Kräftigung erkennt. „Ich bin mit deinem Meyer ganz überzeugt", schreibt er an Arner, dessen Studiengenosse er ist, „daß, wenn es je möglich ist, dem Volk des Landes aus seinem Verderben wieder aufzuhelfen, so ist es nur durch das Volk und seine Menschlichkeit selber. Der Gedanke: Gib dem Volke, was in ihm selbst liegt, belebe in ihm, was es selbst hat, rege die Menschlichkeit, die in ihm selbst liegt, an und thue hierfür dein Möglichstes, so kann es in dem Wesentlichen, Wenigen, das es bedarf, sich wirklich selbst helfen und hilft sich selbst — dieser Gedanke füllt jetzt meine ganze Seele." —

Durch die Einführung von Personen höherer gesellschaftlicher Stellung wird eine neue Verwickelung angebahnt, auf deren Lösung wir um so gespannter sind, weil sie eben in den höhern Regionen der Gesellschaft spielt und darum auch einen größern Einfluß auf das Ganze ausüben muß. Der Uebergang der Erzählung aus dem einsamen Dorfe an den herzoglichen Hof ergibt sich aus der tiefern Erfassung der Grundsätze ganz von selbst, steht mit ihr im Wechselverhältniß. Je erhabener und allgemeiner die Idee der Wahrheit ist, desto mehr drängt sie selbst auf eine weitere Verbreitung und die weiteste Verbreitung kann sie eben nur von den höchsten Spitzen der menschlichen Gesellschaft aus erhalten. Es ist also nicht das Streben, die Erzählung pikanter zu machen und neue, spannendere Verwickelungen herbeizuführen, das Pestalozzi den herzoglichen Hof einführen läßt, sondern die Macht der Wahrheit und ihre allgemeine Geltung treiben den geschichtlichen Gang ganz von selbst auf diese Höhen und er harmonirt hierin mit den erhabenen Ideen, auf welche die Ereignisse im Dorfe wie von selbst hinleiten.

So viel über die Hauptcharaktere, die die weitere Entwickelung veranlassen.

Im Dorfe selbst geht, nachdem die Macht des Bösen in ihrer Spitze und ihrem weitgreifenden Einflusse besiegt ist, die Entwickelung des Guten in langsamem, aber sicherem Gange vorwärts. Die Wahrheit, die in Arners ganzem Denken und Thun liegt, gewinnt immer mehr Boden und übt ihren belebenden Einfluß nicht blos auf die Mitglieder der Sonntagsgesellschaft, sondern auf Alle, die mit ihm in Berührung kommen, — dieser Einfluß wird hauptsächlich am Rudi und am Lienhard veranschaulicht — und bringt sogar Schelme auf den Weg des Guten. Ein schlagendes

Beispiel ist Michel, der, vorher zu allen Schelmenstreichen fähig, jetzt mit innigster Ueberzeugung und Hingebung dem Guten dient. Er ist bald dem Lienhard auch bei der Arbeit der Liebste und bei dem Geißenkauf ist er es allein, der sich der kranken Kienastin erinnert und für sie um eine Geiß bittet.

Wo aber einmal das Licht der Wahrheit im Herzen ausgebrannt ist, da kann es auch durch keine Flamme wieder angezündet werden. Nur wer noch Spuren der Wahrheit in sich trägt, hört der Wahrheit Stimme. Als Repräsentanten solcher ausgebrannten Herzen treten der Treufang, der alte Schulmeister, die Barbel, der Kriecher und der Hartknopf auf.

Der Treufang ist abgelebt und hat keine Kraft mehr zu einem neuen Aufschwunge. Er geht wieder hin, wo er hergekommen ist — zum Henker.

Mit dem alten Schulmeister ist's nicht besser, er wird ein vollständiger Narr und geht schließlich — ins Bad.

Der Kriecher, der Repräsentant der dümmsten und niederträchtigsten Scheinheiligkeit, hat durch sein langes, sich selbst betrügendes Lumpenleben jede Spur eines höhern menschlichen Seins in sich ertödtet und — kriecht weiter.

Die Barbel aber wird abgethan, indem sie sich selbst vor allem Volke als eine gleißnerische Heuchlerin entlarvt und in der durch sie veranlaßten lächerlichen Scene bei der öffentlichen Rechnungslegung den allgemeinen Hohn und Spott als Lohn ihrer Thaten davon trägt.

Der wichtigste Charakter unter diesen ist jedenfalls der Hartknopf. Auch in ihm stellen sich, ebenso wie in der Kienastin, die furchtbaren Folgen einer einseitigen und verkehrten religiösen Erziehung dar. An dem Unglück der Kienastin ist nur der Pfarrer Flieg in Himmel (sehr bezeichnender Name!) schuld. Er hat zwar das Beste gewollt, aber er versetzte die Kinder durch seine Lehre aus dieser Welt heraus in eine eingebildete, die mit dem realen Leben nicht übereinstimmt, weshalb seine Zöglinge auch hier nicht fortkommen; er überfütterte sie mit frommen Sachen und untergrub dadurch ihre Lebenskraft; die schlechtesten Leute im Dorfe sind seine Zucht. Das ganze 47. Capitel im III. Bande enthält einschneidende Wahrheiten, die so Mancher in unserer Zeit sich noch sehr zu Herzen nehmen könnte. „Die Gottesfurcht ist zu allen Dingen nütze, das ist ganz wahr; aber das Träumen über die Gottesfurcht und das Maulbrauchen darüber ist nicht zu allen Dingen nütze und hat keine Verheißung weder des gegenwärtigen, noch des zukünftigen Lebens." Diese Wahrheit stellt sich im Hartkopf in concreter Gestalt dar. Er ist so recht das Bild eines aufgeblasenen und intoleranten „Meinungennarren", wie es nicht treffender gezeichnet werden kann. In ihm stellt sich die nur auf's Gedächtniß und die Phantasie wirkende religiöse Bildung in ihrer ganzen sittlichen Haltlosigkeit dar. Auch unsere Zeit ist noch reich an Exemplaren dieser Gattung und dies Geschlecht wird nicht vergehen bis an das Ende der Tage. Bei all seiner Eigengerechtigkeit und seinem Glaubensstolze verfällt er in die offenbarste Uebertretung des göttlichen Sittengesetzes (Rockfuttergeschichte); trotz aller seiner Kraftlosigkeit für's bürgerlich praktische Leben offenbart er den eifrigsten Fanatismus in Gedankendingen und ob er wohl für das gemeine Beste nicht das Geringste beiträgt, hält er sich doch für besser, als alle Andern. Auch da, nachdem ihm seine Schlechtigkeit nachgewiesen ist, behält er noch seine gute Meinung von sich und nennt sogar den Pfarrer einen Ungläubigen; als ihn dieser aber treffend widerlegt (II, 61) gesteht er ein, daß er eigentlich in der Welt zu nichts mehr nütze sei und schiebt dem Magister Heiligenzahn, — und wohl nicht mit Unrecht — die Schuld zu. „Wärst du ein fleißiger, braver Strumpfweber geblieben und hätest deinen Kopf immer recht warm bei deinem Stuhle und deinem Garne gehabt, so wärst du viel ehrlicher, viel zufriedner und an Leib und Seele gesünder geblieben, als du jetzt bist mit all deinem dummen papiernen Kram (er war ja hauptsächlich der Vertreter des Teufels- und Gespensterglaubens), den du im Kopfe hast." — In der That ist ein Bekenntniß, das nicht die Folge der innern sittlichen

Erhebung und Wiedergeburt ist, nur papierner Kram, etwas Angelerntes, Lüge und Heuchelei, mag auch der, der mit diesem papiernen Kram handelt, noch so sehr von der Vortrefflichkeit und Aechtheit seiner Waare überzeugt sein. Wenn Pestalozzi dieser unwahren Richtung entgegen tritt, so tritt er deswegen nicht feindlich auf gegen irgend welches Bekenntniß. So will auch die von ihm begründete Pädagogik nicht auf kirchliche Bekenntnisse vernichtend oder umgestaltend einwirken, aber sie verlangt das Bekenntniß als Erzeugniß des innern religiösen Lebens und nicht umgekehrt das sittliche Leben als Erzeugniß des Bekenntnisses. Wie wenig er die Absicht hat, auf kirchliche Bekenntnisse einwirken zu wollen, beweist er durch die Einführung eines evangelischen und eines katholischen Pfarrers, die er ja als vollständig einverstanden mit seinen Principien erscheinen läßt, was er gewiß nicht gethan hätte, wenn er seine Bestrebungen als mit irgend einem kirchlichen Bekenntnisse im Widerspruche stehend geglaubt hätte. Wohl aber kämpft er gegen die Maulbraucherei über religiöse Dinge, die, anstatt das religiöse Leben zu fördern, den Menschen nur entnervt und entsittlicht. — Der Hartknopf sieht endlich sein Unrecht ein und macht einen Versuch wieder einzulenken zu einem thätigen Leben, aber es fehlt ihm die Kraft und so schleppt er sein armes Leben dahin im alten Gleise, aber in die neue Zeit paßt er nicht mehr mit seinem Kram und bringt darum auch seinen alten Verdienst kaum auf den Zehnten.

So treten die Verhärteten, weil sie sich einmal nicht in die neue Ordnung der Dinge schicken können, vom Schauplatze der Geschichte ab; ihre Macht und ihr Einfluß ist gebrochen, deshalb aber noch nicht die Macht des Bösen, das wie das Unkraut auf dem gepflügten Acker immer wieder emporsprießt und Rückfälle veranlaßt z. B. die Scenen bei der öffentlichen Rechnungslegung (unter „Kindern" sind nicht Schulkinder, sondern mehr Erwachsene zu verstehen) mit dem Vogt; die Versuche der neuen Vogtin, ihre Schwägerin dem Ochsenfeist zu verkuppeln und ihr den Rudi leid zu machen, weshalb sie die böswilligsten Gerüchte über ihn ausstreut; die Opposition der Dorfmeisterweiber gegen den Zug und gegen die Sparkassen u. s. w., aber unaufhaltbar durch solche Machinationen schreitet das Gute vorwärts und breitet sich immer weiter aus, wie das in Arner einmal erwachte Streben auch durch keine trüben Erfahrungen verhindert werden kann. Wohl kann er trauern und einmal die Natur für schöner halten, als den Menschen, aber ein Hirtenknabe bringt ihn von diesem Gedanken ab und wendet sein ganzes Herz der Menschheit wieder zu. Diese Stelle (III, 46) gehört zu den schönsten der ganzen Erzählung. Der Rudi erhält doch die Meyerin (diese Partie bildet eine idyllische Episode voll ergreifender Scenen); und der Zug wird doch in Gang gebracht. Aber am Schlusse des vierten Theiles scheint noch einmal der alte Geist aufzuwachen, auch eine Art freier Selbstbestimmung, aber sie richtet sich selbst. — Damit schließt die Erzählung in der Cotta'schen Ausgabe.

Diese Einleitung in die historische Grundlage macht keinen Anspruch auf Vollständigkeit; sollte sie das wollen, so würde ein Raum erfordert werden, der vielleicht sogar der des Romanes selbst überstiege. Es sollen nur andeutende Bemerkungen sein, die aber hoffentlich hinreichen werden, die Bedeutung dieses Buches für unsere wie für alle Zeit klar zu legen.

Wir haben noch die Vorrede Pestalozzi's zum dritten Theile zu geben, wie sie in der ersten Auflage enthalten ist; in der letzten fehlt sie.

Vorrede Pestalozzi's
zur ersten Ausgabe.

Ich fahre in meinem Buch, sowie in meinem Stillschweigen über das, was es sein soll, fort.

Zufrieden, das Gefühl rege gemacht zu haben, daß Volksbücher nützlich, erwarte ich früher oder später ähnliche Versuche. Diese werden dann den Werth des meinigen bestimmen, die Schwierigkeiten desselben enthüllen und die Unmöglichkeit ins Licht setzen, allen Gesichtspunkten, welche sich mit einem solchen ABCbuch der Menschheit verbinden lassen, in ihrer ganzen Ausdehnung ein Genüge zu leisten. Ich komme indessen, indem ich mich dem Ende des meinigen nähere, in den gewohnten Fall der Schulmeister, die erfahren, daß das PO den Kindern der Menschen nicht so leicht in den Kopf hinein will, als das ABC.

Ich fahre aber in der Ueberzeugung, daß es in dieser Lage der Sachen nicht um mich, sondern um die Kinder, die buchstabiren lernen sollten, zu thun ist, in meiner Ordnung fort, will auch dem verwöhntesten Kinde es nicht bemänteln, daß es mit seinem ABC nichts thun und nichts machen kann, wenn es nicht zum TZ fort lernt.

Ich kann darüber den Namen eines guten Schulmeisters verlieren, aber ich hielt es wider meine Pflicht und meinen ersten Endzweck, darauf zu achten, und habe deshalb, ohne einige Aufmerksamkeit auf gewisse Kinder, die zu glauben schienen, ich hätte ihnen meine ersten Buchstaben blos um Guggaus und Guggein damit zu machen dargeworfen, fortgefahren, mein ABCbuch also zu schreiben, wie es mir gut und brauchbar erschien, sie buchstabiren zu lehren, und nicht, ihnen zu helfen, Guggaus und Guggein zu machen.

Geschrieben in meiner Einsamkeit, den 10. März 1785.

1. Wirkung dieser Predigt.¹⁰)

Die Wirkung dieser Predigt in Verbindung mit der Lebensbeschreibung des Hummel, die der Pfarrer ein paar Tage vorher in die meisten Haushaltungen des Dorfs geschickt, war sehr groß.

Renold sagte schon vor der Predigt zu mehrern Männern: Wenn die ganze Gemeinde in der Schule gelernt hätte, was man aus dieser Predigt lernen kann, so hätten die Lumpen- und Schelmenstreiche, die in unserm Dorf zur Gewohnheit geworden, gewiß nicht begegnen können und der Vogt wäre bei aller seiner Schlechtigkeit und bei aller seiner Schlauheit denn doch nicht im Stande gewesen, das zu thun, was er gethan. Aber vielen Dorfmeistern und Vorgesetzten mißfiel die Predigt im höchsten Grade. Einer von diesen sagte überlaut, er habe sein Lebtag gehört, die Geistlichen sollten sich nicht in Sachen mischen, die sie nichts angingen, und wenn und wo sie es thäten, da gehe es immer am schlimmsten; solche Predigten halten heiße in der Gemeinde Feuer anzünden, und die Pfarrer sollten eher das Feuer löschen, als es anzünden. Schon am Tage vor der Predigt sagten viele Leute, sie wollten jetzt doch gern sehen, was der Pfarrer dem Vogt sagen werde, wenn er unter die Kanzel müsse*), jetzt aber, da er nicht in die Kirche kam, sagten wieder viele, der Pfarrer hat die ganze Gemeinde

---

*) „Unter der Kanzel stehen" ist eine Kirchenstrafe für Verbrecher, auf die der Pfarrer dann noch eine Strafpredigt halten muß.

für den Vogt unter die Kanzel gestellt. Andere bemerkten, er habe Niemand geschont, auch den alten Junker nicht. Ein steinalter Vorgesetzter, der den Vikar wohl kannte, sagte: Aber was wird der sagen, wenn er vernimmt, daß der Pfarrer also auf ihn gepredigt? Und wenn der Schreiber noch lebte, er würde dem Pfarrer gewiß einen Prozeß anhängen. Andere aber widersprachen und sagten, er würde das Prozeßanhängen unter dem jetzigen Junker wohl gut sein lassen. Viele fanden es nicht recht, daß er den Vogt so geschont, und meinten, wenn er dem Hauptschelm das „Unter der Kanzel stehen" schenken wollte, so hätte er andere Leute auch eben so schonen können, wie ihn. Weit die meisten aber sagten, die Predigt habe sie so sehr erbaut, daß sie um vieles in der Welt nicht wollten, sie wären nicht drin gewesen. Der Hartknopf aber sagte: Es waren wohl schöne Worte, aber der Geist, der Geist mangelte ganz; er mangelt immer in Allem, was der Pfarrer sagt, und da mag man mir sagen, was man will, wo der Geist mangelt, da ist alles Andere nichts. Aber was ist denn der Geist? fragte ihn der Lindenberger. Das machte ihn etwas verlegen. Er antwortete dies und antwortete das. Alles aber, was er sagte, waren leere Worte, aus denen auch nur von ferne kein Geist hervorguckte. Aus allem Unverständlichen und Herzlosen, das er sagte, kam endlich doch so viel heraus, das, was der Pfarrer auf der Kanzel gesagt, sei nicht so gemodelt und gedrechselt gewesen, wie das Götzenbild, das er, der Hartknopf, sich in seiner Einbildungskraft von der Religion geschnitzelt und das er in seinem Kopfe herumträgt, dessen Geist er in den Buchstaben und Silben suchte, die er in seiner Jugend im Katechismus auswendig gelernt, und wo ein solcher Buchstabe und eine solche Silbe fehlte, da, meinte er, fehle denn auch der Geist der Religion und des wahren Glaubens.

So vielseitig und zum Theil wunderlich war der Eindruck der Predigt im Dorf. Auch auf den Junker machte sie einen sehr großen Eindruck, besonders in den Stellen, in denen der Pfarrer vom Einfluß des Schlosses auf das Ver=

derben des Dorfs redete. Er sagte, von diesem Eindruck
belebt, schon in der Kirche und in dem Augenblick, in dem
der Pfarrer sich so stark darüber ausdrückte, zu sich selbst:
Man glaubte es bisher immer und glaubt es im Allgemeinen
noch jetzt, man müsse dergleichen Wahrheiten den Bauern
nicht an die Nase streichen, aber ich bin jetzt überzeugt, es
ist gut, wenn der letzte Bauer im Dorf weiß, was daran
wahr ist. Noch besser aber wäre es freilich, der Herzog
wüßte es selber, er würde dann gewiß der Erste sein, den
Quellen dieser Uebel im Lande Einhalt zu thun; aber so
lange der Minister Helidor fortfährt, die Leute, die den
Herzog täglich umgeben und dadurch den größten Einfluß
in allen Ecken des Landes haben, alle Tage mehr glauben
zu machen, ein Leben, das ein jeder gemeine Mensch und
Bürger für ein liederliches, leichtsinniges, dem Recht, der
Ehre und dem Wohlstand seiner Mitmenschen hohnsprechendes
Leben ansehen muß, könne unter gewissen Umständen nicht
als ganz unverträglich mit den Verhältnissen des Edelmanns
und dem Personal, mit dem er Standeshalber umgeben
sein muß, angesehen werden, so lange wird es freilich un=
möglich sein, zu verhüten, daß es auf ihren Schlössern
zugeht, wie unter meinem Großvater auf dem seinigen.
Aber mag es auch auf hundert und hundert Schlössern des
Herzogthums also zugehen, ich will sicherlich weder der
Kamerad Helidors, noch der Erbe der Sünden meines
Großvaters werden.

Der Pfarrer war nach der Predigt nicht gleich beim
Junker. Er ging erst nach derselben zum Vogt und sagte
ihm Vieles daraus. Es schien ihn sehr zu freuen, daß er
den Leuten in der Kirche gesagt habe, sie seien eben nicht
viel besser als er, und dann konnte er nicht genug Worte
finden, ihm zu danken, daß er nicht unter der Kanzel habe
stehen müssen. Er wiederholte mehrere Mal, diese Schande
hätte ihn tödten können. Der Pfarrer wollte noch viel
Anderes und Wichtigeres mit ihm reden, aber er schien jetzt
keinen Sinn für irgend etwas Anderes zu haben und wollte
ihm immer nur danken, daß er nicht unter die Kanzel

mußte. Das that dem Pfarrer weh. Er zeigte ihm seinen Unwillen und ging unzufrieden von ihm weg.

Sobald er in die Stube zum Junker kam, stand dieser auf, umarmte ihn, dankte ihm herzlich für seine Predigt und sagte mit Lebendigkeit, sie wollten vereinigt alles Mögliche thun, dem großen Unglück ihres Dorfs abzuhelfen, und setzte hinzu: Ich habe mich unter den armseligen Elendigkeiten, die mir diese Woche vor Augen kamen, dennoch vollkommen überzeugt, daß noch viel Gutes im Dorf ist und daß es uns an Theilnahme zu dem, was wir suchen, nicht ganz fehlen wird.

Aber wer meinen Sie, sagte jetzt der Pfarrer, der für Ihre Zwecke der wichtigste Mann im Dorf wäre?

Das ist unser lieber Herr Pfarrer und sonst Niemand anders, sagten jetzt der Junker und Glülphi einstimmig.

Der Pfarrer erwiederte: Ein Pfarrer ist für das, was Sie suchen, wenn ihm sonst im Dorf Niemand hilft, wie das fünfte Rad am Wagen.

Dieses fünfte Rad am Wagen, das der Pfarrer nicht gern sein wollte, machte alle lachen, und der Lieutenant sagte: Nein, wir wollen kein fünftes Rad am Wagen; aber da wir nur unser drei sind, brauchen wir nothwendig ein viertes Rad an unserm Wagen, und der bravste und tüchtigste Mann im Dorf muß dieses vierte Rad sein.

Aber wer ist dieser? fragte der Junker. Der Pfarrer erwiederte: Das ist der Baumwollen-Meyer und Niemand anders. Er und seine Schwestern seien wie Niemand geeignet, das, was sie suchten, im Dorfe zu befördern. Aber es werde die Frage sein, wie weit dieser Mann sich zum thätigen Mitwirken verstehen werde. Unberufen wenigstens mische er sich nicht leicht in etwas, das ihn nichts angehe.

Ich will den Mann noch heute kennen lernen, sagte jetzt der Junker.

Sobald die Mittagskirche vorüber sein wird, führe ich Sie zu ihm, erwiederte der Pfarrer.

2. Es erscheint ein Mann, auf den man, nach einer
alten Redensart, Häuser bauen könnte.

Sobald der Pfarrer aus der Mittagspredigt kam, ging er mit dem Junker zum Baumwollen-Meyer. Dieser saß, als sie bei seiner Gartenthür anlangten, mit einem Kind auf dem Schoße vor seiner Hausthür und sah unter einem reiche Früchte tragenden Apfelbaum neben seinem Brunnen seinen Kindern zu, wie sie sich mit andern Kindern aus dem Dorf lustig machten, aber er dachte an nichts weniger, als daß die Herren, die er schon lange die Kirchgasse herabkommen sah, zu ihm wollten.

Erst als sie vor seiner Gartenthür still standen und der Pfarrer die Hand nach dem Riegel ausstreckte, sah er, daß sie zu ihm wollten. Da stellte er das Kind, das er auf dem Schoße hatte, auf die Bank, auf der er saß, ging den Herren bis zur Gartenthür, durch die sie eben eintraten, entgegen und grüßte sie, sich ländlich bäurisch bückend, aber mit einem Blick voll Ernst, Würde und Ruhe, der einen solchen Eindruck auf sie machte, daß Glülphi, der sonst jedem Landmann, der ihn freundlich grüßte, seine Hand darzustrecken gewohnt war, dem Baumwollen-Meyer sie nicht darstreckte, und auch der Junker duzte ihn nicht, wie er sonst alle seine Angehörigen duzte, sondern redete ihn, durch den Eindruck, den er auf ihn machte, beinahe unwillkührlich dazu gezwungen, mit den Worten an: Verzeiht, wenn wir euch ungelegen kommen. Was ungelegen, erwiederte der Meyer, ich freue mich und danke.

Sie wollten sich zu ihm auf die Bank unter dem Apfelbaum setzen, aber er bat sie, sie sollten in die Stube hineinkommen, es sei doch besser, als an der Luft und auf der harten Bank, auf der er gesessen. Ja, ich will die Stube gern sehen, in die das Dorf die ganze Woche durch so viel wallfahrtet, erwiederte der Junker. Und der Meyer: Solche Pilger hab' ich doch noch nie darin gehabt. Das weiß man nicht, sagte der Glülphi, denn er hatte schon gehört, daß oft auch reiche Kaufleute mit Pferd und Wagen bei ihm abstiegen. Der Meyer nahm jetzt seine Kappe von der Bank unter den Arm und das Kind, das er auf dem Schoße gehabt, an die Hand und führte die Herrn in seine Stube.

Seine Schwester saß, wie es am Sonntag nach dem Essen ihre Gewohnheit ist, bei ihrer offenen Bibel am Tisch und war eben einen Augenblick eingenickt und lag mit Kopf und Händen über derselben. Sie erwachte mit einem lauten „Herr Je!" als die Thür aufging und die Herren in die Stube traten, drückte ihre Haube, die beim Liegen ein wenig in Unordnung gekommen war, wieder zurecht, machte ihre Bibel zu und legte sie auf das Brett neben die Rechnungsbücher ihres Bruders, nahm dann einen Schwamm, befeuchtete ihn in einem zinnernen Handbecken, das wie Silber glänzte, und wischte damit die Rechnungen ab, mit denen ihr Bruder vorher den halben Tisch voll gekreidet und sagte dabei: Es ist eine Ordnung bei uns, ihr Herren, daß wir uns schämen müssen.

Wir sehen nichts dergleichen, sagten die Herren und wollten sie an dem Abwischen hindern, denn sie glaubten, sie könnten ihrem Bruder noch dienen. Er aber sagte zu seiner Schwester: Mach' nur fort, ich brauche sie nicht weiter. Es war schon geschehen und sie trocknete den Tisch wieder ab, brachte dann ein großes, reinliches, feines Tischtuch, und legte neue zinnerne Teller und silberne Löffel, Messer und Gabeln auf den Tisch. Was machst du da? sagten die Herren, wir haben schon zu Mittag gegessen. Ich denk' es wohl, sagte das Mareili, aber weil ihr einmal in eine Bauernstube hineingekommen, so müßt ihr jetzt auch einen Augenblick mit unserer Bauernordnung vorlieb nehmen. Der Junker lachte, nahm einen schweren, silbernen Löffel in die Hand und sagte: Das ist doch keine Bauernordnung. Wohl freilich, sagte das Mareili, wenn man's hat und vermag, so ist das auch eine Bauernordnung.

Die Herren lachten, das Mareili aber ging schnell in die Küche und brachte auf zwei Tellern Bauernküchlein und einen schönen Schinken, der so groß war, als kaum einer im Dorf ist. Arner, Glülphi und der Pfarrer fanden, daß das eine recht schöne Bauernordnung sei, und setzten sich ganz freundlich zu den glänzenden Tellern, die das Mareili ihnen hingestellt hatte. Der Meyer aber stand neben dem Tische und das Mareili hatte weder für sich noch für ihn einen Teller hingestellt. Glülphi aber, der das bemerkte, sagte: Ihr müßt euch beide auch zu uns setzen, sonst rühren wir keine Gabel und kein Messer bei euch an. Das Mareili sagte, das schicke sich nicht. Aber der Junker erwiederte, es solle nicht närrisch sein und mit seinem Bruder sich zu ihnen setzen. Der Meyer nahm jetzt ganz einfach einen Stuhl, stellte ihn zu unterst an den Tisch und setzte sich mit einer Verbeugung gegen die Herren zu ihnen; das Mareili aber ging wieder in die Küche, brachte für sich und ihren Bruder ihre gewohnten Hausteller, von denen sie täglich aßen, und ihre gewohnten Messer, Gabeln und zinnernen Löffel, ungeachtet auf dem Nebentisch noch mehrere neue Teller und silberne Messer, Löffel und Gabeln waren, und legte dieselben unten an den Tisch. Da sie nun endlich so beide bei ihnen saßen, nahm Glülphi den schönen Schinken und schnitt ihn an, obgleich der Meyer es nicht zulassen, sondern die Herren selber bedienen wollte. Aber Glülphi war nicht der Mann, der, wenn er so eine Arbeit einmal in den Händen hatte, sie sich so leicht wieder nehmen ließ; er legte dem Meyer und dem Mareili, trotz alles Sträubens, die ersten Schnitte des Schinkens vor, und dann erst dem Junker, dem Pfarrer und sich selbst. Der Wein, den der Meyer den Herren vorsetzte, war so gut, daß der Junker sagte, er hätte nicht geglaubt, daß er in Bonnal solchen finden würde, er habe in seinem Schloßkeller keinen so guten. Der Meyer erwiederte: Gnädiger Herr, glauben Sie doch nicht, daß ich diesen Wein gekauft, er ist mir geschenkt worden. Die Herren, von denen ich Baumwolle kaufe, schicken mir zu Zeiten etwas, zu dem ich in meinem Leben sonst nicht gekommen wäre, — und oft Sachen, sagte das Mareili, von denen wir nicht einmal wissen, was sie sind und wie man sie braucht, und brachte einen Augenblick darauf einige

Tafeln sehr feine Chocolade und sagte: Das ist uns auch so verehrt worden, aber ich weiß nicht einmal, ob man es essen oder trinken muß.

Du weißt doch, daß man's essen kann, du hast es ja vor meinen Augen versucht, sagte der Bruder. Es antwortete ihm: Ja freilich weiß ich das, und es ist recht gut, aber die Herren haben gesagt, man müsse es trinken. Und der Junker sagte jetzt: Mareili, das erste Mal, daß du zu uns ins Schloß kommst, muß dir meine Frau zeigen, wie man das kocht, damit man es trinken könne. Der Meyer erwiederte: Das ist nicht nöthig, Junker, wir haben wirklich schon zu viel Gutes in unserm Haus, von dem es vielleicht besser wäre, wir wüßten noch nicht, was es wäre und wie man es braucht. Dieser Meinung war das Mareili nicht. Ja, Bruder, du magst jetzt sagen, was du willst, so macht es mir doch Freude, wenn ich weiß, wie man das kocht, damit man es trinken könne, sagte es.

Sie waren schon eine Weile am Tisch, als der Baumwollen=Meyer erst gewahr wurde, daß der Junker ihn nicht, wie jeden andern seiner Angehörigen, duze; aber sobald er das merkte, stand er von seinem Stuhl auf und sagte: Gnädiger Herr, ich weiß, wer ich bin und will auch nicht mehr sein, als ich bin, aber wenn Sie nicht mit mir reden, wie mit jedem andern Ihrer Angehörigen, so darf ich keinen Augenblick mehr so treuherzig neben Ihnen am Tische sitzen, wie ich es sonst gern thue und wie jeder andere Ihrer Angehörigen, wenn Sie es ihm erlauben, treuherzig neben Ihnen sitzen darf. Jetzt stand der Junker auch auf, bot ihm freundlich die Hand und sagte: Nun, wenn du es so willst, so soll es so sein; ich will gern, daß du immer und je länger je mehr so treuherzig neben mir sitzest. Und mich kann nichts mehr freuen, als wenn ich das je länger je mehr thun darf, erwiederte der Meyer.

Als aber die Herren bald darauf anfingen, ihren Garten, ihr Haus und ihr ganzes Wesen etwas stark zu loben, sagte das Mareili: Ihr Herren, es war auch nicht immer also bei uns, wir waren vor etlichen und zwanzig Jahren so arm, als die Aermsten im Dorf.

Der Junker antwortete ihm: Ich weiß es und es ist wunderbar, wie euch das Baumwollengewerb aufgeholfen hat, indessen es so viele tausend Haushaltungen elend gemacht.

---

3. Auch das Baumwollenspinnen ist eine Ursache von der Schlechtigkeit des Volks, aber nicht eine der ersten.

Das führte zu einer ernsten Unterredung über das Baumwollenspinnen; denn als der Junker sagte: Es sind das Land auf und das Land ab keine schlechteren Leute, als die Baumwollenspinner und Baumwollenweber, erwiederte der Meyer: Gnädiger Herr, ich möchte das nicht sagen, wohl aber sage ich: Es gibt das Land auf und das Land ab keine schlechteren Leute, als die Fabrikarbeiter. Das ist wahr, erwiederte der Lieutenant, die Leute, die täglich vom Haus weg in die Fabriken gehen und darin vom Morgen bis in die Nacht sind und keinen Augenblick zu Vater und Mutter heim kommen, sind gewöhnlich noch weit schlechtere Leute, als die, so zu Haus Baumwolle spinnen und weben. Mehr wollte ich auch nicht sagen, erwiederte der Meyer. Es weiß auch Niemand in der Welt besser als ich und meine Schwester, daß die Baumwollenspinner und Baumwollenweber im Allgemeinen schlechte Leute sind, aber das Spinnen und Weben ist nicht die Hauptschuld, warum sie es sind und warum sie es werden müssen.

Nun, was ist denn die Hauptschuld daran? fragten jetzt die Herren fast aus einem Munde.

Der Baumwollen-Meyer zeigte einige Augenblicke, daß er Bedenken trage, sich hierüber freimüthig zu äußern, aber da die Herren ihn freundlich und dringend baten, er möchte ihnen unverholen sagen, was er darüber denke, antwortete er: Wenn man ein Dorf oder einen Ort tief verdorben sieht, so muß man immer denken, das kommt nicht von heute und von gestern her, und die Ursache des Verderbens liegt nicht in dem, was sie heute und gestern treiben, sondern in dem, wie sie dazu gekommen, dieses zu treiben. So ist es auch mit dem Baumwollenspinnen. Man muß auf den Ursprung sehen, wie es in ein Land gekommen, und da ist ganz gewiß, daß es, wenn es in ein Land kommt, zuerst in die ärmsten Dörfer hineingreift und im Anfange meistens Leute beschäftigt, die ihre Lebtage nichts Eigenes hatten und nichts Eigenes besorgten, und solche Leute lernen gewöhnlich gar nicht leicht wirthschaftlich sein; es ist immer äußerst schwer, dergleichen Leute dahin zu bringen, daß sie die ersten Batzen, die sie zu verdienen Gelegenheit erhalten, zusammen sparen; so wie sie aber diese ersten Batzen verlumpen, ist auch der erste Anfang zu allen Angewöhnungen, die das Lumpenleben pflanzen, unterhalten und verstärken, so gemacht, daß das, was daraus folgt, fast nicht mehr zu vermeiden und zu verhindern ist. Der Baumwollenverdienst ist gewöhnlich, wo er eingeführt wird, sehr gut, und die armen Leute, die sich zuerst auf ihn werfen, finden durch ihn leicht Mittel, besser zu essen, zu trinken und sich besser zu kleiden, als es vorher die Reichen im Dorf thaten und thun konnten, und sobald eigenthumloses und ungezogenes Volk einmal so weit ist, so ist der Weg zum Fressen, Saufen, Schuldenmachen und damit zu Allem, auch zu den äußersten Ausschreitungen des Lumpenlebens schon gebahnt. — Jetzt hielt er einen Augenblick inne, warf einen freundlichen, zutrauungsvollen Blick auf die Herren und sagte dann weiter: Ich glaube, ich darf jetzt fortfahren und auch das sagen, was ich unter der langen alten Hummelzeit nicht hätte sagen dürfen.

Einstimmig erwiederten die Herren: Du darfst Alles sagen, was du dießfalls für wahr findest, und wir bitten dich noch darum, daß du es thust.

4. **Das tiefste Verderben der Baumwollenspinner kommt von Leuten her, die nicht Baumwolle spinnen.**

Er fuhr sogleich fort: Wenn nun in einem solchen Dorfe die Vorgesetzten noch Schelme sind und selbst in den Schlössern und Schreibstuben Verbindungen anknüpfen können, die sie in die Lage setzen, daß sie das Volk fast mit vollkommener Sicherheit aussaugen und ihm sein verdientes Geld mit Wirthshauskünsten und Prozeßkniffen alle Tage aus der Hand spielen und in ihren Sack locken können, so muß es freilich mit dem Baumwollenspinnen dahin kommen, wohin es in unserm und in vielen andern Dörfern damit gekommen ist. Das Baumwollenspinnen und Baumwollenweben ist aber an sich an einem solchen Zustand so wenig Schuld, als die arme Menschenhaut an sich selbst daran Schuld ist, wenn durch einen räudigen Menschen, der in ein schweinisches, unreinliches Dorf kommt, das ganze Dorf angesteckt wird. Der Baumwollen-Meyer drang immer tiefer und umständlicher in das Wesen dieses Gegenstands hinein und sagte unter Anderem: Das Baumwollenspinnen und Weben ist indessen wirklich eine von den schlechtesten Beschäftigungen, die man in ein Dorf bringen kann. Die Leichtigkeit, Gedankenlosigkeit, Kunst- und Kraftlosigkeit, mit der es betrieben werden kann, setzt diese Arbeitsgattung weit hinter die meisten andern Arbeits- und Berufsgattungen des Volks zurück.

Der Junker unterbrach ihn mit den Worten: Das ist sonderbar, du redest dem Baumwollenspinnen gar nicht das Wort.

Der Meyer erwiederte: Ich habe das Baumwollenspinnen von jeher so angesehen, wie ich jetzt davon rede; ich habe es auch nicht ins Dorf hineingebracht, es ist einige und zwanzig Jahre vorher schon allgemein eingeführt gewesen, ehe ich daran Theil genommen. Freilich ist wahr, ich habe von den Umständen, wie sie eben da waren und vorgelegen, für mich und die Meinigen so viel Vortheil zu ziehen gesucht, als ich mit Recht und gutem Gewissen davon habe ziehen können. Uebrigens wollte ich gewiß lieber, Bonnal, das ich immer noch als meine liebe Heimath ansehe, wäre nicht ein einseitig verkrüppeltes Baumwollenspinnerdorf geworden oder hätte wenigstens seinen großen Baumwollenverdienst dazu benutzt, sich im Feldbau und in der Hauswirthschaft weiter vorwärts zu bringen, so wie in einigen Fächern der Industrie, die mehr Geistes= und Kunstbildung voraussetzen und die darum aber auch eher zu einem soliden, häuslichen Wohlstand hinführen; aber es lag nicht in meiner Macht, hierauf einigen Einfluß auszuüben. Er fuhr fort, er habe im Gegentheil, seitdem ein Wunsch zu so etwas in ihm hätte aufsteigen wollen, sich in einer Lage befunden, Alles, was außer seiner Hausthür geschehen, als ihn nichts angehend und als einen Stein, den er nicht zu heben im Stande sei, und sogar als etwas anzusehen, an dem er, wenn er es auch nur anzurühren versuchen würde, gar leicht seine beiden Hände verbrennen könnte.

Die offene Erklärung dieses Mannes über seine Lage und besonders, daß er dem Baumwollenwesen, das ihn doch zu dem Manne gemacht, der er jetzt war, so wenig Werth beilegte, setzte die Herren in eine Art von Erstaunen. Es war, da er ausgeredt hatte, eine Weile Alles still. Aber bald sagte der Junker: Du gabst uns großes Licht über das, worüber wir Licht suchten, aber es ist jetzt nur die Frage: Wie können wir den Uebeln abhelfen, die so drückend auf Bonnal liegen? und über diese Frage hätten wir jetzt eben gern, daß du mit der Deutlichkeit und Offenheit mit uns redetest, mit der du uns über den Ursprung des Volks= verderbens in deinem Dorf ins Klare gesetzt hast.

---

5. Man muß dem Volksverderben zu Stadt und Land durch die Bravsten im Land abzuhelfen suchen, und man kann es auch, wenn man es will und versteht.

Der Meyer erwiederte: Wenn Bonnal geholfen werden soll, so muß man es dahin bringen, daß die bravsten Leute im Dorf zusammenstehen und vereinigt die Mittel suchen, durch welche die Väter, Mütter und Kinder der unordentlichen und verdorbenen Haushaltungen einzeln mit Liebe, und wenn es nicht mit Liebe allein gehen will, mit Ernst und sogar mit einiger Gewalt genöthigt werden können, nach und nach von ihrem Lumpenleben abzustehen.

Junker. Aber, Meyer, wer will die Stillen im Land hierzu zusammenbringen?

Meyer. Wie es im ganzen Land möglich, davon weiß ich nichts, aber in Bonnal meine ich, wäre es mit Zeit und Fleiß wohl möglich.

Pfarrer. Meyer! Meyer! Die Stillen im Land stehen in nichts gern zusammen, das sie selber nichts angeht, sie sind immer gern nur bei sich selbst und jeder gern bei den Seinigen, und es sind immer nur die schlechten und bösen Kinder der Selbstsucht und der Leidenschaften, die gern zusammenlaufen und zusammenstehen, um gemeinsam durchzusetzen, was sie gelüstet, aber nicht, was recht und was gut ist.

Meyer. So wenig als ich gern von dem rede, was im Land allgemein ist, so meine ich doch, auch die Braven stünden gern zu allem Guten zusammen, das geeignet ist, das heilige Fundament alles Haussegens des Volks und der heiligen Wohnstube zu befestigen, wenn sie überzeugt wären, dasselbe durch ihr Zusammenstehen befördern zu können. Aber es ruft sie zu so etwas Niemand zusammen, und freilich ist auch wahr, es treiben die Stillen im Land keine wilden Gelüste von selbst an, für irgend etwas zusammenzulaufen, wozu sie Niemand zusammenruft und wozu man sie hie und da, wenn sie unberufen zusammenliefen, noch nicht einmal gern bei einander sehen würde.

6. Fortsetzung der Ursachen, warum die Stillen im Land keinen Einfluß auf das haben, was dem Land nützt und noth thut.

Glülphi bestätigte mit Eifer diese Ansicht des Baumwollen-Meyer und sagte: Die Stillen im Land wären freilich zu vielem Guten brauchbar, wenn man sie dazu brauchen wollte, aber man läßt sie an vielen Orten, und zwar an solchen, wo sie am vorzüglichsten brauchbar wären, nicht nur stehen, wo sie stehen, man zeigt ihnen auch deutlich, daß man sie zu nichts will. Wir können uns nicht verhehlen, daß in unserm, in allen Stücken einer festen Gesetzgebung mangelnden Lande, wo so unendlich viel von der Routine und der Laune der Gewalthaber abhängt, die brauchbarsten und bedeutendsten unter den Stillen im Lande hie und da sehr übel ankommen würden, wenn sie auch nur so thäten, daß sie sich zu irgend etwas, zu dem sie nicht berufen werden, tüchtig glauben. Die Sache ist aber in unserm Lande natürlich nur diese: Die selbstsüchtigen Schlauköpfe, die sich in Rücksicht auf ihre Revenüen gewissermaßen als zur Civilliste des Staats gehörig ansehen und denen die Administrationen aller Geld-, Ehren- und Rechtsangelegenheiten im Staate gleichsam als Erbgut zufallen, lieben es natürlich gar nicht, wenn Leute, die in dieser Hinsicht nicht zu ihnen gehören, sich zu irgend einem Einfluß auf das öffentliche Wohl berufen und zur Mitwirkung für dasselbe fähig glauben. Wo es aber so ist, da können auch die Stillen im Lande das öffentliche Wohl auf keine Weise besser befördern, als wenn sie sich desselben gar nicht annehmen.

Meyer. Ich freue mich der Offenherzigkeit, mit der Sie in dieser Rücksicht von dem traurigen Zustande unsers Vaterlandes sprechen. Es ist nur zu wahr und stimmt mit den Erfahrungen, die ich im kleinen Kreise meines Dorfes zu machen die Gelegenheit hatte, nur zu sehr überein; aber ich hätte es doch nicht wagen dürfen, die Resultate meiner

Lebenserfahrungen mit der Stärke und Unbefangenheit auszudrücken, mit der Sie es gethan haben.

Glülphi. Warum solltet Ihr es nicht dürfen? Es thut noth. Die Uebel unsers Vaterlandes sind auf einen Punkt gekommen, daß es jedes ehrlichen Mannes Pflicht ist, hierüber nicht hinter dem Berge zu halten, sondern seine Ansichten mit Bestimmtheit zu äußern und, Gott Lob! die Stunde ist da, in der es jeder ehrliche Mann, wenigstens in Bonnal, auch darf.

Meyer. Es empört das Menschenherz im Innersten, wenn man so oft sehen muß, daß schlechte, über den wahren Zustand des Volks ganz blinde Subjecte, wenn sie auch nur die gewöhnlichsten Schreiberdienste verrichten, sich als die weisen und privilegirten Stützen des öffentlichen Wohls angesehen und behandelt wissen wollen und den edelsten und einsichtsvollsten Männern, wenn von Gegenständen des öffentlichen Wohls und seiner guten Besorgung die Rede ist, auf eine Weise begegnen, wie kaum ein Aufseher in einem Tollhaus einem Narren begegnen dürfte.

Junker. Ihr führt mich mit euren Bemerkungen in eine neue Welt hinein, und wenn es wirklich wahr ist, daß die einsichtsvollsten und bravsten Männer, die ihr die Stillen im Lande heißt, so wie ihr meint, im Stande sind, zu Allem, was ihrem Wohnort frommen und aufhelfen kann, mit Erfolg mitzuwirken und zu diesem Zweck sich gern mit einander vereinigen würden, so könnte man wirklich Hoffnung schöpfen, auch Bonnal wieder aufzuhelfen.

Meyer. Meine Ueberzeugung ist vollkommen, die Stillen im Lande, selbst die Armen unter ihnen, wären zu dem wesentlichsten Guten, das im Lande mangelt, im höchsten Grade brauchbar. Aber ich sage noch einmal, man muß sie gewinnen. Unberufen und unvereinigt sind sie für das öffentliche Wohl eben so kraftlos, als sie im entgegengesetzten Fall kraftvoll wären.

Junker. Aber wer soll z. B. in Bonnal diese Stillen im Lande zusammenfinden und zusammenrufen?

Meyer. Wer anders, als Sie und der Herr Pfarrer?

Junker. Und wie?

Meyer. Je stiller desto besser. Wenn Sie, Ihre Gemahlin, der Herr Pfarrer und die Frau Pfarrerin jede Gelegenheit, das Herz der Bessern unsrer Gemeindegenossen, wie sich die Gelegenheit dazu je zuweilen von selbst geben wird, zu gewinnen, mit Eifer und Sorgfalt ergreifen und benutzen werden, so werden Sie das Herz der bravern Leute im Dorf gewiß gewinnen und bald einige von ihnen in dem Grad für Ihre Zwecke brauchbar finden, als Ihnen die ersten Schreier für das öffentliche Wohl unbrauchbar sind und Ihnen, je mehr Sie mit den Stillen im Land bekannt sind, als unbrauchbar in die Augen fallen werden.

Diese Ansicht des Mannes ergriff den Junker in seinem Innersten, nur sagte er: Aber wie sich die Gelegenheiten, den bravern Leuten im Dorf das Herz gewinnen zu können, so leicht und gleichsam von selbst geben werden, das leuchtet mir noch nicht ein. Ich fürchte im Gegentheil, solche Gelegenheiten könnten sehr selten eintreffen.

Der Meyer erwiederte: Die besten und weitgreifendsten Mittel dazu können Sie selbst machen. Sie haben, wenn Sie wollen, alle Augenblicke Gelegenheit in Ihrer Hand, Sachen zu thun, die geeignet sind, Ihnen das Herz von hundert und hundert Ihrer Angehörigen zu gewinnen.

Junker. Zum Exempel?

Meyer. Wenn Sie z. E. einem jeden Kind, das von nun an, bis es 20 Jahr alt ist, alljährlich 10 Gulden von seinem Spinnerverdienst beiseite legt und erspart, etwa einen zehntfreien Acker schenkten, so machen Sie mehr als zwei Drittel der Dorfhaushaltungen eine Freude, die nicht anders als dahin wirken kann, Ihnen das Herz der braven Leute im Dorf näher zu bringen.

Junker. Das kann ich leicht und will es gern thun.

Meyer. Aber Alles, was Sie thun werden, auch das Herz der bessern Leute im Dorf zu gewinnen, wird nicht im Stande sein, befriedigend dahin zu wirken, wohin Sie zielen, wenn nicht für die Nachwelt und die Jugend durch die Schulen besser gesorgt wird. Es ist nicht genug, recht thun zu wollen, man muß es auch können, und dazu kommt man nur durchs Lernen. Aber die Schulen, wie wir sie jetzt bei uns allgemein haben, sind beinahe so viel als Mist= beete und Treibhäuser von allen den Fehlern, gegen die wir in Bonnal Hülfe suchen müssen.

Junker. Ist das auch nicht zu viel gesagt?

Glülphi. Nein, nein, er hat ganz Recht; die wesent= lichsten Fehler, gegen deren Folgen wir in Bonnal zu kämpfen haben, finden in unsern Dorfschulen, wie sie jetzt sind, Nahrung, wie die Pflanzen in den Treibhäusern, oder, wenn Sie lieber wollen, wie giftige Schwämme auf den Misthaufen.

Meyer. Ich habe bei meiner Vergleichung der Mist= beete und Treibhäuser mit den Schulen nicht einmal so weit gedacht, als der Herr Lieutenant, und will dieselbe meinerseits auch nicht so weit getrieben wissen. Nehmen Sie sie, gnädiger Herr, auch nur in so weit für richtig an, als Sie sie passend finden.

Junker. Je mehr wir davon reden, desto passender finde ich sie.

Meyer. So viel ist gewiß, daß unsere Schulen we= sentlich mit allem Guten, das im häuslichen Leben statt findet und noth thut, in der engsten Uebereinstimmung stehen sollten, daß sie den ganzen Umfang der Kräfte des Kindes durch das, was zum Glück des häuslichen Lebens erfordert wird, beleben sollten, und mit diesem Allem stehen sie doch ganz gewiß in einem starken Widerspruch.

Der Glülphi nahm jetzt wieder das Wort und sagte: Es ist unstreitig, daß ein großer Theil unserer Schulen in einem, den ersten Bedürfnissen des häuslichen Lebens ganz entgegengesetzten Sinn auf unsere Kinder einwirkt. (Er fuhr mit Lebendigkeit fort: Die Heterogenität dessen, was in denselben gelernt und die Art, wie es darin gelehrt wird, ist mit dem, was das häusliche Leben bedarf und der Art, wie dieses den Kindern gegeben werden sollte, im eigentlichen Gegensatz des ewigen, unabänderlichen Fundaments aller wahren Bildung unsers Geschlechts, vermöge dessen jeder

Schritt dieser Bildung die Menschennatur in ihrem ganzen
Umfang an Seel und Leib mit Herz, Geist und Hand zu
ergreifen geeignet sein soll. Dieses Ergreifen der Bildungs=
mittel, das sich im häuslichen Leben so einfach, so vielseitig
und so leicht gibt, mangelt in den gemeinen Schulen, wie
sie jetzt sind, so viel als ganz. Es ist aber auch eben so
unleugbar, daß alle isolirten, einseitigen und oft noch öden
Unterrichtsgegenstände, wie sie ohne dieses Eingreifen in die
Gesammtheit der Kräfte und Anlagen der Kinder betrieben
werden, gar leicht auf die Untergrabung und Zerstörung der
Harmonie der menschlichen Kräfte und Anlagen einwirken.
Aller Unterricht, folglich auch aller Schulunterricht, der nicht
Herz, Geist und Hand zugleich ergreift, steht nicht mit dem
bildenden Geist und Wesen des häuslichen Lebens in Ueber=
einstimmung, er steht im Gegentheil mit demselben im
Widerspruch. Aller Unterricht, der den Widerspruch mit dem
bildenden, häuslichen Leben verhüten und im Gegentheil in
Uebereinstimmung mit demselben gebracht werden soll, muß
darum auch die Mittel dazu in Uebungen suchen, die,
indem sie das Herz, den Geist und die Hand des Kindes
zugleich ergreifen, geeignet sind, das reine Fühlen, das
richtige Denken und das vollendete Können gemeinsam
zu erzielen und dem Kind durch das Leben selber habituell
und gleichsam zur andern Natur zu machen. Man muß
die Mittel zu dieser Belebung des Ganzen im Menschen
wesentlich in der Thatsache des menschlichen Fühlens,
Denkens und Handelns und nicht in der Erkenntniß, noch
viel weniger in der Traumsucht über das menschliche Fühlen,
Denken und Handeln suchen. Alles, was immer einzelne
Kräfte gleichsam außer dem Kreis der Wahrheit, die in uns
selbst und in unsern Umgebungen liegt, ergreift und festhält,
wirkt dem reinen Einfluß des menschlichen Lebens und den
göttlich und ewig gegebenen Grundlagen der naturgemäßen
Entfaltung unsrer Kräfte entgegen, und alle Schul= und
Unterrichtsübungen, die in diesem Sinn auf die Menschen=
natur wirken, sind wesentlich fehlerhafte Erziehungsmittel,
die, indem sie das, was Gott innig vereinigt, gewaltsam

trennen und zur Herzlosigkeit in Geistesübungen, zur Geistes=
losigkeit in Herzensübungen, so wie zur Seelenlosigkeit in
den Anstrengungen der physischen Kräfte hinführen, da=
durch in sittlicher, geistiger und Kunsthinsicht die thierische
Abrichtung unserer Natur zur Folge haben und dem innern,
heiligen Wesen der wahren, menschlichen Bildung tödtlich
entgegen wirken.

Aber wie eine Schule einrichten, die, also aus dem
häuslichen Leben hervorgehend, auf den ganzen Umfang
der Kräfte unsrer Natur bildend einwirken würde? das
war jetzt die Frage, die zwischen dem Junker, dem Pfarrer
und Glülphi, und zwar in der besondern Rücksicht auf ihre
Endzwecke in Bonnal, zur Sprache kommen mußte, und
der Junker meinte, es sei kein Mensch in der Welt, der
ihnen hiefür besser Rath und Wegweisung geben könne, als
der Baumwollen=Meyer. Dieser aber sagte darüber ganz
ernsthaft zum Junker: Ich kenne eine Spinnerfrau in Bonnal,
die das ohne alle Vergleichung besser kann als ich.

Das ist nicht möglich, erwiederte der Junker und Glülphi;
aber diese Frau möchten wir doch kennen, von der Sie
das sagen.

Der Meyer nannte ihm Gertrud und der Junker er=
wiederte mit Lebhaftigkeit: Ich kenne diese Frau, und wenn
je die Anbahnung von Endzwecken, die so weit führen als
die unsrigen, von einem Bauernweib zu erwarten wäre, so
würde ich an Gertrud denken; aber zu dem, was wir suchen
und wollen, brauchen wir einen Mann, und einen Mann,
wie du bist, Meyer.

Meyer. Es kommt bei der Einrichtung einer Schule,
wie wir eine wünschen, auf Erfahrungen und Fertigkeiten
an, für welche eine gute Frau, wie Sie, Junker, Gertrud
selber erkennen, weit mehr Sinn hat, als irgend ein Mann;
und ich tauge hierzu gar nichts. Ich bin ein schon ziemlich
alter, eingefleischter Berufsmann, der nun über zwanzig
Jahre vom Morgen bis an den Abend fast nichts in seinem
Kopf herumschleppte, als sein Baumwollwesen und was
mit diesem zusammenhängt; Gertrud hingegen hat sich fast

eben so lange mit nichts, als mit der Erziehung ihrer Kinder beschäftigt und Erfahrungen gemacht und sich Fertigkeiten erworben, die sie dahin gebracht, in der Erziehung ihrer Kinder das Unglaubliche zu leisten. Ihr Herren, ich versichere euch, sie hat ihre Baumwollenstube für ihre Kinder zu einer Schulstube gemacht, wie ich noch keine gesehen und mir nicht leicht eine bessere denken und wünschen kann; aber Sie müssen diese Stube sehen und dann werden Sie bald selbst gewahr werden, ob sie oder ich besser im Stande sei, zu der Einrichtung einer guten Dorfschule Rath und Handbietung zu leisten.

Die Herren erstaunten auf der einen Seite über diese Aeußerung, auf der andern Seite aber schien's ihnen doch, als ob er ihnen Gertrud vorschiebe, weil es ihn zu viel Mühe kosten würde, sich dieser Sache anzunehmen, und der Junker sagte lachend zu ihm, er könne sich vortrefflich aus dem herausziehen, was er vielleicht nicht gern thue. Glülphi aber sagte: Meyer, es mag jetzt damit sein, wie es will, so müssen wir diese Stube nothwendig sehen und wollen morgen schon zur Gertrud. Er setzte aber noch hinzu, weil sie noch bei einander wären und ehe sie zu ihr hingingen, müsse er ihnen mit einiger Bestimmtheit sagen, was er für das Wesentliche und Eigenthümliche der Erziehungskunst dieser Frau halte.

Ich kann's durchaus nicht sagen, erwiederte der Meyer, aber ihre Wirkung springt in die Augen. Ihre Kinder sind lebendig, froh, heiter, thätig. Was sie sagen, ist verständig, überlegt, gradsinnig und liebreich. Was sie arbeiten, kann man nicht besser wünschen, als sie es machen. Sie beten mit Andacht. Sie singen mit Jubel. Sie lesen die Bibel mit Glauben. Sie antworten in der Kirche, Herr Pfarrer, das wißt Ihr selbst, wie keine im Dorf. Jedes von ihnen ist in seinem Alter, in seiner Lage und in seinen Verhältnissen, was es sein soll und sein kann. Das in der Wiege ist das beste Wiegenkind, das ich kenne. Das zweijährige, das vierjährige, das siebenjährige, jedes ist, was es für sein Alter und für seine Lage sein kann und fein foll, und zwar in dem Grade, daß mir wenigſtens, wenn ſie meine Kinder wären, ihrethalben nichts zu wünſchen übrig bliebe. Wie ſie aber das macht und wie ſie dahin kommt, darüber kann ich nicht Rechenſchaft geben, und euch, Ihr Herren, etwas darüber in den Tag hinein zu ſchwatzen, wovon ich mir ſelbſt nicht Rechenſchaft geben kann, das mag ich ſo wenig an mich kommen laſſen, als ich es an mich kommen ließe, mit einem Kaufmann über einen Handlungsartikel, den ich nicht ſelber führe und nicht wohl kenne, in den Tag hinein zu ſchwatzen.

Die Herren ſahen, daß er ſich nicht weiter in dieſen Gegenſtand einlaſſen wollte, wiederholten, daß ſie morgen Gertrud beſuchen wollten und kamen in ihrem Geſpräch allmählich wieder auf ihre frühere Unterredung.

Der Lieutenant faßte die Nothwendigkeit, durch Vereinigung der beſten Leute im Dorfe ſich eines entſcheidenden Einfluſſes auf die ſchlechtern Haushaltungen zu verſichern mit dem Bedürfniß einer beſſern Schuleinrichtung zuſammen ins Auge und ſprach dabei den Grundſatz aus, das wirkliche Leben der Haushaltungen mache weſentlich den Boden der Erziehung aus, und jeder Schulunterricht, der nicht auf einem ſolchen guten Boden ruhe, tauge für das Ganze der menſchlichen Bildung gar nichts und könne nichts dafür taugen; und nachdem er die verſchiedenen Abirrungen von der menſchlichen Natur vielſeitig berührt hatte, ſagte der Pfarrer: Die Wirkung ſolcher bodenloſen Unterrichtsübungen in einzelnen Gegenſtänden bringt mir das Gleichniß des Säemanns im Evangelium zu Sinn, wo der weit größere Theil des Samens auf die Straße fiel, auf der ihn die Vögel auffraßen, oder unter die Steine, wo er nicht Wurzel faſſen konnte, und unter die Dornen, unter deren höherer Wurzelgewalt er erſticken mußte.

Der Lieutenant erwiederte: Das Gleichniß paßt vollkommen auf unſere Sache. Der weit größere Theil des ohne Zuſammenhang mit dem häuslichen Leben beſtehenden Schulunterrichts iſt ganz gewiß ſolchem Samen gleich, der auf dem Wege, unter den Steinen und zwischen den Dornen nicht aufwachsen kann.

Die Herren kamen in ihrem Gespräch wieder dahin, bei dem Meyer und bei seiner Schwester nachzufragen, was für Männer und Weiber im Dorf etwa zu einer solchen Vereinigung tauglich wären, durch die man das Dorf allmählich wieder zu einer bessern Ordnung und zu bessern Gesinnungen zurücklenken könnte, und das Mareili, das sonst so gradsinnig ist und Alles, was es denkt, gerade heraus sagt, meinte jetzt einmal doch, es müßte höflicher sein, als es zu sein gelernt habe und sagte, wo man eine Obrigkeit habe, wie wir jetzt, da sei das, was die gemeinen Leute im Dorf nachhelfen könnten, eben wenig. Aber der Bruder war nicht der Meinung. Er sagte: Du mußt das nicht sagen, Mareili; eben wo die Obrigkeit im Land gut ist, da sind die braven Leute im Dorf für dasselbe etwas werth und können darin etwas ausrichten; da, wo die Obrigkeit schlecht ist, da ist es für die braven Leute im Lande besser, wenn ein jeder sich, so gut er kann, in sein Schneckenhaus zurückzieht, bei sich selbst ist und für sich selbst sorgt, als daß sie sich zu irgend etwas Gutem unter einander vereinigen. Er sagte ferner, unter schlechten Obrigkeiten seien beinahe alle Bestrebungen der braven Leute, sich in etwas Gutes einzumischen, eine Thorheit und eine unnütze und vergebliche Zudringlichkeit. Sie könnten der Schlechtigkeit, die in diesem Fall bei den Vögten und Richtern im Dorf einen Rückhalt habe und wesentlich von ihnen selber herrühre, auf keine Weise abhelfen und nichts weiter ausrichten, als sich selber bei Leuten verhaßt machen, die ihnen schaden und sehr schaden könnten.

Der Lieutenant stimmte ganz des Meyers Ansicht bei und sagte: Du hast völlig Recht, Meyer, wo die Obrigkeit schlecht ist, da muß der brave Mann allerdings zu sehr für sich selbst und für seine eigene Haut sorgen, als daß ihm nicht die Lust vergehen sollte, sich um das zu bekümmern, was unter einem Dach vorgeht, das nicht sein ist; aber unter einer guten, edelmüthigen Obrigkeit geht auch ganz gewiß jedem braven Mann das Herz für das öffentliche Wohl auf, und ein Jeder ist für jede Vereinigung zu irgend etwas Gutem bereit, und ihrer Viele stehen dann mit Gut und Blut zu allem Guten, das im Lande einzuführen und auszurichten möglich ist.

Dieses Gespräch führte die Herren tief in den frühern Zustand ihres Dorfs hinein und der Meyer sagte in der Lebhaftigkeit seiner Unterredung, zwar mit Schonung, aber bestimmt heraus: Unter einer schlechten Obrigkeit finden alle Matadore und Blutsauger in den Dörfern durch ihre Verbindung mit den Schulzen, Weibeln, Agenten, Notarien, Kopisten und wie alle diese Stadt= und Landnotablen heißen, einen Schutz, der so weit langt, daß sie nicht nur bei den läßlichen Sünden der Mißgriffe, die sie sich gegen bloß gemeine Leute erlauben, ohne irgend eine ernste Ahndung durchschlüpfen, sondern auch bei Verbrechen, die wirklich an die Justizstellen gelangen, durchaus nicht auf die gewohnte Weise als Verbrecher wie andere Leute, sondern auf eine Weise behandelt werden, daß dergleichen Leute immer hundert und hundert Auswege, um mit heiler Haut durchzuschlüpfen und ihrer Strafe zu entrinnen, offen finden, die allen gemeinen, nicht so notablen Leuten verschlossen sind. Wo aber das ist, da ist auch die Verantwortlichkeit der Dorfmatadore und Blutsauger in hundert und hundert Fällen eine bloße Scheinsache, deren äußere Formen oft absichtlich mehr zu ihrer Sicherheit, wenn sie fehlen, als zur Aufdeckung dessen, worin sie fehlen, geeignet ist. So wird denn das Schelmenleben der Dorfmatadore und Blutsauger zu einer Art von privilegirtem Ehrenleben im Dorfe und es bildet sich denn auch unfehlbar immer sehr bald daselbst eine Ehr= und Ansehensclique, von deren öffentlichen und geheimen Vorzügen die ganze niedere Volksklasse im Dorf ausgeschlossen und als unwürdig, daran Theil zu nehmen, zwar nicht wörtlich erklärt, aber thatsächlich behandelt wird; und wenn es einmal in einem Dorf so weit gekommen, so ist auch den Meistern und Vormündern solcher Cliquen kein Weg, der zur Erhaltung dieses Ehrenlebens und seiner geheimen und öffentlichen Vorzüge, Vortheile und Emolumente hinführt, weder zu schmutzig, noch zu gemein.

Der Lieutenant unterbrach ihn und sagte: Wie doch auch die Menschennatur in höhern und in niedern Verhältnissen zu Stadt und Land, auf den Rathhäusern und in den Gemeindehäusern die nämliche ist!

Aber der Meyer sagte lächelnd: Ich mag nichts davon hören und nicht daran denken, wie es in den obern Quartieren des großen Welthauses aussieht, mir ist's genug, die niedern Quartiere dieses Hauses, in denen ich und die Meinigen leben und leben müssen, immer näher zu kennen. Er kam dann auf die Folgen der Handlungen der Dorfmatadore in Bonnal, nachdem sie einmal zum Ehrenleben des Dorfs geworden war, und sagte: Es ist allerdings dem Geist und dem Einfluß dieser Clique zuzuschreiben, daß alles Beten, alles Bibellesen und mit ihm aller Glaube an Recht, Wahrheit und Treue aus unserer Mitte verschwunden ist und daß man jetzt am Sonntag in allen Häusern, anstatt der Bibel und des Betbuchs, die Stadtsatzung, das Landrecht, Polizeizettel, Signalements und Würfel und Karten auf den Bauerntischen herumliegen sieht.

Aus einem Mund sagten die Herren: Ja, es ist wahr, es steht übel, es steht sehr übel in unsern Dörfern und besonders in Bonnal. Der Meyer erwiederte: So übel, daß ich es gerade heraussagen muß, wenn nicht Hoffnung wäre, daß sich die Umstände ändern würden, so würde ich mit dem, was ich mir erspart habe, fort an einen andern Ort hinziehen, wo es nicht so schlimm steht, und wenn's auch nach Amerika wäre. Nein, nein, sagten jetzt der Junker und der Glülphi, wir wollen machen, daß du keine Ursache habest, von uns wegzuziehen.

Meyer. Gnädiger Herr, ich bleibe gern, wo ich geboren bin, wenn ich mit gutem Gewissen für mich und meine Kinder bleiben kann.

Junker. Das ist brav, Meyer! Du mußt im Land bleiben und wir wollen gewiß machen, daß du mit gutem Gewissen für dich und die Deinigen darin bleiben kannst.

Pfarrer. Ja, Meyer, bleib' im Land, darin dich Gott gesegnet. Du nährst dich redlich darin und kannst uns, wie sonst Niemand, dazu helfen, daß unser Dorf, darin sich fast Niemand mehr redlich nährt, auch wieder zur Redlichkeit allmählich zurückgelenkt werde.

Meyer. Ihr Herren, es ist für einen braven Menschen ein süßes Ding, im Vaterlande bleiben zu können, aber man kann's Einem auch zu sauer machen, und dann geht man, wenn auch mit noch so zerrissenem Herzen, endlich doch weiter.

Die Herren boten ihm jetzt alle freundlich die Hand und sagten: Meyer, du bist jetzt unser und mußt unser bleiben.

Er erwiederte eben so freundlich: Bei euch bleibe ich gern und glaubt mir sicher, es ist mir gewiß so lieb als irgend einem Menschen, daß ich und meine Kinder auf eben den Kirchhof kommen, auf dem unsere Väter und Großväter begraben liegen.

Nach diesen Worten des Meyer war unter ihnen eine Weile eine feierliche Stille. Keiner von allen redete ein Wort, aber Wehmuth war sichtbar auf allen Gesichtern zu lesen und man kam langsam wieder auf das, was jetzt am nothwendigsten zu thun sei, zurück. Der Meyer sagte: Was mir am Herzen liegt, ist das: So lange unter den Vorgesetzten und Angesehenern eine so niederträchtige Selbstsucht herrscht, haben sie tausend und tausend Mittel in Händen, den Geist der schwachen Leute, denen man aufhelfen sollte, zu verderben und Alles rückgängig zu machen, was man Gutes anbahnen will.

Der Junker erwiederte: Ich weiß keine Wege, wie ich zu diesem Ziele kommen kann. Die Vorgesetzten stecken mit ihrer Lebensweise einander an, wie räudige Schafe die gesunden. Wähle ich heute den ehrlichsten Mann, so ist er morgen wie sie alle. Der Meyer lächelte. Der Junker sah's und fragte ihn freundlich und auch lächelnd: Aber warum lachst du jetzt?

4*

Der Meyer antwortete: Ich will es gerade heraus sagen, ich dachte an Ihre letzte Vogtswahl.

Junker. Ja, Meyer, ich habe mich schrecklich in diesem Manne geirrt.

Meyer. Das ist wahr. Es ist kaum möglich, daß ein Mensch für den Vogtsdienst weniger tauge, als er. Auch können Sie versichert sein, daß im ganzen Dorf nicht zwei Menschen sind, die im Ernst glauben, er werde je ein guter Vogt werden.

Wüßte ich nur eine Wahlordnung, die mich sicher stellen würde, daß ich nie mehr also fehlen könnte, ich würde sie auf der Stelle einführen, sagte jetzt der Junker, und der gutmüthige Pfarrer äußerte sich: Es wäre vielleicht am besten, man ließe das Volk seine Vorgesetzten selbst wählen. Aber der Lieutenant, der die Welt besser kannte, widersprach ihm laut und sagte: Alle Volkswahlen öffnen der Bestechung und mit ihr und durch sie allem Unrecht und aller Gewaltthätigkeit den Weg und würden bei uns nur dahin führen, daß die Schlausten, Verfänglichsten oder die Reichsten und Stolzesten, die wir im Land haben, und niemals die Geradsinnigen, Kraftvollen und Selbstsuchtlosen, niemals die Stillen im Lande zu Vorgesetzten erwählt würden.

Der Junker sagte: Aber wenn ich mir vom Volke drei oder vier Männer vorschlagen ließ, und dann einen von diesen auswählte?

Glülphi widersprach auch diesem und sagte: Damit ist nichts gemacht. Das Volk, das dadurch das Uebergewicht in der Wahl erhält, wird auch auf diesem Wege dahin gebracht werden, wohin es auf dem ersten, bei freier Wahl, kommen würde. Sicher würden Ihnen die schlausten, verfänglichsten und stolzesten Männer im Land zur Auswahl vorgelegt werden, die redlichsten, besten und einsichtsvollsten würden aber durchfallen, und Sie würden dann bei voller Ueberzeugung, daß die Vorgeschlagenen nichts taugten, doch keine Andern mehr wählen dürfen. Ich wollte fast lieber, Sie möchten dem Volke drei Männer vorschlagen und es dann einen von diesen auswählen lassen. Aber im Grund hat auch dieser Vorschlag die nämliche Schwierigkeit, wie der erste.

Junker. Das ist richtig; ich kann mich dreifach irren wie einfach; auch bin ich nicht versichert, daß Einer meiner Nachfolger sich bei diesen Vorschlägen von einem Hummel leiten lassen werde, wie mein Großvater sich von dem alten Vogt hat leiten lassen.

Die Herren fanden allerseits die Sache sehr schwierig; der Baumwollen=Meyer aber mischte sich sehr lange nicht mehr in ihr Gespräch. Er wußte, daß der Junker der Vogtstelle halber auch an ihn dachte und wollte diesfalls kein Wort verlieren, hinter welchem man etwa eine Neben= absicht vermuthen könnte. Es wunderte die Herren, daß er jetzt so still war.

Sie fragten ihn, warum er sich über diesen Gegenstand nicht äußere, wie über jeden andern. Er antwortete: Er ist über meinen Kreis. Doch als sie noch lange kreuz und quer über diesen Gegenstand sprachen, ohne zu irgend einem Ziele zu kommen und zuletzt den Gegenstand fast als eine unlösliche Aufgabe ins Auge faßten, konnte er ihr Gespräch nicht mehr stillschweigend anhören und sagte zu ihnen, er halte den Gegenstand gar nicht für so schwierig, als sie ihn anzusehen schienen. Jetzt baten ihn die Herren einstimmig und dringend, er solle ihnen seine Meinung darüber sagen. Er erwiederte ganz unbefangen: Wie ich die Sache ansehe, ist es einfach darum zu thun, eine Wahlordnung zu finden, worin auf der einen Seite jede Bestechung verhütet, auf der andern Seite der reine Wille gesichert werde, den würdigsten und zuverlässigsten Mann zu einer Vorgesetztenstelle zu erwählen.

Das ist freilich bestimmt die Frage, sagten der Junker, der Pfarrer und Glülphi und setzten hinzu: Aber wie würdest du es denn anstellen, dich dessen zu versichern?

Meyer. Wenn ich ein Junker oder eine Person wäre, wie ich es nicht bin, die die Pflicht einer solchen Wahl auf sich hätte, so würde ich bei jedem Falle zuerst die Gemeinde, und zwar an einem heiligen Feste in der Kirche versammeln und jeder Gemeindegenoß müßte mir eine Stunde nach dem genossenen Abendmahl und nach einem hierzu eingerichteten Gebet und Ermahnung auf drei ihm gegebenen Zetteln schriftlich anzeigen, erstlich, welches die drei Männer sind, die er für die frömmsten und gutmüthigsten im Dorf hält, zweitens, welche unter den Reichsten im Dorf die drei sind, auf deren Treue, Redlichkeit und Uneigennützigkeit man Gemeindehalber das größte Vertrauen haben dürfe, drittens die drei Männer, die er unter den bravsten und zuverläßigsten für diejenigen achte, die nach ihren Einsichten, Kenntnissen und Mitteln am geschicktesten und fähigsten wären, der Gemeinde in allen Rücksichten mit Rath und That an die Hand zu gehen. Dann würde ich einen jeden Mann, der in einer dieser drei Rücksichten die Stimme der halben Gemeinde in sich vereinigte, als einen Wahlmann des mangelnden Vorgesetzten erklären und diese Wahlmänner am nächsten Sonntag in der Kirche nach dem Gottesdienst in einer geheimen Abstimmung nur zwei, höchstens drei Männer vorschlagen lassen, von denen ich dann denjenigen, der nach meiner Ansicht und Ueberzeugung der tüchtigste ist, zum Vorgesetzten erwählen würde.

Der Junker, der Pfarrer und Glülphi erstaunten sämmtlich über die Wahlordnung, die der Meyer ihnen vorschlug. Der Junker nahm ihn bei der Hand und sagte: Meyer, wie kommst du zu dieser trefflichen Wahlordnung? —

Meyer. Ich weiß nicht, ob sie trefflich oder nicht trefflich ist, aber es dünkt mich, sie sei natürlich und dazu geeignet, das Wesentliche, worauf es bei jeder solchen Wahl ankommt, zu sichern, nämlich daß darin auf der einen Seite keine Bestechung möglich, auf der andern Seite aber ein reiner Wille, den würdigsten und zuverläßigsten Mann zum Vorgesetzten zu bekommen, allgemein gesichert werde. Wenigstens glaube ich, daß bei einer solchen Vorgesetztenwahl weder der Herrschaftsherr, noch die Bauern Gefahr laufen könnten, überlistet zu werden und anstatt der besten und bravsten Männer, die Sie zu Vorgesetzten bedürfen, die schlechtesten, die im Land sind, zu erhalten.

Der Junker, der Pfarrer und Glülphi gingen mit einem seltenen Eindruck von Hochachtung von diesem Mann weg und beschlossen, morgen darauf wieder nach Bonnal zu fahren, um Gertrud, von der der Baumwollen=Meyer ihnen gesagt, sie könne ihnen für die Einrichtung einer guten Dorfschule viel besser als er rathen, zu sehen.

---

7. Die Dorfkinder geben dem Baumwollenmareili ein gutes Zeugniß, indem sie in ihrer Angst und Noth Rath bei ihm suchen.

Der Junker hatte nach der Morgenpredigt durch den Weibel im Dorf herumsagen lassen, am Donnerstag werde die Gemeindeweide vertheilt und am Freitag müsse Jeder=mann, der dem Hummel schuldig, mit ihm unter der Linde rechnen. Diese Anzeige löschte, sobald man sie vernommen, in vielen Haushaltungen den guten Eindruck der Morgen=predigt in einem Augenblick so aus, daß man plötzlich von ihr aufhörte zu reden und nur des Weibels Bericht im Kopf und im Munde hatte. Es war den Dorfmeistern noch immer ein Dorn in den Augen, daß die Gemeindeweide vertheilt und die Nutznießung davon jetzt in die Hände eines jeden Lumpentauners*) kommen solle. Aber das war doch nicht der Hauptjammer im Dorfe. Die Freitagsrechnung unter der Linde war jetzt das, was den meisten Leuten den Angstschweiß austrieb, und das Baumwollenmareili, das gleich nach dem Mittagessen im obern Dorf etwas zu thun hatte, traf die ganze Gasse hinauf und hinunter in allen Ecken Leute an, die ihre Köpfe zusammenstießen, und be=sonders nahe bei seinem Haus einen ganzen Haufen Spinner=kinder**), die gar nicht bei einander standen, wie Kinder bei

---

*) „Tauner" heißen in der Schweiz eigenthumslose Taglöhner.
**) Unter Kindern sind schon mehr erwachsene Töchter und Söhne zu verstehen, die aber noch keinen eignen Hausstand haben.

einander stehen, wenn's ihnen wohl ums Herz ist. Es kannte sie alle wohl und merkte gleich, was ihnen fehlte, sah ihnen steif in die Augen und sagte: Habt ihr guten Rath bei einander? — Nicht so gar guten, antworteten ihm einige. Die meisten schlugen die Augen nieder und gaben ihm keine Antwort.

Was ist's denn, was habt ihr mit einander? fragte das Mareili noch einmal.

Da faßten Einige von ihnen Muth und sagten, sie seien dem Vogt schuldig und müßten am Freitag mit ihm rechnen. Das Wort war kaum heraus, so fielen ihm Einige fast in die Arme und sagten: Mareili, du bist doch immer so gut mit uns gewesen, um tausend Gott'swillen, red' uns jetzt auch bei unsern Eltern zum Besten.

Ihr seid schöne Jungfern, erwiederte das Mareili, noch so jung und schon Wirthshaus- und Saufschulden haben? Nein, nein, dafür rede ich euch nicht zum Besten. Es ist nur recht, was euch dafür immer begegnet.

Aber die Kinder hingen ihm am Rock und an beiden Armen und baten es unabläßlich um tausend Gotteswillen, es solle es doch thun.

Endlich ließ es sich doch bereden und es fiel den Kindern damit ein Stein vom Herzen. Aber sie mußten ihm alle versprechen, daß sie das ihre Lebtage nicht mehr thun wollten. Ehe es sie verließ und da es ihnen schon versprochen, mit ihren Eltern zu reden, sagte es ihnen noch: Vor Alters hielten die Töchter so auf die Ehre, daß, wenn in der ganzen Verwandtschaft nur Eines so etwas gethan, so hätten sich alle geschämt und es wäre nicht anders gewesen, als wenn die ganze Verwandtschaft dadurch in Schande gebracht worden wäre. Jetzt schäme sich kein Mensch mehr vor dem andern, nicht einmal vor sich selbst. Alles suche nur mit aufrechtem Rücken Brod zu bekommen und beim Müßiggang eine glatte Haut davon zu tragen; aber manche solche glatte Haut sei dann oft schon, ehe sie alt geworden, ins Zuchthaus oder gar dem Henker unter die Hände gekommen. Das mußten sie von ihm hören. Aber dann redete es doch allen bei ihren Eltern zum Besten.

8. Des Menschen Herz in drei verschiedenen, aber gleich schlechten Gestalten.

Aber es war nicht den Kindern allein, es war noch weit mehr den Eltern vor dieser Rechnung angst, und einigen in dem Grade, daß sie nicht mehr recht wußten, was sie thaten.

Die Speckmolchin vergaß ihre Suppe zu salzen und ließ ihr halbes Mittagessen die Katze fressen, ohne daß sie sie davon wegjagte. Wo fehlt's dir, daß du heute wie ein Narr thust? sagte ihr Mann, der just dazu kam. Im Anfang murrte sie nur, ohne etwas zu antworten, kehrte sich gegen das Fenster, sah einen Augenblick vor sich hin und sagte dann zu sich selber: Es ist doch besser, ich sag's dem Narren selber, ich kann's doch nicht verbergen. Dann kehrte sie sich wieder gegen ihn um und sagte zu ihm: Ich will dir's in Gottes Namen sagen, ich habe ein Stück Tuch beim Vogt versetzt.

Der Speckmolch sperrte Maul und Augen auf und sagte: Was für ein Stück Tuch?

Sie antwortete: Du weißt wohl, das bei der Wäsche fehlte.

So? — Das ganze Stück, das in der Wäsche weg= gekommen sein sollte, und wo du alle Dienstboten und alle Wäscherinnen in die unterste Hölle hinab verflucht hast, daß sie es sollten gestohlen haben? sagte jetzt der Speckmolch, und wollte anfangen zu jammern, es sei doch schlimm, wenn man in seinem Haus seiner eignen Frau nicht mehr trauen dürfe. Aber sein Weib hielt ihm sein achtzehnjähriges uneheliches Kind vor, das ihn manch hundertmal mehr gekostet, als das Lumpenstück Tuch werth sei. Das trieb den armen Speckmolch von der ungesalzenen Suppe zur Stube hinaus, und ihr war jetzt der Stein fast vom Herzen.

Sie that das Salz, das sie in der Küche vergessen in die Suppe, und aß zu Mittag, ohne eben den Mann zu suchen und ihn zu bitten, daß er auch mitesse.

Die Joslin war in gleichem Jammer. Der elende Mantel, dessentwegen sie so oft mit ihrem lieben Mann gezankt, daß ihn die Bettler, die bei ihnen übernachtet, sollten gestohlen haben, war jetzt leider auch beim Vogt und sie mußte es ihrem Mann bekennen. Der Mantel und das Versaufen und Alles thut mir nicht halb so weh, als daß du immer mit mir gezankt und erzwingen wollen, ich solle glauben, die Bettler, die uns unser Lebtag nichts genommen, hätten uns diesen Mantel gestohlen, sagte ihr Mann, da sie jetzt so bekannte. Es thut einer Frau auch so weh, wenn ihr der Mann lieb ist und er sie für eine Diebin hält, erwiederte die Frau, und war jetzt auch halb zufrieden, daß er es einmal wisse.

Noch größer als Alles war der Jammer der Barbel, die den Namen einer Frommen hat, aber eine Heuchlerin ist ohne gleichen. Sie konnte, seitdem sie die Rechnung vom Freitag vernommen, nicht mehr in der Bibel lesen und nicht mehr in ihrem liebsten Betbuch beten, ohne an diese unglückliche Rechnung zu denken. Alle ihre frommen Bücher ließen sie ganz ohne Trost in ihrer Noth, so sehr sie den Kopf darüber hängte und ihre Thränen darauf fallen ließ. Endlich auf einmal hob sie den Kopf wieder auf und rief eilend ihre Dienstmagd und Mithalterin ihrer stillen, ehrbaren Abendtrünke aus der Küche, wo sie ihr eben fünf Eier zum Nachtessen im Ridel schwang, zu sich in die Stube und sagte dann zu ihr: Gott Lob! Gott Lob! Ich hoffe, der liebe Gott werde diese Schande von mir weg= nehmen; denk', was mir der liebe Gott in den Sinn ge= geben, als ich ihn so eifrig dafür angerufen: Das Spinnerbabi heißt wie ich, und wenn ich ihm das schuldige Geld und einen halben Gulden zum Lohn gebe, so geht's gewiß gern für mich unter die Linde und sagt, es sei dem Vogt die fünf Gulden schuldig, und der Vogt bringt mir's nicht aus, er hat mir mein Lebtag nichts ausgebracht und hat gewiß auch nicht ein so böses Herz, wie jetzt alle Leute thun. Ich will, sobald es Abend ist, zu ihm und mit ihm reden.

9. Weiber-Jammer und Mutter-Irrthum.

Am andern Morgen, da das Marcili zu den Eltern, deren Kinder gestern bei ihm gewesen, hinging, jammerten etliche Mütter viel mehr über diesen Freitag, als ihre Kinder. Es hatte die Haue auf der Achsel und that, wie wenn es nur sonst ins Feld wollte; die meisten Eltern riefen ihm noch selber auf die Gasse hinaus, es solle doch ein wenig zu ihnen in die Stube kommen, und es wußte die Sache so gut einzurichten, daß die meisten Kinder ohne Ohrfeigen davon kamen.

Aber die Kaminfegerin hatte das Wasser in den Augen, sobald es nur das Wort Freitag in den Mund nahm und eh' es noch ihres Lisebethlis gedachte, fing sie an zu heulen und sagte, sie stehe in Gottes Namen auch in der erschrecklichen Rechnung und wisse ihres Lebens nichts anzufangen; der Kaminfeger schlage sie zu Tod, wenn er's vernehme. Und mehrere Weiber sagten ihm fast die nämlichen Worte, wie die Kaminfegerin, und baten es, wie ihre Kinder, daß es doch um tausend Gottes willen mit ihren Männern rede.

Es gab ihnen, wie den Kindern, zuerst die nämliche Antwort: Das Zuchthaus wäre besser für sie, als seine Fürsprache, und es stehe ihm nicht an, ihnen, wenn sie Schelme an ihren Männern seien, das Wort zu reden. Am Ende aber that es doch, was sie wollten.

Aber zwei Schwestern, die beim Kreuzbrunnen einander gegenüber wohnen (die eine hat einen Lindenberger und die andere einen Hügi), haben sich bei diesem Anlaß wie erzgute Mütter in ihren Kindern geirrt. Die Lindenbergerin merkte, daß ihrer Schwester Kind, das neben ihr ganz still am Ofen stand, etwas im Kopf steckte und fragte es, wo es ihm fehle, daß es seit dem Mittag immer herumstehe, wie wenn es nicht heim dürfe? Das Kind fing im Augenblick an zu weinen, bekannte Alles und bat sie dann, daß sie doch mit ihrer Mutter rede, es dürfe ihr sonst nicht unter die Augen. Ich will freilich mit ihr reden und ihr sagen, was du für ein Kind bist, sagte die Lindenbergerin, stand im Augenblick auf, aber rief, noch ehe sie zur Thüre hinaus war, zum Kind: Komm du mir nur nicht mehr ins Haus, wenn du so ein Kind bist, du könntest mir meins auch noch verführen, daß es würde, wie du.

Damit ging sie zum Haus hinaus und um den Brunnen herum zu ihrer Schwester. Da traf sie, sobald sie die Thür aufthat, ihr eignes Kind an, das völlig, wie der Schwester ihres, daheim am Ofen stand und den Kopf hängte. Was thust du da, du Müßiggängerin? Es ist gar nicht nöthig, daß du den ganzen Tag da stehst, sagte sie im Augenblick zu ihm, noch ehe sie nur ihre Schwester grüßte.

Das verdroß diese so, daß sie, ebenfalls ohne zu grüßen, zu ihr sagte: Es ist doch besser, es steckt bei mir, als im Wirthshaus. Was? sagte die Lindenbergerin; meinst du, ich habe auch so ein Kind, das ins Wirthshaus geht und Saufschulden hat, wie du eins hast? Behüt' mich Gott davor, daß ich so ein Kind hätte; aber du hast so eins, sagte die Hügin; und die Lindenbergerin: Ha — ich komme eben jetzt von deinem weg, das daheim am Ofen steht und mich um tausend Gotteswillen gebeten hat, ich solle dir sagen, daß es am Freitag unter die Linde müsse. Ei mein Gott, sagte die Hügin und zeigte mit der Hand gegen den Ofen, den Augenblick steht deines da und bittet mich, daß ich es dir sage.

So kamen die zwei Schwestern fast bis zum Zanken, ehe sie merkten, daß sie beide wie gute Mütter sich in ihren Kindern geirrt.

Es gab fast in allen Häusern dergleichen Auftritte wegen der Rechnung mit dem Vogt, die am Freitag sein sollte.

10. Der Feuerheerd und ein gutes Weiberwort.

Der Gertrud Stube war beinahe die einzige, in welcher der Segen der Morgenpredigt auf das Gemüth der ganzen Haushaltung den ganzen Tag über fortdauernd sichtbar war und sich in allem Reden und Thun dieser guten Leute bewährte. Im ersten Augenblick, nachdem Gertrud aus der Kirche kam und in die Stube trat, sagte sie: Es ist nicht recht, daß der Pfarrer in der Predigt meiner gedacht; wäre ich nur nicht in der Kirche gewesen; ich habe mich vor den Leuten schämen müssen, daß ich kein Auge mehr habe aufheben können.

Liebe Mutter, und mich hat's gefreut, daß er von dir geredet hat, erwiederte jetzt der Heirli. Und mich auch — und mich auch, sagten dann alle andern Kinder, und selber ihr Lienhard: Liebe Frau, du hast es doch um mich und um deine Kinder wohl verdient.

Aber was geht das die Gemeinde an, und was braucht der Pfarrer öffentlich darüber in der Kirche zu reden? erwiederte Gertrud.

Ja, Mutter, es war uns allen eine Ehre, daß er das that, sagte das Liseli.

Und die Mutter: Du hochmüthiges Kind! Schon an dir zeigt es sich, daß er Unrecht gehabt. Die Kirche ist nicht dazu da, dich und deines gleichen noch hochmüthiger zu machen, als ihr schon seid.

Lienhard. Du hast des Liselis halber wohl recht. Die Kirche ist gewiß nicht dazu gemacht, die Leute noch hochmüthiger zu machen, als sie sonst sind; aber es sind auch nicht alle Leute so, wie das Liseli, und es hat gewiß auch mancher braven Frau wohl gethan, auf dich als auf ein gutes Beispiel aufmerksam gemacht zu werden.

Gertrud. Das glaub' ich nicht. Das Rechtthun und das Bravsein selber kann brave und auch schlechte Menschen auf andere aufmerksam und dadurch besser machen; aber wenn mit den Fingern auf eine Frau in der Kirche gezeigt und von der Kanzel ausgerufen wird, sie sei die bravste, das macht gewiß keine andere besser und bringt nur Eifer und böses Blut unter die Leute. Doch wir wollen jetzt davon schweigen und, wie sonst, von der Predigt selber reden. Sie ist mir, ehe er meinen Namen aussprach, unaussprechlich zu Herzen gegangen.

Auch mir, liebe Frau, erwiederte der Lienert.

Gertrud. Wie konnte es anders sein? Ich glaubte und hoffte in unserm Elend immer, und du selbst hast es gewiß auch gethan, der liebe Gott werde den Berg des Elends, den der Hummel auf uns gewälzt, noch von uns nehmen, ehe wir ganz zu Grunde gegangen. Unser kleiner Glauben hat uns geholfen und das Wort ist wohl an uns erfüllet: Wenn ihr Glauben habt, wie ein Senfkorn, so werdet ihr zu diesem Berg sagen, heb' dich von uns und er wird sich von uns wegheben.

Sie nahm jetzt den Lienhard bei der Hand und sagte ihm: Wir wollen täglich zu Gott beten, daß er unsern Glauben stärke.

Und ihm danken, daß es uns jetzt gut geht, sagte der Heirli.

Ja, Gott danken, Heirli, und immer mehr recht thun, erwiederte die Mutter.

Dann nahm sie, wie gewohnt, am Mittag ihre Bibel, las an der Seite des Vaters einige Kapitel daraus mit ihren Kindern, und als sie dieses geendet, sang sie noch mit ihnen das Lied:

Wer Gott vertraut,
Hat wohl gebaut,
Im Himmel und auf Erden u. s. w.

Nach der Mittagspredigt saßen sie wieder so alle zusammen um den Feuerheerd, denn es war etwas kalt. Die Erhebung, die das Wort: Wenn ihr Glauben hättet, wie ein Senfkorn ꝛc. diesen Morgen in der Seele der Gertrud bewirkt, war noch immer lebendig in ihr. Sie redete wieder von dieser Rührung und sagte: Alle Hülfe, die uns Gott für dieses Leben gibt, ist nichts gegen die Hülfe, die er uns durch Jesum Christum zum ewigen Leben erworben. —

Alle saßen jetzt herzlich bei einander, und eine Thräne entfiel der Gertrud, als sie sagte: Unser einziges Ziel ist doch, daß wir einst in der Ewigkeit alle wieder so bei einander sind.

Der Lienhard erwiederte: So auf Erden bei einander zu sein, wie wir jetzt bei einander sind, führt gewiß dahin, einst im Himmel so wieder zu einander zu kommen.

Der Heirli sagte: Ja, so bei einander beim Feuerheerd sitzen, ist doch schön! — Gelt, Mutter, man wird brav, wenn man so bei einander sitzt und mit einander von Gott redet, und betet und singt?

Der Feuerheerd war den Alten heilig, aber es hat ihm wohl noch Niemand eine bessere Lobrede gehalten, als unser guter Heirli. Auch nahm die Mutter, sobald er das Wort ausgesprochen, ihr Betbuch von dem Tisch weg, um den sie sich gewöhnlich bei ihren Andachten herumsetzten, las, betete und sang jetzt eine Stunde nach einander mit ihnen beim Feuerheerd und stand auch, als die Gebetstunde vorüber, noch nicht davon auf. Vater, Mutter und Kinder blieben den ganzen Abend bis zu ihrem Nachtessen so bei ihrem Heerd. Kein Mensch von ihnen ging zur Hausthüre hinaus, und Gott und Ewigkeit, und ihr Erlöser, Jesus Christus, und auch das Glück, das ihnen durch den Junker widerfahren, erfüllte den ganzen Abend ihr Herz und ihr Mund war von der Herzlichkeit ihrer Gefühle darüber voll.

Wer immer jetzt so den ganzen Abend bei ihnen gesessen, der hätte gewiß fühlen müssen, warum die Alten den Feuerheerd heilig hielten, und wie wahr das Wort ist, das sie darüber sagten: Eine Frau, die bei ihrem Feuerheerd viel an ihren Mann und an ihre Kinder sinnet, habe nicht leicht ein unheiliges und ungesegnetes Haus. Gertrud that das immer, wo sie auch den Tag über war; am wenigsten beim Feuerheerd that sie irgend etwas, wobei sie nicht an ihren Mann und an ihre Kinder dachte. Wenn sie ihm auch nur Erdäpfel kochte, so kochte sie sie ihm so, daß er ihnen immer ansah, sie habe an ihn gedacht, — und Gott segnete und heiligte ihr Haus.[11])

11. Die große Aenderung des guten Lienhard und die neue Noth, in die ihn die Schlechtigkeit seiner Tagelöhner beim Kirchbau gebracht.

Ich rede gern von dieser Frau, deren häusliche Kraft und Tugend die Reihenfolge der Begegnisse veranlaßt hat, die wir bisher gesehen; sie steht mir immer vor Augen und hat in meinen Augen den größten Werth unter allen den Menschen, von denen ich bisher etwas geredet. Sie geht täglich ihren stillen Gang vorwärts und ihr Haus ist täglich mehr gesegnet. Sie genießt aber jetzt auch die Folgen ihrer Tugend und ihres Muthes, mit dem sie in ihrer Noth zu Arner ging und bei ihm Hülfe und Rath suchte, in vollem Maße. Ihr guter, aber ehemals so schwacher Mann, der ihr vorher so vielen Kummer gemacht, ist seitdem ein ganz anderer Mensch geworden. Jedermann glaubte, da er jetzt am Kirchbau Geld verdiene, so werde er augenblicklich wieder in sein altes lüderliches Leben verfallen. Aber es war nicht so. Er ist alle Morgen der Erste an der Arbeit. Noch vor 6 Uhr, eh' er auf den Kirchhof geht, macht er eine Stunde oder zwei vorher im Haus allerhand in Ordnung, das er vorher mit keiner Hand angerührt hatte; er mistet den Stall, er melkt die Kuh und thut noch viel Anderes, das er vorher ganz seiner Frau überließ, und ist auch bei dieser Arbeit so munter und heiter, als er in der Wirthshauszeit bei derselben oft unwillig und unwirsch war. Er singt jetzt wieder, wie er, seitdem er das erstemal mit dem Hummel gerechnet und ihm viel schuldig geworden, nicht mehr gesungen. Wenn seine Kinder mit der Mutter ihr Morgenlied singen, so singt er meistens auch mit und tönt oft ihre Melodie vom Haus weg noch pfeifend fort bis auf den Kirchhof.

Aber wenn er dahin kam und ihn auch nur die Luft vom Kirchhof anhauchte, oder vielmehr, sobald er von ferne einen der Lumpen, die ihm daran arbeiteten, sah oder hörte, verging ihm das Singen auf der Stelle. Er hat daselbst neun Gesellen und acht Tagelöhner, und mit diesen letztern, die fast alle ein lüderliches, abgeschwächtes und anmaßliches Baumwollengesindel sind, fast alle Augenblicke Verdruß; mit den Gesellen weniger. Diese sind landsfremd und wissen auch mehr, was allenthalben der Brauch ist und was selber beim Lüderlichsein noch gehen und nicht gehen mag. Die Tagelöhner hatten zwar auch schon in Verbindung mit vielen Andern als Gehülfen der Maurer an einem Bau gearbeitet, aber sie kannten alle Lienhard von früher her und meinten, da er eben wie sie und mit ihnen lange ein lüderlicher Bursch gewesen, so dürfe er jetzt auch nicht streng mit ihnen sein, er müsse vielmehr um deswillen ihnen hie und da etwas zu gut halten und durch die Finger sehen, was freilich nicht ein jeder Andre thun würde. Auf dieses Fundament hin machte es ihnen gar nichts, alle Augenblicke gegen ihn zu fehlen, wie es ihnen nur in den Sinn kam. Bei Vielen schien es, als ob sie es bestimmt darauf anlegten, daß bei der Arbeit Alles viel koste und recht viel dabei zu Grund gehe.

Der Kalk kostet in Bonnal, weil man ihn wohl 4 Stunden übers Gebirg herführen muß, fast das Doppelte, als jenseit des Gebirgs, und der Maurer hatte dem Kriecher schon von Anfang an alle Tage gesagt, er solle ihn doch sparen, weil er so theuer sei. Aber er konnte lange reden, der Kriecher warf so viel Kalk in den Sand und arbeitete ihn so schlecht, daß die Maurer alle Augenblicke ganze Schollen unverarbeiteten Kalk darin fanden und dem Lienert selber sagten, er solle den lüderlichen Burschen von dieser Arbeit wegjagen oder ihn doch anhalten, daß er seine Arbeit besser mache. Das verstand aber der gute Lienhard nicht wohl; er sagte es ihm freilich alle Tage wohl zehn Mal, aber es half nichts. Endlich that er ihn und noch einen andern, der eben so lüderlich war, von dieser Arbeit weg und an eine andere, bei der er, wie der gute Meister glaubte, doch wenigstens nicht so viel verderben konnte, als beim Pflaster=machen. Dafür brauchten sie denn hinter seinem Rücken ihr Maul, hießen ihn einen Wohldiener, Unglücksstifter und ägyptischen Treiber und dergl., brummten daneben wie alte Bären, die ihr Meister eben geprügelt und sagten unter einander: Wenn der Kalk sein wäre und er ihn zahlen müßte, so wäre es ein Unterschied, aber es gehe ihn ja nichts an, und der Junker würde noch der Junker bleiben, der er sei, wenn er auch das Fäßchen Kalk, das der Maurer aus ihnen herausschinden wolle, weniger hätte.

Der gute Lienhard hätte sie geradezu wegschicken und nicht an eine andere Arbeit schicken·sollen. Sie verdarben ihm jetzt aus Rache doppelt so viel, als sie ihm beim Pflastermachen verderben konnten, und es ist, als ob sie nicht von dem Kirchhof wegkönnten, ohne daß sie einen Laden mit den Schuhen von einander getreten, oder ein Stück Holz unnütz gemacht, oder sonst etwas dergleichen gethan. Und dann waren diese zwei nicht einmal die Einzigen, von denen er Verdruß hatte. Der Rütimarx thut zu Allem, was er angreifen muß, so lahm, daß, wenn er etwas in die Hand nimmt, immer drei oder vier die Hände still halten und den Narren wegen seiner Ungeschicklichkeit angaffen. Er und der Kriecher sind aber doch auch die schlimmsten und platterdings zu nichts nutz, als etwa einen leeren Korb, einen Nagel oder ein Seil einem andern zu bringen, der dann den Korb füllen, den Nagel einschlagen und das Seil anbinden kann, wenn er gern will. Diese zwei Schwächlinge im Lumpenleben sperbern auch den ganzen Tag auf solche Gattung Arbeit; dem Lenk aber übergeht allemal die Galle, wenn er diese Burschen so etwas auf den Müßiggang ein= richten sieht, und es ist dann auch noch, wie wenn er allemal dazu kommen müßte; und da er selber auch ein schlechter Kerl ist, so hat das eine sehr böse Wirkung auf ihn. Wenn er darob unwillig wird, so arbeitet er dann auch selber nicht, wie er es sonst thut, im Gegentheil wiegelt er noch die andern Arbeiter auf und hat erst neulich zu ein paar andern gesagt, sie seien Narren, daß sie sich so angriffen; die so an Händen und Füßen wie lahm wären und den ganzen Tag herumstünden und den Maulaffen feil hielten, bekämen den gleichen Lohn wie sie.

Es ist aber auch zum Rasendwerden, wie weit diese zwei Burschen ihre Unverschämtheit treiben. Vor Kurzem rief ein Maurer dem Kriecher vom Gerüst herunter, ob er keine Schnur (Bindfaden) bei sich habe? Der Kriecher schlüpfte im Augenblick unter dem Pflasterkorb, den er schon auf der Achsel hatte, hervor, suchte in allen Taschen, ob er nicht etwas finden könne, das einem Schnürlein gleich sehe, und das er anstatt des Pflasterkorbes die Leiter hinauftragen könne. Er fand auch wirklich etwas dergleichen, nahm es im Augenblick in beide Hände und trug es also Schritt für Schritt die Leiter hinauf an eben den Ort, wo er den Pflasterkorb hätte hintragen sollen. Der Lienert stand gerade neben ihm, da er seinen Korb abstellte und mit dem Schnürli in den Händen die Leiter hinaufging. Ohne ein Wort zu sagen, nahm jetzt der Lienert den Pflasterkorb selber auf die Achsel und trug ihn ihm auf dem Fuß die Leiter hinauf nach. Wer seines Wegs fortging und nicht that, als ob er merke, daß Jemand hinter ihm herkomme, das war der Kriecher. Er hätte ihn auch sicher bis an Ort und Stelle so hinter ihm hergehen und sich den Korb nach= tragen lassen, wenn ihm nicht ein Maurer von dem Gerüst zugerufen hätte, ob er sich nicht schäme, den Meister so hinter sich her den Pflasterkorb hinauftragen zu lassen und mit leeren Händen voranzugehen; da kehrte er sich nach einigem Brummen um und sagte zum Lienert, er habe ihn nicht gesehen und geglaubt, es pressire mit der Schnur. Er wollte jetzt aber doch dem Meister den Korb abnehmen; aber dieser gab ihn ihm nicht und sagte: Wenn du nicht ein Müßiggänger wärest, so hättest du ihn schon unten auf der Achsel behalten und mit sammt dem Schnürli hinauf= tragen können. Der Kriecher gab zur Antwort: Ich meine, ich thue meine Sache so gut als ein Anderer und schnurrte von ihm weg.

Auch der Lehmann steht die halbe Zeit herum, zu schauen, wo die Vögel herumfliegen, und wenn der Sigrist oder der Todtengräber, oder sonst ein altes Weib über den Kirchhof geht, so hat er allemal etwas ganz Nothwendiges mit Jedem zu reden.

Der Marx, der stiehlt gar, und es ist kein Nagel, kein Seil, oder sonst nichts bis auf die Speckschwarten vor ihm sicher. Einmal, als er sein Brod aus seinem Schnappsack herausnahm, war es schneeweiß. Der Maurer Jacob, der ehrlichste unter des Lienerts Gesellen, stand eben bei ihm zu und sagte ihm: Marx, Marx, es ist gar kein gutes Zeichen, wenn einem Maurer das Brod im Sack weiß wird. Warum? warum? sagte der Marx.

Jacob. Es mahnt Einen so stark aus Kalkstehlen.

Marx. Ich habe keinen gestohlen.

Jacob. Das Brod ist dir, denk' ich, von den Erdäpfeln so weiß worden, die du in deinem Schnappsack hast.

Marx. Gewiß nicht vom Kalkstehlen.

Der Jacob antwortete nichts mehr. Er warf nur einen verächtlichen Blick auf ihn. Das machte ihm zwar das Herz klopfen, aber er ward doch nicht roth. Er konnte nicht wohl, denn das, was schwarz und dunkelgelb ist, wird gar schwer roth. Doch sagte er noch: Ich hab' gestern Mehl im Sack gehabt und wusch zugleich das weiße Brod im Bach ab, der vor ihnen floß. Du wirst fürchten, sagte jetzt der Jacob, das Mehl brenne dich im Magen, wenn du das Brod nicht abwäschest. Erbittert, daß der Jacob noch jetzt nicht schweigen wollte, sagte ihm der Marx: Ich mag das Brod einmal nicht essen, wie ein Schwein. Aber der Jacob schwieg auch jetzt noch nicht, sondern erwiederte: Du hast ganz Recht, dergleichen Mehl könnte auch ein Schwein tödten, wenn es ein wenig zu viel davon bekäme, und ging dann weiter.

Solche Leute hatte der Lienert den ganzen Tag um sich. Doch auch andere. Mit den Gesellen war er meistens zufrieden und von den Tagelöhnern machten ihm auch Etliche dann und wann Freude.

12. Vaterfreuden.

Außer dem Michel, den er allenthalben brauchen konnte, war ihm Keiner so lieb, als der junge Bär. Dieser sang und pfiff immer bei seiner Arbeit, wenn ihm auch der Schweiß tropfenweis von der Stirne lief. Viele konnten das nicht an ihm leiden und der Lenk sagte einmal beim Abendbrod ihm ins Gesicht, er könnte mit seinem Singen und Pfeifen wohl warten, bis er ein ganzes Hemd hätte. Aber der Bär pfiff sein Lied fort, schüttelte dabei den Kopf und sagte erst, nachdem er sein Lied ausgepfiffen und noch einen Mundvoll von seinem Abendbrod gegessen, zum Lenk: Meinst du etwa, es mache Einem die Hemden ganz, wenn man nicht pfeift?

Es sparte keiner wie er den Taglohn und keiner sprang so mit ihm heim, ihn seiner Frau zu bringen und zu zeigen. Den ersten Samstag war er außer Athem und konnte vor Freuden fast nicht zu Worten kommen, da er die Hand aufthat und den Thaler, der von Schweiß ganz naß war, seiner Frau zeigte. Sie nahm ihn fröhlich aus seiner Hand und er konnte jetzt wieder frischer athmen und sagte noch: Gelt, Frau, so hundert, dann wäre ich ein braver Mann? Wenn du nur so zehn zu einander bringen kannst, so bin ich mit dir zufrieden, sagte die Frau. — Und er: Du mußt auch einmal etwas recht Gutes hoffen. Dann nahm er ihr den Buben ab, den sie auf dem Schoß hatte und ritt mit ihm auf allen Vieren in der Stube herum.

Der Lienert ritt mit seinem Heirli nicht so auf allen Vieren herum, aber er hatte eben so viele Freude mit seinen Kindern, insonderheit mit seinem ältesten Knaben. Er zeigte ihm, wenn er am Abend heim kam, allemal etwas von seinem Handwerk. Sie bauten seit etlichen Wochen alle Abend mit einander an dem Thurm zu Babel, wie er in der Kinderbibel der Großmutter selig abgemalt ist, aus einem Haufen Lehm mit einander in der Stube. Er hat ihnen fast gar nicht gerathen wollen und sie mußten manche halbe Nacht daran probiren, wie breit unten die

Treppe sein müsse, wenn sie so zwanzigmal um den immer schmäler werdenden Thurm herumgehen und oben sich mit ihm auspitzen müsse — und viel Anderes mehr. Er lehrte ihn rechnen, was es zu den Sachen brauche, wie viel Kalk und Stein und Sand es zu einer Klafter Mauer erheische, wenn sie so oder so dick ist. Auch das Bleimaß, das Richtscheit und das Winkelmaß lehrte er ihn in der Wohnstube brauchen und zeigte ihm die Vortheile, wie er die Steine beim Mauern zur Hand nehmen müsse, wenn sie dick oder dünn, glatt oder höckerig sind.

Erst vor Kurzem kaufte er ihm eine Pflasterkelle und ein Schurzfell. Ich darf wohl sagen, die Freude eines Königssohnes, wenn er das erste Mal an einem festlichen Tage eine Krone tragen darf, ist nichts dagegen, wie sich Niklaus freute, da er ein Schurzfell und eine Pflasterkelle bekam. Er nahm einen Gang an die Stube hinauf und hinunter, wie wenn er schon ein Maurergesell wäre, und sprang dann im Fell einmal über das andere zu Vater und Mutter, nahm sie bei der Hand und beim Rock, sagte alle Augenblicke, er wolle auf der Welt thun und machen, was sie wollten, wenn sie ihn nur auch bald zum Handwerk aufdingten. Der gute Vater wußte nicht, was er machte, so hatte er seine Freude daran, und er konnte seine Thränen nicht zurückhalten, da er den guten Knaben auf den Schoß nahm und zur Mutter sagte: Wenn ich nur noch erlebe, daß er aus der Fremde als ein Meister zurückkommt, der mehr gelernt hat, als ich, und dann auch einer Frau mehr Freude machen und an seinen Kindern mehr thun kann, als ich zu thun im Stande bin, so will ich gern aus der Welt, wenn's Gottes Wille ist.

Gertrud. Will's Gott, lebst du dann noch lange, bis alle unsere Kleinen erzogen sind. Gott Lob können wir jetzt auch schon an ihnen mehr thun, als bisher, und wir wollen doch jeden Heller zusammensparen, damit wir an keinem etwas versäumen müssen, was ihm helfen könnte, sich mit Gott und Ehren durch die Welt zu bringen.

Lienhard. Es geht mir aus Herz, was ich in dieser

Beziehung schon gefehlt habe, und ich will jetzt auch gewiß früh und spät sein, um wieder gut zu machen, was ich gefehlt. Aber du mußt mir jetzt auch glauben und nicht mehr an mir zweifeln.

Gertrud. Lieber, ich glaube dir gewiß. Ich seh' es ja, daß du es thust. Du könntest nicht braver sein, als du jetzt bist.

Lienhard. Das ist wohl zu viel gesagt. Aber will's Gott, will ich immer braver werden und machen, daß du immer mehr siehst und immer mehr glaubst.

Lienhard und Gertrud hatten beide Thränen in den Augen. Aber Niklaus, der dem Vater auf dem Schoße saß und das sah, meinte, sie sollten jetzt nicht weinen, sah beide eine Weile wehmüthig an und faßte dann mit der einen Hand den Vater und mit der andern die Mutter um den Hals und Thränen fielen auch auf seine Wangen, da er zu ihnen sagte: Warum weint ihr doch? Sie antworteten ihm, sie weinten aus Freude und hofften, er werde ein braver Maurermeister werden.

Niklaus. Das will ich auch, aber ihr müßt darum nicht weinen.

Sie wollten jetzt gerne aufhören, aber konnten nicht. Sie drückten ihn beide an ihr Herz, weinten fort und auch er war von ihrer Wehmuth ergriffen und lange nicht mehr so fröhlich, als er war, ehe er sie weinen sah. Er nahm selber die Pflasterkelle eine Weile nicht mehr vom Boden auf.

---

13. Folgen der Erziehung oder vielmehr der Nicht-Erziehung.

So innig lebten jetzt Lienhard und Gertrud im Kreis ihrer Kinder mit einander. Er war aber den Tag über wenig zu Hause, er fehlte keine Stunde an der Arbeit beim Kirchbau. Am Abend, wenn er heimkam, traf er meistens des Rudi Kinder auch in seiner Stube an. Es ist un=

glaublich, mit was für Geduld und Liebe Gertrud sich dieser
Kinder annimmt. Sie sind an gar keine Ordnung und an
keine anhaltende Anstrengung gewöhnt und haben ihre Augen,
anstatt auf der Arbeit, immer in den Lüften, und so wird
das Garn bald zu dick, bald zu dünn und nie recht, und
wenn sie es so verderbt, zerrten sie noch ganze Hände voll
davon ab, warfen es fort zum Fenster hinaus, oder auf dem
Heimwege in den Bach und hinter die Häge. Aber Gertrud,
die ihnen alle Tage ihre Arbeit wiegt, fand gar bald, daß
etwas fehlte, und fragte die Kinder, wie das komme. Sie
wollten leugnen; aber der Gertrud Heirli sagte dem Lisseli:
Du mußt jetzt nicht leugnen, ich hab' es ja gesehen, wie du
aufgestanden und es zum Fenster hinaus gethan hast. Weißt,
ich hab' dir ja gesagt, die Mutter merke es, aber du hast
mir's nicht geglaubt.

Dieses Liseli war das älteste und in der Lüderlichkeit
so verhärtet, daß es sich im Anfang gar nicht in die Ord=
nung der Gertrud finden konnte. Es war ihm fast gar
nicht möglich, vom frühen Morgen bis an den späten Abend
ganz anders zu sein, als es seine Lebtage gewohnt war, und
fiel auch zu Zeiten in eine so böse Laune, daß ihm oft die
schlechtesten Worte entfielen, z. B. sie müßten sich ja fast
zu Tod spinnen; es wollte gern, sie hätten es nur, wie da
sie noch arm waren, und jetzt seien sie doch reich; sie hätten
doch auch ruhig ausschlafen können und wären nicht alle
Tage so angespannt gewesen, wie arme Hunde.

Sie sagten im Anfang alle, das Spinnen sei gar
schwer; aber des Maurers Heirli lachte sie aus und sagte
ihnen, es sei nicht schwer, es sei so leicht, daß man es blind
könne. Und als die Mutter aus der Küche in den Garten
ging, stand er im Augenblick auf und sagte dem nächsten
Kind, das bei ihm saß: Verbinde mir jetzt nur die Augen.
— Dann saß er mit verbundenen Augen an seinem Rad,
nahm seinen Baumwollenflocken in die Hand und spann
fort, wie wenn er die Augen frei hätte.

Das hätte ich doch nicht geglaubt; nein, ich hätte nicht
geglaubt, daß das möglich wäre, sagten alle Kinder des

Rudi. Oh, wenn man etwas nicht blind kann, so kann man's gar nicht, sagte der Heirli. Das ist nicht wahr, sagten die ältern Kinder der Gertrud, man kann nicht Alles auch blind machen, was man sehend kann. Was weiß ich, sagte der Heirli, ich kann einmal blind spinnen, wie sehend. Aber können wir's auch so lernen? sagten des Rudi Kinder. Der Heirli antwortete: Wenn ihr darauf sperbert, wie gestern, da ihr Sommervögel fangen wolltet, so lernt ihr's gewiß wie ich. Ja, Sommervögel fangen ist etwas Anderes, sagten des Rudi Kinder. Warum? sagte der Heirli. Die Kinder antworteten: Man muß sitzen zum Spinnen. Ja, das ist wahr, sagte der Heirli, man muß zuerst lernen sitzen, ehe man kann lernen spinnen.

Als Gertrud in die Stube kam, erzählten sie ihr ihr Gespräch über das Blindsein im Spinnen.

Lernt ihr jetzt nur zuerst sehend spinnen, sagte sie, untersuchte dann einem jeden sein Garn, verglich es mit dem gestrigen, war damit zufrieden, und alle Kinder des Rudi, das Liseli ausgenommen, waren schon freudig und fröhlich und gewöhnten sich schon sehr an die Ordnung der Gertrud; diese gab ihnen dafür heute den Feierabend eine Viertelstunde früher.

14. Eine Art von Wiedergeburt in der irdischen Hülle.

Gertrud thut an dem guten Rudi nicht weniger als an seinen Kindern. Es vergeht kein Tag, daß sie nicht in sein Haus geht und sich eine Weile darin aufhält; und wo sie immer im Stall, in der Scheune oder sonst etwas nicht in der Ordnung findet, so bringt sie es in Ordnung, ehe sie wieder zum Haus hinausgeht, und wenn dann der gute Rudi sie also sieht viel thun, was er wohl fühlt, daß er hätte thun sollen, so schämt er sich allemal und wird so eifrig, daß er immer vor neun Uhr, um welche Zeit Gertrud mehrentheils kommt, in allen Ecken herumläuft und Sorge trägt, daß sie nichts in Unordnung finde. Er wäscht sich alle Tage, er strehlt sich besser, er läßt sich den Bart öfter abnehmen und kleidet sich reinlicher, daß er wirklich um einige Jahre jünger aussieht, als vor etlichen Wochen. Er hat seine Stube, die ein schwarzes Rauchloch war, ganz geweißt, und die Fenster, die den Schmutz von vielen Jahren auf sich trugen, beim Brunnen selber gewaschen, und am letzten Markt hat er sogar den Heiland am Kreuz, die Mutter Gottes mit dem Kindlein Jesu, den Nepomuk, den Kaiser Joseph II. und den König von Preußen und einen weißen und einen schwarzen Husaren gekauft, seine Stube zu verschönern. Das freute die Gertrud sehr und sie sagte den Kindern: Rührt mir die Heilgen nicht an, daß sie nicht schwarz werden, sonst strafe ich euch. Das gefiel den kleinen Jungen nicht. Sie hatten ihre Finger gern auf den schönen Farben und der Rudeli sagte zu ihr: Du kannst doch Niemand verbieten, sie schwarz zu machen.

Wem kann sie's nicht verbieten? sagte der Vater.

Den Fliegen, Vater. Du weißt wohl, setzte er hinzu, die Fliegen haben der Mutter selig ihr großes Kreuz und ihre Himmelsleiter so schwarz gemacht, daß man kein Wort mehr darauf hat lesen können.

15. Weiberkünste gegen ein Weib.

Aber wenn sie so alle Tage in des Rudi Haus mußte und mit ihm und mit den Kindern Mühe hatte, dachte sie doch oft bei sich selbst: So kann's in die Länge nicht gehen, dieser Mann muß wieder eine Frau haben, und sann hin und her, wer sich doch am besten für ihn schicken würde. Gar oft kam ihr vor, Niemand wäre für ihn besser, als des Untervogt Meyers Schwester. Und als sie einmal so in seiner neuen Stube zum Fenster hinaus sah, kam diese eben die Gasse herunter gegen das Haus; da that Gertrud schnell das Fenster auf und rief ihr über die Gasse einen guten Tag zu. Diese dankte ihr freundlich und setzte hinzu: Bist du hier daheim? Gertrud antwortete: Für jetzt wohl, aber nur, bis eine Bessere an meine Statt kommt. Es wird nicht so bald eine Bessere daran kommen, sagte die Meyerin. Und die Gertrud: Das weiß man nicht. Aber willst du nicht auch kommen, zu sehen, wie es jetzt in des Rudi Haus aussieht?

In einem Sprung war die Meyerin die Treppe hinauf in der Stube und that Mund und Augen auf, da sie eine weiße Wand und eine ganz neue Ordnung darin antraf. Sie ging von einem Stück zum andern, schaute in allen Ecken Alles aus und sagte einmal über das andere: Das ist auch anders worden! Gertrud führte sie dann aus der Stube in den Stall zu der schönen Kuh, die Arner dem Rudi geschenkt. Als die Meyerin sie sah, sagte sie: Eine schönere hab' ich in meinem Leben nicht gesehen und trat der Kuh bald auf diese, bald auf jene Seite, tätschelte sie, strich ihr Rücken, Kopf und Hals und sagte: Es muß doch eine Lust sein, so eine zu melken. Möchtest du so eine melken? sagte die Gertrud. Ja, das möcht' ich, erwiederte die Meyerin. Und Gertrud: Du hast doch auch zwei recht schöne zu Haus; aber sie konnte das Lachen kaum unter=
drücken, da sie das sagte. Die Meyerin merkte es nicht und sagte ganz unschuldig: Sie sind nichts gegen diese. Gertrud erwiederte: Es ist wahr, es ist weit und breit keine solche im Lande und rühmte dann das Thier, wie sie so viel Milch gebe und wie gut diese sei, wie viel sie Rahm und Butter gebe, dann auch, wie treu sie sei und wie freundlich, und wie ein jedes Kind mit ihr machen könne, was es wolle.

Die Meyerin hörte ihr zu, wie in einer Predigt, und sagte: Man sieht ihr wohl an, daß sie ein gutes Thier ist, und erzählte der Gertrud, wie sie daheim auch eine hätten, die so gut sei, und wie die vorige Woche ihres Bruders Kind mehr als eine Viertelstunde unter ihr auf dem Boden gelegen, ohne daß es Jemand gewußt, und wie die Kuh es geschont; ich glaube, setzte sie noch hinzu, wenn es ihr Kalb gewesen wäre, sie hätte ihm nicht mehr Sorge tragen können;

und da Gertrud jetzt das Futterfaß nahm und der Kuh Geleck daraus gab, nahm es ihr die Meyerin aus der Hand und ließ sie eine Hand voll nach der andern aus der ihrigen fressen, und da sie jetzt das Futterfaß abstellte und von ihr fortging, that sie noch so freundlich mit ihr, als sie immer konnte.

Von da mußte die Meyerin mit ihr in die schöne, große Matte, die der Rudi jetzt wieder bekommen. Sie führte sie vom Haus weg durch die große Reihe von Obstbäumen, die fast alle voller Früchte waren und die Meyerin sagte ein Mal über das andere: Es ist keine Matte so schön im ganzen Dorf, und es ist doch Schade, daß wir das Gras darin so vertreten. Das macht jetzt nichts, erwiederte ihr Gertrud, und ging immer mehr mit ihr durch das dickste Gras an die Stellen, wo sie am schönsten war. Auf dem allerschönsten Platz, der darin ist, sagte sie dann: Nicht wahr, es ist doch dem guten Mann jetzt sehr wieder auf= gegangen?

Ja, es muß ihm jetzt doch wohl sein nach Allem, was er gehabt hat, sagte die Meyerin und fragte dann selbst, wo die Kinder wären. Ich will dir sie zeigen, sagte Gertrud, auch sie sind etwas anders worden, als sie vorher waren. Aber der Vater, ist er auch anders worden? er= wiederte die Meyerin.

Gertrud. Das glaub' ich, du würdest ihn nicht mehr kennen, so hat er sein Haar, seinen Bart und seine Kleider in Ordnung.

Es wird gut sein, wenn er einmal wieder heirathen will, sagte die Meyerin noch immer, ohne daß sie im ge= ringsten an das dachte, was Gertrud im Schild führte. Diese konnte es nicht begreifen, daß die Meyerin das so lange nicht merke und ihr das Lächeln nicht ansehe, das sie bei einem jeden solchen Worte anwandelte und antwortete ihr: Er merkt's, denk' ich, auch selbst, da er sich so viel Mühe darum gibt.

Damit führte sie die Meyerin aus der schönen Matte des Rudi wieder in seine Stube, wo eben des Rudi Kinder wieder heimgekommen. Sie nahm zuerst den kleinen Rudeli bei der Hand, stellte ihn vor sich zu, streichelte ihm seine gelben Locken, die über die breite, weiße Stirne heruntergingen, zurück; seine Locken rollten sich von selbst über ihre Hand, die hohe weiße Stirne ist bloß, der Bub liegt zurück in ihrem Arm und thut sein blaues, großes Aug weit auf gegen die Meyerin, die vor ihm steht. Das Nännli ist schwächlich, aber ein Blitzaug tief im kleinen, runden Kopf und ein Haar, fein wie Seide, schwarz wie sein Auge und glatt wie seine Haut, machte die Meyerin selbst sagen: Das wird ein Engel. Vom Liseli sagte Gertrud: Das wird will's Gott auch brav, und die Meyerin: Es macht kein so frohes Gesicht, als die andern. Das Kind schlug seine Augen nieder, da die Meyerin das sagte und Gertrud ihm im gleichen Augenblick einen Blick zuwarf, von dem es wohl verstand, sie wolle es auf das Wort der Meyerin aufmerksam machen. Dieser aber antwortete sie: O, es kann auch lustig und sogar muthwillig sein.

Die Kinder saßen schon alle an den neuen Baumwollenrädern, die Gertrud ihnen hatte machen lassen, und das Liseli trieb, seitdem die Meyerin in der Stube war, sein Rad so fleißig, als es doch noch nie gethan. Gertrud, die das sah, sagte im Vorbeigehen: Augendienst.

Der Rudeli saß mit seinem Rad hinter dem Ofen, da sie ihm rief, er solle hervorkommen und ihnen sein Garn bringen. Seht mir jetzt den Buben, wie er vor Eifer das Maul zusammenbeißt, sein Garn in beiden Händen vor sich her trägt und den zwei Weibern keck in die Augen sieht und denn noch sagt, er lerne erst seit ein paar Wochen spinnen; und da sie ihm jetzt sein Garn rühmten, jauchzte der Bub, sprang von ihnen weg und lachte, so viel er vermochte, zum Fenster hinaus. Das ist ein wilder, sagte jetzt die Meyerin. Nicht so sehr, erwiederte Gertrud und ruft dem Buben. Er kommt im Augenblick wieder und sie nimmt ihn jetzt beim Arm und sagt ihm: Steh mir da still, du weißt, es gibt Staub in der Stube, wenn man so darin herumspringt. Ich hab' es vergessen; es freute mich, daß dir mein Garn gefiel, sagt der Bub und steht still an ihrer Hand, wie ein Schaf.

Dann ging sie noch in die Nebenkammer, brachte des Rudi kleines Bübli auf ihrem Arm heraus und gab es der Meyerin.

Sie holt es alle Tage, wenn's schön Wetter ist und die andern zu ihr kommen und spinnen, und legt es, wenn's schlafen will, mit ihrem Greteli in der Nebenkammer in die gleiche Wiege.

Jetzt war es eben erwacht und hatte die ganze volle Farbe des gesunden Säuglings, der eben aus dem Schlaf kommt. Es schüttelte und reckte sich auf der Meyerin Arm und rieb sich die Augen, da es noch nicht vollends erwacht war. Sie herzte es, war gar freundlich mit ihm, und fuhr ihm mit ihrem Finger die Lippen herauf und herunter, daß es tönte. Jetzt wurde es auch zutraulich, langte mit seinem Händchen gegen ihren Mund, wollte ihr auch so machen, daß es töne, da schnappte sie ihm das Händchen in den Mund und hielt es mit den Lippen fest; das dünkte das Kind lustig und es wandte lachend alle Kräfte an, das im Mund der Meyerin so freundlich gefangene Händchen wieder aus demselben herauszuziehen, und schüttelte sich dann vor Lachen, als es ihm nach vieler Mühe gelang.

Jetzt mitten in der Freude über dieses Kind sagte die Gertrud: Wenn das arme Närrchen doch nur wieder eine Mutter hätte!

Aber wie ein Blitz spürte die Meyerin, daß Gertrud nicht in ganz zweckloser Unschuld ihr so Alles in diesem Haus zeigte und Alles darin rühmte, und schämte sich, daß sie das nicht früher gemerkt; sie sagte zu sich selbst: Der Sinn wäre mir doch eher an den Tod gekommen, als daß der Hübelrudi an mich dächte. Die Meyerin und die Gertrud sahen auch einen Augenblick einander an, daß beide wohl merkten, sie verstünden einander, und die Meyerin wollte jetzt des Rudi Kleinen der Gertrud wieder auf den Arm geben.

Diese aber sagte: Was ist jetzt das? Und die Meyerin:

Ich muß doch wieder heimgehen, es dünkt mich, ich sei lange genug hier gewesen. Gertrud aber nahm sie freundlich bei der Hand und sagte: Aber findest du nicht auch, diese guten Kinder haben wieder eine Mutter nöthig? Die Meyerin erwiederte: Wer sagt nein?

Gertrud. Es sind gewiß im ganzen Dorf keine, die, wie diese, so sehr wieder eine nöthig hätten.

Meyerin. Das ist doch nicht so.

Gertrud. Wie meinst du das?

Meyerin. Ich meine es, wie ich es sage. Es sind vielleicht im ganzen Dorf keine, die eine Mutter weniger nöthig haben, als diese.

Gertrud ahnte nicht, was sie meinte und sagte: Du solltest darüber nicht scherzen.

Meyerin. Ich scherze gewiß nicht. Es ist mir ganz ernst. Du gehst ihnen für sieben Mütter. — Mit dem Wort wandte sie sich an die Kinder und sagte zu ihnen: Nicht wahr, ihr wolltet diese Frau lieber, als eine neue Mutter?

Das glaub' ich, das glaub' ich, riefen die Kinder aus einem Mund, lieber als hundert neue Mütter.

Gertrud. Das ist doch dumm, wie du mir's machst.

Meyerin. Es ist mir, du habest es mir nur zu gescheidt machen wollen.

Gertrud. Aber wie das?

Meyerin. Das wäre auch, wenn du's nicht wüßtest.

Gertrud. Zuletzt meine ich, wie's der Rudi jetzt hat, dürfe er sich um eine Frau anmelden, wo er wolle.

Meyerin (lächelnd). Das wird ihm sicher auch Niemand wehren.

Gertrud. Du sagst das so spöttisch.

Meyerin. Willst du, daß ich dir sage warum?

Gertrud. Ja freilich.

Meyerin. Es macht mich etwas lächeln, daß du so parteiisch seine Fürsprecherin bist.

Gertrud. Worin?

Meyerin. Es scheint mir, du meinst, es werde eine

Jede beide Hände danach ausstrecken, bei sieben Kindern Stiefmutter zu werden.

Gertrud. Ich möchte ihnen eine Mutter und nicht eine Stiefmutter suchen.

Meyerin. Es könnte sein, daß sich manche noch zu diesem Schritt besinnen würde; sieben Kinder sind immer sieben Kinder. Du glaubst selbst nicht, daß nicht eine jede sich darüber sehr bedenken würde.

Gertrud. Mir würde das nichts machen.

Meyerin. Man weiß es doch nicht.

Gertrud. Wenigstens die meisten sind gute Kinder.

Meyerin. Dawider habe ich nichts.

Gertrud. Und er ist wie die liebe Stund.

Meyerin. Ich dachte wohl, du würdest das auch noch bringen.

Gertrud. Es ist ja wahr.

Meyerin. Und dann ist er auch noch gar jung.

Gertrud. Das hab' ich nicht gesagt.

Meyerin. Es nimmt mich eben Wunder.

Gertrud. Aber er scheint doch gewiß jünger.

Meyerin. Als vor sechs Wochen.

Gertrud. Dünkt es dich denn nicht?

Meyerin. Ich will jetzt heim.

Gertrud. Wart' nur auch noch einen Augenblick.

Meyerin. Nicht einen halben.

Gertrud. Ich bitte.

Meyerin. Nein, ich muß gehen.

Gertrud. So unfreundlich lasse ich dich einmal nicht von diesen Kindern weg, du mußt ihnen doch auch noch behüte Gott sagen.

Meyerin. Nun, das kann ich ja wohl. Behüte Gott, ihr Kinder! — und dann lachend zur Gertrud: Hast jetzt gehört? Ich habe behüte Gott zu ihnen gesagt.

Gertrud. Und wenn du wieder kommst, so sagst du: Gott grüß euch!

Ja, sobald ich wieder komme, sagte die Meyerin, that die Thür auf und ging fort. Aber sie war feuerroth, sah noch unter der Thür gegen die Seite der Stube, wo des Rudi Kinder saßen, und ging einen ganz andern Schritt die Treppe hinunter und über die Gasse, als der ist, in dem sie sonst fortgeht und herkommt.

Gertrud sah ihr vom Fenster nach und fand an diesem Schritt und an Allem, der erste Wurf für den Rudi sei nicht übel ausgefallen.

16. Ein Großmuttergemälde.¹²)

Als der Junker am Sonntag heim kam, war es schon Nacht. Therese hatte mit Ungeduld auf ihn gewartet und das Nachtessen stand schon lange auf dem Tische. Arner sagte: Ich habe etwas Gutes zum Nachtisch und gab ihr des Mareili Bauernkuchen mit den Worten: Das ist ein Geschenk, das dir eine brave Tochter von Bonnal schickt, und erzählte dann vieles von ihr und ihrem Bruder. Alle fanden den Kuchen sehr gut und aßen ihn bis auf das Letzte auf, ehe sie vom Tisch aufstanden, und Therese sagte zu Arner: Du gehst morgen wieder nach Bonnal und mußt mir dem guten Mareili für seinen Kuchen ein Gegengeschenk bringen, und übergab ihm dafür einige Ellen sehr feine Leinwand. Der Junker aber blieb bis nach Mitternacht mit Glülphi am Tisch und unterhielt sich anhaltend mit ihm über den vielseitigen und wichtigen Inhalt der Unterredung, die sie diesen Nachmittag mit dem Baumwollen-Meyer in Bonnal gehabt hatten.

Am Morgen verreisten sie früh nach Bonnal, stiegen beim Pfarrer ab, und sobald sie ankamen, sandte er seinen Klaus zum Mareili mit einem Gruß von seiner Frau.

Aber da das Mareili das Papier aufthat und die schöne Leinwand sah, die ihm die Junkerin sandte, sagte es wohl dreimal zum Klaus: Bist du auch nicht verirrt und ist's auch wahr, daß die Junkerin mir das schickt? —

Der Klaus mußte lachen und sagte, er sei gewiß nicht verirrt, der Junker und seine Frau hätten es ihm beide be=

fohlen. Mareili aber stellte dem Klaus vor, was es im Haus hatte, Brot und Wein und Käs, und bat ihn, wenn er etwa noch nüchtern sei und etwas anders wolle, so solle er es doch sagen. Dann lief es mit seinem schönen Geschenk die Treppe hinauf zu seinem Bruder, der noch im Bett war, und zu einem Kind nach dem andern, und zeigte ihnen, was es heute am Morgen schon von der Junkerin für ein Geschenk bekommen.

Es kam aber bald wieder herunter und suchte dem Klaus vom feinsten Garn, das es im Haus hatte, aus zu einem Paar Kappen, legte ihm wohl das halbe gutes türkisch rothes und dunkelblaues dazu, daß sie so schön werden sollten, als man dergleichen im Land habe, und er mußte es nehmen, so sehr er sich sträubte und sagte, er dürfe es nicht; das Mareili ließ ihn nicht zum Haus hinaus, bis er das Garn genommen hatte. Dem Junker aber hieß es ihn nicht danken, es lief mit ihm ins Pfarrhaus und that es selbst.

Der Junker sagte ihm mit Lachen, es solle einmal ins Schloß kommen und seiner Frau selbst danken. Wie sollte ich auch das dürfen? sagte das Mareili, und der Junker: Warum solltest du das nicht dürfen? Darauf sagte es wieder: Es ist jetzt über dreißig Jahr, seitdem ich in Ihrem Schloß gewesen, da Ihre Großmutter — nein — Ihres Großvaters Mutter noch gelebt hat, aber sie ist gerade im Sommer darauf gestorben — da bin ich einmal darin gewesen, und fing dann an zu erzählen:

Es war um die Weihnacht herum, und ich hab' in Gottes Namen gebettelt und bin vor Kälte fast erstarrt, ehe mich Jemand gesehen. Da ist die steinalte Frau, die mich am Fenster muß bemerkt haben, die beiden Treppen vor dem Schloß zu mir herunter gekommen, und, Junker, wenn sie meine Mutter gewesen wäre, sie hätte nicht besser mit mir sein können. Sie hat mich im Augenblick an der Hand in eine warme Stube geführt, die unten im Hof war. Aber man sagt, es sei jetzt Alles anders. Sie ließ mir eine Milchsuppe kochen und Brod geben, so viel ich mochte. Ich konnte vor Frieren im Anfang gar nicht essen und

wärmte mich zuerst am Ofen und weinte. Da hat sie bei
mir gestanden und hat Stück für Stück alle Fetzen, die ich
angehabt, in die Hände genommen, und es ist mir, ich sehe
sie noch jetzt vor mir den Kopf schütteln und ein paar Mal
seufzen, da ich auch gar nichts Ganzes und nichts Warmes
an mir hatte. Sie ist da fortgegangen und eine Viertel=
stunde darauf mit einem ganzen Bündel Kleider wieder
heruntergekommen und hat sie mir selber vom Kopf bis zu
den Füßen anlegen helfen, und Schuhe gegeben, und beide
Taschen im Rock sind dann noch voll gedörrter Birnen und
Zwetschgen gewesen.

Jetzt sah das Mareili den Junker an, wie wenn es ihn
durchsehen wollte und sagte dann: Herr Jesus! Sie sehen
ihr auch gleich; es ist mir, sie stehe jetzt wieder vor mir.
Und ich meine, sie hätte Sie an der Hand gehabt. Da sie
das andere Mal die Treppe herunter kam, hatte sie einen
schönen, jungen Knaben, der ihr nahe am Herz gelegen sein
muß, bei sich, und hat die ganze Zeit, da sie mich angekleidet,
fast nur mit ihm geredet, und ich meine, ich wollte noch
sagen können, was sie zu ihm gesagt.

Der Junker konnte es nicht mehr aushalten. Er mußte
beiseits gehen und seinen Thränen den Lauf lassen. Er
wußte sich noch aller Umstände zu erinnern, wie ihn die
liebe Ahnfrau in des Bauern Stube neben das Kind auf
die Ofenbank hingesetzt und während sie es ankleidete, zu
ihm gesagt hat: Lieber Karl! Ich bin nicht mehr lange
bei dir, aber denke daran, die Zeiten werden schlimm und
man macht sich nichts mehr daraus, ob die Menschen, die
Einem zugehören, verfaulen oder verderben. Um Gottes
willen, Karl, trachte, daß du mit Ruhe alt werdest und
nicht so etwas mit dir ins Grab nehmen müssest. Wehre
den Anfängen und mache, daß dein Lebtag dir kein Kind
aus deinen Dörfern so vor die Augen komme, wie das. —

Man sagt so viel, was es brauche, Land und Leute zu
regieren; ich möchte jetzt sagen, es braucht so eine Groß=
mutter und ein Herz, das dreißig Jahr so an ein Groß=
mutterwort denkt, ohne es zu vergessen. Wer das hat, kann

viel, das man jetzt zum Regieren nöthig zu haben glaubt, entbehren.

Der Werth der Menschen war in dieser Stunde groß in Arners Augen. Er verließ das Marcili mit Thränen in den Augen und ging mit dem Pfarrer und Glülphi zur Gertrud.

---

17. Eine Maurersfrau, deren Herz sie so richtig und so weit führt, als den Baumwollen=Meyer sein Kopf.

Es war noch früh, als sie zur Gertrud kamen. Diese war eben mit ihrer gewohnten Hausordnung beschäftigt und ahnte gar nicht, daß ein Fremder, geschweige drei solche Herren zu ihr in ihre Stube kommen würden. Sie war auch im Anfang bei ihrem Eintreten etwas betroffen; denn ihre Stube war noch nicht in Ordnung, wie sie es eine Stunde später gewesen wäre. Da sie kaum ihre Morgen=suppe gegessen, so lagen ihre Teller und Löffel noch auf dem ungereinigten Tische; aber die Herren waren ganz freundlich und sagten: Das ist eine rechte Ordnung; man kann die Teller und Löffel ja nicht vom Tisch wegnehmen, bis man gegessen hat. Dann halfen alle Kinder der Gertrud Teller und Löffel vom Tisch wegnehmen und ihn reinigen. Sobald sie das aber gethan hatten, setzte sich ein jedes von ihnen ohne Säumniß an seinen Arbeitsplatz und die Herren baten Gertrud noch einmal, sie solle doch ihrer nicht achten und völlig in ihrer Ordnung fortfahren, wie wenn sie nicht da wären. Es war auch bald Alles in Ordnung. Die Kinder setzten sich sämmtlich an ihre Arbeit und die Herren nahmen, nachdem sie der Gertrud gesagt, sie möchten ihre Hausordnung kennen lernen und ihrem Unterrichte zuhören, alle drei in einer Ecke, in der ein Tischchen stand, mit ein=ander Platz und redeten weiter kein Wort, nur nahm der Lieutenant das Schreibzeug, das er beständig bei sich führte,

hervor und zeichnete zu Zeiten etwas auf, ohne ein Wort
dazu zu reden. Gertrud that nach der ersten halben Stunde,
in der sie sich etwas verlegen fühlte, völlig, wie wenn kein
fremder Mensch in der Stube wäre. Nachdem die Kinder
sich alle an ihre Arbeit gesetzt, sangen sie ihre gewohnten
Morgenlieder. Eins davon lautet:
> Wir stehen am Morgen früh auf,
> Wir beten früh morgen zu Gott,
> Wir lesen früh morgen sein Wort;
> Wir glauben, wir glauben sein Wort.
> Es segnet und stärket uns alle,
> Es heiligt uns alle sein Wort.

Dann nahm Gertrud ihre Bibel, las ihnen ein Capitel
daraus vor, und die Kinder mußten es ihr während ihrer
Arbeit von Wort zu Wort nachsprechen und die lehrreichsten
und rührendsten Stellen davon so lange wiederholen, bis sie
selbige auswendig konnten. Aber Gertrud erklärte sie ihnen
nicht. Sie glaubte das Lesen der Bibel und das Auswendig-
lernen ihrer erbaulichsten Stellen gar nicht geeignet, als
Verstandes- oder Sprachübung für ihre Kinder zu dienen,
sondern als eine Handlung der innern Erhebung ihres
Herzens durch Vorstellungen von Gegenständen, die sie
glauben und über die sie nicht grübeln sollten.

Ihr ältestes Mädchen machte in dieser Frühstunde in der
Nebenkammer bei der offenen Stubenthür die Betten der
Kinder schnell und sorgfältig zurecht; Glülphi und die Herren
bemerkten von dem Platz aus, auf dem sie saßen, daß es
das, was die Kinder laut vorsagten, bei sich selber während
des Bettens still nachsprach und die Thür um deswillen
offen gelassen hatte. Dann ging es in den Garten, brachte
einen Zuber voll Kraut in die Stube und sagte dann mit
den andern Kindern die Bibelsprüche nach, die die Mutter
ihnen vorsprach, indem es sein Kraut zum Mittagessen
reinigte.

Es war den Kindern etwas Neues, so drei Herren in
einem Stubenwinkel bei sich zu sehen; sie blickten bei ihrem
Spinnen oft gegen sie hin. Gertrud sah es, winkte und

sagte zu ihnen: Es dünkt mich, ihr seht mehr auf diese Herren, als auf euer Garn. Aber der Heirli, der die Augen am meisten auf die Herren warf, antwortete: Nein, nein, wir spinnen brav, du wirst sehen, du bekommst heute noch schöneres Garn als sonst. Sobald Gertrud sah, daß einem ihrer Kinder etwas am Rad oder an der Baumwolle fehlte, stand sie von ihrer Arbeit auf, machte ihm zurecht, was fehlte und setzte sich wieder an ihre Arbeit. Die Kleinsten, die noch nicht spinnen konnten, saßen um sie herum, zertheilten mit ihren kleinen Fingern die Baumwolle, um sie zum Karden vorzubereiten, und lasen das Unreine und die Bollen aus derselben mit einer Gewandtheit heraus, die die Herren in Verwunderung setzte. Gertrud besaß in einem hohen Grade die wichtige Gabe, die Arbeitsgattungen ihrer Kinder in geordnete Stufenfolgen zu bringen, die so vom Leichtern zum Schwerern fortschreiten, daß nicht nur eine jede Arbeitsgattung dem Alter, in dem sie dem Kind zugemuthet ward, angemessen, sondern noch dazu einerseits geeignet war, dasselbe auch in diesem Alter anzusprechen und ihm wirkliches Vergnügen zu gewähren, anderseits aber dasselbe zu der zunächst auf diese Stufe folgenden Arbeitsgattung vorzubereiten. Sie war in den beschränkten Umständen, in denen sie lebte, wirklich zum Verwundern erfinderisch, und zwar einerseits darin, daß sie auch den kleinsten Kindern solche Vorbereitungsübungen für mehrere Arbeitsgattungen zur Hand brachte, die an sich selbst Reiz für sie hatten, anderseits, daß diese Uebungen vorzüglich geeignet waren, ihre Sinne zu schärfen und die Gewandtheit ihrer Hände und Finger mit der erzielten Schärfe ihrer Sinne in Uebereinstimmung zu bringen. Sie ließ sie z. B. ganz früh kleine Nadeln vom Tisch aufnehmen und einfädeln und eben so Erbsen, Bohnen, Wicken, ehe sie in die Küche gebracht wurden, von den kleinsten Samen- und Sandstäubchen reinigen, die darin sind, und so vieles dergleichen.

So sehr sie sich aber auch Mühe gab, die Arbeitsfertigkeiten ihrer Kinder früh in ihnen zu entwickeln, so wenig übereilte sie sich, sie früh lesen und schreiben, wohl aber, sie früh recht und bestimmt reden zu lehren. Sie meinte, das Reden sei das erste, das man sie lehren müsse und sprach in aller Einfalt das weitführende Wort aus: Was nützt es dem Menschen, schreiben und lesen zu können, wenn er nicht reden kann? Das Lesen und Schreiben ist ja nur eine künstliche Art des Redens, das natürliche Reden muß ihm also vorhergehen. Und wie die Armuth allgemein gute Köpfe und besonders gute Mutterköpfe für ihre Kinder erfinderisch macht, so ging es hier auch der Gertrud. Sie hatte ein altes ABCbuch, das ihr für ihre Kinder in dem Alter, in dem man dasselbe gewöhnlich braucht, nicht dienen konnte, aber da der ganze Umfang der deutschen Silben in gehörig geordneten Reihenfolgen in demselben zusammengestellt war, so brauchte sie dasselbe, um ihre Kinder diese Reihenfolgen der deutschen Silben aussprechen zu lassen und sie also durch eben die Mittel reden zu lehren, durch die man sie gewöhnlich, und nur zu oft, ehe sie recht reden können, lesen lehrt. Sie sagte: Wenn sie dann ein paar Jahre später, nachdem sie nicht bloß die Töne ihrer Muttersprache alle richtig und geläufig aussprechen gelernt, sondern sich auch über Alles, was sie wirklich wissen, mit Bestimmtheit und Deutlichkeit aussprechen, d. i. wenn sie eigentlich reden können, dann wird das Lesenlernen dieser Silben für sie eine Arbeit von wenigen Stunden sein, indem es dann nichts anders erfordern wird, als die Einübung der nämlichen Töne durch den Sinn des Auges, die sie sich schon vorher durch den Sinn des Ohrs geläufig gemacht haben. So bestimmt sie indessen das Redenlehren vor dem Lesenlehren betrieb und ihm in dieser Rücksicht also den Vorzug gab, so war ihr dennoch auch dieses auf eine Art eine Nebensache, die sich mehr durch sich selber, als durch das Lehren ergeben sollte.

18. Nicht Kunst, nicht Buch, das Leben selbst ist das Fundament der Erziehung und des Unterrichts.

Das Leben selbst in seinem ganzen Umfange, wie es auf ihre Kinder wirkte, wie es sie ergriff, wie sie sich darein fügten und es benutzten, das war eigentlich das, wovon ihre Lehre ausging und in das das Redenlehren gleichsam nur als ein untergeordneter Gegenstand hineinfiel. Sie redete außer ihren Einübungen der Sprachtöne und der sich daraus bildenden einfachen Wörter kein Wort mit ihren Kindern in der bloßen einsitigen Absicht, sie reden zu lehren, auch nicht in der Absicht, ihnen durch das eigentliche Redenlehren Kenntnisse beizubringen; sie gab sich sogar nicht einmal Mühe, den Kindern die Namen der Gegenstände, die sie schon kannten, als eigentlichen Unterrichtsstoff einzuüben und sie ihnen dafür vor die Ohren zu bringen. Darum führte sie mit ihren Kindern nie die Sprache des Unterrichts oder der unterrichtenden Mutter; sie sagte ihrem Kind nie: Kind, das ist dein Kopf, das ist deine Nase, das ist deine Hand, das ist dein Finger u. s. w., auch nicht: Wo hast du dein Auge? wo hast du dein Ohr? wo hast du dein Haar? im Gegentheil, sie führte der Sprache halber die Sprache der Besorgung, die Sprache der besorgenden Mutter, und sagte, vom Bedürfniß des Kinds angeregt und in der Thatsache seiner Besorgung lebend: Komm, Kind, ich will dir dein Händchen waschen; ich will dir dein Haar kämmen; ich will dir die Nägel an deinen Fingern abschneiden; reinige doch deine Nase; trag' den Kopf nicht krumm u. s. w. Ihr Redenlehren war in keinem Augenblick ein leeres Geschwätzwerk über irgend etwas, das in diesem Augenblick der Lage, den Umständen, dem Bedürfniß und der Pflicht des Kindes, folglich der Behelfung der Menschen fremd war. Jedes Wort, das sie mit ihrem Kinde redete, war im innigsten Zusammenhang mit der Wahrheit seines Lebens und seiner Umgebungen und in dieser Rücksicht selber Geist und Leben. Der wörtliche Unterricht verschwand gleichsam in dem Geist und Leben ihres wirklichen Thuns, aus dem der Unterricht immer hervorging und zu dem er immer hinführte. Jeder Händedruck, den sie ihrem Kind gab, jeder Blick, den sie ihm zuwarf, ergriff sein Herz, belebte seinen Geist und machte seine Hand thätig zu Allem, was noth that und frommte. Es war, wie wenn ein unsichtbarer Geist sie, ihrer selbst unbewußt, innerlich zu der Wahrheit und Kraft der Stufenfolgen erhob, mit der die Natur die Kräfte unsers Geschlechts in uns selber entfaltet, mit der unser Kunsteinfluß in dem Grad in Uebereinstimmung stehen sollte, als er leider durch unser Zeitverderben mit derselben im Widerspruch steht. Daher aber kam es auch, daß jedes ihrer Kinder auf der Stufe seines Alters bestimmt in dem Grad und auf die Weise überlegt, gewandt und thätig war, wie es auf dieser Stufe sein sollte und von ihm gefordert werden kann, daß keines naseweis, keines in den Lüften schwebend, alle voll Frohsinn und unermüdet, zwar in Vielem, das in den Schulen gelehrt wird, unwissend, aber in Allem, was sie konnten und wußten, auf der Stufe, auf der sie standen, vollendet waren.

Was sie wissen, wissen sie nicht halb, sie wissen es, wie es ihnen in ihren Umgebungen durch gereifte Anschauungen und ihre Kräfte entfaltende Uebungen zum klaren Bewußtsein gebracht worden, und da sie Alles, was sie konnten, auch belebte, konnten sie sich über das, was sie wußten, zwar einfach, aber eben so bestimmt und kraftvoll ausdrücken. So einfach, als sich ihr Inneres bildete, so kunstlos erschienen sie auch äußerlich. Außer Spinnen und Nähen und allen Hausgeschäften, die sie meisterlich konnten, und einigen Anfängen im Zeichnen und Schreiben, konnten sie wenig, und von allem dem, was man eigentlich Kunstbildung heißt und was eigentliche Fertigkeiten im Künstlichen sind, gar nichts; dabei aber waren die Grundkräfte zu aller Kunst allgemein und lebendig in ihnen angeregt, ihr Augenmaß war genau, ihre Hand fest, ihre Einbildungskraft rege und bewegte sich vielseitig um biblische Gegenstände, und ihr Schönheitsgefühl, da es mit dem göttlich Hohen ihres innerlich belebten Glaubensgefühls übereinstimmend war und wesentlich von ihm ausging, zum Hohen und Erhabenen hingelenkt. Das Leben ihrer weisen und frommen Mutter ging in der ganzen Fülle seiner Wahrheit und seiner innern Höhe in sie hinüber. Sie gab ihnen Alles, was sie wußte, hatte und konnte. Es war in ihrer Armuth äußerst wenig, aber auch das Kleinste, das Geringste, das sie ihnen gab, war durch die Art, die Kraft und die Liebe, mit der sie es ihnen gab, bildend und groß. Jedes einzelne Wort ihres Unterrichts wirkte, als gleichsam aus dem Ganzen ihres mit dem Leben ihrer Kinder verwobenen Lebens hervorgehend, nicht als ein einzelnes Wort, sondern als etwas, das, aus dem Ganzen ihres mütterlichen Seins und Verhältnisses hervorgehend, durch die Innigkeit der Verbindung, in der sie mit ihr lebten, in seinen Keimen gleichsam schon zum Voraus in ihren Kindern selbst lag. Ihre Kunst war ihr Leben und ihre Bildung ging ganz aus diesem Leben hervor. Darum war aber auch der Erfolg jedes ihrer Worte kraftvoll und ein ganz anderer, als er gewesen wäre, wenn ihre Worte nicht in dem lebendigen Zusammenhang ihres Lebens mit dem Leben ihrer Kinder gestanden hätten. Sie ergriffen deshalb aber auch Alles, was sie ihnen zeigte, wie wenn sie nichts lernten, wie wenn es schon vorher in ihnen gelegen hätte. Es war aber auch so. Ihr Lernen legte eigentlich nicht in sie hinein, es entfaltete nur die Kräfte, die in ihnen selbst lagen und durch welche sie das, was sie äußerlich erkannten, in sich selbst aufnahmen und als einen reinen Erwerb ihrer selbst und ihrer eignen Kraft, und nicht als etwas fremdartig in sie Hineingelegtes in sich selbst liegend erkannten.

So wie ihr Redenlehren mit ihrem Leben verbunden war, also ging auch ihr Rechnenlehren aus demselben hervor und war ganz mit der Wirklichkeit ihres Lebens verbunden. Sie zählte mit ihnen, wie viel Schritte ihre Stube habe, und da zufälligerweise in einem ihrer Fenster an jeder Reihe nur 5 Scheiben waren, wie an der Hand 5 Finger, so nahm sie auch am Fenster zwei Reihen zusammen und konnte dann dadurch in der Anschauung der zehn weiter fortfahren als an den Fingern. Auch die Fäden beim Spinnen konnten sie zählen und die Umgänge an der Haspel, wenn sie das Garn zu Strängen aufwanden. Sie zeigte ihnen die Grundformen des Messens in der Verdeutlichung der Anschauungen für kurz und lang, für schmal und breit, für spitz und stumpf, für rund und eckig. Sie machte sie auf die Erscheinungen der Natur, wie sie im häuslichen Leben, in der Küche, in der Stube, im Stall, im Garten, im Wald und im Feld ihnen vorlagen, auf die vielseitigste Weise aufmerksam, und zwar nicht als Unterricht, sondern als Theilnahme an diesen Erscheinungen wie sie in den Vorfällen, Pflichten, Freuden und Bedürfnissen ihres Lebens selber ihnen vorlagen. So wie sie ihr halfen, die Speisen bereiten, das Feuer anmachen, Holz und Wasser zutragen u. s. w., so lernten sie an ihrer Seite durch die einfache, aber genaue Anschauung der Gegenstände, zu der sie die Beschäftigung mit denselben gleichsam nöthigte, die Wirkungen des Feuers, des Wassers, der Luft, des Windes, des Rauches, die Veränderungen des Wassers im stillstehenden Zuber, im laufenden Brunnen, seine Verwandlung in Eis, Regen, Schnee, Riesel, Hagel, seinen Einfluß auf die Auflösung des Salzes, auf das Löschen des Feuers u. s. w. erkennen, eben so die Veränderungen des Holzes in Kohlen und Asche und seinen Uebergang in Fäulniß. Alles dieses aber lernten sie nicht durch vieles Reden über diese Gegenstände, sondern durch Festhaltung ihrer Aufmerksamkeit auf das, wie ihnen die Gegenstände vor ihren Sinnen lagen und sich vor ihren Sinnen veränderten.

In Rücksicht auf alles dieses überließ sie ihre Kinder ganz dem Eindruck, den diese Gegenstände auf ihre freilich gebildete Anschauungskraft und Aufmerksamkeit durch sich selber machten, und dachte nicht daran, sie hierin durch irgend einen Schatten von Unterricht einen Schritt weiter zu führen, als sie darin durch sich selbst hinkamen; aber das Wenige, worin sie sie wirklich unterrichtete, das, was sie wirklich lernen mußten, mußten sie denn auch vollkommen lernen. Sie sprach es bestimmt aus, nur das Vollendete ist brauchbar, nur das Vollendete führt weiter. Das Bewußtsein der Kraft, die dem Menschen Alles, was er vollenden kann, in allem seinem Thun und Lassen gibt, war auch in einem hohen Grad lebendig in ihren Kindern, und zeigte sich ganz besonders darin: Wenn die Mutter ihren ganz Kleinen etwas vorsprach oder zeigte, so sprangen die ältern gar oft von selbst zu ihr hin und baten sie: Mutter, laß du mich meinem Brüderchen, meinem Schwesterchen das zeigen; ich kann es ja wie du. — Die Mutter ließ sie das auch recht gern, wenn sie nämlich das vollkommen recht konnten, was sie den Kleinen zeigen wollten. Welche Freude, welche Wonne war es dann für die Kinder, wenn sie ihnen das erlaubte, und wie froh, wie herzlich, wie kindlich, wie brüderlich fingen sie dann an, ihren kleinen Geschwistern vorzusprechen und vorzuzeigen, was ihnen die Mutter erlaubte.

Eben jetzt, da die Herren da waren, saß der Jonas in der Mitte zwischen zwei Kleinen und sprach ihnen die Silben des ABCbuches, durch welche Gertrud sie nicht lesen, wohl aber reden lehrte, und die sie noch nicht aussprechen konnten, vor, und später zeigte er ihnen auch den Unterschied der ersten zehn Zahlen, die sie noch nicht kannten. Indem er sie ihnen so zeigte, umschlang er sie mit beiden Händen um den Hals, sprach ihnen die Namen der Zahlen vor und machte die Arme von diesem lieblichen Umschlingen seiner Geschwister nicht los, als wenn sie ihre Augen nicht fest auf die Bohnen hinhielten, woran er sie zählen lehrte, dann waren seine Hände geschwind von dem Halse des lieben Brüderchens weg, und er zeigte mit den Fingern, worauf sie mit ihren Augen hinschauen sollten. Eben so setzte das Liseli sich mit dem Spinnrad zu zwei jüngern Geschwistern hin, sang ihnen, währenddem beide, sie und es, fortspannen, Lieder vor, deren Worte sie schon auswendig konnten und probirte, währenddem es immer fortarbeitete, mit Ruhe und Geduld, ob sie die verschiedenen Töne nachsingen könnten.

Der Eifer der ältern Kinder, die Kleinen zu lehren, was sie konnten, war so groß, daß sie ihnen oft selber beim Essen etwas vorsprachen und sie in den Freistunden auf den Schoß nahmen, sie etwas nachsprechen zu lassen.

19. So wie das Leben das Fundament der Erziehung und des Unterrichts ist, so ist Glauben und Liebe, Freiheit und Freude das Fundament des Lebens selber.

Auch wirkte dieser gegenseitige häusliche Unterricht so bildend auf die Kinder durch den Glauben und die Liebe, aus denen er hervorging, und durch die Freude, mit der er gegeben und ausgeführt worden, als jeder gegenseitige Kinderunterricht, der nicht also aus Liebe hervorgeht und nicht mit dieser Freiheit gegeben und empfangen wird, verbildet und durch Verbildung zu allen den Fehlern und zu aller Verhärtung des Geistes, des Herzens und der Kunst hinlenkt, und wohin auch alle einseitigen Abrichtungskünste des Menschengeschlechts hinführen. Das, was auch im Unterricht der Gertrud abrichtend war (wie denn einige Theile des Unterrichts und der Bildung nur dadurch eingeübt werden können), war durch Liebe und Glauben geheiligt und veränderte dadurch gleichsam seine Natur; der Eindruck der harten, aus dem thierischen Wesen unsrer Natur hervorgehenden und ihr wesentlich anpassenden Abrichtungskünste wurde menschlich gemildert und der Eindruck dieser Künste dem Höhern des Bildenden und Erhebenden in der Erziehung untergeordnet und durch diese Unterordnung unschädlich gemacht. Das war indessen in der Lage der Gertrud und bei dem Baumwollenspinnen, worauf sich das Meiste ihres Abrichtungseinflusses bezog, nichts weniger als leicht. Das Baumwollenspinnen ist in Rücksicht auf das wenige, unbedeutend Bildende, das in ihm liegt und hingegen auf das höchst Einseitige, Kunst=, Kraft= und Geistlose der Abrichtungs=

fertigkeiten, die es erfordert, eine, ich möchte fast sagen, Leib und Seel so erlahmende Arbeitsgattung, daß nicht leicht in der Welt eine so elende, Leib und Seel erlahmende Arbeit sein kann, und doch wurden die Kinder der Gertrud alle dabei so geistig und gemüthlich belebt, so kraftvoll und gesund, so frohsinnig, so heiter, als wenn sie den ganzen Tag kein Baumwollenrad in die Hand genommen hätten. Sie zeichneten sich selber in einigen Schulkenntnissen, an Schulgewandtheit und Schulfertigkeiten aus, eben wie die andern Spinnerkinder sich in der Schule durch schlechtes Benehmen, Unwissenheit und Ungeschicklichkeit auszeichneten.

Der Junker und Glülphi wunderten sich im Anfang, wie dieses möglich, aber sie sahen es jetzt. Die Kinder der Gertrud fürchteten Gott. Sie beteten täglich mit der Mutter um seinen guten, heiligen Geist. Sie liebten die Mutter. Sie sahen sie von Kindheit auf oft weinen. Sie sahen sie oft Mangel leiden und voll Sorgen und Kummer einhergehen. Sie wußten, daß das Spinnen ihnen Brod gebe und der Mutter Sorgen mindere. Sie spannen also nicht gedankenlos und herzlos und auch nicht gedankenlos und herzlos gezwungen; die Liebe zur Mutter und das Bewußtsein, daß sie mit ihrem Spinnen die Noth ihres Hauses erleichterten, machte sie ihre Kräfte gern anstrengen. So verlor sich auch an dieser Arbeitsgattung durch Liebe und Glauben die Wirkung der Elendigkeit, die in ihr liegt, und des verderblichen Einflusses, den es unter andern Umständen auf die Menschennatur hat und haben muß. Es konnte diesen Einfluß in der Gertrud Wohnstube nicht haben. Diese war mitten in ihrer höchsten Armuth und selber durch sie ein Heiligthum Gottes, in der keine Verhärtung der Menschennatur statt finden kann. Ihre Kinder lebten und arbeiteten darin im Glauben und in der Liebe, in Freiheit und Freude; und Arbeit und Anstrengung aus Liebe und Glauben stärkt, erheitert, belebt, erhebt und segnet in eben dem Grade, als Arbeit und Anstrengung in Lieblosigkeit und Unglauben, in Unmuth und Zwang abschwächt, verhärtet, erniedrigt, vergiftet und tödtet. Die Kinder der Gertrud sangen und lachten ermüdet von Arbeit bei Wasser und Brod mehr als die Kinder der Vornehmen im Dorfe, die in der bösen Ruhe des Müßigganges und in der Niederträchtigkeit stolzer Anmaßungen die, so mit Wasser und Brod vorlieb nehmen, verachten und in Freude ihr Geld spiegeln und zu Schlechtigkeiten gebrauchen, und alle Einsichten, alle Fertigkeiten und alle Lust, einen segensreichen, gottesfürchtigen Gebrauch davon zu machen, verlieren.

Leser! Du fragst mich jetzt nicht mehr, warum das Baumwollenspinnen, das tausend andere zu Grund richtet, den Kindern der Gertrud nichts schadete; — du fragst mich nicht mehr, warum sie, wenn sie auch bis nach Mitternacht spannen, nicht müde wurden und am Morgen darauf wohl noch früher und munterer aufstanden, als wenn sie gestern zeitig ins Bett gegangen wären.

20. Der Junker, der Pfarrer und Glülphi erkennen die Würde der Menschennatur in der Stube einer armen Maurersfrau.

Als die Herren von der Gertrud weggingen, sagten sie ihr noch, sie wollten morgen wieder zu ihr kommen und sie antwortete ihnen: Warum das? Ihr werdet morgen und immer wieder nur das Nämliche finden. Glülphi erwiederte ihr: Du könntest dich und dein Thun nicht besser rühmen, als mit diesem Wort. Und er hatte Recht. Das, was sich immer gleich bleibt, nähert sich dem, was ewig bleibt, so wie das, was sich immer verändert, dadurch zeigt, daß es nichtig und vergänglich ist.

Gertrud erröthete über diese Antwort, schlug die Augen nieder und stand verlegen da, als sie ihr beim Abschied noch freundlich die Hand drückten. Sie aber, als sie von ihr weggingen, konnten nicht satt werden, von dem Eindruck zu reden, den Gertrud und ihre Stube auf sie gemacht hatte. Sie sahen, daß in Allem, was ihre Kinder vom Morgen bis an den Abend thaten, ihr Kopf, ihr Herz und ihr Wille, folglich die drei Grundkräfte, von denen alles Fühlen, Denken und Handeln der Menschen ausgeht, gemeinsam und in Uebereinstimmung unter sich selbst angesprochen, belebt, beschäftigt und gestärkt wurden. Sie sahen und überzeugten sich ganz, daß alles Thun der Gertrud, indem es von Glauben und Liebe ausgehe und zum Glauben und zu der Liebe hinführe, geeignet sei, ihre Kinder mit Seelenruhe und Geistesfreiheit in lieblicher Anmuth zu den ersten Früchten des Glaubens, zu Anstrengung, Gehorsam und Selbstüberwindung zu erheben. Sie sahen alle, daß das unabänderliche und allgemeine Ziel aller Menschenerziehung, nämlich die Kinder zu gottesfürchtigen, menschenliebenden, verständigen, ihrer Bestimmung gewachsenen, der nöthigen Thätigkeit und Anstrengung gewohnten Menschen zu machen, von allen Seiten in ihnen begründet und belebt sei. Sie fanden einstimmig und sprachen es aus: Das Wesen des Unterrichts und der Lehre dieser Frau sind nicht Worte, es ist ihr Thun, es ist ihr Leben selbst. Dieses Leben, sagten sie alle, ist vom Morgen bis an den Abend nichts anders, als thatsächlicher Ausdruck ihrer Sorgfalt und Liebe für ihre Kinder. Sie lernen wesentlich dadurch, daß sie besorgt werden und sich selber besorgen müssen. Das Wort der Lehre ist gleichsam nur der Wiederhall des innern Geistes ihrer Muttersorge, aus welchem die Lehre so natürlich und einfach herausfließt, daß sie dem Kind selber ganz eigentlich als Sorgfalt und nicht als Lehre ins Auge fällt. Es erhob das Herz aller drei, da Glülphi es aussprach: So wie ihre Muttersorge und ihre Muttertreue, die ihr jedes Wort der Lehre in den Mund gibt, so geht auch jedes Wort ihrer Lehre als Muttersorge und als Muttertreue in die Seele der Kinder hinüber, und das ganze Räthsel, warum es als Lehre so außerordentlich wirkt, ist dadurch gelöst.

21. Glülphi's Nacht, in der er sich entschließt, Schulmeister in Bonnal zu werden.

Glülphi sagte in dem Augenblick, in dem er von der Gertrud wegging: Das höchste Ziel der Volkserziehung, das ich mir je träumend vorgestellt, steht gelöst vor meinen Augen. Die Kinder dieser Frau sind für ihre Lage und Umstände so geschult und gebildet, daß ich noch keine gesehen, die für ihre Lage und Bestimmung besser geschult und erzogen waren.

Er war schon durch des Meyers Unterredung zur glühenden Sehnsucht, dem Zustand Bonnals helfen zu können, erhoben, aber der Anblick der Wohnstube der Gertrud ergriff ihn, daß nicht wohl ein Mensch durch irgend eine Ansicht des Lebens tiefer ergriffen werden kann. Er saß da neben Arner und dem Pfarrer in sich selbst gekehrt. Was diese sagten, machte nur wenig Eindruck auf ihn. Er hörte es kaum. Er saß, von der Wohnstube der Gertrud ergriffen, da, wie ein Spanier in Peru, den ein Zufall auf eine offene Goldgrube hinführt. Der Glückliche kann nicht vom Platz. Er sichert sich des Orts, weicht keinen Schritt von ihm weg, bis er ihn von allen Seiten ins Auge gefaßt und sich sicher gestellt, ihn wieder zu finden. Das Allerwenigste, das ihm in den Sinn kommt, ist, nach Mexico oder gar nach Cadix zu reisen, den Bergbau und die Metallurgie zu studiren, um seine Goldgrube auf das allervollkommenste benutzen zu können; o nein, o nein, er eilt nur heim, um Karst, Pickel, Schaufel und Hände zu holen; er eilt nur heim, zu graben, zu öffnen die Grube, die er gefunden. Er steht bei keinem Bruder still, um mit ihm von der Grube zu reden. Er sagt Vater und Mutter kaum ein paar Worte davon. Er eilt, er eilt mit Karst, Schaufel, Pickel und Händen zu graben, Gold zu graben in der Grube, die er jetzt gefunden. So wie der Spanier von Vater und Mutter, von Bruder und Schwester weglief zu seiner Grube, also mußte Glülphi von Arner und dem Pfarrer weg. Es drängte ihn in seinem Innersten, allein zu sein und sich mit dem zu beschäftigen, was er gesehen und gehört. Ein Gedanke, ein einziger Gedanke ergriff ihn jetzt und verschlang seine Seele: Was ist zu thun? — was ist zu thun?

Er mußte von ihnen weg, eilte auf seine Stube und so wie er hineintrat, sprach er das Wort aus: Ich muß Schulmeister werden in Bonnal. Aber er sprach es aus, wie ein Mensch, der von einem unaussprechlichen Traum aus dem Schlaf erwacht und selbst noch nicht weiß, ob er wacht oder träumt; so sprach Glülphi das Wort aus: Ich will Schulmeister werden in Bonnal. Dann aber fragte er sich doch bald: Aber ist's möglich, kann ich's werden? Kann ich Schulmeister werden, wie Gertrud es ist? Kann ich zu einer Schulstube kommen, wie ihre Wohnstube eine ist? Dann sagte er: Es muß sein, es muß sein; ich muß mich nicht fragen, ich muß nicht zweifeln, es muß sein, ich muß Schulmeister werden.

Er saß ohne Licht in seiner Stube. Seine Augen waren geschlossen, aber Gertrud, ihre Stube und ihre Kinder standen vor seiner Seele. Er hielt ihr Bild fest. Es verwandelte sich alle Augenblicke in neue Gestalten; aber lebendiger stand es nicht vor seiner Seele, als er sie und ihre Kinder selbst sah und hörte. Das Bild, das vor ihm stand, war nicht etwas, das ihn bloß träumend als äußere, auf ihn wirkende Wahrheit belebte, nein, nein, es war etwas, das ihn als in ihm innerlich glühendes Leben wirklich verschlang. Zwischen hinein standen auch die Glaubensworte des Meyers in der unerschütterlichen Kraft ihrer Wahrheit vor seinen Augen und erhöhten durch ihre unermeßliche Tendenz die glühenden Farben, in welchen das Bild der Gertrud und ihrer Baumwollenspinnerstube vor seinen Augen stand. — Also erhöht die unermeßliche Weite des Weltmeers im Orient die glühenden Strahlen der aufgehenden Sonne vor den Augen der sie bei ihrem Aufgang und bei ihrem Niedergang anbetenden Völker.

Er entschlief erst gegen den Morgen, aber als er erwachte, sprach er das Wort: „Ich will Schulmeister werden," ehe er die Augen recht geöffnet, laut aus, wie wenn es ihm beim Entschlafen noch auf seinen Lippen stecken geblieben und er es erst jetzt auszusprechen vermochte. Aber so wie er es ausgesprochen, war ihm ganz wohl. Er zweifelte nicht mehr. Er fragte sich nicht mehr: Kann ich's? Bin ich's im Stand? Er war jetzt in seinem Entschluß, Schulmeister in Bonnal zu werden, fest und glaubte an sich selbst und an die Hülfe dessen, der diesen Entschluß fest in seine Seele gelegt.

22. Ein Ruhepunkt.

Leser! Hier steht der Alte von Bonnal, der dir Alles erzählt, eine Weile still. Er ist von dem Gedanken des Glülphi ergriffen, wie dieser von der Wohnstube der Gertrud. Der Gedanke erhebt mein Herz; welch ein Segen, wenn Glülphi es durchsetzt und eine Schule einzurichten vermag, die in diesem Geist anfängt, dem tiefen Verderben, in welches das Strohfeuer unserer Träumerzeit, die Eisberge unserer Selbstsucht und die Bodenlosigkeit unserer Vielwisserei den Geist unsers Erziehungswesens hinabgestürzt, in seinen Fundamenten entgegen zu arbeiten! Welch ein Segen, wenn es geschieht und die Edeln der Nachwelt die Quelle des Verderbens unserer Zeit im Mangel der heiligen Kräfte der Wohnstuben des Volks erkennen und alle Kräfte aufbieten werden, den Grundübeln unserer Tage durch Wiederherstellung und Wiederbelebung ihrer heiligen Kräfte ein Ziel zu setzen.

23. Glülphi erklärt sich, Schulmeister zu werden.

Von diesem Augenblick an war Glülphi von seinem Entschluß, Schulmeister zu werden, ganz hingenommen und am Morgen darauf, als sie zeitig ihr Frühstück eingenommen, um bald in Bonnal anzulangen, fiel das Gespräch in dem ersten Augenblick, da Arner und Glülphi sich sahen, wieder auf das Unglaubliche, das Gertrud in ihrer Stube geleistet, und auf die Nothwendigkeit, Schulen in diesem Geiste einzurichten. Aber wo ist's möglich, fiel der Junker mit Lebhaftigkeit ein, Schulmeister für die Dörfer zu finden, die das Unglaubliche, das Gertrud in ihrer Stube leistet, auch nur zu lernen geneigt, ich will nicht einmal sagen, auszuüben fähig sind?

Glülphi erwiederte lächelnd: Schneien wird es dergleichen Schulmeister freilich nicht und man wird sich im Anfange, denke ich, mit einem oder zweien, die das zu leisten im Stande und Willens sind, begnügen müssen.

Junker. Aber wo diese zwei oder auch nur diesen einen hernehmen?

Glülphi. Einen wollte ich wenigstens wissen, der gern Schulmeister in Bonnal werden möchte.

Junker. Und auch bei der Gertrud lernen, diese Schule einzurichten?

Glülphi. Auch das.

Junker. Sie machen mich neugierig. Halten Sie ihn auch dazu fähig, was Sie von dem Ideal Ihres Schulmeisters fordern?

Glülphi. Wenigstens wird er sich alle Mühe geben, es zu lernen, denn er hat Lust, Schulmeister in Bonnal zu werden. Wollen Sie ihn auf meine Empfehlung hin annehmen?

Junker. Das sind Sie. Es kann kein Mensch dazu Lust haben, als Sie.

Glülphi. Und wenn ich's bin?

Junker. Sie sind es. Ihr Blick sagt mir, daß Sie es sein wollen und ich wünsche mir Glück dazu.

Glülphi ist gerührt. Der Junker umarmt ihn und sagt ferner: Wäre ich in der Lage, daß ich's könnte und dazu fähig, wie Sie, ich würde Lust haben, zu thun, was Sie thun.

Glülphi erwiederte: Wenn jetzt nur Gertrud mir hilft, so ist Alles in Ordnung; aber ohne sie vermag ich die Sache nicht. Ich kann mir die Grundsätze und einige Mittel dazu

auch wohl eigen machen, aber sie hat das Alles auf eine
Weise im Herzen und in Händen und Füßen, wie es sich
nur eine Mutter, und ich muß fast hinzusetzen, nur eine
arme Mutter ins Herz, Hände und Füße hineinbringen kann.

Anspannen! anspannen! rief jetzt der Junker, wir wollen
eilig zu ihr hinfahren.

---

24. Der Unterschied in der Art, wie drei edle Männer
von den Ansichten des Baumwollen-Meyer und dem
Thun in der Wohnstube der Gertrud ergriffen
und zu einer eignen Selbstthätigkeit hingerissen wurden.

Es ist merkwürdig, seit den Besuchen bei dem Baumwollen-Meyer und der Gertrud waren Arner, der Pfarrer
und Glülphi von dem Eindruck dieser Besuche ganz hingerissen. Dennoch waren die Gründe, aus welchen ein Jeder
von ihnen so weit davon ergriffen worden, bei jedem Einzelnen verschieden.

Arner sah sein liebes Bonnal mit all seinem Verderben
im ganzen Umfang seiner Quellen und Ursachen, besonders
insofern sie von den Schwächen und Fehlern des Schlosses
abhingen, vor Augen und freute sich hauptsächlich der Hoffnung, durch die Schulen und durch den mitwirkenden Einfluß
auf das häusliche Leben, so wie durch die Möglichkeit einer
bessern Wahl der Vorgesetzten dem Unglück, dem das Dorf
unterlegen, für die Zukunft in seinen Quellen abzuhelfen.

Dem Pfarrer fiel der Zusammenhang der kindlichen
Freiheit, des kindlichen Muths und der kindlichen Freude
und Liebe, das in allem Thun der Gertrud und ihrer Kinder
statt fand, mit ihrer kindlichen Unschuld und ihrem rein
christlichen Glauben und Leben auf eine Weise auf, daß ihm
der Einfluß auf die Beförderung des wahren, christlichen
Glaubens, den ein Pfarrer in einem Dorf haben kann und

zu haben suchen soll, in einem ganz neuen und so hinreißenden Lichte vor Augen kam, daß er die merkwürdigen Worte aussprach: Ich habe für die mir wahr scheinenden Ansichten des Christenthums oft gestritten und mich fast gezankt, aber ich sehe jetzt, das war nicht gut. Ich sehe jetzt mehr als je, das wahre Christenthum, der wahre christliche Glaube, diese Kraft Gottes zum Heil eines Jeden, der da glaubt, muß jeden einzelnen Christen zu dem kindlichen Muth, zu der kindlichen Freiheit, und zu der kindlichen Freude und Liebe hinführen, die die Kinder der Gertrud beten und spinnen, arbeiten und in der Bibel lesen macht; und es ist gewiß, der wichtigste Einfluß, den ein Pfarrer zur Beförderung des wahren Christenthums haben kann, muß auf diesem Wege angebahnt und befördert werden.

Glülphi war ganz vom Entschluß, Schulmeister in Bonnal zu werden, hingenommen, aber auch er fühlte, daß seine Schule nur in so weit gelingen und als ein wahres, menschliches und christliches Bildungsmittel dastehen könne, als in ihr eben die Liebe, eben der Muth, eben die Freude und eben die Freiheit herrschen werde, die sich in der Stube der Gertrud so hinreißend ausspricht. Er träumte sich auch den Erfolg seiner Schule nur dann und nur dadurch erzielt, wenn einst die aus seiner Schule austretenden Kinder diesen menschlichen Muth, diese menschliche Freude und Freiheit mit der Unschuld ihrer christlichen Liebe und der Freiheit und Kraft ihres christlichen Glaubens in ihrem wirklichen Leben vereinigen werden. Der Traum seiner Schule war durchaus ein Traum von der Möglichkeit, alle Kraft und alle Kunst des häuslichen Lebens, die er in dieser Stube in sittlicher, geistiger und Berufsübereinstimmung vereinigt gesehen, in eben dieser Vereinigung in Schulkräfte und Schulmittel zu übertragen, und er sah die Möglichkeit dieser Uebertragung vom ersten Augenblick an, in dem diese Ansicht sich in seiner Seele entfaltete, nur allein durch die höchste Vereinfachung aller Schulmittel und durch die sorgfältigste Bildung aller Schulkräfte erreichbar. Er fand sich selbst nicht einfach genug. Ich bin, sagte er zu sich selbst, schon ein alter, verschrobener Kerl, und die Schulmeister müssen Wohnstubenschulmeister, sie müssen Kinder werden, nur dadurch können sie dahin kommen, Schulen einzurichten, die in ihrer Führung so einfach sind, daß Kinder selber Schulmeister werden können und wollen. Er fühlte seine Träume noch unreif, aber er hing ihnen mit einer Gewalt nach, daß er auf dem ganzen Wege nach Bonnal in sich selbst gekehrt war; er redete wenig und eilte, sobald er ankam, man kann nicht mehr eilen, zur Gertrud.

25. Abermal ein edler Herrschaftsherr, ein guter Pfarrer und ein welterfahrner Soldat in der Stube einer armen Baumwollenspinnerfrau, deren Herz sie Menschenbildungshalber so weit führt, als der beste Kopf einen edeln Mann hinzuführen im Stand ist.

Der Pfarrer, der bis spät in der Nacht bei einem Kranken in Bonnal gewesen, war kaum aufgestanden. Er hatte seinen Thee noch nicht getrunken, als die Herren in Bonnal ankamen. Die Frau Pfarrerin meinte, sie müßten jetzt doch auch eine Tasse mit ihm trinken; aber der Lieutenant war kaum dahin zu bringen. Doch da Arner eine annahm, legte er seinen Stock und Hut auch ab und setzte sich zu ihnen hin. Aber er war mit seiner Tasse so bald fertig und alle Zeichen, daß es die letzte sei, die er trinken wolle, waren sichtbar gegeben, daß der Pfarrer wohl merkte, er dürfe Anstandshalber nicht halb so lange an seinem Thee trinken, als er sonst gewohnt war. Er trank so geschwind, als er es sonst in dem einzigen Fall thut, wenn eben ein Kranker ihn zu sich rufen läßt. Der Lieutenant sah diese Eilfertigkeit nicht, so recht sie ihm war, die Frau Pfarrerin aber und der Junker merkten es und die erste dachte, ihr lieber Mann dürfte seine Tasse Thee doch etwas langsamer trinken, und es pressire doch auch nicht so gar damit, zu der Gertrud gehen, es sei ja noch so früh. Aber sie sagte nichts. Doch sah sie ihren Mann auf eine Weise an, daß er wohl merkte, was sie meine. Auch der Junker merkte es, lachte und sagte: Aber, Herr Pfarrer, trinken Sie doch ihren Thee ruhig und wie gewohnt aus, es ist ja lange bis zu Nacht, so sehr eilt es nicht. — Jetzt merkte der Lientenant, daß er sich zu ungeduldig geberdet und bat die Frau Pfarrerin freundlich lächelnd noch um eine Tasse Thee.

Es ist Ihnen nicht ernst, Sie wollen lieber keine, erwiederte die Frau Pfarrerin.

Er. Nein, nein, es ist mir ernst, geben Sie mir noch eine.

Sie. Aber wollen Sie sie mit Geduld austrinken?

Er. Ich will der letzte sein, der noch einen Tropfen in seiner Tasse hat.

Sie. Da könnte Sie mein Mann sträflich plagen, wenn er seine Tabakspfeife noch anstecken würde, wie er's sonst zum Thee gewöhnlich thut.

Nein, nein, Herr Lieutenant, sagte der Pfarrer, diese stecke ich jetzt gewiß nicht an — und damit trank er seine letzte Tasse aus und stand auf, dann auch der Junker und erst nach ihnen trank der Lieutenant seinen letzten Tropfen Thee auch aus.

Nun gingen sie alle drei zur Gertrud. Diese hatte sie erwartet, aber um deswillen auch nicht das Geringste in ihrem Sein und Thun verändert. Alles war vollends wie gestern, und es fiel dem Lieutenant als sehr wichtig auf, daß es so war. Er sagte zum Junker französisch: Das Größte in dieser Sache ist, wie es mich dünkt, daß bei der Freiheit und dem Leben, das im ganzen Thun dieser Stube herrscht, doch Alles sich immer gleich ist und gleichsam wie an einer Schnur fortläuft. Dieser Zustand ist ohne die tiefste psychologische Begründung und ohne die höchste Einfachheit und Uebereinstimmung, die aus ihr hervorgehen muß, nicht zu erzielen. Auch ist Alles, was in dieser Stube geschieht und wie ein Uhrwerk immer fortläuft, so bestimmt, daß,

wenn man Stunden lang zusieht, gar nichts davon als außer=
ordentlich vorfällt; im Gegentheil, man meint, eine jede
andere Frau sollte das auch können.

Der Junker erwiederte: Ich bin sicher, hundert und
hundert Weiber, die nicht werth sind, ihr diesfalls den
Schuhriemen aufzulösen, würden, wenn sie uns so in der
Stube dasitzen und aufschreiben sähen, was darin geschieht,
zu einander sagen, sie und hundert andere Weiber könnten
und thäten das Alles, wo nicht besser, doch vielleicht eben
so gut als Gertrud.

Da sie so französisch redeten, kehrte sich der Heirli gegen
eine seiner Schwestern, die neben ihm saß, um, sagte mit
halb lauter Stimme: Parle, parle françse, und suchte alle
französischen Worte, die er hörte, nachzusprechen.

Gertrud sah's, winkte ihm und er war im Augenblick
mausstill.

Der Gertrud Kinder lasen, da die Herren in die Stube
kamen, wie das letztemal, zuerst in der Bibel. Da dieses
vollendet, fingen sie an zu singen. Die Morgensonne schien
eben im reinsten Glanz in ihre Stube und die Kinder sangen,
ohne daß die Mutter es ihnen vorschrieb, das Lied:

 Wie schön, wie herrlich strahlet sie,
 Die Sonne dort, wie sanft, und wie
 Erquickt, erfreut ihr milder Glanz
  Das Aug', die Stirn', die Seele ganz! u. s. w.

Auch das ist eine Eigenheit der Führung dieser Stube, daß
die Mutter und die Kinder mitten in der festesten Ordnung
ihres Pflichtlebens offene Sinne für alles Schöne und
Gute, das in ihren Umgebungen statt findet, haben, und
mitten in ihrer ununterbrochenen Thätigkeit herzliche und
freie Theilnahme daran zeigen. Sie spinnen so eifrig, als
kaum eine Tagelöhnerin spinnt, aber ihre Seelen taglöhnern
nicht. Sie bewegen sich während der ununterbrochenen
Gleichheit ihrer lieblichen Bewegung so leicht und so frei,
wie der Fisch im Wasser, und so froh, wie die Lerche, die
in den Lüften ihren Triller singt.

Der gute Heirli hatte schon das letzte Mal daran gedacht,

er möchte dem Junker für die schönen Batzen danken, die er der Mutter, als sie bei ihm war, für sie gegeben, aber er war das erstemal zu scheu. Jetzt fürchtete er sich nicht mehr und paßte nur auf den Augenblick, wo er der Mutter das sagen konnte. Aber sie sah ihm lange nicht ins Gesicht, daß er ihr winken, und stand ihm nie so nahe, daß er sie erlangen konnte. Endlich gerieth es und er konnte ihr ins Ohr sagen: Dürfen wir dem Junker nicht auch für die neuen Batzen danken? Der gute Bub drückte mit seiner Hand ihren Kopf hart an den seinen an und nahm ihr das halbe Ohr in den Mund, wie wenn er's abbeißen wollte. Gertrud hatte den Junker seitdem schon mehrmal gesehen, aber sie freute sich jetzt von Herzen, daß ihr guter Heirli selber daran denke, daß er und seine Geschwister dem Junker für die geschenkten Batzen danken sollten, wie sie und ihr Vater ihm schon oft für ihr neues Glück gedankt. Sie sagte dem Knaben, das ist brav, daß du daran denkst; sage es deinen Geschwistern allen und geht mit einander hervor. Sobald sie das gesagt, legte er seinen Baumwollenflocken auf seinen Stuhl, schlich hinter den Rädern zu seinen Geschwistern und sagte einem nach dem andern, was sie thun wollten. Jetzt standen sie alle von ihren Rädern auf und traten mit dem Heirli zum Junker hervor; aber da sie dastanden, konnte Keines reden.

Der Junker sagte zu ihnen: Was macht ihr da, Kinder? Was wollt ihr? Und Gertrud zum Heirli: Kannst du jetzt nicht reden? — Da ging er zu ihm hin und sagte: Wir wollen dir für deine schönen Batzen danken. Es freute den Junker. Er gab Einem nach dem Andern die Hand und sagte: Kinder! Euer Vater und eure Mutter sind mir lieb, und wenn ihr recht thut, so seid ihr mir auch lieb euer Lebtag.

Dann nahm er den guten Heirli vom Boden auf seinen Arm, sah ihm eine Weile ins Gesicht und sagte ihm dann: Nicht wahr, du wirst doch gewiß auch ein rechter braver Bube? Ja gewiß, sagte der Heirli, und gelt, ich bin dir auch dann dein Lebtag lieb? Er war im Augenblick auf seinem Arm wie daheim, sah ihm beständig in die Augen und streichelte ihm mit der Hand über die Backen. Arner sagte ihm da: Sag', bin ich dir auch lieb? Das denk' ich, sagte der Bub, du bist ja noch mehr gut, als die Mutter gesagt hat.

Arner. Wie gut hat die Mutter gesagt, daß ich sei?

Heirli. Sie hat gesagt, wenn ich dir danke, so würdest du mir die Hand geben, und jetzt nimmst du mich noch gar auf deinen Arm.

Arner. Hast du das so gern, wenn man dich auf den Arm nimmt?

Heirli. Ja; — aber ich hänge dir Baumwolle an.

Arner. Es schadet nichts.

Nein wart', sagte der Heirli, ich will dir sie wieder ablesen — schnackte ihm dann über die Achsel, langte mit der Hand auf den Rücken und auf beiden Seiten, so weit er konnte, herunter, und las ihm die Baumwolle ab, die er ihm angehängt.

Indessen besprachen sich des Rudi Kinder unter einander und sie wollten ihm für ihre Kuh und für ihre Matte auch danken. Gesagt, gethan. Sie drängten sich durch die andern. Das mit dem schwarzen Kohlaug voraus. Es war das erste bei ihm und sagte: Wir wollen dir auch danken. Wofür? sagte der Junker, und hatte den Heirli noch auf dem Arm. Ja, für die Kuh und für die Matte, sagte das Kind.

Da stellte der Junker den Heirli ab, nahm es auf den Arm und sagte: Wie geht es euch jetzt, ihr Lieben, ist euch auch wohl? Ja wahrlich, sagte das Nännli, seitdem wir auch Milch haben und diese Frau da kennen. Aber folgt ihr auch der Frau? sagte Arner. Ich weiß nicht, du mußt sie fragen, sagte das Kind auf seinem Arm. Und Gertrud: Es muß gut sein, bis es besser wird. Folgt ihr ordentlich und thut Recht, wenn ihr mir lieb sein wollt, sagte der Junker. Wir wollen ihr gewiß folgen, sagten die Kinder alle, bis auf das Liseli; das murrte so zwischen den Zähnen, daß es auch so klang, und man meinte, es sage es auch.

Das Nänuli auf seinem Arm hatte so geschwind Zutrauen gefaßt, als der Heirli. Es dauerte nicht lange, so sagte es: Hast du viel solche schöne Batzen, wie du da den Kindern gegeben? Schweig doch, schweig doch, du unverschämtes Kind, riefen ihm die andern auf allen Seiten zu. Der Junker sagte ihnen: Laßt es reden — und zum Kind: Möchtest du auch?

Kind. Ja, wenn du mir gibst.
Junker. Ich hab' jetzt keine bei mir.
Kind. Hast du nicht immer bei dir?
Junker. Nein, aber wenn ich wieder komme, so hab' ich bei mir.
Kind. Kommst du bald wieder?
Junker. Ja.
Kind. Gibst mir denn auch?
Junker. Was willst du damit thun?
Kind. Zusammenbehalten und sparen.
Junker. Und dann?
Kind. Und dann, wenn ich groß bin, etwas dafür kaufen.

So verweilte sich Arner mit dem Kind auf dem Arm und redete noch mit allen andern gleich gut, wie mit ihm, gleich einem Vater.

---

26. Gertrud sorgt wieder für ihren guten Rudi.

So lange Arner das Kind so auf dem Arme hielt und mit allen Kindern des Rudi so redete, war der Gertrud immer, wie wenn sie Jemand stieß und trieb, ihm für diese Kinder ein Wort von ihrer Meyerin fallen zu lassen.

Es trieb ihr den Schweiß aus. Sie durfte es nicht und wollte es doch, und hätte es doch nicht gethan, wenn nicht just, da es am stärksten in ihr kämpfte, noch der Meyerin Bruder, der Untervogt, der dem Junker einen Bericht abzustatten hatte, in die Stube hinein gekommen wäre. Da konnte sie nicht mehr anders. Es war ihr, als reiße ihr jetzt Jemand das Wort zum Mund heraus, das sie zum Junker, der das Nännli noch immer auf dem Arm hatte, sagen mußte: Ja, wenn jetzt das gute Närrchen nur auch wieder eine Mutter hätte.

Der Vogt hatte seinen Bericht schon abgestattet und die Thürklinke zum Wiedergehen eben in den Händen, als Gertrud das sagte. Er merkte auch gerade, warum sie es that, denn er wußte schon, was zwischen seiner Schwester und der Gertrud vorgefallen war und hatte, noch mehr aber seine Frau, für seine Schwester einen ganz Andern im Sinn, als den Hübelrudi. Der Junker antwortete der Gertrud, ohne den Meyer in Acht zu nehmen: Man sollte meinen, der Mann würde, wie er's jetzt hat, eine Frau finden, wo er wollte.

Gertrud. Ja, das wohl; aber —
Junker. Was aber?
Gertrud. Er sollte auch eine rechte haben.
Junker. Thue ihm eine zu.
Gertrud. Wenn ich kann, ich thue es gewiß, aber da der Herr Untervogt könnte, wenn er wollte so gut sein, das Beste dabei thun, wenn er ihm bei seiner Schwester ein gutes Wort reden würde.

Ich weiß nichts — ich weiß nichts — ich weiß von allem kein Wort, stotterte der Untervogt.

Du hörst ja, was sie sagt, sagte der Junker, und wie ist's, was meinst du? Würde es dir so sehr mißfallen? Nein, nein, das gar nicht, das gar nicht, sagte der Tropf.

Nun, so sage deiner Schwester, wie du weißt, daß ich über diese Haushaltung denke und daß es mich freuen würde, wenn das ein Grund wäre, daß sie desto eher in diese Haushaltung hinein käme, sagte der Junker.

Der Meyer wollte der gute Mann sein, und da der Junker zeigte, daß ihm daran gelegen, daß der Rudi wohl versorgt werde, sagte er zu allen Worten: Ja freilich und ja ja.

Er mag jetzt deine Schwester oder sonst Jemand zur Frau bekommen, so kann eine Jede versichert sein, ich werde

mich dieser Haushaltung annehmen, so lang ich lebe, sagte
der Junker noch zur Gertrud, und dann zum Vogt, aber
es würde ihn doch freuen, wenn er diejenige bekommen
würde, die diese Frau für die beste für ihn hielte. Und der
Vogt sagte noch einmal, es solle an ihm nicht fehlen. —
Aber er keuchte und ward blaß, so angst machte ihm das
Gespräch. Und da der Junker ihn bei seinem „Ja=ja=sagen"
so keuchend und blaß dastehen sah und wohl ahnte, was es
bedeute, sagte er ihm noch: Aber es ist nicht, daß es meinet=
halben sein müsse, wenn es dir etwa zuwider; der Mann
wird wohl versorgt werden, daran hat's keine Noth.

Der Erztropf hätte jetzt noch einmal sich mit Ehren
herausziehen können; aber er sagte noch einmal, es sei ihm
nichts weniger als zuwider. Doch glaubten ihm das weder
der Junker noch die Gertrud, und diese sagte noch halblaut:
Es kommt zuletzt nicht Alles auf ihn an.

Er hörte das Wort selbst noch und sah den Blick der
Verachtung, mit dem es Gertrud ausgesprochen und den=
jenigen, mit dem es der Junker angehört. Sein Gefühl
war von allen Seiten gestoßen und verwirrt. Er wußte,
daß er gelogen. Er wollte im Herzen nicht einmal, daß
der Junker glaube, was er sagte und doch that ihm weh,
in diesem Blick die Verachtung zu sehen, daß er es nicht
glaube. Was ihn aber am meisten empörte, war, daß er
sich einbildete, es könne vielleicht möglich sein, seine Schwester,
die Meyerin, habe es mit der Gertrud selber abgeredet, daß
sie ihn des Rudi halber so vor dem Junker auf den Esel
gesetzt. Sobald ihm dieser Gedanke in den Sinn kam,
konnte er ihn nicht mehr aus dem Kopf bringen. Auch
fürchtete er sich jetzt, wenn seine Frau vernehme, was er
dem Junker versprochen, so werde sie ihn auf eine Weise
ausschelten, wie sie es schon oft gethan hatte, und der Hans
Ulrich Ochsenseist, an den sie ihrerseits dachten, werde, wenn
er vernehme, daß mit dem Rudi etwas im Werke sei, nichts
mehr von seiner Schwester hören wollen, sondern vielmehr
ihm und seiner Frau zur Antwort schicken, wenn sie lieber
eine magere Geiß als einen fetten Stier im Stall haben

wollte, so möge er es wohl leiden, und sie solle seinethalben den Rudi oder jeden andern Bettler nehmen, den sie gelüste. Er ging auch heute zweimal zu seiner Schwester, um zu sehen, ob es denn auch wirklich wahr sei, daß Gertrud ihm diesen Possen gespielt. Aber er traf sie beide Mal nicht zu Haus an und mußte also mit seiner Anfrage warten, bis sie zu Haus war.

27. Glülphi spricht die Gertrud bei seinem Vorhaben, Schulmeister zu werden, um Hülfe an.

Diese Gespräche des Junkers mit den Kindern und dann auch mit dem Untervogt machte dem Glülphi Langeweile. Er sehnte sich, sein Anliegen der Gertrud vorzubringen und sobald der Vogt fort war, sagte er zu ihr: Aber, liebe Frau, sag' sie mir jetzt, könnte man die Ordnung, die sie in ihrer Stube hat, nicht auch in einer Schule einführen?

Gertrud besann sich einen Augenblick und sagte dann: Ich weiß nicht, aber man sollte meinen, was mit zehn Kindern möglich ist, wäre mit vierzigen auch möglich. Doch es würde viel brauchen und ich glaube nicht einmal, daß man leicht einen Schulmeister finden würde, der so eine Arbeitsordnung in seiner Schule leiden würde.

Lieutenant. Aber wenn sich Einer fände, der sie gern einführen wollte, würde sie ihm dazu helfen?

Gertrud (mit Lachen). Ja freilich, wenn sich einer fände.

Lieutenant. Und wenn ich es wäre?

Gertrud. Was wäre?

Lieutenant. Der Mann, der gern eine Schule einrichtete, wie sie eine in der Stube hat.

Gertrud. Ihr seid kein Schulmeister.

Lieutenant. Ich will's werden.

Gertrud. Ja, vielleicht in einer Stadt und in etwas, von dem man im Dorf weder Gigs noch Gags versteht.

Lieutenant. Nein, wahrlich in einem Dorf und in Sachen, die man in allen Dörfern verstehen sollte.

Gertrud. Das muß ein eignes Dorf sein, wo ein Herr, wie Sie sind, Schulmeister werden soll; bei Kindern, wie sie bei uns sind, gelüstet kein solcher Herr, Schulmeister zu werden.

Glülphi. Das weiß sie doch nicht gewiß.

Gertrud. Aber ich bilde mir's so ein.

Glülphi. Das sehe ich. Aber wenn ich so ein Schulmeister sein wollte, was würde sie sagen?

Gertrud. Es würde Ihnen leid sein, wenn Sie es müßten.

Glülphi. Aber wenn ich es sein wollte, würde sie mir denn helfen?

Noch immer in der Meinung, es könne davon im Ernst nicht die Rede sein, antwortete Gertrud: Ja freilich, wenn Sie hier in Bonnal Schulmeister sein wollen, so will ich Ihnen helfen, was ich kann.

Jetzt wandte sich der Lieutenant an den Junker und den Pfarrer und sagte: Ihr habt's jetzt gehört, sie hat mir zweimal versprochen, daß sie mir helfen wolle.

Die Herren fingen an zu lachen und sagten zu Gertrud: Das ist brav, das ist brav, Gertrud, daß du ihm helfen willst.

Sie fing an, etwas betroffen zu werden und sagte: Aber was ist das? Er ist nicht Schulmeister in Bonnal, und wenn er's wäre, was könnte ich ihm helfen?

Beide, der Pfarrer und der Junker: Gewiß ist er Schulmeister in Bonnal und ist auch nicht daran zu zweifeln, du kannst ihm bei der Art, wie er Schulmeister sein will, helfen, wie sonst wenige Leute ihm helfen könnten.

Jetzt wurde das Gespräch ernsthafter. Gertrud beharrte darauf, sie sei dem Herrn Lieutenant nicht das geringste zu zeigen im Stande, wenn er wirklich Schulmeister werden wolle; ihre Kinder wolle sie ihm herzlich gern in die Schule schicken und wenn sie jung wäre, selber hinein kommen.

Aber Glülphi und die Herren wiederholten, wie er Schule halten wolle, könne sie ihm viel helfen. Zuletzt brachte sie noch an: Ich habe mit meiner Haushaltung mehr als genug zu thun, aber wenn's zuletzt, wie ich anfange zu merken, etwa darum zu thun ist, ihm in Arbeitsart einen guten Rath zu geben, so weiß ich eine Frau, die das weit besser als ich versteht und dazu alle Zeit hat. Sie nannte dann den Herren die Frau, die wirklich eine vortreffliche Arbeiterin und eine in allen Stücken gewandte Haushälterin ist. Der Lieutenant erwiederte ihr: Auch diese kann und will ich brauchen, aber für dein Mutterherz und deine Mutterkraft gibt's keinen Vikar und diese möchte ich in meine Schule hinein haben.

Gertrud erwiederte: Mein Mutterherz ist kaum für meine Stube groß genug und wenn ihr unser Schulmeister werden wollt, wie ich's jetzt glauben muß, so weiß ich, ihr bringt ein Vaterherz und eine Vaterkraft in die Schule, die mein kleines Mutterherz völlig überflüssig machen wird. Die Herren erwiederten: Es ist wahr, unser Lieutenant wird ein großes Vaterherz und eine große Vaterkraft in unsere Schule hineinbringen. Dafür danken wir Gott, aber sein Herz und seine Kraft wird die Mitwirkung deines Mutterherzens und deiner Wohnstubenerfahrung nicht überflüssig machen, und Glülphi nahm sie jetzt auch bei der Hand und sagte: Deine Lobrede von meinem Vaterherzen habe ich nicht verdient, aber ich will sie zu verdienen suchen und eben darum habe ich deine Hülfe nothwendig und lasse dich von deinem Versprechen nicht los, so höflich du auch immer herauszuschlüpfen versuchst.

Gertrud ward jetzt still und Arner und der Pfarrer sagten zu ihr, wie dem armen, verdorbenen Dorf nur durch Erziehung der Jugend wieder aufgeholfen werden könne und wie wichtig es für dasselbe sei, daß Glülphi bei seinem Vorhaben, Schulmeister in Bonnal zu werden, alle mögliche Unterstützung finde. Innig gerührt erwiederte jetzt Gertrud, wenn sie etwas dazu beitragen könne, so sei das ihre Schuldigkeit und sie wolle es herzlich gern thun; aber

sie glaube nicht, daß sie im Stande sei, etwas dazu bei=
zutragen.

Die Herren boten ihr jetzt alle die Hand, dankten ihr,
daß sie sich mit Glüphi der Jugend ihres Dorfs annehmen
wolle, sprachen ihr Muth zu und versicherten sie, daß sie
ganz gewiß Vieles zu leisten im Stand sei. Sie wieder=
holte noch einmal, sie wolle thun, was sie in ihren Ver=
hältnissen zu thun im Stande sei. Dann lobte sie noch
einmal eine Margareth, die im Dorf wohne und in allen
Arbeitsgattungen weit mehr verstehe als sie. Glülphi er=
wiederte, daß er auch sie kennen lernen und ihre Hülfe
suchen wolle.

So endete die Unterredung dieser Herren mit der Gertrud.
Als sie fort waren, sagte sie zu sich selbst: Sie wollen etwas
von mir, von dem ich nie ahnte, daß ich dazu fähig wäre,
aber es ist mir dennoch in meinem Innersten, als wenn eine
Stimme zu mir sagte: Fasse Muth zu thun, was du kannst.
Ich kann mir nicht verhehlen, es ist mir, wie wenn Gottes
Stimme in mir selbst zu mir sagte: Du mußt glauben,
daß du das könnest, was man von dir fordert.

Der Pfarrer, der Lieutenant und Arner sahen die in=
nigste Rührung der Gertrud und dankten Gott für die
Stimmung, in der sie sie verließen und für die Hoffnungen,
die sie in ihnen erregte.

28. Wenn sich ein schwacher, charakterloser Mensch doch nur gar keiner Sache in der Welt annehmen wollte.

Der Untervogt traf am Abend endlich seine Schwester
zu Haus an, und im fortdauernden Wahn, sie habe es
mit der Gertrud selbst abgeredet, ihn des Rudi halber bei
dem Junker so auf den Esel zu setzen, war sein erstes Wort,
das er zu ihr sagte: Ich hätte doch nicht gemeint, daß

ich so eine Schwester hätte. Was für eine Schwester? sagte die Meyerin, die gar nicht wußte, was er meinte.

Es ist nicht nöthig, daß du mich doppelt für einen Narren hältst, sagte er und klagte fort, er habe doch nicht an ihr verdient, daß sie es ihm so mache, — bis sie zuletzt überdrüssig sagte: Wenn er einen Rausch habe und nicht reden könne, daß man ihn verstehe, so solle er heimgehen und morgen wieder kommen.

Ich bin so nüchtern, als du, sagte der Vogt und er hatte Magens halber recht; denn er hatte nicht einmal seinen Abendwein getrunken. Endlich kam es doch so weit, daß er sagte: Weißt du denn gar nicht, was mir bei der schönen Frau begegnet ist? Auf weiteres Fragen erklärte er, die schöne Frau, die er meine, sei Gertrud. Die Meyerin sagte noch einmal: Ich weiß kein Wort von Allem. Sie ward aber doch roth, sobald er den Namen Gertrud nannte. Er merkte es nicht und erzählte ihr jetzt, was ihm bei ihr begegnet und was sie und der Junker ihr zugemuthet.

Die Meyerin wurde über und über roth, als er das erzählte; aber sie redete lange nicht und besann sich. Nach einer Weile sagte sie: Und da, was hast du ihnen geantwortet?

Vogt. Du kannst wohl denken, ich hab' es ihnen müssen versprechen.

Meyerin. Daß du dem Rudi bei mir zum Besten reden wollest?

Vogt. Ich hab' es wohl müssen.

Meyerin. So? — Aber wie ist dir jetzt? Was räthst du mir jetzt?

Vogt. Du fragst mich nicht im Ernst.

Meyerin. Wohl freilich frag' ich dich im Ernst.

Vogt. Wenn du mich im Ernst fragst, so weißt du wohl, daß meine Frau und ich etwas Anderes als das für dich im Sinn haben.

Meyerin. Ich weiß es gar wohl. Ihr habt ja erst gestern davon mit mir geredet, und es wird, denke ich, noch jetzt eure Meinung sein.

8*

Vogt. Du kannst dir's wohl denken.

Meyerin. Ich denke mir's freilich, aber dann hätte ich mir gar nicht eingebildet, daß du, weil's so ist, doch dem Junker etwas anderes versprochen hättest.

Vogt. Zanke jetzt nicht mit mir, ich bin so schon genug zwischen Thür und Angel.

Meyerin. Man muß es nur machen, wie du, so ist man bald zwischen Thür und Angel.

Vogt. Was mache ich denn?

Meyerin. Du solltest dich schämen, was du für ein Tropf bist, seitdem du Untervogt bist. Ich bin ein Weib, aber ich ließ mich vor keinem Menschen mehr sehen, wenn ich ein einziges Mal zum Vorschein kommen sollte, wie du jetzt, du Thorenbub.

---

29. Wenn die Milch kocht und überlaufen will, so schütten die Weiber nur ein paar Tropfen kaltes Wasser hinein.

Damit ließ sie ihn stehen und suchte ihre Schuhe zum Wandern. Er aber suchte indessen seinen Stock und seinen Hut, ging in die Küche, ließ sich seine Schuhe putzen und sagte, da er wieder in die Stube zurückkam, zu seiner Schwester: Aber wie ist's dir denn? Du darfst mir am Ende doch wohl sagen, nimmst du den Alten mit seinen vielen Kindern? Die Meyerin antwortete: Ich will es dir sagen, wenn du einmal ein Mann bist, jetzt bist du ein Bub — und lief in aller Hitze von ihm weg und zur Gertrud.

Aber sie ging ihr nicht ins Haus hinein, sie rief nur unten an der Treppe, sie solle zu ihr herunter kommen. Die Maurerin merkte an ihrem Ton im Augenblick, daß des Untervogts Historie schon in ihr koche, und es war ihr nicht ganz wohl bei der Sache; aber der Rudi, der neben ihr war, erschrak, daß er zitterte. Der arme Mann hatte längst allen Muth verloren und besaß keine Art Stärke

mehr, als daß er sich in Alles schicken und Alles über=
winden konnte.

Die Meyerin feuerte im Anfang, es sei eselköpfig, wie
sie es ihr gemacht. Gertrud ließ sie in Einem fortreden.
Dadurch ward sie nach und nach stiller. Endlich sagte sie:
Warum redest du nicht? Du wirst mir doch auch sagen
wollen, was geschehen ist.

Weißt du das noch nicht, und machst so viel Wesen?
sagte da Gertrud, und erzählte ihr dann, wie der gute
Junker mit des Rudi Kindern so freundlich gewesen, da sie
zu ihm zugestanden und ihm für die Kuh und die Matte
gedankt, und wie er das Nannli (sie kenne es wohl, es sei
das, von dem sie gesagt, es sei ein Engel) wohl eine
Viertelstunde auf den Armen gehabt. Ich habe auf der
Welt nicht gewußt, was ich ihm thun sollte. Ich hätte ihm
gern etwas von dir gesagt und hätte es doch nicht gethan;
aber weil's so in mir gestritten, ist da eben dein Bruder,
wie wenn es hätte sein müssen, in die Stube gekommen, da
hab' ich mich nicht mehr halten können. Es war, wie
wenn es mir Jemand zum Mund hinausgerissen, daß ich
sagen mußte, ja wenn nur das gute Närrchen auch wieder
eine Mutter hätte.

Meyerin. Du hast aber mehr gesagt, als das.

Gertrud. Freilich. Der Junker hat mir da zur Ant=
wort gegeben: Man sollte meinen, der Rudi, wie er es
jetzt hat, sollte eine Frau finden können, wo er wollte. Da
gab ein Wort das andere, bis mir in Gottes Namen zum
Mund heraus war, dein Bruder könnte da am besten helfen.

Der Zorn war jetzt der Meyerin schon hin und ihre
Hitze war vollends gegen ihren Bruder gekehrt, als sie da
fragte: Was sagte er dazu?

Gertrud. Es solle an ihm nicht fehlen.

Meyerin. Hat er das gesagt?

Gertrud. Ja, und das mehr als ein=, und mehr als
zwei Mal.

Meyerin. Und der Junker, hat dieser da nichts mehr
gesagt?

Gertrud. Wohl freilich, er hat oft gesagt, du oder wer immer des Rudi Frau werde, dürfe darauf zählen, daß er sich dieser Haushaltung annehme, so lange er lebe, und zu deinem Bruder hat er noch gesagt, es würde ihn freuen, wenn das dir ein Grund wäre, daß du es lieber thätest.

Meyerin. Hat er das Alles so geredet?

Gertrud. Es sind alle Worte wahr.

30. Eine sonderbare Heirathsanfrage.

Da es jetzt so still wurde, kam der Rudi hinter der Thür hervor.

Was? — Stand der Rudi hinter der Thür und hörte zu, was Gertrud und die Meyerin mit einander redeten?

Ja wahrlich, er stand hinter der Thür und hörte alle Worte; aber er ist um deswillen doch der Rudi und bleibt der ehrliche Rudi, der er vorher gewesen. Er lief der Gertrud die Stiege hinab nach, nicht um hinter der Thür zu stehen, sondern hinauszugehen und der Meyerin zu sagen, sie solle in Gottes Namen mit ihm machen, was sie wolle, sie solle nur der Gertrud nicht zürnen und es ihr nicht nachtragen, das sie seinethalben an sie gedacht. Aber da er sie unter der Thür so laut reden hörte, durfte er nicht weiter und wartete da, bis es stiller wurde; dann kam er hervor und sagte ihr, was er vor einer Viertelstunde vor Schrecken nicht konnte.

Die Meyerin trat zurück und sah ihn drei Schritt vom Leib vom Kopf bis zu den Füßen an, da er so hinter der Thüre hervor und gegen sie zu kam. Aber, was sie nicht dachte, der Mann, der jetzt so mit der Mütze in der Hand vor ihr stand und in jeder Ader zeigte, daß er nichts hoffe, nichts für sich rede, nicht um seinetwillen da sei, viel weniger um seinetwillen hinter der Thür gestanden, gefiel ihr so wohl, daß sie jetzt vor ihm ganz still stand und nicht weiter zurück ging, ihn auch nicht mehr vom Kopf bis zu den

Füßen ansah, so nahe er jetzt auch bei ihr stand. Er aber achtete es nicht, weder daß sie nicht mehr zurückwich, noch daß sich die Art, wie sie ihn ansah, geändert, und sagte, fast ohne zu denken, daß es noch sein könnte oder sein sollte, sie solle ihm verzeihen, er wisse wohl, daß es zu viel von ihm sei, daß er an sie gedacht, aber er habe eine tüchtige Frau nöthig.

Sie gab ihm zur Antwort: Ich kann dir in Gottes Namen keine Hoffnung machen. Aber er sagte nichts und durfte nichts sagen und stand da, wie ein Mensch, der hungert und nicht sagen darf, daß er gern ein Almosen hätte. Die Meyerin sah wie durch ein Fenster in ihn hinein und sagte zu sich selber: So einen herzguten Kerl hab' ich in meinem Leben nie vor mir stehen sehen; zu ihm aber: Pfui, wie du auch dastehst; es ist nicht anders, als wolltest du ein Almosen um Gotteswillen. Der Rudi erwiederte: Ich bin noch nie vor Jemand gestanden, wie wenn ich bettelte, aber ich spüre wohl, daß ich vor dir dastehe, wie du sagst.

Meyerin. Du mußt eben auch vor mir nicht stehen, wie wenn du betteltest.

Rudi. Wie muß ich denn vor dir stehen, und was muß ich machen, anstatt Bettelns, das mich einmal jetzt ankommt?

Meyerin. Du mußt meiner gar nicht in Acht nehmen.

Rudi. Dann will ich doch lieber noch fortfahren mit dem Betteln.

Meyerin. Ja — so sag ich dir dann: Helf dir Gott!

Rudi. Wenn du mir recht „helf dir Gott" sagst, so geht's mir nicht übel.

Meyerin. Nun, wenn du das willst, da hast's: — Helf dir Gott, Rudi!

Rudi. Ja, das ist mir nicht das rechte Helf dir Gott.

Meyerin. Nun, was wäre dir denn das rechte Helf dir Gott?

Rudi. Wenn du mir die Hand darauf geben würdest,

daß du mir auch helfen wolltest, das wäre mir das rechte Helf dir Gott.

Meyerin. So? — Du bist doch kein Narr, Rudi.

Rudi. Ich glaub's wohl, aber es hat doch auch nicht bald Einer in der Welt ein solches Almosen so nöthig.

Meyerin. Aber warum soll ich dir es geben? Du kannst ja vor mehr Häusern so betteln.

Rudi. Das thue ich nicht.

Meyerin. Nun, nun — thu, was du willst. Aber gehe jetzt wieder hinter die Thür, wo du hergekommen und laß uns allein. — Und hiemit nahm sie Gertrud an den Arm, ging mit ihr etliche Schritte und wußte nicht, was sie sagen wollte.

Gertrud rühmte von Neuem den Rudi und seine Haushaltung und die Meyerin hörte zu, wie in der Kirche, fragte einmal über das andere: Wie ist das? Was sagst du? Am Ende ging sie so freundlich von ihr weg, als sie unfreundlich zu ihr gekommen.

---

31. Wie sich der Mensch an Seel und Leib krümmt und windet, wenn er etwas will, und meint, er wolle es nicht.

Daheim setzte sie sich hinter den Ofen, machte kein Licht, bis es stockfinster war, und als sie ins Bett ging, wollten ihr die Augen nicht zu; was sie auch machte, sie mußte nur an ihn denken.

Sie meinte freilich, sie könne ihn nicht nehmen, sagte dann aber doch in ihrem Sinnen: Ich wollte gern, ich könnte ihn nehmen, aber es kann nicht sein — so alt — und so viel Kinder — es kann nichts daraus werden; — und doch stand er ihr immer vor Augen, und es war ihr völlig, wie wenn jetzt im Bett ihr Jemand vor den Ohren die gleichen Worte wieder sagte, die er vorher zu ihr geredet, so lebhaft kam ihr Alles von ihm vor; und auch mit dem, was der Junker gesagt, ging's ihr so. Einmal sagte sie doch zu sich selber: Wenn ich ihn nehmen würde, so müßte mir der Junker beim ersten Kind zu Gevatter stehen.

Auch der reiche Vetter, den ihr der Untervogt und seine Frau geben wollten, kam ihr in den Sinn, und sie hat, seitdem man ihr von ihm geredet, noch niemals so viel an ihn gedacht, als diese Nacht. Sie hat ihn aber, seitdem er aus der Fremde zurückgekehrt, nur ein paar Mal gesehen. Das erste Mal an seiner Schwester Hochzeit; er saß gerade ihr gegenüber und fraß Speck, daß ihm das Fett davon auf beiden Seiten vom Mund herabtriefte. Das andere Mal traf sie ihn im Dorf an, da er eben eine Sau metzgete und ihr die Hand tief in den Hals hineinsteckte und das warme Blut darüber herunterlaufen ließ, wie wenn er Freude daran hätte.

Sie verglich jetzt die beiden. Er stand ihr mit dem Speck an dem Mund und dem Blut an den Händen, wie der andere mit seiner Kappe vor den Augen, und sie sagte: Es ist bald richtig, wenn ich Einen von beiden nehmen müßte, so wäre es sicher eher der gute alte Kerl, als das Wurstmaul mit seinen Hängebacken. Und ein ander Mal: Nein, und wenn das ganze Dorf sein wäre, ich wollte ihn nicht; aber es muß ja Keiner von beiden sein.

Sie entschlummerte erst gegen Morgen, und da träumte ihr noch von diesem Wurstmaul mit den Hängebacken; sie that im Traum einen Schrei, wie wenn man sie morden wollte, so daß das Kind, das neben ihr schlief, erwachte und zu ihr sagte: Wie schreist du auch, ist dir etwas begegnet?

---

32. Auch der beste Mensch kann immer nur halb, was er gern will.

Als der Junker diesen Abend heimkam, beschäftigte er sich ununterbrochen mit den Maßregeln, seinem armen Bonnal wieder aufzuhelfen. Er hatte vor ein paar Tagen einen großen Viehhändler sagen lassen, er solle auf morgen einige Dutzend Geißen nach Bonnal bringen, die man ihm dort abkaufen werde. Er that es nämlich, wie ihr schon wißt, wegen der vielen armen Haushaltungen in Bonnal, die für ihre Kinder Jahr aus, Jahr ein auch keinen Tropfen Milch zu sehen bekommen, obwohl die Gemeinde einen großen Weidegang besaß, auf dem sie Kühe und Geißen sömmern könnten, so viel sie nur wollten. Aber bei der jetzigen Ordnung in Bonnal benutzten diesen Weidegang nur die Reichen. Der Junker wollte diesem Unrecht ein Ende machen und dafür sorgen, daß auch die ärmste Haushaltung wenigstens eine Geiß besitze und ihr diesfälliges Recht doch auch im Kleinen benutzen könnte, wie die Reichen es im Großen benutzten. Er nahm sich deshalb vor, jeder armen Haushaltung das Geld zu einer Geiß vorzuschießen.

Dann hatte er auch einige hundert Bäume aus seinen Baumschulen ausgraben und nach Bonnal führen lassen, zum Theil, um sie Jedermann, der Bäume auf seinem Land setzen wolle und dazu schickliche Plätze besitze, auszutheilen, zum Theil aber, um sie zu dem großen Baumgarten zu benutzen, den er auf dem Ried anzulegen beschlossen hatte. Er hatte nämlich auf diesem Ried einen großen Platz dazu bestimmt, wo einst das Volk in Bonnal das Fest der dankbaren Armuth feiern und unter dem Schatten dieser Bäume mit ihren Verhältnissen zufrieden und dankbar gegen Gott und Menschen sich alljährlich an einem schönen Herbsttage freuen und mit den Früchten dieser Bäume erquicken könne. Jede Haushaltung sollte dann einen Wintervorrath davon im feierlichen Zuge mit sich nach Hause bringen.

Er hatte diese Entschlüsse schon beide gefaßt, ehe er den Baumwollen=Meyer kannte, aber jetzt verband er sie mit den weitführenden Ansichten dieses Mannes in Rücksicht auf die Mittel, dem armen, verwilderten und zu Grund gerichteten Volke in Bonnal wieder aufzuhelfen und faßte, indem er die Urkunde dieser Stiftung, die er morgen dem Pfarrer übergeben wollte, zu sich nahm, vorzüglich ins Auge, wie es ihm möglich sein werde, durch alle diese Schritte allmählich die besten Einwohner Bonnals für seine allgemeinen Zwecke zu gewinnen und einen persönlichen Eifer dafür in die einzelnen Haushaltungen des Dorfs hineinzubringen.

Indem er über die Folgen dieser Urkunde so bei sich selber nachdachte, sagte er zu sich selbst: Ich muß auch eine solche über die Wahl meiner Vorgesetzten errichten. Die Ansichten des Baumwollen-Meyer über diesen Gegenstand scheinen mir entschieden richtig und, will's Gott, helfen mir die Verbindungen, die wir mit den bravsten Leuten im Dorf anzuknüpfen suchen, bald dahin, daß einige Männer im Dorf, die jetzt nur halb brav und halb brauchbar sind, an unsrer Seite ganz brav werden. Aber das braucht Zeit und die muß man abwarten. Jetzt ist's schlimm. Wo nichts ist, da findet man nichts, und ob ich oder das Volk oder wer immer die Vorgesetzten wähle, das ist für jetzt gleich viel. Wo keine braven und brauchbaren Leute sind, da kann man auch keine braven und brauchbaren Vorgesetzten finden, und der Vorschlag, sie unter solchen Umständen durch eine gute Wahlordnung zu finden, ist eben so unausführbar, als derjenige, durch eine gute Wahlordnung unter Blinden einen Mann mit Luchsaugen auszusuchen und zu finden.

33. Zusammenhang des Mutterherzens mit dem innern Wesen einer guten Schule.

Immer mit dem Gedanken seiner Schulstube beschäftigt, die er auf eben die Fundamente, auf die Gertrud ihre Wohnstube gebaut, gründen wollte, fand Glülphi die größte Schwierigkeit in der wesentlichen Verschiedenheit, die sich zwischen der Wohnstube und zwischen der Schulstube befinde. Er fühlte diese Schwierigkeit in ihrer ganzen Ausdehnung und sagte mit Lebhaftigkeit zu sich selbst: In der Wohnstube wird die Bildung gefördert durch den Glauben des Kindes an Vater und Mutter und durch eine in der Natur unauslöschlich inwohnende Sorgfalt und die treue Liebe der Eltern für ihr Kind.

Dieses beides hat im Verhältniß zwischen Schulmeister und Schulkindern durchaus nicht mit eben dieser Belebung und mit eben dieser Kraft statt. Der Schulmeister ist dem Kind nicht Vater und nicht Mutter und kann es nicht sein. Die Ursachen, welche das Kind von der Wiege an zum Glauben, zur Liebe und zum Gehorsam gegen Vater und Mutter erheben, sind in der Schulstube nicht da und es ist unmöglich zu denken, daß die sittlichen, geistigen und Kunstanlagen unsers Geschlechts sich in dieser Stube durch den Glauben der Kinder an den Schulmeister so einfach entfalten und sich gleichsam von selbst ergeben, wie dieses in der Wohnstube bei Vater und Mutter der Fall ist.

Er überzeugte sich ganz, der nöthige Gehorsam und die nöthige Anstrengung der Kinder gehe in der Schule durchaus nicht aus dem Glauben der Kinder an den Schulmeister hervor, sondern müsse einerseits und vorzüglich durch den Glauben der Kinder an Gott und an Gottes Wort, anderseits aber dadurch geweckt werden, daß die Kinder von den Gegenständen, die sie der Schulmeister lehrt, tief in ihrem Innersten ergriffen und zu dem Gefühl gebracht werden, daß die Grundlage alles dessen, was er sie lehrt, eigentlich in ihnen selbst liege und von ihm nur aus ihnen hervorgelockt und entfaltet werde. Er fühlte, wie sehr jeder Unterrichtsgegenstand psychologisch tief erkannt und bearbeitet werden müsse, wenn er die Kinder auf diese Art ergreifen und fesseln solle. Er sagte zu sich selbst: Das Kind muß durch seinen Unterricht zum Gefühl seiner selbst und seiner Kraft gebracht werden. Es muß zur höchsten Festigkeit des Willens erhoben werden, das in seiner Lage und in seinen Umständen zu werden, was es vermöge seiner Kräfte und seiner Anlagen werden kann. Der Unterricht muß es dahin erheben, daß er ihm gleichsam als Vater und Mutter vorkommt, um sich durch ihn zu verschaffen, was diese ihm vorher gaben und zur Hand brachten. Das Kind muß in dem Unterrichte das heilige Mittel erkennen lernen, durch welches es aus der sittlichen, geistigen und Berufsunmündigkeit zur allseitigen Selbstständigkeit erhoben wird.

Er machte sich klar und sagte zu sich selbst: Die Aufgabe, die ich über mich nehme, ist über meine Kräfte, aber ich will zur Lösung derselben thun, was ich kann. Mein Wille ist fest und die Erfahrung wird mich weiter führen. Ich muß mich jetzt in meinem Vorhaben als einen Neuling ansehen und denken, wenn Gertrud zu der Zeit, da sie den Lienhard geheirathet, gewußt hätte, wie viel sie lernen und selbst wie viel sie sogar leiden mußte, um für ihren Mann und für ihre Kinder zu werden, was sie jetzt für sie ist, sie hätte es wohl bleiben lassen, ihn zu heirathen; sie hätte gewiß nie geglaubt, daß sie für ihre Verhältnisse werden konnte, was sie sein mußte, um nicht mit ihrer ganzen Haushaltung ins tiefste Elend zu versinken — und doch ist sie es geworden. Die Erfahrung hat ihr inneres gutes Herz zu Allem hingeführt, was sein mußte und noth that. So wird es mir auch gehen.

Ich weiß nicht, was mir bevorsteht. Tausend und tausend Unannehmlichkeiten und Schwierigkeiten werden mir aufstoßen, an die ich jetzt nicht denke, aber Zeit und Erfahrung werden mein sich meinem neuen Zweck weihendes Herz sicher zu alle dem hinleiten, was in meiner Lage noth thut, und mich, indem ich es thue, zu den Ansichten und Kräften bilden, die ich in meiner Lage nothwendig habe.

So munterte er sich selbst auf und gewann mitten im Gefühl der Schwierigkeiten durch das Beispiel der Gertrud Muth für seine neue Laufbahn.

---

34. Ein Blick in den Zusammenhang einer wahrhaft väterlichen Dorfversorgung mit den höhern Zwecken und Ansichten der Staatskunst.

Arner, der von seinen Jünglingsjahren an und besonders in seiner akademischen Laufbahn die einzelnen Angelegenheiten des Volks im Zusammenhang mit der Staatsgesetzgebung und Staatsadministration ins Auge zu fassen gewohnt war und über diesen Gegenstand schon seit langem mit dem Minister des Herzogs, Bylifsky, der von Jugend auf sein Freund war, in einem vertrauten Briefwechsel stand, fand die Ansichten, die der Baumwollen=Meyer über die Möglichkeit der Wiederherstellung seines verdorbenen Bonnal ausgesprochen hatte, selbst als Staatssache so wichtig, daß er schon am Sonntag Abend folgenden Brief an Bylifsky schrieb.

Lieber, lieber Freund!

Man sucht so oft in weiten Fernen, was Einem vor der Nase liegt, und in Systemen, Büchern und Wissenschaftslehren, was der Bauer im Dorf weiß. Eigentlich ahnte es mir schon lange, man höre aus dem Mund gemeiner Menschen oft Wahrheiten, die man in den Büchern umsonst sucht; aber in dem Grade, als sich diese Wahrheit mir gestern durch die Erfahrung bestätigt hat, habe ich sie doch nicht geahnt und hätte sie auch nicht möglich geglaubt. Ein gemeiner Bauer in Bonnal, der aber durch seinen Baumwollenhandel reich geworden, hat mich ganz mit der schwierigen Lage, in der ich mich in Rücksicht auf meine Herrschaft befinde, wieder versöhnt. Du weißt, wie oft ich dir schon gesagt habe, welch elend Ding es um den Besitz unsrer Herrschaften ist. Wir erben unsere Leute, wie wir Schafe, Pferde und Ochsen auch erben, aber mit diesen erben wir doch zugleich auch für sie ihre Ställe und vielseitig eingerichtete Mittel, sie gut zu besorgen. Bei den Menschen nicht so. Wir erben sie nur gar zu oft in einem Zustande, wie Vieh, das auf großen Weidedistrikten, die weder Zaun noch Marken haben, wild herumläuft, und das man mit Hunden und Jägern zusammentreiben muß, wenn man auch nur erträglich gutes Stall= und Brauchvieh aus ihnen machen will.

Lieber! Sag mir nicht, das Bild sei zu grell. Du weißt, wie es mich erschreckte, da mein Großvater gestorben war und ich dadurch in den Fall kam, als Erbe von ihm seine Herrschaft anzutreten. Freund! Ich fand das Uebel, daß ich fürchtete, noch weit größer, als ich es geglaubt habe. Ich hielt es beinahe für unheilbar.

Du kannst also denken, wie mein Herz sich erhebt, da mich jetzt der Meyer in Bonnal zur Ueberzeugung gebracht hat, daß keine Menschenübel unheilbar sind, daß im Gegentheil die Mittel, die alten Zwecke meines Lebens zu erzielen und meinen Leuten zu helfen, daß ihnen wirklich geholfen sei, in ihnen selbst offenbar liegen, wenn man nur seine Augen vor ihnen nicht zuschließt, sie da zu sehen und zu suchen, wo sie ihm wirklich an der Hand liegen. Ich habe seit einigen Tagen mitten in der Entdeckung eines allen Glauben übersteigenden Greuellebens in Bonnal einzelne Menschen von einer Lebensweisheit und von einer Kraft in allem, was menschlich ist, gefunden, in deren Dasein die Mittel, dem Verderben des Dorfs im Allgemeinen entgegen zu wirken, mit einer Sicherheit vorliegen, daß ich dem lieben Gott nicht genug danken kann.

Schon ist eine wahre Freude in meinem Innern aufgegangen, daß ich die Herrschaft, deren Besitz ich so lange fürchtete und die mir bis vor wenigen Wochen eine drückende Last war, wirklich besitze. Ich kann nicht sagen, in welch einem Grade mich der Baumwollen-Meyer darüber entzückte, daß er mir die Ursachen der herrschenden Zeitirrthümer in der Behandlung des gemeinen Volks mit einer Klarheit vor Augen gelegt, wie ich sie in meinem Leben noch nie vor Augen gehabt habe. Er machte mich z. B. tief fühlen, wie unser gewöhnliches herrschaftliches Almosengeben die Uebel, denen sie abhelfen sollten, in einem hohen Grad noch vermehren und noch mehr, wie die Folgen unserer geist- und seelenlosen Polizei- und Justizformeln, besonders seitdem sie in die Eisschollen unserer neuen, wissenschaftlich geheißenen Ansichten eingetunkt sind, eben so die Uebel, denen sie vorbeugen sollten, ins Unendliche vermehren. Hingegen zeigte er mir wieder auf der andern Seite mit der auffallendsten Klarheit, wie es möglich wäre, auch den durch unsere Zeitverirrungen in das tiefste Verderben versunkenen Dörfern durch einen belebenden Einfluß der bravern Leute im Dorfe wieder aufzuhelfen, wenn diese für diesen Zweck unter einander in Verbindung gebracht und in derselben benutzt würden.

Doch so groß dieser Gedanke des Mannes auch ist, so weit er auch führt und so sehr er mich in meinem Innersten ergriffen hat, so darf man sich freilich auch nicht verhehlen, daß seine Ausführung in unserer Zeit in vieler Beziehung, besonders in unserm Lande, im höchsten Grade schwierig sein wird und daß man sich beinahe nicht mit der Hoffnung schmeicheln darf, durch solche Verbindungen der bessern Leute in den Dörfern selber etwas Solides und Wesentliches für dieselbe in einem Land zu Stand zu bringen, in welchem ein öffentlicher und verkappter Unglauben an alles wahrhaft Göttliche und Ewige dem Thiersinn der Menschennatur nach allen Richtungen Thür und Thor öffnet und ihn dadurch zu aller Unaufmerksamkeit, Hartherzigkeit und Gewaltthätigkeit gegen die Schwäche unsers Geschlechts nicht nur hinlockt, sondern ihn dazu gleichsam bevollmächtigt und allen seinen Mißgriffen noch von oben herab das Wort redet und Schutz schafft, wie dieses, seitdem Helidor in unserm Land herrscht, der Fall ist.

Die Unterredung mit diesem Meyer hat mich beinahe stärker, als ich es vorher je that, fühlen gemacht, daß man in einem solchen Lande von oben herab nichts mehr hoffen darf, als höchstens, daß in demselben dem Viehschaden, in so weit es den Annehmlichkeiten der Jagd- und Spazierrechte aller Müßiggänger nicht nachtheilig, etwas mehr vorgebeugt werde; desto tröstlicher und erquickender war mir darum die Ansicht, die er mir klar gemacht, daß, wenn auch von oben herab so Vieles mangelt, das zu einer guten und heilsamen Führung des Volks gethan werden sollte und hingegen so Vieles geschieht, das einer solchen geradezu entgegen steht, doch auf der andern Seite noch sehr viel Gutes in der Tiefe des Volks selber liege, das früher oder später zur Wiederherstellung eines bessern Zustands desselben benutzt werden könne. Und es ist wahr, man muß es Gott danken, daß auch selber in tief verdorbenen Völkern, so lange in denselben nicht alle Spur des alten christlichen Lebens ausgelöscht ist und so lange das Volk in denselben im Allgemeinen nur noch in der Bibel liest, betet und fleißig arbeitet, ganz gewiß noch immer Kräfte und Mittel findet, dem Verderben desselben Einhalt zu thun und den Quellen seines Unglücks mit mehr oder minderm Erfolg entgegenzuwirken.

Lieber Freund! So schwierig die Sache auch für jetzt noch ist, und so sehr der Erfolg, den ich hoffe, für mich noch im weiten Felde steht, so hat dieser Mann doch unaussprechlich große Hoffnungen in mir rege gemacht. Aber fürchte dich nicht. Er ist kein Träumer. Er führt mich sicher nicht in die Wolken hinauf, in denen dein Herzog und du so lange von Winden herumgetrieben worden, ehe ihr euch eurer Luftschlösser halber zur Ruhe begabet. Nein, Gott Lob! mein Mann ist wahrlich kein Träumer. Er steht mit seinen Ansichten und Bestrebungen so fest in der Wahrheit und Bestimmtheit des positiven, wirklichen Lebens und seiner Mittel und Kräfte, als irgend Jemand. Er kennt das, was dem Segen des häuslichen Lebens beim Volk im Wege steht und auch das, was denselben fördert, mit einer Genauigkeit und beurtheilt dasselbe mit einem Scharfblick, daß mir in Rücksicht auf Bonnal nichts zu wünschen übrig bleibt.

Aber es ist mir dennoch Alles daran gelegen, daß dir hierüber auch nicht der geringste Zweifel aufsteige; darum füge ich noch bei, Glülphi, den du kennst und dessen ausgedehnten und sichern Erfahrungstakt du mir so oft gelobt, ist mit mir in Rücksicht auf den Werth dieses Mannes und die Wichtigkeit und Sicherheit seiner Ansichten vollkommen einverstanden, und was dir vielleicht weniger wichtig, mir aber unendlich angenehm ist, ist, unser guter Pfarrer, der unter meinem armen Großvater so viel von seinem Glauben an die Menschen verloren und in gewissen Rücksichten seit vielen Jahren fast gar keinen mehr hatte, glaubt in Rücksicht auf die Möglichkeit, Bonnal wieder aufzuhelfen, an Glülphi und seine Ansichten, wie ans Evangelium. Wir gehen morgen alle drei, der Pfarrer, Glülphi und ich, zu einer armen Maurersfrau, von der der Baumwollen-Meyer behauptet, ihre Wohnstube sei ein Bild der vollkommensten Dorfschule, die man sich denken könne. Ich kenne diese Frau als Mutter und Ehefrau. Sie ist in dieser Rücksicht ohne ihres Gleichen. Ich bin ungeduldig, zu sehen, wie weit sie in Rücksicht auf Unterricht und Schulführung auch dem entspricht, was der Meyer von ihr sagt. Sobald ich sie gesehen und von ihr weg bin, schreibe ich dir wieder. Jetzt habe ich nicht Zeit. Mein Kopf und mein Herz ist zu voll, um weitläufiger sein zu können. Lebe wohl. Meine Frau grüßt dich herzlich.

Arner.

Gleich nach dem Besuch bei der Gertrud schrieb er einen zweiten, weitläufigen Brief an ihn, worin er den Eindruck, den ihre Baumwollenspinnerstube, als Beispiel und Modell der ersten und besten Schulstube, die er in seinem Leben gesehen, auf ihn, auf den Pfarrer und auf Glülphi gemacht, auf eine Weise beschrieb, daß ich fast die nämlichen Worte wiederholen müßte, mit denen ich diesen Eindruck selbst beschrieben, wenn ich ihn hier einrücken wollte. Nachdem er in diesem Brief lange von der Gertrud und allem ihrem Thun geredet, kam er wieder auf die Ansichten des Baumwollen-Meyer, von der Möglichkeit, dem so tief zerrütteten Bonnal wieder aufzuhelfen und es allgemein wieder zu einem braven, christlichen Dorf zu machen, zurück. Er zeigte den Zusammenhang der Ansichten des Meyer mit dem, was Gertrud in ihrer Wohnstube leistet, und schloß dann den Brief endlich mit dieser Stelle: Die Ansichten des Meyer auf das, was für meine Zwecke in Bonnal zu thun sei, beschränken sich

1) auf die Organisation einer Schulstube, die mit dem bildenden Einfluß des häuslichen Lebens, wie dieses sich in der Gertrud Stube ausspreche, in gehörige Uebereinstimmung gebracht werde;
2) auf eine Vereinigung der bravern Leute, die sich noch in Bonnal befinden möchten, mit dem Schloß und dem Pfarrhaus, um durch sie einen sichern, bestimmten und

wirksamen allgemeinen Einfluß auf die Haushaltungen des Dorfs zu erhalten, und endlich
3) auf die Organisation einer Wahlordnung für die Vorgesetzten, durch welche dem schrecklichen Einfluß, den schlechte Vorgesetzte im Dorf haben, in Zukunft vorgebeugt werden könne.

---

35. Die Frage: „Was man Volksbildungshalber thun dürfe" läßt sich nur durch die vorhergehende richtige Lösung der Frage: „Was man Volksbildungshalber thun müsse" beantworten.

Arner unterhielt sich auch diesen Abend mit Glülphi über die segensreichen Folgen, die es haben müsse, wenn die Kunstkräfte des Volks, die aus der elementarischen Bildung zum Rechnen, Messen und Zeichnen nothwendig hervorgehen, allgemein entfaltet werden könnten, sagte aber zugleich, der Gedanke sei ihm neu und bis jetzt habe er immer geglaubt, eine so weit führende Bildung könnte das Volk dahin führen, daß die niedrigen, aber nothwendigen Geschäfte im Land Niemand mehr gern thun würde, oder daß man sie unverhältnißmäßig theuer bezahlen müßte.

Glülphi sagte: Es steht in einem Lande sehr gut, wenn Dinge, die Niemand gern thut, sehr theuer bezahlt werden müssen. Es beklagt sich kein Mensch, wenn ein Jagdhund, der sehr gut ist, auch sehr theuer bezahlt werden muß, und es wäre gewiß für das Land gut, wenn die arme Jugend in demselben lieber bei Vater und Mutter Wasser und Brod essen, als sich als Kammerdiener und Kammermädchen anstellen und herumhudeln ließen, und es wäre ganz gewiß kein Schaden, wenn jeder Kammerdiener und jede Kammerjungfer das Doppelte kosten würde, um das sie jetzt feil sind.

Von dieser Seite haben Sie wohl Recht, sagte Arner, und ich finde mit Beiseitesetzung Ihres Scherzes über den Kaufpreis der Kammerdiener und der Kammermädchen sogar, es wäre dem Lande im Ganzen ein großer Nutzen, wenn jeder tausend und mehr Juchart Land besitzende Edelmann heute noch finden würde, die Besorgung seines Landes durch Taglöhner käme ihm zu theuer und es wäre besser, wenn seine tausend Jucharten in zwanzig kleine Gütchen abgetheilt wären und er sie also vertheilt an Pächter geben oder gern als Eigenthum an sie veräußern würde.

Aber der Pfarrer meinte, durch ein künstlich so weit geführtes Raffinement, selbst in Erwerbssachen, würden im Volk die Fundamente seiner Unschuld, seiner Zufriedenheit und seines Haussegens untergraben.

Glülphi erwiederte ihm: Herr Pfarrer, Sie reden, als wenn Sie nicht in unserer Welt lebten. Was will man von Unschuld, Ruhe und Zufriedenheit im Volk sagen, wo ein Hummel in einem Lande leben kann, ohne daß er bei dem ersten Dutzend seiner Spitzbubenstreiche entweder von der Obrigkeit gehenkt oder vom Volk todtgeschlagen wird?

Das ist stark, das ist stark, Herr Lieutenant! sagte der Pfarrer. Aber sie traten jetzt näher in die Untersuchung dieses Gegenstandes. Glülphi war der erste, der selbst sagte: Die Gefahren, das Volk oberflächlich, einseitig beim wenig Können zum viel Wissen zu führen, sind entschieden, hingegen aber sind auch die Vortheile, das Volk beim verhältnißmäßig wenigen Wissen zu vielem Können zu führen, eben so entschieden. Es kommt beim Weitführen des Volks, setzte er hinzu, Alles darauf an, ob man es in der Wahrheit seiner Kräfte, oder ob man es im Trug seiner Kraftlosigkeit durch Kenntnisse und Fertigkeiten weiter führe, die nicht solid, sondern nur oberflächlich sind.

Die Herren waren einstimmig, alle Kenntnisse und Fertigkeiten, die nicht auf einer genugsamen Entfaltung der Grundkräfte der Menschennatur ruhen, die sie selber voraussetzen, können durchaus nicht harmonisch auf das Ganze unsrer Bildung einwirken, folglich auch nichts Wesentliches zur Entfaltung unsrer Menschlichkeit selber beitragen und folglich auch mit den wesentlichen Zwecken der Menschen=

bildung nicht in Uebereinstimmung gebracht werden. Um also einen wahren Fortschritt der Volkscultur zu erzielen, müsse man die Unterrichtsmittel der Kinder auf die möglichste Weise vereinfachen und sie auf die psychologischen Elemente zur Entfaltung des ganzen Umfangs unserer Kräfte und Anlagen zurückführen.

Sie sagten ferner: Das Einfache führt durch sein Wesen zum Soliden und das wird sicher durch eine psychologisch elementarische Bildung erreicht, die dem Volke noth thut. Wenn aber Einige mit ausgezeichneten Anlagen eine weitere Bildung sich erwerben, so fallen die Vortheile ihrer höhern Bildung dennoch segnend auf die Masse des Volks. Aber wenn man bedenkt, daß ein einziges, vorzüglich gut geführtes Genie seinen Mitmenschen, seiner Stadt, seinem Dorf sittlich, geistig und ökonomisch mehr dienen kann, als hundert und hundert von denjenigen, die zu nichts geschaffen sind, als mitzulaufen, wohin man die Heerde hintreibt, so fallen die Vortheile einer soliden Volksbildung nicht nur in die Augen, sondern es fällt sogar auf, daß eine solche fortschreitende Bildung besonders in unsern Tagen dem Volk und dem Land nothwendig ist, und wenn's auch nur wäre, um dem namenlosen Schaden entgegen zu wirken, den die zahllosen verbildeten Halbköpfe unserer Zeit über die Menge ihrer verwahrlosten, schwachen Mitmenschen verbreiten.

Wenn man, sagte der Lieutenant, diese Gesichtspunkte ins Auge faßt, so kann man nicht anders, als mit Hoffnung und Sehnsucht an einen Zustand denken, in welchem für die Menschheit hierin besser gesorgt würde, als gegenwärtig geschieht, und diese Sehnsucht muß in dem Grad in uns lebendig werden, als man bedenkt, wie sehr sich seit 50 Jahren die Verhältnisse in einem großen Theil von Europa geändert haben. Vor diesem Zeitpunkt war Alles ganz einfach. Das Volk suchte nur beim Feldbau sein Brod. Das Land war wohlfeil, der Feldbau nicht künstlich. Wir hatten hundert und hundert reiche Bauern, die wenig brauchten und sich dadurch bei jedem Unglück, selber bei Kriegs-, Feuers- und Wassersnoth, schnell wieder erhoben; jetzt braucht der halb verarmte Bauer mehr, als ehemals die reichsten. Die Zahl der Wohlhabenden in allen Ständen nimmt sichtbar ab. Brodlos, hülflos und eigenthumslos war in dieser Zeit in vielen Gegenden so gut als Niemand, jetzt ist das Eigenthumsloßsein so viel als zum dritten Stand, oder wenigstens zu weitaus dem größten, der im Land ist, geworden. Es waren wenig Lasten, wenig Auflagen auf dem Lande. Mit wenig Boden und etwa ein paar Kühen konnte man unter einem Strohdach glücklich und zufrieden mit Gott und Ehren durch die Welt kommen. Was man zu wissen nothwendig hatte, das lernte man unter seinem Hausdach und bei Vater und Mutter am besten. Der Bauer fand, wo er stand und ging, auf der Tenne, in der Scheuer, im Stalle, auf dem Acker, für ihn genugthuenden Aufschluß über das, was er zu wissen nothwendig hatte. Aber jetzt ist Alles anders. Der Preis des Landes ist weit über das Doppelte, hie und da selbst über das Dreifache seines ehemaligen Werthes gestiegen. Der Anbau des Landes wird täglich kostbarer und künstlicher, der Aufwand allenthalben größer, Verfänglichkeit nicht nur im Handel und Wandel, sondern selber in Fragen des Rechts und in den Stellungen des Menschen zu seinen öffentlichen Verhältnissen wird täglich allgemeiner und die Sicherheitsmaßregeln gegen diese Verfänglichkeiten werden besonders für den Armen und Ungebildeten mit jedem Tage schwieriger. Man fordert indessen von Armen und Halbarmen täglich mehr und unverhältnißmäßig zu viel Beiträge zum öffentlichen Dienst. Allenthalben folgen dem Armen und dem Halbarmen Betrug, und oft hie und da noch Rechts- und Staatsverfänglichkeiten auf dem Fuß nach, so daß es einem jeden Christenmenschen, der nur seine Augen unbefangen aufthun und sehen will, wie es um ihn her steht, in die Augen springen muß, unser öffentliches und gemeinsames Dasein, unsere Nationalexistenz fordere eine Bildung, die das Volk nicht hat und bei deren Mangel die große Mehrheit desselben wo nicht zu Grunde gehen muß, doch offenbar in einem hohen Grade leidet, daß ich es gerade heraussagen muß, es ist ohne Erhöhung der Einsichten, der

Kunst, der Thätigkeit unsers Volks, wenigstens in unserm Vaterlande, an hundert und hundert Orten zahllosen Menschen nicht mehr möglich, sich mit Gott und Ehren durch die Welt zu bringen, und alle Uebel, unter denen besonders unser Herzogthum leidet, müssen im grellsten Licht fortdauern und immer größer werden, wenn nicht von dieser Seite auf eine Weise Vorsorge getroffen wird, die den gegenwärtigen Umständen angemessen ist. Das kann wesentlich durch Schulen geschehen und zwar durch solche, die geeignet sind, den Quellen unsrer Uebel und zwar mit einer Kraft entgegenzuwirken, die zu dem Grad der Uebel, unter denen wir leiden und zu dem Grad der Kräfte, durch die diese Uebel unter uns begünstigt, genährt und erhalten werden, in einem gehörigen Verhältniß steht.

Der Junker und der Pfarrer waren von der Nothwendigkeit solcher tief in die Kraftbildung des Volks eingreifender Schulen überzeugt und Glülphi sagte noch: Wenn ich der Gertrud Haushaltung nicht gesehen hätte, so würde ich selber nicht an die Möglichkeit eines solchen Fortschritts in der Volkscultur denken; aber seitdem ich diese Frau und ihre Haushaltung in ihrer Wohnstube kennen gelernt habe, habe ich keinen Zweifel mehr über diesen Gegenstand und ich bin überzeugt, jeder Fortschritt der Volkscultur, die auf das Fundament von Haushaltungs- und Wohnstubenkräften, wie die ihrigen sind, gebaut wird, kann unmöglich irgend einen gefährlichen Zustand der Dinge im Volke hervorbringen.

Arner sagte: Aber die größten Feinde der Volksbildung und überhaupt der Zwecke, zu denen wir hinzulenken suchen, haben keinen Glauben an irgend etwas Göttliches, weder in sich selbst, noch in ihrem Geschlecht. Sie können deshalb auch an keine Gewährleistung der Kunst und ihrer Folgen glauben, die eine Anerkennung des Göttlichen und Ewigen, das in unsrer Natur liegt, voraussetzen, und in ihm ihre Quelle und ihr Fundament suchen. Diese Kinder des Unglaubens, die als Väter des Unrechts in unsrer Mitte dastehen, in welches Kleid des Glaubens sie sich auch kleiden und hinter welcher Gestalt des Rechts sie sich auch verbergen, können nirgend einen wahren Fortschritt des Volks in seiner sittlichen, geistigen und Berufskraft lieben und wahrhaft schätzen, indem sie Wissenschaft und Kunst selbst bloß für eine Dienstmagd ihrer Unrechtlichkeit, ihrer Lieblosigkeit und ihres Unglaubens ansehen. Sie wollen deshalb das Volk auch in keinem Falle um seiner selbst willen zum Bewußtsein der Kräfte, die von Gottes wegen als Fundament der Kunst und der Wissenschaft in jedem Menschen selbst liegen, empor bilden, sondern dasselbe immer nur zu dem Grad und der Art von Kunstfertigkeiten und wissenschaftlichen Kenntnissen hinlenken, daß sie die Kunst und die Wissenschaft nur als die Dienstmagd ihrer Unrechtlichkeit, ihrer Lieblosigkeit und ihres Unglaubens und als Mittel der Zwecke ihrer Schlechtigkeit brauchen lernen.

Glülphi sagte noch: Die unchristliche Bitterkeit, die sich in unsrer Zeit auch nur gegen die Spur des Gedankens einer höhern Volksbildung ausspricht, läßt sich durchaus nur aus diesem Gesichtspunkte erklären. Die Schlechtigkeit von Tausenden, die in ihrer Unrechtlichkeit, in ihrer Selbstsucht, in ihrer Lieblosigkeit und Sinnlichkeit wohl, gewandt und bereitwillig bedient sein wollen und bedient werden müssen, muß natürlich den Widerwillen gegen irgend eine wahre Volksbildung und damit die ängstliche Sorgfalt für die ersten Mittel, das Volk zum Dienst der Selbstsucht und der Sinnlichkeit forthin und auf immer abrichten zu können, in jedem Land immer in dem Grade steigern, als die Zahl der Menschen, die für ihre Unrechtlichkeit und Selbstsucht, für ihre Sinnlichkeit und ihren Thiersinn wohl bedient sein müssen, darin zunimmt.

Was mich dabei tröstet, setzte der Lieutenant noch hinzu: diese giftigste aller Quellen des Widerwillens gegen die wahre Volksbildung ist in ihrer lebhaftern Erscheinung noch so ziemlich neu und hängt innigst mit dem steigenden Verderben unsrer Sinnlichkeitsschwäche, unsers Luxus und der von ihm abhängenden Armuth und Ungenügsamkeit unsrer alten Berufsarten und Lebensweisen zusammen. Die eigentliche Neuheit dieser Lebendigkeit des Widerwillens gegen die wahre Volksbildung ist unstreitig und notorisch. Es ist zwar wahr, man vernachlässigte das Volk in Rücksicht auf seine Bildung schon seit Langem, ich möchte sagen von Alters her, aber man klagte doch noch bei meinem Gedenken allgemein darüber, daß man es thue, und suchte hie und da mit Eifer Mittel, diesem Uebel zu steuern. Aber man machte durch die Schwäche in diesem Benehmen das Uebel nur noch größer, als es sonst war und verschlimmerte durch die Fehler einer oberflächlichen Aufklärung des Volks den schlechten Zustand desselben nicht nur in den Wirkungen seiner Verwahrlosung, sondern auch in seinen Ursachen. Und da die Uebel der Volksverwahrlosung, deren Folgen man eine Zeitlang wirklich durch die Volksbildung Einhalt zu thun suchte, nicht fest genug in ihren Ursachen und Quellen nämlich in der Selbstsucht, in der Unrechtlichkeit und in dem Unglauben der Zeit erkannt, sondern einzig nur der Unwissenheit des Volks zugeschrieben werden, so wurden auch Mittel gegen dieses einseitig aufgefaßte Uebel der Volksunwissenheit gebraucht, die den höhern Ursachen der Volksverwahrlosung und Volksverwilderung, der Selbstsucht, der Sinnlichkeit, der Unrechtlichkeit und dem Unglauben des Volks entgegenzuwirken nicht geeignet waren, folglich auch in ihrem Einfluß auf die Folgen der Unwissenheit des Volks, dem sie entgegenwirken sollten, scheitern mußten.

Man darf sich nicht verhehlen, und es ist in unsern Tagen sehr klar geworden, Viele der damaligen Eiferer*) für die Volksbildung waren für das, was ihr Zweck in seinem ganzen Umfange forderte, nichts weniger als reif, und die besten Tage unseres guten Herzogs fielen in den Zeitpunkt der höchsten Belebung dieser unreifen Ansichten und Bestrebungen für die Volksbildung und Menschenbeglückung und ihres einseitigen Kampfes sowohl gegen die Unwissenheit, als gegen die Armuth und Noth des Volks. Auch er selbst

---

*) Jedenfalls zielt Pestalozzi hier auf die philantropistischen Bestrebungen hin.

war im höchsten Grade unreif für seine Zwecke; seine Versuche, die endlich so grell scheiterten, machten auch schon damals, daß viele edle und verständige Menschen über die mit enthusiastischem Drang betriebenen Projekte von Noth- und Hülfsmitteln für das Volk den Kopf schüttelten. Aber die öffentliche, böse Laune gegen die Volksbildung, die jetzt in unserm Herzogthum so allgemein ist, ist doch nur von dem Zeitpunkt an sichtbar geworden, seit Helidor thatsächlich die Reize und Mittel der Selbstsucht und der Sinnlichkeit vom Thron an bis zur Krämerin so gesteigert, daß es im Lande nunmehr beinahe eine Unmöglichkeit ist, den allgemein so hoch gesteigerten und gereizten Gelüsten der Zeit ohne Begünstigung der vielseitigsten Unrechtlichkeit und des vielseitigsten Unrechts im Land zu genügen, und daß es um deswillen bei uns nothwendig dahin kommen mußte, daß Alles, was die Befriedigung auch der unnatürlichsten Ansprüche der Selbstsucht und Sinnlichkeit im Geringsten gefährden könnte, zahllosen Menschen im Lande mißfallen und sie in dem Grad in eine böse Laune bringen mußte, in welchem wir tausend und tausend Menschen sehen, und besonders solche, die von dem Zigeunerleben und von den Gaukelgelüsten unsers Helidor angesteckt sind.

Arner sagte: Es ist unglaublich, in welchem Grad diese böse Laune über Alles, was das Volk in irgend etwas an Leib und Seel um einen Schritt vorwärts bringen könnte, in unserm Land eingerissen ist, und zu welch unsinnigen Aeußerungen es auch Leute, die in allen andern Rücksichten höchst unbedeutend sind, gebracht hat. Dann brachte er seine Verwandte Sylvia als ein Exempel an, die wie hundert andere ihres Gleichen selbst im Bettlerleben eigentliche Helidorchen spielen. Ihre Ansicht, sagte er, von der Volksbildung beschränkt sich auf schreiben, lesen und rechnen können, vom Denken weiß sie so wenig, als vom Glauben, Lieben und Arbeiten, aber in der Beschränktheit ihrer Ansicht behauptet sie dennoch mit einer Unverschämtheit, die über alle Gränzen geht, wenn alle Bauern schreiben, lesen und rechnen könnten, so würden sie ganz gewiß jedem geistlichen oder weltlichen

Herrn, von dem sie sich in ihren Narrenköpfen einbildeten, er habe ihnen Unrecht gethan, sein Schloß oder sein Kloster über dem Kopfe zusammenbrennen. Das elende Wesen, das den ganzen Tag müßig geht und keinen Heller Eigenthum hat und den ganzen Tag über Dinge, die sie nichts angehen, sein Maul braucht, behauptet, die Volksaufklärung tauge darum nichts, weil sie zum Müßiggang und zum Maul=brauchen führe und hauptsächlich, weil sie Geld koste, das das Volk nicht habe und das man ihm nicht geben könne. Ueber diese letzte Ansicht äußert sie sich ganz genial: Sie könne ihr Kanarienvögelchen und ihren Papagey wohl mit Zuckerbrod füttern und ihrem Aeffchen wohl einen Schluck Malaga erlauben, aber die Schweine mit Zuckerbrod und Malaga zu füttern, vermöchte selber der Herzog nicht.

Der Pfarrer erwiederte: Was Sie mir von der Sylvia sagen, verwundert mich nicht; ich habe vor wenig Tagen einen Geistlichen unseres Landes, und zwar einen, der, wenn er in die Stadt kommt, dem Helidor allemal auch seinen Besuch macht, vor einer großen Gesellschaft gerade heraus behaupten hören, man müsse, um die Gelüste, die nur die Reichen und Vornehmen befriedigen könnten, nicht unter das gemeine Volk kommen zu lassen, das Volk nicht einmal für seine Umstände genügend ausbilden, sondern es um dieser Gefahr willen selbst hinter dem Punkt der Bildung, die es für seine Lage und Umstände nothwendig zu haben scheine, zurückstehen lassen, und wenn es darin vorwärts streben wolle, es wieder zurückdrängen und auf diesen Punkt zu=rückgehen machen.

Dieses Wort, sagte Glülphi, möchte im Munde eines Westindischen Sclaventreibers oder allenfalls auch im Mund eines derben Korporals bei einer schlecht geführten Euro=päischen Armee angehen, aber im Munde eines Geistlichen, in einem christlich sein sollenden Lande, das ist wahrlich, wie man bei uns sagt, über die Schnur. Der Mann hat mit diesem Wort nicht weniger gesagt, als wenn er behauptet hätte, man müsse, um die gefährlichen Gelüste der Wölfe, der Bären und Füchse nicht unter die Pferde, Stiere und

Esel kommen zu lassen, die in unsern Ställen gebornen Jungen dieser guten Hausthiere in ihrer Jugend durchaus nicht mit Kunst und Sorgfalt für das Reiten, Fahren, Ziehen, Karren und Tragen ausbilden, sondern sie vielmehr in ihrer Jugendzeit in die Wälder hinausjagen und darin herumlaufen lassen, um sie dann, wenn sie bald ausgewachsen, mit der mächtigen Kraft des Jochs, des Zaums, der Sporen und der Geißel und allenfalls auch, wenn es Noth thue, mit der Hochgewalt des Hungers und der schlechten Kost zur genugsamen Erlernung und zur geduldigen Ertragung ihres täglichen Pflichtdiensts im Reiten, Karren, Fahren und Tragen anzuziehen, zu bilden und tüchtig zu machen. So weit aber auch das Geschwätz der bösen Launen unsers Zeitgeists über diesen Gegenstand die Grenzen überschreitet, so ist doch zu seiner Entschuldigung zu sagen, die Menge der Menschen, die diesen Unsinn und Halbunsinn aussprechen, wissen eigentlich gar nicht, weder wohin die Grundsätze, die ihren Aeußerungen zum Grund liegen, noch wohin die Mittel und Schleichwege, die für ihre Belebung oder vielmehr für ihre Beliebung und Allgemeinmachung gebraucht werden, eigentlich führen. Selbst die Windbeutel, die in dieser Beziehung in unsrer Mitte als Helidörchen in Amt, Ehre und mit Macht auftreten und ihre Pausbacken weit aufblasen, wenn sie mit solchen Aeußerungen ihrer sinnlichen Selbstsucht den Gelüsten unserer thierischen Natur, den höhern Ansprüchen unsers sittlichen und geistigen innern Lebens und den dringendsten Bedürfnissen der leidenden Menge der Armen entgegen, das Wort reden, wissen meistens eigentlich nicht, was sie thun; viele von ihnen können es nicht wissen, weil das Fleisch und das Blut bei ihnen wahrlich aus einem mehr als halbtodten Geist und mehr als halbtodten Herzen heraus redet.

Diese Ansicht hatte sie indessen weit von dem ersten Zweck ihrer Unterredung abgeführt. Sie fühlten es, lenkten wieder auf denselben ein, unterhielten sich noch mit Lebhaftigkeit über denselben und blieben bis gegen Mitternacht bei einander.

36. Ein Mensch, der den Stand, in dem er geboren,
verachtet, macht jedem Stande Schande, in den
er hinschmeckt und zu dem er hinkriecht.

Auch schliefen Arner und Glülphi diese Nacht nicht viel.
Ihr Kopf und ihr Herz war zu voll von den Zwecken, deren
Ausführung ihnen so nahe lag. Arner stand Morgens darauf,
als am Mittwoch, früh auf und verlor sich tief in den Be=
trachtungen über das, was er diesen Tag vorzunehmen hatte.
Still und fast ohne ein Wort zu reden, legte er alle dahin
einschlagenden Papiere zurecht und war eben im Begriff,
mit Glülphi nach Bonnal zu fahren, als man ihm eine
Eichenbergerin von Bonnal meldete, die mit ihm sprechen
wolle. Er wußte durch den Pfarrer schon längst, was diese
Person für eine armselige und eitle Thörin sei, und es war
ihm unangenehm, in diesem Augenblicke von ihr gestört zu
werden. Doch ließ er sie eintreten.

Er wurde gar zu sehr überlaufen. Seitdem er die
Gertrud unter der Linde so gütig empfangen und ihr eine
so entscheidende Hülfe geleistet, hatte er im Dorf allgemein
den Namen, er sei ein herzguter Mann, und viele drückten
ihr Urtheil über seine Güte dahin aus, man könne sicher
mit ihm ausrichten, ihm abbetteln, was man nur wolle,
wenn man nur schwatzen könne.

Arner hatte sich diese ihn jetzt sehr genirende Meinung
selbst zugezogen. Er glaubte von dem Augenblicke an, in
dem er seine Herrschaft angetreten, bis noch vor sehr wenigen
Tagen, er müsse jeden seiner Angehörigen, der ihm etwas
vorzubringen habe, anhören, und Jeden, der sich bei ihm
anmelde, vor sich kommen lassen. Aber er fühlte doch seit
einiger Zeit, daß viel unnützes Geschwätz ihm seine Zeit
raube und daß sogar viele Lügen und Verleumdungen in
seine Stube hineingebracht wurden. In dieser Woche waren
ihm diese Besuche der überhäuften Geschäfte halber noch
mehr als sonst zur Last. Er nahm sich auch schon vor ein
paar Tagen vor, den ersten Besten, der es in dieser Zudring=

lichkeit zu arg machen würde, auf eine Weise zu empfangen,
die die Leute in Zukunft abschrecken sollte, und jetzt gab
diese Eichenbergerin ihm die erste Gelegenheit dazu.

Diese Person ist eine von jenen halbreichen Bauertöchtern,
deren eitle, aber mit der Lage der Welt und ihren Umständen
unbekannte Eltern sie dadurch unglücklich machen, daß sie
ihnen Gelegenheit und Handbietung geben, aus den Sitten,
Gewohnheiten und Lebensweisen ihres Standes herauszu=
treten und die guten Kräfte und Gewohnheiten ihrer wirk=
lichen Lage zu verlieren, ohne für eine höhere Lage und eine
höhere Bestimmung genugsame Bildung zu erhalten. Solche
irregeführte Bauertöchter werden gewöhnlich in wohlfeile
Pensionen kleinerer Oerter gegeben, wo die Lebensweise der
Einwohner sie nicht einmal zu der äußerlichen Scheinkraft
bildet, die die höhern Stände noch fast allgemein besitzen,
sondern sie kaufen hier im Müßiggang und in Zerstreuungen
aller Art die Elendigkeiten des größern Stadtlebens gewisser=
maßen aus der dritten Hand und lernen für ihr Geld weiter
nichts, als diese Erbärmlichkeiten krumm und dumm nach=
ahmen. Unfähig und unbeholfen sich zu dem feinern und
wenigstens äußerlich anständig scheinenden Benehmen des
städtischen Verderbens zu erheben, bleiben sie im tiefsten,
auch diesen äußern Scheinanstand entbehrenden Koth dieses
Verderbens stecken, gewöhnen sich in der ekeln Niedrigkeit
dieser halb Bauern= und halb Herrenschlechtigkeit an alles
Geschwätzwerk, an alle Zerstreuungen, Anmaßungen und
Bizarrerien, Widersprüche und Unschicklichkeiten der niedern
Stadtpöbelhaftigkeit, und dann, wenn sie nach ein paar
verlornen Jahren, in denen sie zu Allem, was sie sind und
sein sollen, untauglich geworden sind, wieder aufs Land
zurück müssen, finden sie die kraftvolle Einfachheit eines
thätigen Landlebens nicht mehr für sich passend und können
sich nicht mehr hinein finden, im Gegentheil laufen sie jeder
Gelegenheit zu einem städtischen Elendigkeitsgenuß nach wie
hungrige Hunde einem Stück Brod.

Eine solche, aus dem eigentlichen Heil und Segen ihres
Standes herausgefallene Tochter war die Eichenbergerin, und

was sie in dem Verderben ihres Standes immer mehr zu Grunde richtete, war, daß sie in Bonnal mit einer Verwandten Arners, der Sylvia, von der wir schon einmal geredet, bekannt wurde. Diese ist ein vom gleichen Geiste verdorbenes und verschrobenes Hoffräulein, als die Eichenbergerin eine verdorbene und verschrobene Bauertochter ist, so daß ich sagen möchte, sie sehen einander so gleich, als ein Ei dem andern und seien wie von einander abgeschnitten. Aber das, was das verschrobene Hoffräulein mit der verschrobenen Bauertochter näher zusammenbrachte, ist dieses: Sylvia haßt ihren Vetter Arner von ganzem Herzen und macht schon seit langem eigentlich darauf Jagd, etwas Krummes und Dummes zu vernehmen, das in Bonnal vorgefallen sein soll, damit sie höhern Orts, d. h. bei armseligen Frau Basen höheren Stands ihr Gespött darüber haben könne. Darum läßt das hochadelige Fräulein auch, was sie sonst keiner Bürgers-, geschweige einer Bauertochter, erlaubt, diese Eichenbergerin, während dem sie ihr solche Berichte abstattet, neben sich auf dem Sopha sitzen. Das macht die eitle Bauernnärrin so glücklich, daß sie in diesen Augenblicken meint, sie sei die beste Gesellschafterin der Welt und es brauche nur eine gute Gelegenheit, so könne sie gewiß einen guten Platz als Gesellschaftsdame, oder wenn dieses, weil sie nicht von Adel sei, nicht anginge, doch wenigstens als Erzieherin in einem adeligen Haus erhalten.

In dieser Verirrung über sich selbst und als die einzige gebildete Person im Dorfe, wofür sie sich ansah, glaubte sie, wenn sie der Junker nur kennen würde, so würde er sie gewiß gern um sich leiden, und da sie hörte, wie er sich von der Gertrud über den Untervogt und über Alles habe Bericht erstatten lassen und wie er jetzt noch gar oft mit dem Pfarrer und dem Lieutenant zum rohen, ungebildeten Baumwollen-Meyer und seiner Schwester hingehe, weil sie ihm das und jenes erzählten, wie es im Dorfe zugehe, sagte sie zu sich selber: Ich weiß doch ganz gewiß viel besser, wie es oben und unten und kreuz und quer im Dorfe zugeht, als die Vettelmaurerin und das krumme, elende

Mareili, das der Baumwollenjud, sein Bruder, auch aus dem Bettel erlöst, darin es bei meinem Gedenken noch herumgezogen. Mareili und sein Bruder sind die unverschämtesten Leute im Dorf; wenn ich ihn auf der Straße grüße, er mag mir kaum danken, und es kommt ihm kein Sinn daran, etwa seine Kappe abzuziehen, wenn ich vor ihm vorbeigehe. Der Junker muß mir diese Leute und viel Anderes gewiß kennen lernen, wenn ich nur Zutritt zu ihm finde; und wenn's bei ihm auf Schönheit ankommt, wie das Gerücht über die Gertrud im Dorf herumgeht, so meine ich, ich dürfe mich immer auch neben ihr zeigen. Um aber diesfalls nicht einen Fehlstreich zu thun, suchte sie sich nachzuhelfen, so gut es ihr immer möglich war und zog sich so an, wie wenn sie wenigstens auf eine Hochzeit wollte, und fuhr, damit sie Schuhe und Strümpfe halber ohne Staub und Koth ins Schloß kommen könne, auf einem Bauernwagen, auf dem man, wie man konnte und mochte, einen Sitz in die Quere angebunden hatte, nach Arnheim.

Der Junker ahnte bald, daß sie ihm mit unnützem Geschwätz kommen wollte und nahm sich gleich vor, sie fürs Erste ihren Mund recht brauchen zu lassen. Sie war auch nicht schüchtern. Sie fing gleich an, zuerst über die schlechten Sitten, Unordnungen und Rohheiten zu reden, die in Bonnal herrschten. Mit Absicht forderte Arner Beispiele zum Beleg dessen, was sie sagte. Das war ihr recht. Jetzt ging sie in die histoire scandaleuse des Dorfes hinein, so weit man hineingehen kann, und schonte auch der Gertrud und des Baumwollen=Meyer nicht. Der Junker ließ sie munter reden, gab genau von Wort zu Wort Achtung, was sie sage, aber beinahe keine Antwort. Im Anfang meinte sie, er sei so aufmerksam, es werde am Ende wohl kommen, daß er etwas rede und etwa weiter frage. Aber nach und nach verwirrte sie dieses Stillschweigen doch, daß sie mit ihrem Geschwätz nicht mehr so gut fortkam, als im Anfang, daß ihr vielmehr das Eine und das Andere durch einander gerieth, wie es ihr nicht hätte durch einander gerathen sollen. Je mehr sie sich aber verwirrte, desto steifer sah sie der Junker an, ohne auch ferner ein Wort zu reden. Endlich entfiel ihr das Herz. Sie durfte nicht mehr muthig fort verleumden, wie sie es bisher gethan, im Gegentheil, sie fing jetzt an, mit ihrem Wagen umzukehren, zu mäßigen, was sie vorher frech und derb ausgesprochen, und sogar zu entschuldigen, was sie vorher bitter angeschwärzt; aber da er immerfort schwieg und sie immer nur anblickte, konnte sie endlich auch in ihrem Mäßigen und Entschuldigen nicht mehr fortkommen. Sie fing jetzt an zu stottern und zu schweigen, sie schlug ihre Augen nieder, verlor ihre Farbe und wußte sogar nicht, was sie mit ihren Händen anfangen wollte.

Da der Junker sie mit Stillschweigen so weit gebracht, that er endlich den Mund auf und sagte: Bist du jetzt fertig?

Sie konnte nicht antworten; sie sah ihn mit starren Augen an und ihre blassen Lippen zitterten. Aber Arners Auge blitzte gegen sie hin. Ihr Zustand war erschrecklich. Jetzt klingelte Arner; der Harschier trat hinein. Als sie ihn sah, schrie sie aus starrem Mund: Herr Jesus! Um Gotteswillen! — Arner ließ ganz ruhig durch den Harschier die Audienzstube aufsperren und befahl dann dem Harschier vor allem Volk, sie vom Schloß weg heimzuführen, damit sie ein ander Mal, wenn sie nichts im Schloß zu thun habe, lerne daheim bleiben und nicht weiter glaube, daß sie, sobald es sie gelüste, ins Schloß kommen dürfe, um daselbst die bravsten Leute im Dorf zu verleumden. Jetzt fiel sie vor Arner auf die Knie, zitterte und bebte sprachlos vor seinen Füßen; er aber kehrte sich von ihr weg und sagte ihr nur noch: Du hast eine garstige Krankheit und so eine Stunde mit dem Harschier einen Spaziergang zu machen, thut dir nur wohl.

Zu ihrem Glück ging in diesem Augenblick Therese vor der offenen Audienzthür vorbei und sah sie auf dem Boden kniend, ihre Hände komödiantenmäßig flehend vor Arner, der ihr den Rücken kehrte, in die Höhe halten. Therese stand still und fragte die Umstehenden, was das zu bedeuten habe. Diese erzählten ihr, was sie gesehen und was Arner geredet. Sie mußte lachen, ging zu Arner hinein und sagte:

Laß doch die Närrin jetzt gehen und brauche den Harschier zu etwas Gescheidterem. Arner mußte auch lachen und befahl ihr, sich fortzumachen, so geschwind sie nur könne. Sie ließ es sich nicht zwei Mal sagen. Sie flog vor den Leuten, die vor der Audienzstube standen, die Treppe hinunter und machte den Weg, ohne an den Wagen zu denken, der sie hierher gebracht und den sie unten an der Schloßhalde in des Schloßbauern Haus hingestellt, so geschwind heim, als sie ihn in ihrem Leben nie gemacht hatte.

---

37. Tief innere Verworfenheit, die selber in den Briefstil zweier innerlich ganz gleichen Personen übergegangen.

Da sie heimkam, warf sie sich wie wüthend auf ihr Kanapee und raufte sich fast die Haare aus ob dem Unglück, das ihr begegnet, trank aber denn doch ein Gläschen Liqueur, und nachdem sie dieses getrunken und noch eins, schmetterte sie das vergoldete Gläschen zu Boden, daß es in tausend Stücke zerbrach und schrieb an Sylvia folgenden Brief:

Hochwohlgebornes, gnädiges Fräulein!

Was mir begegnet, können Sie sich nicht vorstellen; es ist mit keiner Feder zu beschreiben. Sie wissen doch, daß ich in der Hauptstadt Zutritt habe, wo ich nur will und gar nicht zu dem Bettelgesindel gehöre, das jeder hochmüthige Junker durch den Harschier im Land herumführen lassen darf, wo er nur will. Wäre seine Frau nicht dazu gekommen, so wäre mir dieses wirklich begegnet. Aber ich hätte mich sicher eher im Schloßbach ersäuft, als mich vom Harschier heimführen lassen. Ich muß aus dem Dorf weg. Ich kann mit Ehren nicht mehr in Bonnal bleiben, seitdem mir dieses begegnet. Helfen Sie mir doch zu einem Platz, wo es in der Welt ist u. s. w. u. s. w.

Dann beschrieb sie noch weitläufig, wie unschuldig sie

sei, wie sie Alles aus gutem Herzen für Arner gethan und
endete endlich damit: Sie haben mir schon mehrmal zu
verstehen gegeben, daß mit Ihrem Herrn Vetter nicht viel
los sei, jetzt aber habe ich's selber erfahren. Ein so tyrannischer
und hartherziger Flegel, wie Ihr Vetter, ist in der Welt
gewiß nicht weiter. Er ist jetzt überall mit Leuten von
gleichem Schlage umgeben. Sein Rollenberger, der eines
Bauern=Amtmanns Sohn ist, könnte wohl besser Kälber zu
Kühen und Stiere und Schweine zum Metzgen aufziehen,
als den Sohn eines Reichsfreiherrn für seinen Stand, und
sein Glülphi, ein abgedankter lahmer Lieutenant, der jetzt
Alles in Allem bei ihm gilt, ist ein Kerl, vor dem ich mich,
wenn ich ihn im Wald allein antreffen würde, fürchten
würde. Wenn er Einen ansieht, so macht er Augen, wie
wenn er Einen durchstechen wollte, und ist unverschämt genug,
wenn ihn unser Einer anredet, keine Antwort zu geben und
kaum den Hut abzuziehen. — In diesem Tone sagte sie
noch Vieles.

Sylvia antwortete ihr auf der Stelle: Was Ihr mir
schreibt, thut mir sehr Leid, aber es sieht dem gemeinbür=
gerlichen Reichsfreiherrn so gleich, als ein Ei dem andern.
Er weiß durchaus keinen Unterschied unter den Leuten zu
machen und behandelt heute einen Bettler wie einen Edel=
mann und morgen einen Edelmann wie einen Bettler. Ich
glaube, er wäre im Stande, den ersten Reichsbaron in den
Käfig setzen zu lassen, wenn er vor seiner Audienz wegen
etwas angeklagt würde, wofür man Bettler, Halunken und
Bauern in den Käfig zu setzen gewohnt ist. Aber ich kann
doch nicht begreifen, daß Ihr Euch so an ihn gewagt und
mit ihm geschwatzt habt, wie Ihr selber sagt. Ich hätte
Euch eine bessere Nase zugetraut. Mit einem Herrn, wie
Arner, ist es für Euch und Eures gleichen nicht gut, Kirschen
zu essen; ich hätte geglaubt, Ihr wüßtet schon zu viel Un=
verschämtes von ihm zum Voraus, als daß es Euch nicht
zu Sinn kommen sollte, er könnte sich gegen Euch so gut
vergessen, als er sich beim Doctor Treufaug und bei vielen
armen Schelmen vergessen, die ihm unter die Hände ge=

kommen. Ganz gewiß ist es eine himmelschreiende Unverschämtheit, wie er's Euch gemacht hat; aber da es einmal geschehen, so ist Euer Spiel, es mit Verachtung zu behandeln und ihm für die Zukunft drei Schritt vom Leib zu bleiben. Ich habe ihn Euch indessen schon längst geschildert, wie Ihr ihn jetzt erfahren. Ihr habt auch eigentlich nichts im Schloß zu thun. Ihr könnt also desselben wohl müßig gehen. Aber ein Unglück ist es doch, daß das hochadelige Haus so in Zerfall geräth und jetzt voll von Leuten ist, die die niedrigsten bürgerlichen Gesinnungen haben, die sich denken lassen. Wenn Arner nur einen Tropfen Ehre im Leibe hätte, so hätte er seinen bäurischen Rollenberger schon längst weggejagt und eben so hätte er seinen Bettellieutenant keinen Augenblick länger bei sich im Schloß behalten; aber er hat bald ein Schloß, das in allen Rücksichten einem Bürgerhaus gleich sieht, in dem arme Leute zur Miethe sitzen, und wie er darin lebt, würde es mich gar nicht wundern, wenn er den großen Rittersaal seiner Ahnen noch heute vollends ausräumen und den schönen Platz einer Bettelschule einräumen würde. Ich weiß Euch über alles dieses nicht zu trösten. Mein Vetter ist ein Narr von eigener Art und ohne seines Gleichen, und es ist besser, ich tröste mich seinethalben für mich und für Euch mit dem Sprichwort: Strenge Herren werden nicht alt. Doch habe ich auch noch die Hoffnung, sein Onkel, der General, werde etwa dahin zu bringen sein, diesem Steckkopf zu zeigen, daß er nicht im Falle sei, in der Welt nach Niemand fragen zu müssen. Zählt indessen auf mich. Es ist zwar gegenwärtig mehr als je schwierig, Leuten, die nicht von Stand sind und nicht ganz außerordentliche Empfehlungen und Zeugnisse haben, Plätze zu verschaffen; aber ich will thun, was ich kann, und wo es immer eine Gelegenheit geben möchte, an Euch denken. Ich habe das aber auch schon längst gethan und hätte Euch sehr gern zu Arner in unser Familienschloß hineinpraktiziren wollen. Das hätte mir in vielen Rücksichten dienen können und wäre mir sehr angenehm gewesen. Auch für Euch wäre es das Vortheilhafteste und Ehrenhafteste, das sich für Euch suchen und erwarten läßt. Aber jetzt, seitdem das begegnet, was Ihr mir berichtet, läßt sich nicht mehr daran denken. — Es ist verflucht, daß er Euer Herr ist. Wie er sich aufführt, verdient er nicht, eines Menschen Herr zu sein, der nicht zum niedrigsten Gesindel gehört. Indessen wenn Eure Großmutter stirbt, das sich hoffentlich nicht mehr sechs Wochen und drei Tage hinziehen wird, so habt Ihr genug Vermögen, um an einen Ort hinzuziehen und dort zu leben, wo Ihr Euch vor keinen Herren und keinen Harschieren auf diese Art zu fürchten haben werdet, wie unter Euerm Herrn von Arnheim. In allen Fällen zählt auf mich. Säumt aber auch nicht, mir über Alles, was in Bonnal etwa weiter vorfallen kann, genau zu berichten. Es kann selber für Euch nützlich und wichtig werden, wenn kein Narrenstreich auf dieser Stelle ausgeführt wird, der nicht zu meiner Kunde kommt. Lebt wohl. Schreibt mir bald wieder. Ich bin Eure bereitwillige

Sylvia v. Arnheim.

38. **Der böse Neid der Reichen und der Muth, mit dem ein guter Knecht dem frechen Buben eines reichen Bauern den Meister zeigt.**

Arner reiste sogleich nach dem Auftritt mit der Eichenbergerin nach Bonnal. Glülphi fuhr auch mit. Die Gemeinde sollte sich um 9 Uhr unter der Linde versammeln. Er nahm sich vor, die Armen, denen er die Wohlthat mit den Geißen zu verleihen und die Bäume zu schenken gedachte, auch selbst zu sehen, mit ihnen zu reden und, wo es immer möglich, durch seine Wohlthat auf ihr Herz zu wirken und diese ihnen dadurch wirklich zum Segen zu machen. Er war bis um 9 Uhr im Pfarrhaus, aber redete wenig und blieb meistens auf seiner Stube. Glülphi hingegen eilte, sobald er ankam, zur Gertrud und blieb über eine Stunde bei ihr, ehe er wieder zum Junker zurückkam und an seinen Geschäften Theil nahm. Der Junker war in

das Ganze seiner Lage und die wesentlichen Zwecke seines
Thuns so vertieft, daß er, da der Vogt mit der Anzeige in
sein Zimmer kam, daß die Gemeinde unter der Linde auf
ihn warte, noch nicht einmal zu dem Thee gekommen, mit
dem die Frau Pfarrerin schon eine Stunde in der Eßstube
auf ihn wartete. Er sagte dem Vogt, er wolle gleich kommen,
ging in die Stube hinunter, trank seinen Thee und eilte von
da unter die Linde.

Aber die Stimmung des Volks war in Bezug auf die
Vertheilung des Niedes noch nicht die beste, sie that den
Reichen noch immer gleich weh; sie suchten es zwar zu
verbergen, doch fiel hie und da ein Wort, das deutlich zeigte,
wie es ihnen diesfalls ums Herz sei. Die meisten warfen,
wenn davon die Rede war, die Köpfe unwillig auf und
flüsterten einander dies und das ins Ohr; viele fluchten mehr
und minder laut darüber. Ein alter Geizhals sagte zu
einem Nachbar, der, wie er, ein Vorgesetzter und wie er,
ein Geizhals war: Es ist, wie wenn mit dem neuen Junker
alles Unheil ins Dorf gekommen wäre. — Viele aber
mäßigten sich doch und sagten, wenn ihnen die neue Ordnung
schon nicht gefiel: Was ist jetzt zu machen? Wir müssen
uns in Gottes Namen darein schicken. — Viele äußerten
sich sehr ungeduldig über die neue Ordnung. Der Stieren-
bauer fluchte vor einem ganzen Tisch, sie schade ihm mehr
als 100 Gulden; er habe das Jahr durch immer 10 bis 12
Stück Vieh auf dem Nied gehalten, und sie seien ihm stock-
fett geworden. Ein Anderer sagte, er habe die Weide nicht
genützt, aber er wollte doch ein gutes Stück Geld geben, es
wäre noch, wie es gewesen. Und noch klagten Andere, das
Lumpenvolk strecke alles die Köpfe und ein jeder Bettelbub
balle in die Faust, wenn er davon rede.

Die Armen machten es zwar auch nicht besser. Wo sie
allein waren, verspotteten sie die Reichen ob dem Verdruß,
den sie hatten, daß der Teufel ihnen einmal einen Schuhbreit
Land aus den Klauen genommen; wenn ihnen aber ein
Dickbauch in den Weg kam, so zogen sie ihm hinwieder
den Speck durchs Maul, sagten dies und das über das neue

Land, und es sei noch eine Frage, ob das, was es jetzt abtrage, der Gemeinde einen so großen Vortheil bringe, als man daraus mache, und noch eine größere, ob das Wesen denn Bestand haben werde. Ihrer etliche thaten noch gar, wenn so ein Dorfmeister ihnen in den Weg kam, wie wenn sie sich entschuldigen wollten und sagten, ihrethalben wär' es ihr Lebtag gut gewesen, wie es gewesen, und sie seien nicht Schuld. Der Marx sagte unter anderm dem Gevatter Aebi, bei dem er eben saß, er meine, so alt er sei, so erlebe er es doch noch, daß es mit diesen Aeckern anders komme, und ihm liege nichts daran. — Aber der Vorgesetzte kehrte sich von ihm weg und sagte ihm: Es ist kein Hund so froh über ein Stück Brod, als du über diese Aecker.

So bestimmt und allgemein äußerte sich die Schlechtigkeit der Reichen und der Armen über diesen Zustand unter der Linde, ehe der Junker noch dahin kam. In der gleichen Zeit hatte der Hans aus dem Pfarrhaus mit dem jungen Kalberleder ein Gespräch, das dem dummen, aber sonst stolzen und frechen Burschen den Schweiß austrieb. Er war erbittert, daß der Kerl sich so gutmüthig anerboten, den Nußbaum, der ihm im Garten so viel Schaden that, umzuhauen und wollte ihm zeigen, daß er gar wohl wisse, daß er das nur darum gethan, um mit dem Hummel zu reden, was er nicht hätte mit ihm reden sollen. Ich will ihm, sagte er zu sich selbst, zeigen, daß der Junker und der Pfarrer den Spaß mit dem Baum nicht so verstehen werden, wenn er ihnen, so wie er ist, zu Ohren kommt. Mit diesem Vorsatz setzte er sich jetzt unter der Linde neben den Kalberleder. Das gefiel diesem schon nicht. Er wollte aufstehen und sich an einen andern Ort setzen, aber der Hans dupfte ihn mit seiner breiten Hand so auf die Hosen, daß er im Augenblick wieder auf der Bank saß.

Was ist das Unverschämtes? sagte jetzt der Kalberleder, und der Hans erwiederte: Ha, wir haben etwas mit einander zu reden.

Kalberleder. Was ist's? Was hast du mit mir zu reden?

Haus. Nichts Anderes, als daß du mich und den Herrn Pfarrer mit dem Nußbaum für einen Narren gehalten.

Kalberleder. Das ist nicht wahr, nicht wahr, ich habe Niemand für einen Narren gehalten.

Hans. Du hast doch den Baum nicht abgehauen, wie du gesagt hast.

Kalberleder. Ja, ja, das war ein Mißverstand, ein Mißverstand.

Hans. Was für ein Mißverstand?

Kalberleder. Der Vater hat einen ganz andern Baum gemeint. Ich hab' ihn nur nicht recht verstanden.

Hans. So? — Aber was für einen?

Kalberleder. Einen andern, du hörst wohl.

Hans. Wo steht der andere?

Kalberleder. Das geht dich nichts an; ich bin dir's gar nicht schuldig zu sagen.

Hans. Aber wenn ich an deiner Stelle wäre, ich würde diesmal so gut sein und es sagen.

Kalberleder. Wenn du's wissen willst: er steht im Tobel.

Hans. So —?

Kalberleder. Ja, ja, das ist ganz sicher.

Hans. Hast du einen Nußbaum im Tobel?

Kalberleder. Ja, mehr als einen.

Hans. Hast du aber auch einen umgehauen im Tobel?

Kalberleder. Nein, noch nicht; aber was nicht ist, kann werden.

Hans. So? Du hast also noch keinen umgehauen?

Kalberleder. Pressirt's?

Hans. Mir gar nicht; aber dir hat's pressirt, wie du dich mit Ehren hast herauslügen sollen.

Kalberleder. Was herauslügen?

Hans. Ich mag jetzt nicht mit dir zanken, ich will dir nur kurz sagen: Wenn du unsern Gartennachbar nicht vor Sonnenuntergang vom Leben zum Tod bringst und ordentlich zu Boden legst, so will ich morgen früh auf eine

Art mit dir reden, daß du sieben Nußbäume dafür gäbest, du hätteſt meinen guten Rath befolgt.

Der Kalberleder wußte nicht, wie ihm war, und konnte nicht begreifen, wo der Lumpenhans das Herz hernehme, ſo mit ihm zu reden. Der Hans aber ließ ihn das Maul nicht aufthun und ſagte gerade drauf wieder: Du kannſt jetzt nur gehen und ſitzen, wo es dich freut, ich habe dir nichts mehr zu ſagen. Der Kalberleder antwortete: Es iſt mir jetzt gut genug da. Aber mir nicht, erwiederte der Hans, ſtand auf, ſetzte ſich etliche Schritte von ihm bei einem armen, alten Mann nieder, der ſein Vetter war, und gab dieſem ſein Morgenbrod, das er bei ſich hatte; er ſchob es ihm unter den Rock, damit es Niemand ſehe. Der Alte nahm einen Mundvoll nach dem andern davon und kaute den ganzen Morgen daran.

39. Vom Lirilariweſen in den Schulen.

Der Junker, der nach 9 Uhr auch unter die Linde kam, machte noch mit dem Vogt und dem Weibel die nöthigen Abreden wegen der Geißen und wegen der Bäume. Er ließ einen jeden Mann, der den Vorſchuß für eine Geiß oder Bäume wollte, ſeinen Namen in ein Buch einſchreiben und er mußte zugleich den Platz anzeigen, auf den er die Bäume, die er begehrte, hinſetzen wolle. Er war mit allen freundlich und fragte viele, woher ihre Armuth und der gänzliche Mangel an ſo vielem Nothwendigem komme, aber er bekam ſehr wenige geradſinnige und offene Antworten.

Gegen 10 Uhr ging der Junker wieder ins Pfarrhaus zurück. Auch Glülphi war jetzt wieder da. Beim Frühſtück ſagte die Frau Pfarrerin zu ihm, er ſtecke, ſobald er nach Bonnal komme, immer bei der Gertrud. Er antwortete: Ich muß wohl. Ich bin jetzt Schulmeiſter und muß mein Handwerk bei Jemand lernen, der es ſo gut treibt, wie ſie.

Die Frau Pfarrerin erwiederte: Ich will doch gern ſehen, was man Alles in Ihrer Stube treiben werde.

Glülphi. Erstens das Lirilariwesen, das man in so vielen Schulen treibt, will ich nicht mehr darin dulden.

Der Pfarrer mischte sich ins Gespräch und sagte: Aber was verstehen Sie denn eigentlich unter dem Lirilariwesen?

Jetzt nahm der Lieutenant eine Prise Tabak, hielt seine Lippen einen Augenblick fester zusammen, als sonst und, was sonst selten der Fall war, die Augen im Kopf still. Er that auch die Tabaksdose langsamer, als sonst, in die Tasche. Dann sagte er: Herr Pfarrer, unter Lirilariwesen in der Schule verstehe ich Alles, was den Kindern so eine Art gibt, mit dem Maul ein Weites und Breites über die Sachen zu machen, hinter denen für sie nichts steckt und die sie nicht verstehen und nicht im Herzen tragen, mit denen man ihnen aber doch die Einbildungskraft und das Gedächtniß so anfüllt, daß das rechte Alltagshirn und der Brauchverstand im menschlichen Leben dadurch zu Grunde geht.

Pfarrer. Gut erklärt, Herr Professor, ich bin dieses Lirilariwesens halber völlig Ihrer Meinung —

Der Lieutenant, den Pfarrer steif ansehend: so weit sie langt.

Pfarrer. Ja, so weit sie langt. Ich bin überzeugt, daß man die Menschen, indem man sie unverhältnißmäßig viel mit dem Mund lehrt und ihnen den Kopf mit Wörtern füllt, ehe ihr Gefühl und ihr Verstand durch Erfahrungsanschauungen gebildet, in ihren besten Anlagen verwirrt, ihren Geist und ihr Herz schwächt und die wesentlichen Fundamente ihres Hausglücks untergräbt.

Lieutenant. Nun, so hätte ich es nicht ausdrücken können, was ich meine.

Pfarrer. Sie scherzen. Aber wie haben Sie in Ihrem Stande den Schaden des Wortwesens so kennen gelernt?

Lieutenant. Mein lahmes Bein und mein vieljähriges Brodsuchen hat mich gar Vieles kennen gelehrt, was Menschen mit gesunden Beinen und genug Geld im Sack nicht leicht erfahren. Glauben Sie mir, Herr Pfarrer, sobald ein Herr, der mir eine Arbeit auftrug, mit seinem

Mund ein Weites und Breites von dieser Arbeit machte und mir es recht zu Gemüth zu führen suchte, wie wichtig oder wie leicht oder wie schwer sie sei, so war es zum Voraus sicher, es begegne mir bei dieser Arbeit und mit diesem Herrn etwas, das ich bei einem einfachen, guten Herrn nicht erwarten durfte. Mehrentheils begegnete mir bei einem solchen Herrn etwas, das mich mit Händen greifen ließ, er sei nicht bloß ein Maulbraucher, sondern auch ein schlechter Mensch, und auch in meiner kurzen Dienstzeit habe ich erfahren, was aus dem Menschen wird, wenn ihm sein Maul Alles ist und über Alles geht.

Es ist kein untreuerer Hund unter den Truppen, als mein Obrist war. Er gab mir auch wie einem Gaudieb den Abschied. Sein Hundegeiz machte, daß das Regiment fast alle Monat Noth litt; aber wenn's auch noch so offenbar durch seinen Fehler bis auf den letzten Mann zu Grund gegangen wäre, so hätte er sich immer herauslügen können. Es ist in allen vier Welttheilen nichts Gutes, von dem er nicht schwatzen konnte, wie eine Dohle; aber eben so ist auch in allen vier Welttheilen nichts Gutes, das er, so sehr er ihm mit dem Maul das Wort redete, auch nur mit einem Finger berührt hätte, um es wirklich zu fördern, und doch war bis auf den Profossen hinunter Niemand, dem er nicht an den Fingern her erzählte, was und wie viel er in seinem Fache und in seinem Platze besser einrichten könnte. Wenn's ins Treffen ging, redete er allemal vor der Front wie ein Engel und schrie zu den armen Tröpfen, denen oft selbst noch in dieser Stunde der Bauch vor Hunger knurrte, so laut, daß es durch Berg und Thal ertönte: G'hinder! Es ist für euern G'hönig und für euer H'aterland, 'altet euch wohl! —

Alles, was am Tisch war, mußte sich vor Lachen über das G'hinder, H'aterland und 'altet euch wohl, das der Lieutenant, den Maulobrist zu verspotten, so viel er aus dem Hals vermochte, ausschrie, fast den Bauch halten. Der Lieutenant setzte, da das Lachen aufhörte, noch hinzu: Und dann fand dieser Obrist allemal, wenn die Kugeln anfingen zu pfeifen, eine Ursache, von seinem Posten weg und an einen Ort hinzureiten, wo es der bösen Vögel halber, die jetzt umherflogen, etwas sicherer war.

Der Pfarrer war der Einzige, der ob seinem G'hinder und H'aterland nicht lachte. Ernst, wie der Tod, sagte er: Es gibt in allen Ständen solche arme Maulbraucher. Selbst unter uns gibt es solche Leute, die, euerm Obersten gleich, einem armen, an Leib und Seel unversorgten und von ihnen selbst verwahrlosten Volk solche großtönende Wörter von der Kanzel herabwerfen und bis auf den Schreierausdruck: „G'hinder — G'hönig — H'aterland" ähnlich, dem Volk zurufen: „Halt' dich wohl", — die aber die Lasten, die sie ihm mit diesem Zuruf auflegen, selbst auch mit keinem Finger berühren.

40. Unschuld gibt Muth.

Die Erinnerungen, die beim Pfarrer diese Bemerkungen veranlaßten, gingen ihm so zu Herzen, daß er vom Tisch aufstand und einen Augenblick ans Fenster ging. Aber wie erstaunte er, als er plötzlich den bösen Nachbar, der seinem Garten schon so lange Schaden that, abgehauen und mit Stamm und Aesten am Boden liegen sah. Er konnte nicht begreifen, wie das so plötzlich geschehen und rief augenblicklich seinem Hans, um ihn darüber zu befragen. Dieser erzählte ihm umständlich, wie er unter der Linde neben des Kalber= leders Buben gesessen, ihm auf die Hosen geklopft und ihm dann des Baums halber Sachen gesagt, die ihn dahin gebracht, ihn noch vor dem Mittagessen umzuhauen und an den Boden zu legen.

Aber wie hast du das auch thun und ihm so drohen dürfen? sagte der Pfarrer.

Es hat mich gedünkt, es sei recht gewesen, Herr Pfarrer, sagte der Hans.

Und der Pfarrer: Nein, Hans, man muß Niemand mit etwas in Furcht jagen, wozu man kein Recht hat.

Das ist wohl so, sagte der Hans, wie ihr sagt, und ich wollte mich in die Seele hinein schämen, wenn Jemand deshalb vor mir nur roth, geschweige denn blaß werden könnte, aber mit Leuten von der Kalberledergattung hat es seine eigene Ordnung. Diese Gattung Leute bringt man nicht dazu, ein Vater Unser zu beten, geschweige einen Nußbaum umzuhauen, wenn man ihnen nicht den Teufel vormalt.

Des Pfarrers ganze Weisheit fand gegen diese Erklärung keine Antwort.

---

41. Ein Wort darüber, was die Bauern sind, wie und wo und wann sie zeigen, was sie sind — und was sie nicht sein dürfen.

Die Herren hatten auf der Weide jetzt nichts zu thun, als die Aecker, die schon abgesteckt und ausgemessen waren, durch das Loos zu vertheilen und auf dem Ried die Plätze abzustecken, wo die Bäume, die Arner nach Mittag dahin bringen lassen wollte, hingesetzt werden sollten.

Neunzig Juchart von diesem Land, welche zu einer Wassermatte bestimmt waren, konnte man noch nicht vertheilen; das Wasser war noch nicht vollends zusammengeleitet und die Gräben, die man erst machen mußte, waren zunächst nur abgesteckt. Aber Wasser zur künftigen Wässerung war schon so viel da, daß ein jeder Bauer, der das Wässern ein wenig verstand, einsehen mußte, daß der Junker nicht zu viel hoffte, wenn er glaubte, es reiche zur Wässerung von neunzig Jucharten hin, um so mehr, da der diesjährige Sommer trocken gewesen und man mit Recht hoffen durfte, bei eintretender nasser Witterung ein Drittheil mehr Wasser zu erhalten. Auch ist das Wasser so gut, daß, wo auch jetzt schon ein Tropfen hin kommt, das Land davon grünt.

Arner ließ die Bauern jetzt machen, wie wenn er nicht da wäre. Er wußte, daß sie, wenn sie Land theilen und wie allein sind, sich ganz anders benehmen und zeigen, als wenn sie mit dem Hut in der Hand vor dem Erbherrn dastehen und gern hätten, er hielte sie für arme Tröpfe und Halbnarren.

Mein Großvater hatte zum Sprichwort: Das Theilen zeigt, was die Leute sind, und das Haben macht aus ihnen, was sie sind. Der Junker benutzte diesen Anlaß, seine Leute kennen zu lernen. Er entzog ihnen keinen Blick und sah bei jedem bessern Stück Land, wie sie ihre Gierigkeit auf hunderterlei Arten äußerten. Es war bei dem Einen im Mund, bei dem Andern im Aug, bei dem Dritten in den Händen, bei dem Vierten in den Füßen, wo man ihm ansah, was er that und wonach ihn gelüstete; je nachdem er einen dickern Bauch oder längere Beine, oder einen platten und einen spitzigen Kopf, ein schmales oder ein breites Maul, oder so oder eine andere Nase und Stirn hatte, so zeigte sich auch diese Gierigkeit anders.

Das war eins. Neben dem hörte er in diesen paar Stunden mehr Wahres über den eigentlichen Feldbau und über die hunderterlei Umstände, auf welche es dem Bauer, ohne daß er davon redet, hauptsächlich ankommt, wenn er über ein Stück Land offen und gerade urtheilt, was es ihm werth sei. Man kann nicht glauben, was für allerlei kleine Umstände in solchen Fällen vorkommen, die er in einem solchen Augenblicke in Anschlag bringt, sonst aber kein Wort davon redet.

Bald ist so ein Stück mehr hinter dem Wind, bald ist es den Regengüssen mehr ausgesetzt, bald ist eine verborgene Nässe, bald ist etwa ein großer Stein unter dem Heerd verborgen, bald Sand oder Grien, der den Mist frißt, bald ein Vortheil oder Nachtheil im Zu- oder Wegfahren, bald ein guter oder böser Nachbar und hundert dergleichen Umstände, warum ein Stück oft das Doppelte mehr oder minder gilt, als ein anderes; und es ist einem Erbherrn Gold werth, den Feldbau des Landes bis auf diese kleinen Umstände herab zu kennen.

Ein Drittes, das ihm und besonders dem Lieutenant auffiel und Freude machte, war: Sie sahen dann und wann einen armen Mann, wenn er ein gutes Loos zog, jauchzend auf die Weide springen, und dann kecker als vorher, etwa gar mit dem Hut auf dem Kopf, neben einem Dickbauch sitzen.

Aber je mehr Arme glücklich zogen und ihre Freude zeigten, je mehr zeigten auch die Dickbäuche über jeden solchen Fall ihren Unmuth und fingen links und rechts an, Stichelworte fallen zu lassen.

Aber es war zur Unzeit. Ein paar freche Buben, die das sahen, riefen in voller Freude über ihr Loos überlaut: Wenn die Maulhänger nichts Anderes können, als uns unsere Freude verderben, so könnten sie wohl heimgehen.

Das gab ein Gelächter. Der am lautesten lachte, war der Lieutenant. Er sagte zum Junker: So muß es kommen, wenn der Bauer im feisten Fell lernen soll, daß er nichts mehr ist, als der im magern, und es wäre wahrlich gut, wenn viele edle Herren es auch zu Herzen nähmen, daß ein Mensch in einem fetten Felle um des Felles willen nicht mehr werth ist, als einer in einem magern. Aber es standen zwei junge Burschen hinter dem Lieutenant, als er das sagte, sie verstanden das Wort, fingen an zu lachen und einer sagte so laut, daß es Arner selber verstand, zum andern: Das ist einmal ein Wort, das unser einer gern hört.

Arner sah ihn steif an und sagte zu ihm: Das Wort ist wahr, aber es kommt darauf an, wer es in den Mund nimmt. Du und dein Kamerad könnten mit einem solchen Wort den Kopf hart anstoßen. — Und der Junker hatte mehr als Recht. So ein Herr, wie der Lieutenant, der weit und breit die Welt erfahren und den man zu etwas braucht, das mehr als Schwefelhölzlimachen ist, darf, wenn er auch schon ein armer Herr ist, insonderheit neben so einem Junker wohl so ein Wort fallen lassen. Aber wenn ein Bauer frech redet oder sonst ein Mensch, der nicht jedes Fehlwort, wenn's noth thut, mit Dublonen wieder gut machen kann, sich ans Frechsein gewöhnt, so gnad' Gott seinem Haus und seiner Heimath: es ist, als ob er Zaun und Marken von seinem Hof verloren.

42. Die Neigung zur Unverschämtheit geht aus Schlechtigkeit und Schwäche hervor, und um einen unverschämten Menschen zu sich selber, d. i. zum Gefühl seiner Schwäche und Schlechtigkeit zu bringen, darfst du selber weder kraftlos noch unverschämt sein.

Der Lieutenant auf dem Ried half den Vorgesetzten und wer da war, die Plätze abstecken, wo nach Mittag die Hausvater die Bäume hinsetzen sollten, die der Junker ihnen gegeben.
Die Vorgesetzten und Matadore unter ihnen, da sie gehört, daß der Herr Lieutenant darauf denke, Schulmeister bei ihnen zu werden, wollten jetzt, da sie wußten, daß er dem Junker, gegen den sie einen Groll hatten, lieb sei, gegen seinen Schulmeister grob sein, da sie es gegen ihn nicht durften. Sie probirten es, sich ganz kurz gegen ihn zu fassen. Ist's wahr, sagten sie zu ihm, daß ihr unser Schulmeister werdet? Und auf seine Antwort: „ja" sahen sie ihn an, wie ein Käufer auf dem Markt ein Judenroß, dem er nichts Gutes traut, und fingen dann bald unter einander an, zuerst halb und dann ganz laut ihr Gespött zu haben und zu sagen, es werde eine neumodische Schule abgeben; und dann fragten sie ihn noch, ob er sich mit dem alten Schullohn begnüge, oder wer ihm mehr gebe. Einige sagten, er werde wohl müssen ihre Buben lehren in die Scheibe schießen und exerzieren, und einer deutete gar mit seinem Finger auf sein Bein und fragte, ob er sie etwa nicht bloß fechten, sondern auch tanzen lehren wolle?
Er ließ sie eine Weile machen, um zu sehen, wie weit sie es treiben würden. Als er aber fand, es sei jetzt genug, stand er auf und sagte mit dem Stock in der Hand: An die Arbeit, ihr Nachbarn, damit ich nicht aufgehalten werde.
Sie thaten das Maul auf und konnten nicht begreifen, daß ein Schulmeister mit ihnen reden dürfe, wie wenn er

ihnen etwas zu befehlen hätte; aber als sie also mit offenem Mund dastanden und ihn angafften, sagte er sogleich zum Dickſten: Komm her und trag' das! und zum Größten: Geh' hin und bring' das!

Und beim erſten, der nicht im Augenblick that, was er ſagte, fragte er: Wie heißt der? und ſchrieb ihn auf. Das machte ſie folgen. Die ihn ſo verſpottet, lernten ſtehen, wohin er ſie ſtehen, und gehen, wohin er ſie gehen, und tragen, was er ſie tragen hieß.

Sobald er ſie da hatte, war er wieder ſo freundlich als je und half ihnen, wo er konnte und mochte. Er hatte auch die Arbeit mit den Bäumen ſo bald in Ordnung, daß die Bauern nicht begreifen konnten, wie geſchwind er damit fertig geworden, und er brachte es mit ihnen in einer halben Stunde ſo weit, daß die, die im Anfange die ſchlimmſten waren, ganz zahm wurden, und ihrer etliche ſogar zu ihm ſagten, es ſeien im Anfang ſo einige Worte gefloſſen, die er eben nicht aufnehmen ſolle, wie ſie gelautet. Andere ſagten ihm, ſie ſähen jetzt wohl, wie gut er Ordnung halte und wie er ſeinen Sachen vorſtehe, und er ſolle nur mit ihren Buben ſo eine Ordnung halten, ſo werde es wohl gut gehen. Und etliche Buben riefen überlaut: Der kann etwas und bei dem kann man gewiß auch etwas lernen.

Es waren gar viele Buben da. Sie rüſteten zu, was ſie auf den Abend, ihre Bäume zu ſetzen, nöthig hatten. Der Lieutenant ging mit ihnen in alle Ecken und zeigte einem jeden, wo ſeine Nummer hinkomme. Er war ſo freundlich mit ihnen, daß ſie alle zu einander ſagten: Er gibt gewiß einen guten Schulmeiſter. Als ſie die Plätze abgeſteckt, wo ſie die Bäume hinſetzen wollten und Alles, was ſie ſich für dieſen Morgen vornahmen, nun vollendet war, gingen ſie wieder heim. Viele Buben begleiteten den Schulmeiſter und er redete die ganze Zeit über mit ihnen von ihrer Arbeit und allem, was ſie können und lernen müßten, daß ſie rechte Bauern würden.

Nahe beim Pfarrhaus traf er den Pfarrer an, der von einer kranken Frau kam und ſich eben, wie der Glülphi, verwunderte, da er jetzt am Kirchthurm sah, daß es schon weit über zwölf Uhr sei.

43. Was ist süßer, als Kinderfreude, und was ist reiner, als Kindergüte?

Die Herren eilten mit dem Mittagessen, damit sie so bald als möglich wieder auf dem Ried wären, wo der Junker die Bäume, die man nach Mittag setzen wollte, austheilen und auch die Geißen, die er hatte kommen lassen, den armen Leuten im Dorf zustellen wollte. Der Wagen mit den Bäumen und die Heerde Geißen standen schon ein paar Stunden vor dem Pfarrhaus und warteten auf ihn; sobald aber der Wagen jetzt fortfuhr und die Geißen fortgetrieben wurden, lief Alles, was Händ' und Füße hatte, auf das Ried, zu sehen, was er mit dem Wagen voll Bäume und mit der Heerd Geißen anstellen wollte. Auch der Gertrud ihre Kinder liefen, sobald die Herren aus dem Pfarrhaus fort waren, baten aber die Mutter vorher um ihr Abendbrod, damit sie auch recht lange auf dem Ried bleiben könnten. Die gute Mutter gab ihnen in der Freude über diesen Tag doppelt so viel als sonst; dann sprangen sie fort, was sie springen mochten und waren lange vor den Herren daselbst.

Des Junkers Karl war auch da und andere Buben fragten ihn, was doch der Papa mit so viel Geißen machen wolle.

Ihr sollt alle mit einander Geißen erhalten, der Papa hat's gesagt, antwortete ihnen der Karl.

Du weißt viel, was du sprichst, sagte der Klaus; es sind sieben Kinder da, wo eine Geiß. Und die größern Buben sagten auch: Es ist wahr, es sind mehr Buben da, als Geißen.

Die armen Thiere waren geplagt. Die Kinder neckten sie an Bart und Hörnern, daß sie ihnen mäh mäh machen sollten, und ihrer etliche sagten zu des krummen Schneiders

Liseli, es habe so viele Geschwister hier. Es aber zeigte mit der Hand in das Thal hinunter, wo Ochsen und Kühe weideten, und sagte: Da unten sind die euern.

Aber die Geißen waren hungrig. Die meisten kamen einen weiten Weg und wenn die Kinder ihnen den Kopf anrührten, stießen sie selbige manchmal mit den Hörnern. Die Kinder aber wollten, daß die Geißen gut mit ihnen seien und pflückten ihnen Laub und Gras ab und gaben ihnen Brod, so viel sie hatten; da wurden die Geißen bald zahmer und stießen sie nicht mehr.

Des Maurers Heirli saß an einem Haag und zeigte einer Geiß sein großes Stück Brod, indem er's so halb aus der Tasche hervorgucken ließ; aber wenn die Geiß den Kopf halb in der Tasche und das Brod fast im Maul hatte, zog er es wieder zurück, dann trieb er das hungrige Thier so stark gegen das Brod, daß es ihn einmal auf den Boden warf. Ja, ja, jetzt hast du Brod, wenn du mich brav umstoßest, sagte er, als er wieder aufstand, und es dünkte ihn so lustig, daß er nicht merkte, daß er nahe bei einem Ameisenhaufen gesessen, bis er voll von diesen Thieren war. Das ist nicht gut Wetter, wir müssen weiter, sagte er zur Geiß, nahm, damit sie auch komme, das Brod in die Hand und hielt es ihr dem Maul nahe. So folgte sie ihm bis hinter den Haag, wo er sich setzte; aber vorher sah er jetzt doch, ob es mit dem Boden richtig oder unrichtig aussehe und ob nicht etwa wieder ein Ameisenhaufen in der Nähe sei; dann fing er doch an, der Geiß im Ernst Brod zu geben.

Aber da er eben einen Mundvoll für sie noch in der Hand hatte, sah er des Rütimarxen Betheli, das nahe bei ihm zu stand und ihm auf die Hand und der Geiß ins Maul hineinschaute, und sagte im Augenblick zu ihm: Willst auch Brod? Roth und nur halblaut antwortete es: Ja, wenn du mir gibst. Ja freilich, sagte der Heirli, und theilte dann sein Brod Mundvoll für Mundvoll zwischen dem Kind und der Geiß. Doch gab er allemal den größern Mundvoll dem Betheli, den kleinern der Geiß und sagte dann, wenn das Thier seinen hatte: Wart jetzt, Geißli, es ist jetzt wieder am Betheli, und danach: Jetzt ist es wieder am Geißli.

Das Kind zitterte mit der Hand, als es ihm den ersten Mundvoll abnahm, und etwa beim dritten, da er selber keinen nahm, sagte es: Warum ißt du nicht auch? Ich kann wieder haben, wenn ich heim komme, die Mutter gibt mir wieder, antwortete der Heirli. Und das Betheli: Kannst du Brod haben, so viel du willst, Heirli? Ja jetzt gibt mir die Mutter genug; aber es ist noch nicht lange, so hat sie mir auch nicht können genug geben, erwiederte der Heirli. Das Betheli seufzte und der Heirli sagte wieder: Weißt du was? Komm nur am Abend um 6 Uhr, wenn wir Feierabend haben, an unsere Gasse; ich will allemal Brod aufsparen und dir's dann geben. Aber hast du dann doch genug, wenn du mir so gibst? erwiederte das Betheli. Und der Heirli: Ich will das schon machen, komm du nur.

So redeten sie mit einander, währenddem er das Brod theilte, bis auf den letzten Mund voll, der noch groß war. Er sah ihn an, ob er ihn auch theilen sollte; aber er machte mit dem Kopf nein, und sagte: Geiß, du mußt jetzt genug haben, und gab ihn ganz dem Betheli. Dann stand er auf, führte seine Geiß weiter an der Hand am Haag hinauf, wo sie Laub fand; das Betheli aber blieb mit seinem Mundvoll Brod sitzen und aß.

Des Junkers Claus sah dem ganzen Spiel zu, und da der Heirli fort war, kam er hinter der großen Brombeerstaude im Haag, hinter der er gestanden hatte, hervor und legte, ohne ein Wort zu reden, dem Kind ein großes Stück Brod in den Schoß. Es erschrak, als er hinter der Staude hervorkam, aber da es das Stück Brod auf dem Schoß hatte, lachte es und rief ihm laut nach: Dank dir Gott, Mann!

Der Heirli hörte es oben am Haag „dank dir Gott" rufen, und rief ihm zurück: Was hast du jetzt? Da sprang es mit dem Brod in der Hand zu ihm hinauf, zeigte ihm den Mann, der es ihm gegeben, aber jetzt wieder bei des

Junkers Wagen voll Bäume stand. Dann theilte das Kind sein großes Stück Brod auch mit der Geiß, aber es gab ihr doch nur kleine Stücke und aß die größern selbst. Der Heirli wollte ihm keins abnehmen; da bat es ihn: Nimm doch nur auch einen einzigen Mund voll, und er nahm ihm einen ab und aß ihn, ehe er wieder wegging.

Plötzlich tönte ein Geschrei und ein Rufen: Er kommt! Er kommt! Er ist es!

Es war der Junker, der mit dem Lieutenant langsam aus dem Föhrenholz heraus dem Bach nach gegen die Anhöhe kam. Da machten die Knaben den Anschlag, ihm bis unten an den Hügel in einem Zug entgegenzugehen, und der Karl nahm sein großes, buntes Nastuch aus der Tasche und rief: He! wer macht uns eine Fahne? Wenn wir einen Zug machen, so müssen wir eine Fahne haben. Der Klaus erwiederte: Ich will euch eine machen, und band ihm das schöne Tuch an einen schneeweißen Stecken. Aber wer soll denn Hauptmann sein und die Fahne tragen? sagte der Karl. Der Fahne ist dein und du mußt sie tragen, sagten die Buben. Nein, sagte der Klaus, der Bub da, auf des Maurers Heirli deutend, muß jetzt der Hauptmann sein. Aber warum das? sagten alle Buben, und auch Karl stand da, wie wenn er das lieber anders hätte und sah den Klaus mit runden Augen an. Es muß jetzt so sein, ihr Buben, sagte Klaus, und, Meister Carli Kayser, sieh mich nur nicht so an; ich weiß, wenn dein Papa kommt, so sagt er, ich habe Recht. Nun, so gib ihm die Fahne nur, wenn's Nastuch schon mein ist, sagte der Karl.

Der Klaus that's, und der erste, der am Zug jauchzte, war Karl. Aber da sie nahe beim Junker waren, sprang er aus der Reihe heraus seinem Vater an die Hand. Warum bist du so aus der Reihe herausgesprungen? sagte der Junker und hob ihn in die Höhe. Dann grüßte er die andern alle, gab dem Heirli seine Hand und fragte ihn, wer ihn so zum Hauptmann gemacht habe.

Da, dieser Mann hat gewollt, ich solle es sein, sagte der Heirli und deutete mit der Hand auf den Klaus und dieser erzählte dann, daß er eben vorher dem Buben hinter einer Brombeerstaude zugesehen, wie er sein Stück Brod mit einem Kind und mit einer Geiß getheilt, und dann dem armen Kind noch alle Abend von seinem Brod versprochen habe, und setzte noch hinzu: Und ich möchte jetzt den sehen, der es besser verdient hätte. Ja, sagte der Karl, wenn du das zuerst gesagt hättest, hätte ich dann auch gewußt, daß es Recht wäre. Und nicht also das Maul gehängt, sagte der Klaus ihm leise und seitwärts. Das ist recht, Klaus, der bravste muß auch der Hauptmann sein, sagte der Junker. Das ist nichts so Braves; ich hab' mich nur lustig gemacht, und es hat mich nicht gehungert, sagte der Heirli.

Dann zog Alles fröhlich mit einander den Berg hinauf.

44. Der Junker thut Vaterwerke und macht Geißhirtenordnungen.

Nun stand er auf der Anhöhe, auf welcher Bonnal einst das Fest feiern sollte, dessen Stiftung er beschlossen, in der Mitte seines Volks. Die Fruchtbäume zum großen bedeutungsreichen Obstwald, unter dessen Schatten es einst für den Erdensegen, den Gott dem Menschengeschlecht allgemein und Niemand ausschließend gegeben, danken sollte, lagen jetzt vor seinen Augen schon auf dem Wagen.

Wie ein frommer heiliger Priester in seiner feierlichsten Stunde still vor dem Altar seines Gottes steht, so stand voll hoher Gefühle mit seinem menschlichen Opfer jetzt Arner auf dieser Stelle und warf seinen Segensblick auf die ihn umgebende Menge. Er hatte in diesem Sinnen seinen Karl aus den Augen verloren, aber er fehlte ihm jetzt in dem Augenblick dieser feierlichen Stimmung. Er mußte ihn suchen. Er warf sein Auge auf den Haufen Kinder, der dastand, und fand ihn unter Bonnals Buben, zwei von den schönsten an beiden Händen haltend. Er winkte ihm und sagte zu sich selbst: Wenn er doch nur sein Lebtag so glücklich unter den Kindern seines Volks dasteht und Niemand so

gern am Arm hat, als seine Leute, nahm ihn dann auf seine
Arme, redete mit ihm von der Stiftung, die er jetzt vor=
nehmen werde, und um derentwillen man jetzt die Bäume
auf dem Ried setzen solle.

Der Karl hörte ihm auf seinem Arm aufmerksam zu.
Eine sanfte Wehmuth ergriff jetzt beide, da Arner so mit
ihm redete. Einen Augenblick war Arner in dieser Wehmuth
still, dann sagte er wieder zum Karl: Ich denke nicht und
es ist kaum möglich, daß ich diese Bäume ausgewachsen und
in ihrem vollen Segen dastehend sehen werde; denke an
diese Stunde, wo wir sie jetzt setzen und so das Fest be=
gründen, das ich für das Dorf stiften will. Lieber, denke
bis an dein Grab daran, wie ich dich jetzt auf den Armen
trage, und wie du diese Bäume auf dem Wagen liegen
und diese Leute aus meinem Bonnal jetzt vor dir stehen
siehst und nimm dir fest vor, bis an dein Grab für deine
Leute zu sorgen, wie du jetzt siehst, daß ich für sie sorge.

Karl umschlang jetzt seinen Vater mit beiden Händen
und sagte ihm: Ich will gewiß bis an mein Grab daran
denken; aber du stirbst doch nicht so bald. Du erlebst ge=
wiß auch noch, daß diese Bäume groß sind und viele
Früchte tragen.

Lieber Karl, erwiederte Arner, der liebe Gott kann mich
noch lange leben lassen, aber was du erleben wirst, das kann
ich, menschlicherweise davon zu reden, nicht erleben. — Damit
küßte er ihn noch einmal, stellte ihn neben sich und redete,
ihn so neben sich an der Hand haltend, mit dem Volk von
Bonnal, das vor ihm stand, von der Stiftung, die er vor=
habe und von dem Segen, der durch dieselbe ihrem Dorf
zufließen könne, wenn sie sich desselben durch ein gottes=
fürchtiges und menschenliebendes Leben würdig machen und
besonders ihre Kinder in der Furcht und Ermahnung des
Herrn auferziehen würden.

Nachdem er eine Weile so mit ihnen geredet, sagte er,
es könne jetzt ein jeder Hausvater hingehen und von den
Bäumen auf dem Wagen so viele nehmen, als einer
Kinder habe.

Auf das Wort drängten sich Reiche, Freche und Geizige vor, geschwind vor den andern die ersten zu sein und die schönsten wegzuschnappen; denn wenn schon alle Bäume gut waren und von gutem Obst, so war doch immer ein Unterschied im Alter und an den Wurzeln. Aber der Junker merkte den Zweck dieses zudringlichen Laufens und machte ihm Halt, ehe noch Einer sich einen vorzüglich schönen Baum ausgelesen und weggeschnappt. Er rief laut, sie sollten sich vom Wagen zurückziehen und warten, bis der Klaus mit einigen Andern die Bäume alle von dem Wagen genommen, und sie, wie sie ihm in die Hände kamen, die größern und die kleinern durch einander zu Boden gelegt; indessen sollten sie sich auch in eine Reihe stellen, und dann einer nach dem andern die Bäume, wie sie am Boden lägen und auf einander folgten, wegnehmen. Es hängte zwar der Eine und Andere von den Dickbäuchen und Meisterkatzen im Dorf das Maul ob dieser Ordnung, als ob ihm dadurch Unrecht geschehen, aber Jeder nahm dennoch seinen Baum in der Ordnung, die ihn traf; die meisten aber lachten, daß Arner sie also mit ihnen in eine ehrliche Gleichheit gestellt hatte und sagten, es sei den Meisterkatzen, die in allen Dingen vor den andern etwas voraus haben und den Rahm immer oben von der Milch abnehmen wollten, recht geschehen.

Als sie die Bäume hatten und Alles wieder in einem Kreis um ihn herumstand, sagte der Junker: Ich hätte gern, daß es auch der ärmsten Haushaltung nicht an der nöthigen Milch fehle, ihren jungen Kindern eine gute und ihrem Alter angemessene und für ihr Wachsen und Zunehmen nothwendige Suppe machen zu können, darum habe ich diese Geißen hierher kommen lassen und will denen, die das Geld nicht haben, für ihre Kinder eine zu kaufen, dasselbe gern vorschießen und hiemit befahl er denen, die einen solchen Vorschuß gern hätten, näher zu ihm zu kommen. Es kamen ihrer sieben und zwanzig. Aber sie sahen aus, daß es ihm durch Leib und Seel fuhr — ohne Hut, ohne Strümpfe, ohne Schuh und ohne Kappe, und Alles an ihren Kleidern zerrissen.

Das war noch nicht das schlimmste Zeichen ihres Elends. Der Lump, der Schläger, der Tröler, der Spieler und Säufer war nicht nur auf ihren Röcken, er war auch auf ihren Gesichtern wie abgemalt. Es erschütterte Arner, da er sie ansah. Mit Ernst und Unwillen sagte er ihnen: Ihr seht doch auch gar zu lüderlich aus.

Ein Sigmund Hammerschlag hatte das Herz, ihm zu antworten, es vermöchten nicht alle Leute gut auszusehen. Das brachte Arner auf. Er antwortete ihm: Unverschämter Mann, es vermag ein jeder Mensch, sich an Leib und Seel nicht zu verhunzen, und nicht wie ein Schurke, ein Lump und wie du auszusehen. Die andern sechs und zwanzig hätten ihm gern das Maul eingeschlagen, daß er dieses Wort geredet, und viele, selber von den Dickbäuchen und Vorgesetzten, die etwas entfernter vom Junker standen, sei es aus Neid wegen der Geißen oder sonst, lachten überlaut und sagten, der Junker habe wohl Recht, es habe viele von ihnen noch ihr gutes Geld gekostet, bis sie es dahin gebracht, auszusehen, wie sie aussähen. Der Junker fragte indessen den Pfarrer, ob ihre Weiber und Kinder alle auch so aussähen? Leider, Gott erbarm, wie von ihnen geschnitten, sagte der Pfarrer.

Der Junker schüttelte den Kopf und erwiederte: Das ist böse, und hiermit wandte er sich wieder an die Männer und sagte ihnen: Wo es euch eigentlich fehlt, da ist weder mit Land, noch mit Geißmilch zu helfen, und ich weiß wirklich nicht, was ich thun soll. — Einen Augenblick darauf sagte er wieder: Wenn's mir nicht um eure Kinder zu thun wäre, so schickte ich die Geißen wieder, wo sie hergekommen. Nach einer Weile sagte er dann: Geht in Gottes Namen und lest die Geißen aus; aber das sag' ich euch, wenn ihr die Milch euern Kindern vorenthaltet oder sonst macht, daß sie um euertwillen serben müssen und nicht gesund sein können, so will ich die armen Geschöpfe euch wegnehmen und selber dazu sehen, daß sie wie Christenmenschen erzogen werden, es mag mich kosten, was es will; aber wenn mich Einer von euch nöthigt, ihm sein Kind wegzunehmen, weil er ein Unmensch an seinem Fleisch und Blut ist, so stecke ich ihn auch dafür ins Zuchthaus und lasse ihn daselbst auf eine Weise ziehen, wie es in solchen Häusern der Brauch ist.

Damit ließ er sie gehen und ihre Geißen auswählen. Das, was er ihnen gesagt, machte sie aber so sturm im Kopf, daß sie wahrlich mit den Geißenhändlern übel gehandelt hätten, wenn der Klaus nicht mit ihnen gegangen und ihnen geholfen hätte. Die Kinder aber, die Geißen bekamen, hatten eine unbeschreibliche Freude und viele andere Buben, auch von den reichern, hingen ihren Vätern an, daß sie ihnen auch Geißen kauften. Die meisten von den Vätern thaten's nicht gern, aber mit Bitten und mit Erzählen, daß der Junker Karl auch eine habe, brachten es ihrer zwei und dreißig dahin, daß ihnen ihre Väter auch Geißen kauften. Und da die sieben und zwanzig ihre Kinder zum Junker hervorbrachten, brachten die zwei und dreißig die ihrigen auch; doch kamen sie allein und stellten sich mit ihnen nicht zu den Kindern und Geißen der sieben und zwanzig.

Habt ihr euern Kindern auch Geißen gekauft? sagte der Junker. Etliche antworteten: Wir haben wohl müssen, sie haben uns keine Ruhe gelassen, bis wir es gethan. Andere sagten: Weil ihr euerm Karl auch eine gekauft, so haben wir unsern Buben diese Freude auch machen wollen. Müssen eure Kinder ihre Geißen auch hüten? sagte der Junker. Warum das nicht? sagten die Väter. Nun, so laßt jetzt alle Kinder, die ihre Geißen so wie die andern hüten müssen, um mich herumsetzen, ich muß mit ihnen reden, sagte jetzt der Junker.

Da stellten die sieben und zwanzig und die zwei und dreißig Väter ihre Kinder, die die Geißen hüten mußten, in einen Kreis vor ihn hin und sich gerade hinter ihnen auch in einen Kreis, und Arner sagte zu den Jungen und zu den Alten, das Weidehirtenleben, wie es jetzt sei, sei ein Leben, in welchem Kinder leichter als in jedem andern zu wilden, ungezogenen und dadurch unglücklichen und bösen Menschen werden könnten; sie müßten deshalb Einrichtungen treffen, daß ihre Kinder bei ihrem Geißhüten sich nicht so leicht die Fehler des jetzigen Hüterlebens angewöhnten.

Zuerst müßt ihr, sagte er zu den Kindern, unter einander abreden, wie viel alle Wochen von euch hüten müssen, damit darin keine Unordnung einreiße und keins unnöthigerweise die Zeit über dem Hüten verliere, und dann, fuhr er fort, müßt ihr mir ferner versprechen:

Erstlich, ihr wollet dasjenige unter euch für keinen braven Hüterbuben und kein braves Hütermädchen halten, und nicht mehr zu euch zählen, noch mit euch hüten lassen, welches auf der Weide über seine Geiß flucht und schwört, sie stark schlägt oder ihr Steine nachwirft;

zweitens, ihr wollet auch das für kein braves Hüterkind halten und nicht mit euch auf der Weide hüten lassen, welches seinen Mithirten böse Worte gibt, sie schimpft und schilt, oder gar über sie flucht und sie schlägt;

drittens, daß ihr dasjenige nicht für ein braves Hüterkind halten wollt und neben euch hüten lasset, welches mit Fleiß oder aus Lüderlichkeit die Geißen in Holz und Feld zu Schaden gehen läßt, noch viel weniger, wenn es selbst in Holz und Feld Schaden stiften und freveln würde;

viertens, daß ein jedes Hüterkind an seinem Hütertag eine Arbeit auf die Weide mitnehmen und dann am Samstag seinem Schulmeister vor allen Kindern angeben solle, was es an diesem Tag bei der Heerde gethan; sei es dann, es habe Stroh geflochten, oder Wolle gestrickt, oder Holz aufgehauen.

Die Kinder versprachen laut, daß sie die Punkte alle gewiß und gern halten wollten.

Aber etliche Väter, die hinter den Kindern standen, drückten sich zu ihnen herunter und sagten ihnen: Ja, Kinder, Kinder, es ist geschwind ja gesagt, wenn es dann nur auch so munter geht, wenn's um's Halten zu thun ist.

Der Junker hörte, was diese Väter sagten. Es freute ihn und er sagte auch: Es ist recht, was sie euch sagen, ihr Lieben! Versprecht mir nichts, was ihr hintennach nicht halten werdet. Die Kinder versprachen wieder, sie wollten's gewiß, gewiß halten. Und der Karl, der auch bei ihnen stand, nahm seinen Papa bei der Hand und sagte: Lieber Papa, glaub' es ihnen doch, es ist ihnen gewiß ernst.

Ja, ja, Karl, wie oft hast du schon etwas versprochen und hintennach nicht oder nur halb gethan, sagte der Junker und lächelte. Eine Weile darauf sagte er zu den Vätern dieser Kinder: Aber wenn sie es thun und hüten, wie es recht und brav ist und wie sie versprochen, so müssen sie dann, wenn's Winter werden will und das Weiden bald aufhört, einen ganzen Tag mit ihren Geißen zu mir kommen, ich will sie dann an der Burghalde neben den Reben weiden lassen und sehen, wie jedes mit der seinen umgeht, und die Mama macht dann allen zusammen einen Reisbrei. Und Fliegen darauf, sagte der Karl. Ja, und Fliegen darauf, bis er ganz schwarz ist, sagte der Junker. Sie meinten Rosinen, aber die Buben wußten es nicht und zerrten den Karl an Rock und Aermel und fragten ihn, was das sei. Es ist süß wie Zucker und kohlschwarz wie Fliegen, aber ohne Flügel, und ihr werdet's dann schon sehen, sagte der Karl.

---

45. Von Jugend auf drei Batzen sparen, ist ein Mittel wider den Ursprung der Verbrechen, gegen die man sonst Galgen und Rad braucht.

Als dieser Spaß mit den Fliegen vorüber war, redete der Junker mit den Hausvätern von den zehntfreien Aeckern, die er den Spinnerkindern schenken wollte, wenn sie, ehe sie 20 Jahre alt wären, 8 bis 10 Dublonen erspart und beiseit gelegt hätten. Es wollte ihnen im Anfang zwar nicht leicht in den Kopf hinein, wie die Spinnerkinder vor ihrem zwanzigsten Jahre 8 bis 10 Dublonen zusammenbringen sollten; aber das Wort Zehntfreiheit, von dem die Bauern ihre Lebtage sagen gehört, es sei im Munde eines Herrschaftsherrn so rar, als der Vogel Phönix im Schwarzwald, machte, daß ihnen in ihren Köpfen bald viel Licht aufging und daß sie begriffen und ausrechnen lernten, es brauche nicht mehr, als daß ein Kind in der Woche drei Batzen von seinem Spinnerverdienst beiseite lege und dann sei's in der Ordnung. Sie begriffen das auch um so leichter, da er auf den Rath hin, den ihm das Baumwollenmareili gegeben hatte, zu ihnen sagte: Ein Kind, das jetzt schon 17 Jahr alt, müsse 30, eins, das 16 Jahr alt, 40, eines, das 15 Jahr, 50, und nur die, welche unter 13 Jahren, müssen ihre vollen 80 Gulden zusammenbringen, um diese Zehntfreiheit zu erlangen. Etliche fingen bald an, darüber so warm zu werden, daß sie zu einander sagten, man muß das Eisen schmieden, weil es warm ist, Kinder und Kindeskinder erleben's vielleicht nicht mehr, daß einem Junker so ein Wort zum Mund heraus kommt.

Und hie und da nahm jetzt ein Baumwollenspinnervater sein Kind beiseite und sagte ihm: Wie ist's, willst du in der Woche ein halbes Pfund mehr spinnen, daß ich dir so einen Sparhafen machen könnte? Du hast dann dein Lebtag einen Vortheil. Das glaub' ich, sagten die Kinder, und das gern, recht gern, wenn du mir das thust, Aetti (Vater). Bald darauf riefen ein paar Spinnerväter: Wir haben zu danken, Junker, und wir wollen mit unsern Haushaltungen das anfangen, was ihr sagt. Wir auch, wir auch, Junker, sagte jetzt eine Menge. Uebereilt euch nicht, sagte der Junker, und besinnt euch mit euren Weibern bis morgen, ob ihr's versprechen wollt; denn ich halte darauf, wie bei den Hirtenkindern, wenn's einmal versprochen, ist, so muß es gehalten sein. Es ist versprochen, es ist versprochen und es muß gehalten sein, sagten sehr viele, und einige setzten gar noch hinzu: Es braucht sich da nicht zu besinnen, wir müßten uns und unsern Kindern spinnenfeind sein, wenn wir uns darüber nur einen Augenblick besinnen wollten.

Aber die Reichen im Dorf und die Großen, als sie sahen, wo das hinaus wollte, fingen an die Köpfe zusammenzustecken und zu einander zu sagen: Ja, und unsere Töchter, was haben denn sie, wenn die Spinnerkinder so zehntfreie Aecker bekommen? Der Junker merkte, daß ihnen etwas nicht recht lag. Sie standen zu drei, vieren zusammen, gestikulirten mit den Händen und schüttelten die Köpfe. Es wunderte ihn, was es sei. Er winkte dem Untervogt, der bei ihnen stand, und fragte ihn, was sie hätten. Ja, sie meinen eben, so zehntfreie Aecker würden ihre Töchter auch freuen und ihnen auch wohl thun, wie den Spinnerkindern, sagte der Untervogt. Und der Junker: So, möchten sie auch solche zehntfreie Aecker? Sie meinen, sagte der Untervogt, sie verdienten es auch wie die andern, und wenn man die Wahrheit sagen soll, so müssen sie zehnmal mehr arbeiten, als die andern. Das ist nur, weil sie zehn und hundert Mal mehr vermögen, als die armen Spinnerkinder, erwiederte der Junker. Und der Vogt: Es ist so, es ist so — fuhr aber denn doch fort, ihnen das Wort zu reden und sagte: Wenn der Vortheil nur nicht den Zehnten beträfe, es möchte sonst sein, was es wollte; aber der Zehnt ist eine recht eigentliche Bauernsache, und es setzt den größten Verdruß ab, wenn die Baumwollen-Spinnerkinder darin einen Vortheil erhalten.

Der Gescheidteste unter den Dorfältesten, der Hügi, hatte nämlich dem Untervogt eingeflüstert, er solle dem Junker dieses sagen. Der Junker aber merkte bald, daß der arme Meyer das nicht aus sich selber sagte, warf seinen Blick auf den Hügi, besann sich einen Augenblick wegen der Antwort und sagte dann: Ja, es sei mit dem Zehnt für die reichen Bauern wirklich eine eigene Sache, sie erstünden den Zehnt gemeiniglich sehr wohlfeil, aber gäben dem Armen in keinem Fall etwas von dem Vortheil, den sie hätten. Doch wenn den reichen Bauern so viel dran liegt, daß ihre Töchter auch so zehntfreie Aecker zur Aussteuer bekommen, so will ich das thun. Ich will einer jeden Bauerntochter, deren Eltern ein Waisenkind, das nicht über 7 Jahre alt ist, ins Haus aufnehmen und brav und untadlig erziehen werden, so einen zehntfreien Acker zur Aussteuer schenken, wie einem Spinnerkind, das seine 80 Gulden verdient hat, und noch lieber will ich das thun, wenn eine von euren Töchtern auf-

weisen kann, daß sie selbst etwas gethan, das so brav und
gut ist, als ein armes Kind erziehen, oder so viele Jahre
in der Ordnung gespart, als die Spinnerkinder dafür sparen
müssen. Aber versteht mich wohl, es muß etwas sein, das
nicht bloß in ihren eigenen Sack gut ist.

Die Bauern thaten kein Maul auf über das, was er
sagte; ihrer viele aber kehrten sich von ihm weg, da er ihnen
ins Gesicht sah. Eine Weile darauf fingen sie unter ein=
ander an zu brummen: Das sei nichts.

Einer sagte, sie müßten ja mit ihrem Geld kaufen, was
er den andern verehre. Ein Anderer sagte: So ein Narr
bin ich nicht, und salze mir so eine Plage auf, ein fremdes
Kind zu erziehen, ich habe genug an meinen eignen. Noch
Einer sagte: Wenn ich etwas Fremdes erziehen will, so
muß es mir im Stall schlafen und am Barren fressen.
Ja, ja, sagte wiederum Einer, so eins, das man im Stall
anbinden kann, geht wohl an, aber mit einem andern mag
ich nichts zu thun haben. Einer oder zwei, die gar hoch=
müthig waren, fanden aber doch, so ein Kind esse zuletzt
mit den andern, und sie könnten es immer brauchen, wenn's
auch nur zum Hühnerfüttern und Grasausraufen wäre. Aber
es hat ein anderes Bedenken, sagte wieder Einer, wer weiß,
was er unter dem wohl und untadelig erziehen versteht?
Und wenn Einer Jahr und Tag Mühe und Arbeit mit
einem solchen Kind gehabt hätte und der Junker oder seine
Erben dann sagten, es wäre nicht brav und nicht ohne Tadel
erzogen, was wollte Einer dann machen? Und wenn so eins
stürbe? so könnte man noch 's Teufels Verdruß davon haben,
und wenn man's 10 Jahre gehabt hätte, so wäre Einem
denn noch Niemand etwas schuldig.

Der Junker sah, daß sie nicht mit ihm reden wollten,
sondern nur unter einander brummten. Er zweifelte nicht
daran, es gefalle ihnen nicht und er wollte die Gemeinde
entlassen, ohne weiter darüber ein Wort zu verlieren.

46. Reine Herzensgüte eines Maurergesellen, der vor Arners Einfluß auf Bonnal schon ein halber Schelm war; des Junker Karl Unschuld und Anlagen zur Kraft und Selbstthätigkeit und endlich der Mensch verglichen mit der schönen Natur.

Da kam noch der Michel zu ihm hervor und sagte, es sei von der ärmsten Haushaltung, die gewiß mehr als eine andere eine Geiß nöthig habe, Niemand da; die Frau liege auf dem Krankenbette und der Mann habe gewiß nicht können von ihr wegkommen.

Der Junker befahl ihm im Augenblick, das beste Thier, das er noch finde, für den Kienast zu kaufen. Und der Michel, wenn er für sich selber eine Geiß gekauft hätte, hätte sie nicht sorgfältiger aussuchen können.

Dann warf der Junker noch einen Blick auf das Volk, das jetzt von ihm wegging. Es erquickte ihn, daß die Armen und Kinder sich zu ihm drängten und ihm dankten, und that ihm hingegen weh, daß die Reichen fast alle die Köpfe von ihm weghielten und thaten, als wenn sie ihn nicht sähen, so nahe sie auch an ihm vorbeigingen.

Sein Karl machte ihm ihre Unart vergessen. Er stand, den Baum auf der Achsel und die Geiß an der Hand vor ihm und sagte: Aber du, Papa! die andern Aetti setzen morgen alle ihren Buben die Bäume, willst du mir meinen auch setzen? Ja freilich, sagte der Junker. Aber kannst du es auch? sagte der Bub. Und der Junker: Ich will's probiren. Siehst du, erwiederte Karl, man muß ein Loch in den Boden machen, aber ein großes und tiefes, und Dünger hinein thun, aber faulen, alten, der nicht brennt, und dann erst den Baum darauf, nicht tief; und die Grasstücke, die man dazu legt, muß man umkehren, daß sie nicht anwachsen, dann braucht's noch viel, viel, bis er recht steht und verdörnt ist.

Junker. Wer hat dir das alles gesagt?

Karl. Meinst du, Papa? Die Buben reden jetzt nichts als vom Baumsetzen. Sie haben geglaubt, ich wisse nichts davon, aber ich habe mehr gewußt als sie, und sind doch Bauernbuben.

Junker. Wer hat dich aber das gelehrt?

Karl. Der Herr Rollenberger; der weiß mehr, als alle Bauern. Aber ich muß jetzt gehen, die andern Buben gehen auch mit ihren Geißen.

Bald stand Arner mit seinem Lieutenant allein auf dieser Anhöhe. Die glatte Itte zitterte im reinsten Silberlicht zu ihren Füßen, die Sonne neigte sich und der Wasserspiegel des sich schlängelnden Bachs glänzte von Bonnal aus bis hin zu dem Gebirge, wo seine Herrschaft von der daran stoßenden sich scheidet.

Arner sah eine Weile sinnend still in dieses liebe Thal seiner Herrschaft hinab und sagte dann zum Lieutenant, der neben ihm stand: Es ist mir jetzt, ich sehe die Arbeit, die wir hier anfangen, auch so mit dem Bach von Bonnal weg, fortrinnen und von einem Dorf ins andere kommen, bis an den Thurm, wo sich Gott Lob meine Sorgen und meine Pflichten enden. Er zeigte ihm dann mit dem Finger die graue Spitze des Kirchthurms von Arnheimsend. Die Itte glänzte da nur noch wie ein dünner Silberfaden, sie verlor sich im Vorhang des Gebirgs und Arner sagte: Das ist der letzte Ort meines Thals, und setzte mit einer Art von Wehmuth hinzu: Erleb' ich's noch, daß wir mit unsrer Arbeit bis nach Arnheimsend kommen?

Es dauert vielleicht nicht so lange, als Sie sich vorstellen, sagte der Lieutenant.

Es ist möglich, sagte Arner, und ich denke, unsere Arbeit wird uns vielleicht leichter, je weiter wir vom Schloß und von Bonnal wegkommen und gegen Arnheimsend vorrücken.

Darüber lächelte der Lieutenant und sagte: Ueber diesen Punkt habe ich einmal einen Geistlichen vor einem Tisch voll Junkern und Pfaffen ein derbes Wort sagen hören. Es war in der Steinmark und man redete bei Tische von dem Unterschied der Pfründen, die in einem Markamt gegen die Gewohnheit in der Nähe von den Schlössern besser sind, als in der Ferne davon. Da sagte ein magerer Pfarrer, der unten am Tisch saß, mit einer hellen, langsamen Stimme, die hinauf tönte, daß alle schwiegen: Wenn's recht wäre, Ihr Gnaden und Ihr Hochwürden, so wär's allenthalben so. Warum? warum? riefen ihm Ritter und Pfaffen wie aus einem Mund hinab. Warum? Ihr Hochwürden und Gnaden, in der Nähe von Schlössern hat man Teufel auszutreiben; weit weg davon nur Kinder zu erziehen, erwiederte der Pfarrer.

Die Augen blitzten den Hochwürden und Gnaden, da das Wort heraus war. Aber die Gescheidtesten unter ihnen fingen an zu lachen und auf des Pfarrers Gesundheit zu trinken. Da merkten die andern, daß das das Beste sei, was sie thun könnten, und vom Schlesischen Commandeur, der obenan saß, bis zum jüngsten Degen lachte jetzt Alles, und Alles trank auf des lustigen Pfarrers gute Gesundheit. Aber noch vor morgen Abend darauf machten, das weiß ich gewiß, vom Schlesischen Commandeur bis zum geringsten Degen hinab ein jeder auf seinem Schloß wieder Sachen, die der Grund sind, warum die Geistlichen hie und da in der Nähe von Schlössern Teufel auszutreiben haben.

Ach, die Menschen sind so häßlich und was man auch mit ihnen macht, so bringt man's doch nicht dahin, daß sie auch nur so schön sind, wie dieses Thal, sagte der Junker jetzt auf seiner Anhöhe, auf der er die reine Itte in ihrem Silberglanz durch sein schönes Thal bis nach Arnheimsend hinfließen sah; aber in dem Augenblick, in dem er das Wort aussprach, trieb ein Hirtenbub unter dem Felsen, auf dem sie standen, eine magere Geiß vor sich her. Er stand zu ihren Füßen still, sah gegen die Sonne hin, lehnte sich auf seinen Hirtenstock und sang ein Abendlied. Er war die Schönheit selbst, und Berg und Thal und die Itte verschwanden vor ihren Augen. Sie sahen jetzt nur den Jüngling, der, in Lumpen gehüllt, zu ihren Füßen stand, und Arner sagte: Ich hatte Un=

recht; die Schönheit des Menschen ist die größte Schönheit auf Erden.

47. Die Gottesfurcht ist zu allen Dingen nütze, das ist ganz wahr; aber das Träumen über die Gottes= furcht und das Maulbrauchen darüber ist nicht zu allen Dingen nütze und hat keine Ver= heißung weder des gegenwärtigen, noch des zukünftigen Lebens.

Die Geißen, die der Junker den Armen geschenkt hatte, machten fast in allen Stuben die größte Freude. Am rührendsten war diese Freude in der Kienastin Stube, für welche der Michel den Junker noch um eine Geiß gebeten.

Es kann nicht wohl etwas Traurigeres sein, als das Leben und das jetzige lange Krankenbett dieser Frau. Sie ist mit dem besten Herzen das elendeste Weib geworden, weil sie sich durch das größte Weltgift unserer Zeit, durch arme Bücher= sachen in die Irre hat führen lassen. Der alte Pfarrer Flieg in Himmel war an ihrem Unglück schuld. Er war ein herzguter Mann, wie sie auch in ihren guten Tagen; aber er war mit seinen Sinnen nicht in der Welt, sondern in den Büchern, und hat das arme Weib, das jetzt auf dem Todbett lag, mit seiner Jugendlehre aus dieser Welt hinaus und in eine einbildische versetzt, die ihr weder Brod, noch Ruhe, noch Segen zeigte, sondern das Gegentheil, bis auf die Stunde ihres Scheidens.

Es steht im Anfang des Wortes Gottes oder im ersten Buch Mosis im ersten Capitel: „Im Schweiß deines An= gesichts sollst du dein Brod essen" — und mein Großvater, wenn er diesen Spruch sagte, setzte allemal noch hinzu: wenn du nicht ein Narr werden willst und ein Lump oben drauf.

Davon wußte der Pfarrer Flieg in Himmel weniger als

nichts. Er meinte, es genüge, wenn seine Kinder nur ordentlich still säßen und den frommen Sachen, von denen er alle Sonntage und Donnerstage die Ohren voll erzählte, die Woche durch fein ordentlich nachdächten und links und rechts der Gründe Menge wüßten und an den Fingern herzählen konnten, warum er, der Pfarrer Flieg in Himmel, dieses oder jenes für wahr halte, u. s. w. Dieser Pfarrer hat eine Menge Kinder unglücklich gemacht und die Leute, die die schlechtesten im Dorfe sind, sind im eigentlichsten Sinne seine Zucht.

Er verblendete viele Leute mit der gutmüthigen Weise, mit der er den Kindern die Religion in die Einbildungskraft und in das Gedächtniß hineinlegte und sie in einer Art von Traumsucht darin verlieren machte, ohne sie durch ihren Glauben und durch ihre Liebe genugsam zu den Pflichten, Anstrengungen und Ueberwindungen, die das Leben des Menschen täglich fordert, genugsam anzuhalten und darin zu beleben. Er war in seiner Zeit von der Gemeinde fast angebetet. Sein Lob war allgemein; nur hie und da machte etwa eine alte Frau, die noch im Geist und in der thätigen Kraft der Vorzeit erzogen war, die Anmerkung, seine Kinder würden so geschwind müde und hätten ihren Kopf und ihre Sinne nicht immer, wie sie sollten, bei ihrer Arbeit.

Die Kienastin war ein gutes Kind, aber ein zur Lüderlichkeit und zum Träumerleben höchst geneigtes Geschöpf und hatte noch dabei die Schwäche, sich auf die Erkenntniß ihres Heils, wie sie es nannte, viel einzubilden. Sie war in ihrer Jugend dieses Pfarrers Herzenskäfer. Er nannte sie oft vor ihren Augen und vor den andern Kindern himmlisches Kind, Engelsseele und mehr dergleichen Namen. Aber er hat sie damit so unglücklich gemacht, als man immer ein Erdenkind mit Himmelsträumen unglücklich machen kann. Sie vertiefte sich in Nachdenken über Gegenstände, die über ihre Kräfte und ihre Kenntnisse waren und machte sich den Kopf mit Wörtern und Vorstellungen voll, deren Sinn zu begreifen sie von ferne nicht im Stande war. Sie ward aber dadurch eine lüderliche Frau und eine unverantwortlich schlechte Mutter. Das Hauswesen ihres Mannes ging durch ihre Schuld allmählich ganz zu Grunde. So lange sie noch bei Haus und Hof waren und ihr das nöthige Essen und Trinken ohne große Sorge auf den Tisch kam, achtete sie das nicht und lebte in ihren Träumen, wie im Himmel; aber als es mit ihrem wirthschaftlichen Verderben so weit kam, daß ihr Mann Haus und Hof verlassen mußte und sie in Noth und Elend geriethen, konnte sie sich in ihre Verhältnisse gar nicht schicken und sank in einen Mißmuth und Trübsinn, der sie unendlich elender machte, als tausend Arme, die sich in ihrer Noth durch ihrer Hände Arbeit mit Kraft und Anstrengung die Nothdurft des Lebens erwerben.

Der Pfarrer Flieg in Himmel erlebte schon ihre Noth; aber anstatt sie zu den Kräften und der Anstrengung zu erheben, die sie bedurfte, schickte er ihr zu Zeiten etwas Gutes zu essen ins Haus und ließ sie oft am Abend zu sich kommen und sich etwas Frommes und Schönes, zu Zeiten aber auch Zeitungen vorlesen.

Nach ihm kam ein alter Pfarrer, der den Vikar hatte, den wir kennen, nach Bonnal und sie ward in des Hummels Zeit nicht nur im höchsten Grade elend, sondern auch das Gespött des sich immer mehr verderbenden Dorfs. Sie blieb aber in ihren Träumen und in ihrer Lüderlichkeit fortdauernd sich selbst gleich; der jetzige Pfarrer sagte ihr, sobald er ihr Seelsorger wurde, wo er glaube, daß sie zu Haus sei. Wo er immer sein Aug hinwandte, fand er in ihrem Haus nichts, das ihm zeigte, es wohne eine Hausfrau und eine Mutter hier, hingegen war ihr das Maul im Augenblick offen, von Religionssachen mit ihm zu reden und ihn zu fragen, wie er dieses und jenes ansehe. Er sagte aber deutsch: Du fragst mich da Sachen, an die ich noch nie Zeit gehabt, zu denken, und es nimmt mich Wunder, wie du Zeit gehabt hast, so weit zu kommen. Sie fing an: Ich habe da vom Hrn. Pfarrer selig etliche Bücher, aber er unterbrach sie und sagte: Ich halte gar nicht viel auf viele Bücher in Bauernhäusern; die Bibel und ein Herz, das in

Einfalt nur nicht daran sinnt, etwas zu erklären, was es nicht geradezu versteht, das suche ich in Bauernhäusern und dann Karst und Hacken, die alles unnöthige Erklären aus dem Kopf hinaustreiben. Die arme Frau meinte im Anfange fast, der Pfarrer lästere und rede wider Gott, da er also wider ihre Thorheit redete. Dennoch aber brachte er sie in ihrer langen Krankheit, die sie auch jetzt noch ans Bett fesselte, dahin, daß sie anfing zu erkennen, sie sei in ihrer Pilgrimschaft auf Erden in der Irre herumgelaufen und habe gegen ihren Mann und gegen ihre Kinder und gegen Gott und Menschen nicht gehandelt, wie sie hätte handeln sollen. Der gute Pfarrer hatte alle mögliche Aufmerksamkeit auf ihre Verhältnisse. Er that ihr Gutes, wo er konnte und mochte; er las ihr oft selbst aus der Bibel vor und zeigte ihr klar, daß er das Beten und das Bibellesen aufrichtig gern sehe und nur das unnütze und unverständliche Geschwätz darüber nicht billige. Er kam, seitdem ihre Krankheit ernsthaft war, fast alle Tage zu ihr und sie fing auch an, ihn recht gern um sich zu haben. Er war jetzt eben auch bei ihr, da der Michel mit der Geiß kam und ihnen sagte, der Junker sende ihnen diese Geiß für die kranke Frau und für ihre Kinder.

Das rührte den Mann und die Frau, daß beide kein Wort hervorbringen konnten. Der Michel verstand ihre stumme Sprache und wollte, ohne weiter etwas zu sagen, aus ihrer Stube weggehen. Aber der Pfarrer stand jetzt vom Bett der kranken Frau auf, nahm das Wort für die jetzt noch schweigende Frau und bat ihn, dem Junker für sie und die ganze Haushaltung zu danken. Oh, Herr Pfarrer, ich hätte das gethan, ohne daß Sie mir's sagten; ich sehe ja, wie sie beide gerührt sind, sagte jetzt der Michel.

Als er fort war, blieb der Pfarrer noch eine Weile und theilte mit der ganzen Haushaltung die Freude über die Wohlthat des Junkers. Es freute die Kinder, daß der gute Pfarrer so bei ihnen blieb. Sie trieben die liebe Geiß zu ihm hin, daß sie ihm den Kopf auf den Schoß legte. Er kehrte ihr den Kopf gegen die kranke Frau, die auch noch ihre Freude an ihr hatte. Sie nahm die welke Hand unter der Decke hervor, krabelte ihr zwischen den Hörnern und hätschelte sie auf dem Rücken. Währenddem sie das that, fühlte sie auch die Liebe des guten Pfarrers, dankte dem lieben Gott, der das Ende ihres Lebens noch so erquickt, seufzte aber dabei und fühlte jetzt tief, daß sie durch ihr ganzes Leben einen Meinungengott verehrt, aber keinen wahren Glauben weder an das Göttliche, noch an das Menschliche gehabt. Sie entschuldigte ihren Irrthum mit der Führung ihres Lebens, die sie in ihrer Jugend gehabt, sah jetzt zufrieden das gute Thier an und gelüstete sogar nach Milch, da sie doch schon etliche Tage nicht das Geringste als ihr Kräuterwasser zu sich genommen. Da melkte ihr Mann die Geiß in ein brandschwarzes Becken; es war das einzige, das sie im Haus hatten. Er zitterte, als er da mit der einen Hand ihr den Löffel vor den Mund hielt und mit der andern die ihre an sich drückte, und Thränen fielen auf sie herab, als er: „Wohl bekomm's dir, liebe Frau!" dazu sagte. Die Kinder führten dann das Thier in ihren Stall und suchten ihr an allen Hecken Laub und Streu.

48. Das Andenken an eine Großmutter.

Auch in des Rudi Stube war die Freude über die Geiß, die der Vater ihnen kaufte, rührend. Die Großmutter sagte noch vor ihrem Tode an dem Tage, da sie hörte, daß der Rudi Arbeit am Kirchhof bekomme, zu ihm: Du kannst, will's Gott, deinen Kindern auch eine Geiß zuthun, daß sie auch täglich etwas Milch bekommen. Jetzt erinnerten sich die armen Kinder dieses Wortes ihrer lieben Großmutter, sobald der Vater die Geiß in die Stube hineinbrachte, und da sie nun alle in ihrer Freude um die Geiß herumstanden, sagte der Rudeli zum Vater: Weißt du auch, Vater, die Großmutter hat noch gesagt, wir müssen noch eine Geiß haben. Ja freilich, weiß ich es noch, sagte der Vater. Und das Kind: Es ist doch auch, wie wenn sie gewußt hätte, wie es uns noch gehen werde, so hat sie allerlei vorausgesagt, wie es jetzt gekommen.

Lieben Kinder, sagte jetzt der Vater, vergesset es euer Lebtag nie, was sie in ihren letzten Tagen zu euch gesagt hat. Ich will es mein Lebtag nicht vergessen, was sie zu mir gesagt hat, erwiederte ihm der Rudeli und dann alle Kinder: Und wir auch nicht, und wir auch nicht. Aber wißt ihr was, Kinder? Wir wollen uns nach dem Nacht=essen zu einander setzen und dann alle Worte zusammentragen, die sie zu einem Jeden gesagt hat; dann will ich sie alle auf einen Bogen Papier aufschreiben, daß ihr sie euer Lebtag behalten und lesen könnt.

Es freute die Kinder sehr, daß der Vater ihnen alle Worte, die die liebe Großmutter noch geredet, aufschreiben wolle, ehe sie von ihnen weg und in den Himmel gegangen. Sie vergaßen darob fast ihre liebe Geiß, die noch bei ihnen in der Stube stand, und redeten das ganze Essen über von nichts, als wie sie alle Worte zusammentragen wollten, die sie von ihrer lieben Großmutter noch wüßten.

Der Rudeli sagte da: Gelt, Vater, wenn wir so ihre Worte zusammentragen, so ist es dann, wie die Imbli (Bienen) Honig in ihren Korb zusammentragen. Ja, Lieber, erwiederte der Vater, wenn wir so ihre Worte alle zu=sammentragen und aufs Papier bringen, so ist es gewiß eben, wie wenn die Imbli ihren Honig zusammentragen und in ihre Zellen ablegen. Und der Rudeli: Gelt, Vater, das Papier ist dann wie der Imblikorb? Wir wollen es dann so nennen, wenn der Vater es darauf geschrieben hat, sagte das Nännli. Aber können wir dann auch Honig daraus essen? sagte das Liseli. Ja freilich können wir Honig daraus essen, erwiederten das Nännli und der Rudeli. Und der Vater: Ich hoffe es zum lieben Gott, der Großmutter Abschiedsworte dünken euch besser, als Honig und Alles in der Welt, das ihr nur essen könnt. Ja, Vater, sagte der Rudeli, sie ist jetzt im Himmel, und dann ist uns das Papier, auf dem du ihre Worte aufschreiben willst, wie Himmelbrod.

So redeten sie bei ihrer Erdäpfelsuppe, und da sie ausgegessen, ging der Rudi zum Baumwollenmareili und entlehnte bei ihm Dinte, Feder und einen Bogen Papier.

Es war noch in vielen andern Stuben über diese Geißen eine große Freude, aber es zeigte sich doch auch in dieser Freude bei Vielen, wie schwach und zum Theil auch schlecht ihr Herz sei. Einige der schlimmsten Lumpen machten ihren Weibern die Bemerkung, ihre Freude über diese Geißen dürfe eben nicht so groß sein, der Junker habe sie ihnen nichts weniger als geschenkt, sondern ihnen nur das Geld dazu vorgeschossen. Die meisten Weiber waren gläubiger und trauten dem Junker mehr Gutes zu, als ihre Männer; sie gaben ihnen fast allgemein zur Antwort: Er fordert von uns das Geld gewiß nicht wieder zurück. Auch die Kinder sagten fast einstimmig: Nein, nein, Vater, er ist ja so gut, er fordert das Geld gewiß nicht wieder.

Der Junker hatte auch bei seiner Aeußerung, ihnen das Geld zu ihren Geißen vorzuschießen, nichts weniger als zur Absicht, es von irgend Einem wieder zurückzufordern, aber da er die meisten als schlechte Leute kannte, so wollte er, um ihrem Leichtsinn und ihrer Lüderlichkeit vorzubeugen, sie durch diese Aeußerung auf eine Art in der Furcht behalten, daß sich Keiner unterstehe, seine Geiß zu verlumpen oder etwa gar zu verkaufen, sondern daß er vielmehr alle Augenblicke denken müsse, er sei nicht sicher, daß er nach der Geiß frage.

---

49. **Das erste Hinderniß des Wohlstands und der bessern Erziehung der armen Kinder — ihre eignen Mütter, oder schlechter Männer schlechte Weiber.**

Da der Rudi von seinen Kindern weg zum Mareili ging, um bei ihm Dinte, Feder und einen Bogen Papier zu entlehnen, fand er die Stube voll Spinnerkinder, die bei ihm verabredeten, morgen zu Mittag alle mit einander in einem Zug zum Junker ins Pfarrhaus zu gehen und ihm für den Sparhafen und die zehntfreien Aecker, wozu er ihnen verhelfen wollte, zu danken.

Ehe aber diese Kinder zu ihm kamen, hatten die meisten von ihnen darüber mit ihren Müttern einen Kampf; denn als die Väter mit der Nachricht von dem Batzensparen und den zehntfreien Aeckern vom Junker heimkamen, war unter zehn Spinnerweibern kaum eins, das nicht den Kopf schüttelte. Weit die meisten sagten, der Junker sei ein Narr, daß er glaube, so etwas sei möglich und ausführbar, sie aber, nämlich ihre Männer, seien noch weit größere, daß sie sich das von ihm hätten angeben lassen. Was will doch, sagten sie, so ein Herr auf einem Schloß, wo Alles vollauf ist, von unsrer Ordnung wissen und urtheilen können, was in unsern Häusern, wo man sich des Bettelns kaum erwehren kann, möglich oder nicht möglich ist? Wir können ja, sagten sie ferner, manchmal, wenn wir uns nicht ganz genau einrichten, in der Woche kaum einen Batzen zu Salz zurücklegen, und ihr dürft vom Dublonensparen reden? Etliche und das von den allerlüderlichsten, sagten gar, wenn doch die Männer nur nicht wollten von der Haushaltung reden, sie wüßten überhaupt nicht, was eine Haushaltung sei. Dieses Wort ist im Mund von unordentlichen Weibern bedeutungsreich und es ist gewiß, die Weiber von Bonnal widersetzten sich diesem Batzensparen aus keinem andern Grunde, als weil sie, der Unordnung gewohnt, sich scheuten, etwas anzufangen, das, wie sie wohl sahen, zur Ordnung und zum Rechenschaftgeben führen konnte und führen mußte.

Aber sie wurden diesmal nicht Meister; die Männer hatten's dem Junker so heilig und feierlich versprochen und wollten's jetzt haben. Viele erklärten jetzt ihren Weibern mit Ernst, daß es sein könne und sein müsse, und die Menge der Kinder schlugen sich in diesem Streit auf die Seite der Väter und baten sie, sie sollten doch machen, daß ihre Mütter ihnen diese Freude und dieses Glück nicht verderben könnten. Das erzürnte viele Mütter und viele sagten ihren Kindern: Haltet doch eure Mäuler, ihr habt euch nichts darein zu mischen, was Vater und Mutter mit einander haben.

Die Mütter mußten endlich nachgeben. Es war ihren Männern Ernst, dem Junker ihr Versprechen zu halten, und da ihre Weiber mit ihrem Widerspruch dagegen kein Ende machen wollten, fingen ihrer etliche endlich an, den Kopf zu schütteln und ihnen mit kurzen Worten zu sagen: Es muß sein. Und da die Weiber sahen, daß sie nichts ausrichteten, gaben sie sich endlich auch zur Ruhe und schwiegen von der gänzlichen Unmöglichkeit der Sache, die sie behauptet. Einige zwar blieben mürrisch und brummten über ihre eigensinnigen Männer, die Alles nach ihrem Kopf wollten und ihnen nichts nachfragten; andere aber gaben sich im Ernst zufrieden und fingen an aufrichtig zu glauben, die Sache sei ausführbar und könnte ihren Kindern einst nützlich werden. Die Kinder aber freuten sich über alle Maßen und glaubten jetzt, da ihre Mütter den Vätern nachgeben mußten, die Sache sei vollkommen gerathen und könne nicht mehr fehlen. Sie jubelten laut und jauchzten in allen Gassen herum.

50. Das zweite Hinderniß der gleichen Sache: der Neid der Reichen.

Aber ihr Jubel dauerte nicht lang. Das Jubeln und Jauchzen der armen Spinnermädchen that den Bauertöchtern in den Ohren weh. Sie hätten so gern auch zehntfreie Aecker gehabt und bekamen jetzt keine, weil ihre Väter den Preis, um welchen ihnen der Junker auch solche zukommen lassen wollte, zu hoch fanden. Und es ist wahr, so ein siebenjähriges Kind ins Haus aufnehmen und brav und untadelig erziehen, bis es erwachsen, ist für Menschen, die nicht zum Voraus für ein solches Kind Liebe und Mitleiden haben, eine zu schwere Last, als daß man sie für einen solchen Acker sich aufladen sollte. Die meisten Väter wollten nichts von zehntfreien Aeckern um diesen Preis hören und ihre

Weiber auch nicht; aber sie meinten, wenn ihre Töchter keine solchen Aecker bekommen könnten, so müsse man die Sache hintertreiben und man werde das wohl können.

Des Geschwornen Hügi Frau sagte zu ihrem Mann: Der neue Meister im Schloß handelt, wie wenn er das ganze Dorf auf den Kopf stellen wollte; das müssen und können wir nicht leiden. Aber was können wir machen? erwiederte ihr Mann. Wenn ihr nichts machen könnt, erwiederte die Frau, so wollen wir Weiber etwas versuchen.

Damit ließ sie ihn stehen, lief zur Thür hinaus, suchte ein paar Weiber, von denen sie wußte, daß sie mit ihr darüber gleich dachten und über den Junker und das ganze Wesen gleich wild waren und sagte laut zu ihnen, es sei eine Schande und ein Spott, daß ihre Männer Alles gehen ließen, wie es der Großhans im Schloß gern sehe. Sie allein traue sich, wenn ihr auch nur ein paar Weiber an die Hand gehen wollten, der verdammten Sache, die jetzt im Werke sei, noch ehe eins von ihnen ins Bett gehe, ein Ende zu machen.

Die Weiber ließen sich das nicht zweimal sagen. Sie suchten selber ein halb Dutzend, bei denen es, um sie hierzu zu bereden, nichts brauchte, als Feuer zum Zunder zu legen. Sie zeigten sich zu dem Bocksspiel bereit, sobald sie nur ein Wort davon hörten. Es verging auch keine halbe Stunde, so stand in allen Gassen so ein dickes Weib da bei einem Brunnen oder bei einer Thür und machte den armen Spinnerleuten dieser Sache halber den Kopf groß. Die Hügin war im Angeben das Vorroß und im Ausführen der Meister. Sie verstanden's so gut, dummen Weibern so etwas einzuschwatzen, als es der Hartknopf versteht, dergleichen Weibern einzuschwatzen, was kein Auge gesehen, kein Ohr gehört und in keines Menschen Herz aufgestiegen, das verstehe er und könne es ihnen erklären.

Sie behauptete ihnen unter die Nase, es sei die größte Narrheit, was sie abgeredet hätten, sie könnten's doch nicht halten. Sie sollten nur denken, wenn heute die Kinder hungerten und sie selber Schuhe oder einen Rock nöthig hätten, und es Winter sei und kalt, ob's ihnen denn möglich, das Geld so liegen zu lassen und nicht anzurühren und Mangel zu leiden? Sie sollten doch auch nicht so einfältig sein und sich dergleichen Sachen einbilden, sie wolle ihren Kopf daran setzen, sie könnten es nicht. — Wir glauben das selber, wir glauben das selber, sagten mehrere von den Spinnerweibern, denen das Sparhafenwesen schon zum Voraus zuwider war. Andere setzten noch hinzu: Wir haben es selber nicht gewollt und Alles gethan, was wir konnten, es zu hintertreiben, aber unsere Männer haben es dem Junker versprochen und zwingen uns jetzt dazu. — Die Hügin erwiederte: Was fragt ihr hierin euern Männern nach? Sie haben Unrecht und ihr könnt das nicht zugeben, ihr müßt nicht leiden, daß der Zwingherr im Schloß sich in eure Haushaltungen hineinmische. Was geht das ihn an, was ihr mit eurem Spinnen verdient, und was ihr mit eurem Verdienst macht? Das geht ihn nichts an. — Wir glauben's selber, wir glauben's selber, wenn wir's nur anders machen könnten, erwiederten Viele. — Ihr müßt es anders machen, ihr müßt es anders machen, sagte jetzt die Hügin. Wenn ihr dieses Narrenzeug euern Kindern nicht im Augenblick aus dem Kopf bringt, so denkt an mich, ihr habt dann eine schöne Arbeit. Zuerst bringt ihr im Dorf Jedermann, der etwas zu sagen hat und an dem etwas gelegen ist, gegen euch auf und hintennach eure Kinder selber und den Junker auch. Fragt nur nach, er hat schon an der Gemeinde darauf gedeutet und gesagt: Wenn die Sache versprochen sei, so wolle er auch dabei sein und machen, daß sie müsse gehalten werden. Und wohin langt das? Welche von euch kann das wissen? Ja, das kann weit langen, das kann weit langen, und es kann so kommen, Frau Gevatter, sagten, fast ehe sie noch ausgeredet, viele von den Spinnerweibern und setzten hinzu: Nein, nein, wir brauchen Niemand vor den Kopf zu stoßen, wir haben dessen gar nicht nöthig, und euch gar nicht, wir haben schon zu viel Gutes von euch genossen. Man hat's uns auch so angegeben und wir haben gar nicht gewußt, daß ihr das so übel nehmt.

Ihr könnt jetzt thun, wie ihr wollt, aber wenn ihr dem Lumpenjuchheien nicht auf der Stelle ein Ende macht und eure Kinder heimkommen laßt und sorgt, daß sie von dem Zeug still sind, so seht dann, was ihr angerichtet. Mir komme dann keine mehr vor die Thür, es mag ihr begegnen, was es will. — Das war das Wort, mit dem die Hügin immer endete. Ja freilich, freilich müssen sie heimkommen und schweigen, war die Antwort der Spinnweiber.

Etliche ließen das Nachtessen über dem Feuer anbrennen und die Kinder in der Wiege schreien, und suchten über Kopf und Hals, wen sie fanden, nach den Kindern zu schicken, daß sie heimkommen und mit ihrem Lärmen und Juchheien still sein sollten, weil's mit der Sparhafen-Sache und mit den zehntfreien Aeckern nichts sei. Viele von diesen Weibern waren recht froh, daß sie eine Gelegenheit gefunden, ihren Männern in dieser Sache entgegenarbeiten zu können. Nur wenige gingen zuerst heim, sich mit ihnen darüber zu berathen. Weit die meisten schickten den Bericht, es sei nichts mit dem Sparhafenwesen und sie sollten heimkommen, ihren Kindern, ohne vorher mit ihren Männern zu reden.

51. Die Geschichte der Erlösung dieser Kinder aus der Hand ihrer Feinde.

Das Mareili las den guten Kindern eben den schönsten Bündel Garn aus, den es im Haus hatte, daß sie dem Junker auch etwas von ihrer Arbeit bringen und zeigen könnten, als der Krummhäuslerin Christöffeli und des Hallori Betheli über Kopf und Hals daher sprangen und, sobald sie in die Stube hineinkamen, ihren Geschwistern sagten, sie sollten geschwind, geschwind heimkommen, es sei nichts mehr mit dem Sparhafenwesen und den zehntfreien Aeckern. Es war den Kindern in der Stube fast wie wenn man ihnen sagte, sie kämen nicht in den Himmel, als sie das hörten.

Das Mareili selbst hörte mit seinem Garnaussuchen auf

und fragte die Kinder, die so außer Athem in die Stube hineinkamen, was denn geschehen sei, daß man die Kinder so geschwind heimrufe und warum es denn mit dem Sparhafenwesen nichts sein solle. Der Christöffeli sagte, er wisse es nicht, er sei bei seiner Geiß gewesen und hätte lieber weiß nicht was thun wollen, als von ihr weggehen, aber er habe müssen in Eil gehen, diesen Bericht zu sagen.

Das Lisebetheli aber sagte, seine Pathe, die Geschworne Aebin, sei bei der Mutter gewesen und habe ihr Backen und Mahlen abgeschlagen und gut Jahr und Alles aufgekündet, wenn sie nicht auf der Stelle dem Sparhafenlärm ein Ende mache und ihren Kindern darüber das Maul zuthue. Das Mareili fragte das Betheli, ob noch mehr dergleichen Weiber, wie die Aebin sich in diese Sache mischten. Das glaub' ich, sagte das Betheli, es ist, wie wenn sie es abgeredet; in allen Gassen steckt so eine Geschwornin, die Lärm über diese Sache macht. An der vordern Gasse, bei der Aebin, sind ihrer zwei, und es haben ihnen ein ganzer Haufen Spinnerweiber in die Hände hinein versprochen, es solle nichts aus der Sache werden. Sie stünden jetzt noch bei einander. Es ist ein Gerede, wie wenn's im Dorf brennte und die Mutter hat gesagt, die Hügin stelle sich wie ein Eidgenoß.

Nun, ich habe fast Lust, diesen Eidgenoß auch zu sehen, und, Kinder, wenn's so ist, daß ihr auf der Stelle aus der Stube fort und heim müßt, so will ich, denke ich, euch begleiten und auch sehen, ob denn das so sein müsse, wie der Bericht lautet.

Da baten die Kinder das Mareili alle: Ja, ja, komm doch mit uns heim und mache, daß unser Zug morgen vor sich gehe. Sie drängten sich mit ihrem Bitten an das Mareili an, daß es sich ihrer fast nicht erwehren konnte. Drängt euch nur nicht so an mich an, sagte das Mareili, ich will gern mit euch gehen und sehen, was hinter dieser Sache steckt.

Dann ging sie mit dem ganzen Zuge zu des Hallori Haus, wo der Haufe Leute noch bei einander war, an deren Spitze die Hügin stand, die ihr Maul darüber so weit aufthat. Sie hatten ein Wesen, sie hatten ein Treiben, die Weiber mit einander, so lange sie Niemand sahen; als sie aber das Mareili und den Zug Kinder erblickten, stand ihnen das Wort im Munde still. Viele kehrten sich um und schlichen ihren Hausthüren zu und selbst die Hügin stellte sich hinter ein paar andere Weiber zurück, damit sie dem Mareili nicht in die Augen falle.

Das Mareili that, wie wenn Niemand da wäre und blieb, den ganzen Zug hinter sich, vor der Mutter des Betheli stehen und sagte: Was ist doch auch das für eine unverschämte Sache, in einer Viertelstunde mit seinen Kindern so hinauf und hinab zu machen? Ich weiß wohl, was dahinter steckt, aber wenn ich wollte, ich könnte denen, die Schuld daran sind, noch heute heiß machen. Das ist kein Spaß, wenn ein Junker etwas Gutes im Dorfe will, ihm auf eine solche Art Steine in den Weg zu legen. Ich meine, ihr thut mir wohl den Gefallen und besinnt euch eines Bessern. Der Zug muß morgen sein, ich thue es nicht anders, und wenn ihr nicht wollt und Unchristen genug seid, das Glück eurer Kinder mit Füßen von euch wegzustoßen, so habt ihr es mit mir zu thun. Ich sage es gerade heraus: Wenn eins unter euch ist, das das hintertreiben will, was der Junker so aus gutem Herzen für euch und eure Kinder einrichten und anordnen will, so behalte ich ihm alle Wochen zwei Batzen von seinem Garn zurück und will seinem Kind diesen Sparhafen selber machen. Lauft dann meinetwegen mit dem Garn über den Berg. So lang ihr für mich arbeitet, müßt ihr in die Ordnung hinein, die der Junker will, oder eure Gründe sagen. Und dann ist noch ein Punkt. Ich will jetzt nicht den Mund aufthun; aber ihr versteht mich wohl, was ich meine und was ich machen kann, wenn ich will; und denkt an mich, ich thue, was ich kann, dem Junker zu helfen zu dem, was er will. Er will nichts, als was euer und eurer Kinder Glück ist.

Die dicken Weiber, die sich zurückgezogen hatten, sobald sie das Mareili sahen, machten sich nun mit sammt ihrem

Vorroß, der Hügin, völlig aus dem Staube, ehe es zehn Worte geredet. Die Spinnerweiber aber wußten nicht, wie sie ihm genug gute Worte geben sollten, daß es nur wieder schweige.

Du hast wohl Recht, — es ist nicht anders, — es ist gewiß so, — wir haben nur nicht gedacht, daß du dich der Sache annimmst, sonst hätten wir uns wohl gehütet, und es muß sicher sein, wie du willst, sie müssen den Sparhafen gewiß haben und morgen dem Junker alle mit einander danken, und sonst in allen Dingen es möchte sein, was es wollte, wenn dir etwas dran liegt, so wissen wir wohl, daß wir das Brod von dir haben und es kommt uns gewiß nicht in den Sinn, daß wir dir um eines Andern willen etwas zum Verdruß thun. — Aber es kannte seine Weiber und glaubte nicht an die schönen Worte, die sie ihm jetzt gaben. Es sprach ihnen noch lange, lange zu, wie schlecht sie wären, wie schlecht sie an ihren Kindern handelten, und wie undankbar sie sich gegen den Junker betrügen. Wie manche, sagte sie zu ihnen, ist von euch, der er erst noch heute eine Geiß zum Almosen geschenkt, und wenn er sie euch morgen, weil ihr euch so betragt, wieder zum Stall heraus nimmt, so hat er nicht mehr als Recht.

Ja, ja, sagten jetzt viele Weiber, und andere: Daran haben wir nicht gedacht. Dann baten die Weiber das Mareili noch einmal, es solle ihnen doch jetzt auch glauben, sie sähen ein, daß sie gefehlt und daß es der Junker gut meine, und es müsse sicher alles gehalten werden, was ihre Männer dem Junker versprochen. Und da es sie nun so in der Ordnung sah und wirklich glaubte, sie gingen jetzt mit ihrem gegebenen Wort nicht mehr den Krebsgang, so zeigte es ihnen sein gutes Herz noch einmal, indem es sich bei ihnen auf eine Art wie entschuldigte und zu ihnen sagte: Ich habe mein Lebtag fast mit Niemand so geredet, wie jetzt mit euch. Es ist sonst gar nicht meine Art, mich in etwas zu mischen, das mich eigentlich nichts angeht, oder etwas durchdrücken und durchsetzen zu wollen, wozu ich kein Recht habe; aber da ein paar Meisterkatzen im Dorf mit

Gewalt durchsetzen wollten, daß das nicht geschehen solle, was der Junker mit so gutem Herzen für euch und eure Kinder und das ganze Dorf einrichten will, so habe ich geglaubt, ich müsse jetzt diesen Weibern zeigen, daß ihr mich so viel angeht, als sie, und daß ich, wenn's aufs Gewaltbrauchen ankomme, im Dorf etwas so gut ausrichten könne, als sie.

52. Ein von Natur gutes Weib und ein auf die rechte Art geschultes neben einander, und hinter ihnen das Schicksal der Meisterkatzen und ihrer Männer Notharbeit. -

Die junge Reinoldin, die gerade über von des Halori Haus wohnt, streckte, so lange das Mareili mit den Spinnerweibern redete, den Kopf, so weit sie konnte, zum Fenster hinaus.

Diese Frau ist nicht weniger ein sonderbares Weib, als das Mareili und eben so gut als dieses. Der Unterschied zwischen ihnen ist, daß die Reinoldin nicht so auf die Arbeit und den Verdienst abgerichtet und deshalb auch bei Weitem nicht so vorsichtig ist, als das Mareili, dagegen ist sie aber auch viel erregbarer. Sie kann sich gar nicht beherrschen, wenn sie glaubt, es leide Jemand Unrecht, und hat gar keine Ruhe, wenn sie meint, sie müsse Jemand helfen. Sie richtet aber mit all ihrem guten Willen wegen ihrer Ungeduld viel weniger aus, als das Mareili, das jedes Wort abwiegt, das es auch zu dem geringsten Menschen sagt. Die Reinoldin hingegen, wenn ihr etwas als recht oder nicht recht vorkommt, achtet es nicht, Vater und Mutter, Freund und Verwandte, und wer es in der Welt ist, vor den Kopf zu stoßen.

Unter allem Vorgesetztenvolk ist sie wohl das einzige Weib, dem es von Herzen wohl ist, wenn es ein recht rothbackiges Kind eines Armen in einem reinlich gewaschenen

Rock vor den Augen sieht. Sie war schon längst des Narrenhochmuths der Geschwornen und des unstätigen Unterschieds müde, den etwa ein Dutzend Bauern im Dorf zwischen sich und den andern machten, und der keinen andern Grund hatte, als daß sie von Vater und Großvater her als ein Geschwornenvolk immer mehr Eide auf der Seele und mehr Ochsen im Stall halten, als das übrige, wie sie meinten, nicht zu ihnen gehörende Bauernvolk.

Diese Reinoldin ergriff jetzt den Augenblick des Streits, den das Baumwollenmareili mit den Meisterkatzen und den Spinnerweibern im Dorf gehabt, mit Freuden, um offen und geradezu vor Jedermann, der es gern sehe oder gern höre, zu zeigen, daß sie in Rücksicht auf den Ehrenunterschied, welcher Ochsenhalber und Eidhalber zwischen Leuten und Leuten im Dorf statt finde, mit ihren Verwandten nicht gleicher Meinung sei. Sobald sie merkte, worum es sich bei diesem Auftritte handelte und was die Meisterkatzen eigentlich wollten, und als sie die Art sah, wie das Mareili ihnen das Maul zugethan und sie ordentlich heim geschickt hatte, nahm sie ihre beiden ältesten Kinder an die Hand, ging mit ihnen unter die Baumwollenweiber und Kinder auf das Mareili zu und sagte zu ihm: Da hast du jetzt auch noch zwei Kinder zu deinem Zuge auf morgen; wenn sie schon nicht spinnen können und Gott Lob nicht nöthig haben, es zu lernen oder zu treiben, so müssen sie dem Junker doch danken, daß er es so gut mit dem Dorfe meint und machen will, das es den ärmsten Leuten darin auch einmal wohl gehen könne.

Es hätte nichts begegnen können, das das Mareili mehr freute. Es schüttelte der Reinoldin die Hand und wollte ihm für die Spinnerkinder danken und sagte: Das ist ein Meisterstück, was du thust. Dann sprang es noch zu ihren zwei Kindern, nahm sie beide bei der Hand und sagte auch ihnen, wie sehr es sie freue, daß sie mit den Spinnerkindern und ihrem Zug auch zum Junker gehen und ihm danken wollten. Sie redeten noch viel von den Meisterkatzen, die den guten Kindern ihre Freude wegen des morgenden Zugs verderben wollten und ereiferten sich mit dem Haufen Spinnervolk, das um sie herumstand, daß sie sich so leicht von ihnen am Narrenseil hatten herumführen lassen.

Die Meisterkatzen waren schon längst fort und wieder zu Haus; aber es ging ihnen nicht gut. Sie hatten fast alle das Unglück, daß ihnen ihre Männer für diesen Dienst nicht dank dir Gott sagten.

Wäre ihr Anschlag gerathen, so wären freilich auf der Welt keine braveren und keine gescheidteren Weiber gewesen, als sie; aber weil es gefehlt, so war es nicht so, im Gegentheil, ihre Männer sagten jetzt fast alle, es sei ein dummer Streich gewesen; sie hätten wohl voraussehen können, daß es so komme. Etliche sagten gar, warum sie nicht zuerst mit ihnen Rath gehalten und immer meinten, daß Alles auf ihren verdammten Weiberkopf hinaus müsse?

Es war nicht Zorn, es war nur Angst, warum sie so redeten. Sie fürchteten das Mareili und meinten gar, die Blitz=Reinoldin, wie man sie jetzt nannte, wiegle es noch auf und habe ihre Freude daran, wenn sie machen könne, daß der Junker ihren Weibern etwa eine öffentliche Schande anthue.

Der Hügi und der Aebi standen fast eine halbe Stunde unten in der Gasse, zu sehen, ob denn das Mareili und die Reinoldin auch gar nicht aufhören wollten zu reden. Diese sahen und merkten richtig, daß sie aus Angst dastanden und horchten. Aber je länger sie dastanden, desto eifriger sprachen diese. Das machte den zwei Dorfmatadoren so angst, daß sie zuletzt selber hinzutraten. Ihr hättet jetzt die Tröpfe sehen sollen, wie sie das Mareili baten, es solle doch auch nicht so gar thun, ihre Weiber hätten's ja nicht so gemeint, wie man's ihnen jetzt auslege; sie möchten gar wohl leiden, was der Junker mache, und wenn er den Spinnerkindern noch mehr schenken wolle, als nur das, so gehe sie das gar nichts an, sie würden es ihnen von Herzen gern gönnen.

Der Aebi, der der dümmere war, setzte hinzu: Wenn wir dem Junker noch mehr zu Gefallen thun könnten, als nur das, so wollten wir's gern thun. Was bildest du dir

auch ein, sagte da das Mareili zu ihm, daß du ins Maul
nehmen darfst, dem Junker einen Gefallen zu thun? Ich
meine, er thue euch einen Gefallen und nicht ihr ihm.
Freilich, freilich und ja, ja, es hat's Niemand anders ge=
meint, sagten sie beide, und was weiß ich, was sonst noch.
Da hat's jetzt auch geheißen: Schweig Herz und rede
Maul, sagte die Reinoldin, sobald die zwei den Rücken
gekehrt. Ich mein's auch, sagte das Mareili, sie sind ja
braun und blau geworden, so haben sie dran würgen müssen,
ehe ihre Freundlichkeit ihnen zum Hals heraus und von der
Zunge herab wollte.
Aber was machen? sagte der Hügi, als er wegging, es
ist jetzt so. Man hat ja heute in der Gemeinde gesehen,
wer Meister ist. Der Lumpenhans im Pfarrhaus hat dem
Kalberleder nur ein paar Worte gesagt, und der arme
Teufel hat über Hals und Kopf den Nußbaum, der an des
Pfarrers Gartenhaag steht, umhauen müssen. Er hätte
lieber weiß nicht was gethan, als das und doch hat's sein
müssen. So ist es jetzt.

---

53. Der Alte von Bonnal steigt an dem Babylo=
nischen Thurm, auf dem er eine Weile herumguckte
und das Land beschaute, eine Treppe höher, wo er
einen weitern Horizont und eine ausgedehntere
Aussicht hat.

Arner empfing, als er am Abend heimkam, schon eine
Antwort von Bylifsky auf seine zwei Briefe. Sie lautete
wörtlich also:
Lieber! Ich kam eben, als ich deine zwei Briefe erhielt,
von einer Reise, auf der ich mich in Mißmuth über meine
Lage zu zerstreuen suchte, aber es nicht konnte. Ich kam
wirklich mit dem Entschluß heim, meine Stelle niederzulegen;
jetzt aber thue ich das nicht und könnte es nun für mein
Leben nicht thun. Seitdem ich deine Briefe habe, wacht die

Hoffnung, daß die alten Zwecke des Herzogs vielleicht doch noch erreichbar seien, wieder lebendig in mir auf; aber freilich sehe ich auch, daß dieses nur auf andern Wegen, als auf denen, die man bisher eingeschlagen, möglich sein kann.

Ich bin mit deinem Meyer ganz überzeugt, daß, wenn es je möglich ist, dem Volk des Landes aus seinem Verderben, in welches es so tief versunken, wieder aufzuhelfen, so ist es durch das Volk und seine Menschlichkeit selber. Der Gedanke: Gib dem Volk, was in ihm selbst liegt, belebe in ihm, was es selbst hat, rege die Menschlichkeit, die in ihm selbst liegt, an, und thue hiefür dein Möglichstes, so kann es in dem Wesentlichen, Wenigen, das es bedarf, sich wirklich selber helfen und hilft sich selber — dieser Gedanke füllt jetzt meine ganze Seele. Du bist glücklich. Hätte ein Fürst für sein Reich Menschen und Mittel, wie du für dein Dorf, er würde als ein Gott dastehen mitten unter seinem Volk. Ja, Freund! Es würde ihm dann leicht sein, eine neue Schöpfung zu beginnen; der jetzt durch alle Arten der Verkünstlung so verwirrte und erschöpfte Welttheil würde auf ihn schauen, als auf einen Retter in seiner Noth. Dein Meyer hat mich für dich träumen gemacht, wie unser edler Herzog für sein Reich geträumt hat, ehe man ihn so schrecklich betrogen. Ich will und darf nicht hoffen, daß auch du so betrogen werdest. Das wäre unglücklich und schrecklich. Halte fest an deinen Versuchen und schreibe mir oft. Sie sind für die Menschheit höchst wichtig. Ich schaue von nun an auf Bonnal als auf einen Ort hin, von dem auch mir in meiner Lage Hülfe kommen kann, wie von dem Herrn. Ja, Freund! Ich will auf Bonnal hinschauen, als auf ein Licht, das mir leuchtet in meiner Finsterniß. Denn wahrlich, ich sitze trotz meiner äußern Höhe im Innern meiner selbst in einer tiefen Finsterniß, und wenn ich deine Lage mit der meinigen vergleiche, so ist mir, du sitzest im Licht oder gehest wenigstens einem Licht, das in der Finsterniß leuchtet, entgegen.

Sicher hätte ich, wenn deine Briefe gestern nicht auf dem

Tisch gelegen hätten, meine Stelle niedergelegt. Unser Land ist auf Kinder und Kindeskinder verloren. Der verruchte Mann macht aus dem Hof alle Tage mehr, was er selbst ist, und dann wieder der Hof aus dem Volke das, was er ist. Er jagt jeden Heller Staatsgeld, den er in seine Klauen bringen kann, zum Teufel, und macht, daß Jeder von allen, die an eine unserer zahllosen Staats=Krippen zu gelangen vermögen, auch wieder jeden Heller zum Teufel jagt, den er in seine Hand zu kriegen vermag. Das ist noch das geringste Uebel. Aber daß er den gesunden Sinn, beides, für den Erwerb des Eigenthums wie für seine Er= haltung und alle reinen Begriffe über den nöthigen Staats= einfluß in diesem Gegenstande zu Grunde richtet, das ist's, wodurch er Tausende und Hunderttausende im Lande un= glücklich macht. Das Geld, das er für den Augenblick ver= lumpt, würde, so nöthig wir es auch brauchen, uns nicht tödten, wenn sein Einfluß auf die Sitten, Denkungs= und Handlungsweise aller Stände uns nicht tödtlich wäre. Doch ich will an meiner Stelle bleiben, wenn mein Herz schon noch aus Furcht vor der Zukunft zittert.

Aller gute, alte Sinn für das Volk löscht sich mit jedem Tag mehr unter uns aus. Alles wird nur für das Aeußere und auf den Schein berechnet; für das innere Wesen des Wahren und des Guten sorgt bald keine Seele mehr. Wenn ein Dutzend wilde Schweine oder ein paar Wölfe in das Gebiet einer Herrschaft einbrechen und ein paar Korn= oder Haferäcker zu Grund richten, so überläßt man die Sorge, sie niederschießen zu lassen, dem Herrschaftsherrn nie; der Staat mischt sich ein. Die Jägercommission schickt augen= blicklich ein halb Dutzend fürstliche Jäger auf sein Gut, um dasselbe von diesem Viehübel zu befreien; aber wenn Menschenverderber, wie dein Hummel und die tausend seines gleichen, ganze Dörfer zu Grund richten, so kräht kein Hahn danach und es ist keine Landescommission da, die einen Jägerburschen gegen solche in Menschengestalt erscheinende wilde Schweine und Wölfe auf die Herrschaften hinschickt, das Land von ihnen zu reinigen.

Doch ich will anfangen, seit lange das erstemal froh und hoffnungsvoll zu athmen, so schlimm Alles auch noch aussieht. Ich habe eine Ahnung, daß jetzt doch etwas begegnen könnte, das in der Lage der Dinge, wie sie jetzt ist, einige Aenderung hervorbringen könnte. Es sind dem Herzog Kleinodien, deren Werth in die hunderttausende geht, gestohlen worden; aber man darf ihnen nicht öffentlich nachfragen; der Herzog will's nicht. Helidor hat ihm angegeben, er wolle der Sache im Stillen nachforschen; aber ich sehe, er macht das Nachforschen still und hat gewiß seine Gründe. Endorf und ich ahnen das Schlimmste, aber wir schweigen und müssen schweigen. Außer uns zweien und dem Diebe selber weiß kein Mensch ein Wort davon. Auch du mußt für jetzt schweigen, es ist nothwendig. Lebe wohl und schreibe mir oft von Bonnal, aber rede dießfalls noch mit Niemand von mir. Ich will für jetzt auch mit Niemand und am wenigsten mit dem Herzog von der Angelegenheit in Bonnal reden.

Bylifsky.

Dieser Bylifsky war als erster Minister des Herzogs sehr unglücklich. Dieser lernte ihn in Tagen kennen, wo beider Herzen, zum höchsten Dienst der Menschheit gleich gestimmt, für das Herzogthum Alles zu erzielen suchten, was sie darin zu erzielen möglich glaubten, und ich muß nothwendig von beiden etwas umständlicher reden.

---

54. Ein Beitrag zur Erklärung des Wortes: Es ist leichter, daß ein Schiffseil durch ein Nadelöhr gehe, als daß ein Reicher ins Reich Gottes gelange.

Der Herzog war in seinen sittlichen und geistigen Anlagen der edelste Mann im Lande. Diese standen in vollkommener Uebereinstimmung mit dem erhabenen Range, den er besaß. Er schien seiner Anlagen halber berufen, den

Landessegen im Herzogthum auf eine Weise zu begründen, wie ihn seit Jahrhunderten kein Fürst in seinem Lande befördert hat.

Aber seine Erziehung war wie darauf angelegt, in seinem Innersten das wieder zu Grunde zu richten, wozu ihn seine Neigungen und Kräfte anzuregen schienen. Er lebte in Folge seiner Erziehung, vollkommen im Widerspruche mit sich selbst, täglich in Umgebungen, die vom Morgen bis zum Abend dahin wirkten, ihn so schwach, so sinnlich, so zerstreut, so ungeistig und so oberflächlich zu machen, als nur immer ein vornehmes Knäbchen durch Ueberladung von Sinnenkitzel, krafttödtender Aufwartung und zuvorkommender Bedienung schwach, sinnlich, zerstreut, ungeistig und oberflächlich gemacht werden kann. Dabei sah er noch täglich die niedrigste Selbstsucht als die allgemeine Triebfeder des Fühlens, Denkens und Handelns aller seiner Umgebungen und weil er nur alles Scheinschöne und Scheingute derselben, mit der Schlechtigkeit dieser Selbstsucht befleckt, in tändelnder Schwäche vor sich stehen sah, wirkten diese Umgebungen so zerreißend und zerstörend auf das Innere seiner erhabenen Anlagen, als neuer Wein auf alte Schläuche zerreißend und zerstörend einwirkt. Sein Unglück war in dieser Beziehung sehr groß. Er ward unter diesen Umständen zugleich von einem Lehrer, dem er innig anhing, fast in eben dem Grad einseitig enthusiastisch*) für das Erhabene und Göttliche der Menschen-, Armen- und Volksliebe angeführt und angefeuert, als die unglückliche Kienastin vom Pfarrer Flieg in Himmel für biblische oder vielmehr kirchliche Meinungen enthusiastisch einseitig angeführt und angefeuert worden ist. Dabei aber ward er in Hinsicht auf Denkkraft und physische und geistige Anstrengung, die die fürstliche Ausübung einer zur Erhabenheit gesteigerten Menschen-, Armen- und Volksliebe erfordert, ganz ungebildet und vernachlässigt gelassen, eben

---

*) Das „enthusiastisch" bezieht sich auf die Anregung des Gefühls und der Einbildungskaft und steht im Gegensatz zu der spätern „Denkkraft und physischen und geistigen Anstrengung."

wie diese unglückliche Frau für die physische und geistige Anstrengung, für die gute Führung ihrer Haushaltung und für alles Gute, das sie für ihren Mann und für ihre Kinder auch im Herzen trug, vernachlässigt, ja sogar völlig verwahrlost worden war.

Bylifsky war in Rücksicht auf seine Bildung nicht in dem Grad das Opfer widersprechender Maßregeln und Ansichten. Er war in Rücksicht auf seine Geistesbildung unendlich besser als der Herzog besorgt und auch von Jugend auf an unermüdete Anstrengung und anhaltenden Fleiß gewöhnt; aber dennoch gingen seine Einsichten und Fertigkeiten einseitig nur von literarischen Ansichten aus, die nur von einer nur von Büreau's- und Cabinetsarbeiten praktisch unterstützten Thätigkeit beschränkt waren. Er erkannte die Realbedürfnisse und Realfundamente des Volkslebens und der Bildung zu demselben und besonders in den Erwerbsständen so wenig als der Herzog, und sobald dieser an die Regierung kam, ließ er in Publicationen, von denen man hätte glauben sollen, die Engel im Himmel hätten sie selbst geschrieben, verkünden, die Sorge seines Lebens werde bis an sein Grab nur dahin gehen, sein Volk zu beglücken. Er sprach in denselben ganz unumwunden aus, der Mensch als Mensch sei durch die Erhabenheit der Anlagen und Kräfte, die er von Gotteswegen besitze, ihm und dem Staate mehr werth, als er ihm durch alles, was die Welt und ihre Einrichtungen dem Menschengeschlecht an Macht, Ehre, Würde und Eigenthum je geben könnten, je werth sein und werth werden könne, und er werde deshalb auch in keinem Falle irgend ein Individuum eines Standes zum Nachtheil dessen, was er von Gotteswegen allen, besonders den Armen und Niedern im Land, schuldig sei, begünstigen, u. s. w.

Ich kann nicht fortfahren; es thut mir weh, Proclamationen, die so träumerisch schön sind, abzuschreiben. Sie reißen mächtig hin und betrüben gewöhnlich, wenn ihre Hoffnungen fehlschlagen, eben so heftig. Bylifsky lebte selbst in Hoffnungen, die ihn hernach so sehr täuschten, der Herzog aber war in sich selbst so selig, als er sie schrieb, wie er in seinem Leben vorher nie war. Bylisőky hatte an der Abfassung dieser Proclamationen Antheil genommen und träumte sich, obgleich er schon im Anfang zu fühlen anfing, es sei in einigen derselben Vieles wo nicht groß gesprochen, doch zu leicht genommen, dennoch die Ausführung von einigen wesentlichen Theilen dieser Versprechungen unendlich leichter, als er sie hernach fand. Aber er fand sich bald in seinen Hoffnungen schrecklich getäuscht.

Die Proclamationen waren kaum gedruckt und den Leuten, ich möchte sagen, noch naß zugesandt, so strömten von allen Seiten ganze Haufen armselige, sich so heißende Volks=, Erziehungs=, Gewerbs= und Menschenfreunde, mitunter auch schlechte, sehr schlechte Menschen an den Hof, von denen die schlimmern sich gar nichts daraus machten, einander in die Ohren zu flüstern: Wenn wir nur zu einer Privataudienz vor ihn gelangen, so haben wir sicher gewonnenes Spiel. So gut als der Herzog ist, sagte Jeder zu sich selber, verspricht er uns sicher auch etwas; wenn wir nur einmal seinen Finger haben, so wollen wir schon machen, daß wir seine Hand auch bekommen.

Sie irrten sich nicht. Der Herzog freute sich bald eines jeden Narren, der mit einem Menschenfreundlichkeitsprojekt zu ihm hinkam, und wenn Einer seine Lieblingswörter: „Volk, Erziehung, Kultur, Landesglück und auch Kunst und Wissenschaft" — recht viel in den Mund nahm und dabei ein Gesicht schnitt, wie wenn ihm von den schönen Sachen, die diese Wörter bezeichnen, die Augen übergehen wollten, glaubte der gute Herzog nicht bloß, der Mann sei davon wirklich ergriffen, sondern auch, er verstehe das gründlich und wohl, von dem er so ergriffen schien. Es ahnte ihm nicht einmal, daß man sehr belebt für Gegenstände sein könne, die man gar nicht verstehe, und noch weniger, daß man mit Gegenständen, die man ganz wohl verstehe, dennoch windbeuteln und Zwecke zu erzielen suchen könne, die man gar nicht zur Schau stelle, sondern wohl zu verbergen wisse, bis man zu seinem Ziel gelangt. Der gute reine Sinn des edeln Mannes wurde schrecklich gemißbraucht. Schlechte Menschen entlockten ihm viele Wohlthaten und zeigten sich undankbar. Betrüger forderten von ihm Geld zur Beförderung des öffentlichen Wohls und des Menschenheils an Leib und Seele, zur Anlegung von Instituten, Schulen und Fabriken, zur Hebung des Feldbaus und fast zu allem denkbaren Guten. Fast alle konnten gut reden. Ihre Worte stimmten meistens mit dem, was der Herzog so sehnlich wünschte, zusammen. Er gab und gestattete auch sehr vielen von ihnen, was sie nur wünschten. Aber fast alle mißbrauchten sein Zutrauen. Viele betrogen ihn mit vollem Bewußtsein. Auch Erziehungskünstler, Erziehungsträumer und Erziehungspraktikanten drängten sich an ihn an mit Vorschlägen, die im Erziehungs- und Unterrichtsfache vielseitig umwarfen, was durchaus nicht durch etwas real Besseres ersetzt wurde. Die Einen trugen, ohne Rücksicht auf Mittel, Umstände und Uebereinstimmung des Ganzen, auf höhere Betreibung einzelner Wissenschaften, auf allgemeine Vervollkommnung der Akademie, auf Umschaffung vieler von diesen in Universitäten und allgemeine Beförderung der Vielwisserei im Ganzen, andere auf Beförderung der Industrie im Allgemeinen und in einzelnen Fächern an, ohne Rücksicht auf den Mangel der Grundbildung zur geistigen und physischen Thätigkeit, deren vorhergehende Ausbildung den glücklichen Erfolg solcher sowohl wissenschaftlicher, als wirthschaftlicher Anstalten allein zu sichern vermag. Sie trugen, sich selbst unter einander widersprechend, auf die heterogensten Maßregeln zur Beförderung einzelner Unterrichts- und Bildungsgegenstände an, ohne das Ganze der Erziehungsgegenstände gemeinsam mit einem Blick ins Aug zu fassen. Weitaus die Meisten von diesen Fächerkünstlern hatten nicht im Geringsten einen Begriff von der Menschenbildung im reinen Sinn des Worts, eben so wenig von der Veredlung der häuslichen Erziehung zur individuellen Mitwirkung für das Erziehungswesen; sich selber in Allem, was sie wollten und vorschlugen, durchkreuzend, sprachen die Einen bald den höhern, bald den niedern Wissenschaften das Wort. Es fehlte fast allen ohne Unterschied an Ueberficht über das ganze Wesen der Erziehung und an Aufmerksamkeit über ihre ersten Fundamente, so wie auch auf den äußern Zusammenhang aller Bildungsmittel und Bildungsanstalten unter sich selber und eben so auf ihre innere Uebereinstimmung mit dem Naturgange, nach welchem alle Kräfte unsers Geschlechts nach ewigen Gesetzen entfaltet werden, so wie mit der Wahrheit der Lage und der Umstände eines jeden Individuums, dessen Kräfte durch die Erziehung entfaltet werden sollen.

Bylifsky sah bald, daß der Boden, auf den sie bauen wollten, unter ihren Füßen schwankte, und daß sie mit den Plänen, die sie vorhatten, auf ihrem Weg nicht nur nicht vorwärts kommen, sondern auch das Gute und Solide, das im Leben in der Erziehung des Volks von der alten Zeit her noch erhalten worden, zu Grunde richten würden; aber er fühlte jetzt eben so sehr, daß er die Kenntnisse nicht habe und die Fertigkeiten nicht besitze, die erfordert wurden, den Anstalten und Versuchen, die der Herzog begonnen, eine andere Richtung zu geben. Dieser aber ging auch bei dem, was offenbar schon als mißlungen angesehen werden mußte und dessen weiteres Verderben er durch seinen Einfluß leicht hätte abstellen können, mit einer ganz ultrafürstlichen Selbstständigkeit zu Werke. Er war von der Wahrheit der allgemeinen Begriffe, von denen er in seinen Versuchen ausging und von der Reinheit der Zwecke, zu denen er hinzielte, so eingenommen, daß er jede selbstgefühlte Uebereilung darin entschuldigte und als bei seiner Lage und bei den Mitteln, die er für seine Zwecke in seiner Hand habe, für ganz unbedeutend erklärte. Er war in Rücksicht auf die schnelle Erzielung seiner Endzwecke so ungeduldig, als immer der Kaiser Joseph, und wollte dieselben, wie dieser, durchaus schnell durchgesetzt haben und ihren endlichen Erfolg noch bei seinem Leben mit seinen Augen sehen. Es war lange sein Wort, wenn in so wichtigen Dingen auch zehn Versuche fehlschlügen, so müsse man sich dadurch nicht abschrecken, sondern noch aufmuntern lassen, den elften zu machen.

Aber so unermüdet und beinahe unerschöpflich er in der

Anwendung seiner äußern Kräfte auch war, so mangelte es ihm und denen, die er für seine Zwecke brauchte, meistens an wahrer und sicherer Kraft für das innere Wesen derselben, und eben, weil er zu viel auf die äußern Mittel seiner Zwecke, besonders auf seinen Geldbeutel baute, den er in seinen Träumeransichten für unerschöpflich glaubte, darum machte ihn auch die Erfahrung so lange nicht klug und Bylisöky war deshalb in einer sehr unangenehmen Lage, weil er lange und allgemein als der Miturheber alles dessen, was der Herzog versuchte, angesehen war und angesehen werden konnte, weil er, da Nelkron und Endorf die meisten Versuche des Herzogs schon in ihrem Anfange mißbilligten, diesen Herren entgegen ihnen lange das Wort redete und der allgemeinen Wahrheit seiner Ansicht mehr, als dem Erfahrungstakt dieser ältern und geübtern Staatsmänner zutraute. Diese waren deshalb auch seit Jahren mit Bylisöky etwas gespannt und redeten jetzt, da die Erfahrung ihre Ansichten gerechtfertigt, von der Theilnahme und Schuld, die Bylisöly an den Versuchen des Herzogs gehabt, auf eine Weise, mit der sie diesem zu nahe traten; denn er hatte sich wirklich schon lange Mühe gegeben, den Herzog wegen der immer steigenden Kosten wenigstens von einigen dieser Versuche zurückzulenken: aber dieser, durch sein ganzes Leben nicht gewöhnt zu rechnen und das Verhältniß seiner Geldkräfte zu dem, was er wollte, mit einiger Sorgfalt ins Auge zu fassen und immer so gleichgültig als unwissend in dem, wozu seine Unternehmungen hinführten, achtete auf keine ihm von Bylisöky gemachten Vorstellungen, auch da noch, da diese Unternehmungen ins wirklich Unerschwingliche gingen, bis endlich die Menge der Erfahrungen von der persönlichen Schlechtigkeit und wirklichen Verworfenheit einiger Personen, denen er sein Zutrauen geschenkt, zu den Geldverlegenheiten, die diese Versuche veranlaßten, hinzukam und er, von diesen Erfahrungen aufgeschreckt, das Benehmen einiger dieser Leute etwas näher zu untersuchen befahl.

Da kam denn freilich ein solcher Greuel des Mißbrauchs seines Namens und seiner Güte heraus, der ihn im In=

nersten erschütterte und ihn in den Zustand versetzte, daß er endlich, durch die Menge der Erfahrungen von der Schlechtigkeit der Menschenfreunde und Volksmänner, die ihn betrogen, gleichsam überwältigt, den Glauben an die armseligen Machwerke dieses zudringlichen Geschlechts verlor, und da Endorf und Nelkron ihm zu verstehen gaben, daß er jetzt selber sehe, wie sie gegen Bylifsky Recht gehabt hätten, gab er ihnen völligen Beifall, und beide, so edle und gute Männer sie auch sonst waren, waren dennoch nicht unbefangen genug, den Unterschied der Fehler des Herzogs und derjenigen Bylifsky's richtig in's Auge zu fassen und dem letzten so weit Gerechtigkeit widerfahren zu lassen, als er es verdiente.

Indessen hatte Bylifsky in allen Staatsangelegenheiten das Vertrauen des Herzogs gar nicht verloren, nur redete er über seine ehemaligen Menschenfreundlichkeitsliebhabereien kein Wort mehr mit ihm und man sah, wenn nur von ferne davon die Rede war, eine stille Wehmuth über sein ganzes Gesicht ausgegossen und er saß dann neben ihm in stillem Schweigen, wie ein königlicher Freund neben einem lieben General, der ihm eine große Schlacht verloren, in stiller Wehmuth sitzt und von der verlornen Schlacht kein Wort redet.

55. Ein Unmensch erscheint. —

In dieser Lage der Dinge und in dieser Stimmung des Herzogs geschah es, daß er in die Hand Helidors gerieth, von dessen Einfluß Bylifsky in seinem Brief an Arner redete. Dieser Helidor ist ein Mensch, der bei der Kraft seltener Anlagen in tiefe Schlechtigkeit versunken, für das innere göttliche Wesen der Menschennatur durchaus keinen Sinn mehr hat, und darum auch den Menschen und die Menschennatur wie sich selbst verachtet. Er lebt ganz hingegeben in den Gefühlen des kraftvollsten und gewaltthätigsten der Thiere, die sich des Tags in den Höhlen und Wäldern verbergen, des Nachts aber in die Thäler und Triften ein=

brechen, ihren Raub zu suchen. In den Gefühlen einer so eingewurzelten Tagesscheu neben einer so gewaltthätigen Nachtkraft, mußte er nothwendig aller Gewaltthätigkeit, zu der der Thiersinn der Menschennatur unser Geschlecht hinzuführen vermag, so weit er immer konnte, das Wort reden.

Er that das auch mit unübertrefflicher Kunst. Er redete unumschränkter Willkür jeder Macht und jedes Mächtigen unbedingt das Wort, und wenn man ihm dagegen einwandte, die Anerkennung einer so unbeschränkten Willkür eines jeden Mächtigen verstoße gegen das innere Gefühl der Menschennatur selber, indem es den milden Sinn der göttlichen und menschlichen Wahrheit den selbstsuchtsvollen Ansprüchen eines ungöttlichen Lügengeistes und einer unchristlichen, unmenschlichen rechtlosen Gewaltthätigkeit unterordne, antwortete er, das Alles seien Träume einer die Bedürfnisse der gesellschaftlichen Verhältnisse nicht anerkennenden Weiberschwäche, die man aus gewissen Rücksichten mit Stillschweigen übergehen müsse; hingegen über den Vorwurf, die Anerkennung einer unbedingten und unbeschränkten Willkür jeder Macht untergrabe allen Begriff des Rechts selber, ließ er sich weitläufig ein und behauptete, das Recht im gesellschaftlichen Zustand bestehe in nichts, als in der Vernunft der Macht selber; alles menschliche Recht komme von der menschlichen Macht her. Ohne Macht sei, so lange die Welt stehe, kein Recht in die Welt gekommen und werde ewig keins hinein kommen, und hinwieder, keine Macht stehe unter irgend einem Recht und kein Mächtiger könne je unter irgend einem solchen stehen, weil alles Recht einzig von der Macht ausgehe, welche die Freiheit habe, ein gesichertes Uebergewicht über Alles, was ihr entgegenstehend recht sein und recht heißen wolle, geltend zu machen. Er behauptete geradezu, ohne diese Freiheit der Macht sei sie selber ein Unding und nicht wahrhaft da. Auf den Einwurf, eine menschliche Macht, die auf eine solche Art gesichert wäre, könnte bei der allgemeinen Schwäche der menschlichen Natur allem göttlichen Rechte und allen Fundamenten des menschlichen Rechts entgegenstehen, spottete er hohnlächelnd über den Begriff, daß etwas Göttliches im Recht stecke, und über das Menschliche im Recht sagte er ungenirt, das Menschliche im Rechte stehe sich in seiner Armseligkeit in allen Verhältnissen selber entgegen und ende sich trotz aller Bocksprünge und Schlangenkrümmungen, durch die es den Schein dieses Widerspruchs wider sich selbst, seitdem die Welt steht, von sich abzulenken gesucht habe, in der Wirklichkeit dennoch immer in Verhältnissen, die in ihrem innern Wesen dem Recht der Maus gegen die Katze und des Wolfs gegen das Schaf gleich sähen, wie ein Ei dem andern. Wenn man ihm hierauf antwortete, daß das Menschengeschlecht sich in diesem Fall doch in einem traurigen Zustande befinde, erwiederte er, es sei einmal nicht anders, die Sache sei, wie sie sei, es könne sie Niemand ändern; aber da der Mächtige und Hohe es leicht habe, seine Wünsche zu befriedigen, so sei er gewöhnlich auch, wie der edle Löwe, großmüthig, und nicht wie die gemeinbürgerliche Hyäne gefräßig; man müsse also und dürfe sich auf die Großmuth der Mächtigen verlassen; es sei hierin für das Menschengeschlecht kein andrer Ausweg möglich. Wenn man ihm nun mit Anerkennung der allgemeinen Schwäche der Menschennatur und sogar mit einer Art von Billigung der Verachtung, die er gegen dieselbe zeigte, auf dieses Fundament hin selber vorstellte, das thierische Gewaltsgefühl, das eine gemeinbürgerliche Seele zu einer Hyäne machen könne, sei in der Menschennatur allgemein und könne jede schwache Menschenseele, in welchem Verhältniß sie auch lebe, durch den Besitz einer unbeschränkten Macht gewaltthätig machen und die Erfahrung der Welt spreche einstimmig aus, der Besitz der Macht gefährde allgemein die Vernunft der Macht selber und unter hundert Menschen in der Welt, die Alles thun dürften, was sie nur wollten, würden mehr als neunzig unverschämt, gewaltthätig und oft noch dumm, so nannte er diese Einwendung und zwar mit einer Stirne, die den Unwillen über dieselbe deutlich ausdrückte, eine Spitzfindigkeit, an der freilich etwas wahr sein könne, das aber dennoch weder die Natur der Macht, noch das Wesen ihres Rechts und am allerwenigsten den Nothzustand des Menschengeschlechts, das um seiner Ruhe willen unbedingt die Freiheit der Macht anerkenne, ändere.

Das war der Mann, in dessen Hand der Herzog, nachdem ihn seine mißlungenen Menschenfreundlichkeitsversuche an den Abgrund des Unglaubens an die Menschennatur selber hingeführt hatten, gegenwärtig ganz und gar war. Er wäre aber doch nicht so sicher in die Hand dieses Mannes gefallen, wenn dieser nicht durch ein Fräulein von Wildheim in der Frechheit seines Widerspruchs gegen alles Menschliche und Heilige unterstützt worden wäre.

───────

56. Auch tief verdorbene Menschen fühlen das Bedürfniß des Edeln und Guten, und jagen selber, um ihrer Schlechtigkeit willen und durch sie, dem Scheine desselben nach.

Geboren, den äußern Schein der christlichen Milde und Liebe mitten in der höchsten Verhärtung des Herzens mit der Heuchlerlarve einer hohen weiblichen Anmuth, einer unübertrefflichen äußern Artigkeit und einem Anstand in ihrem Benehmen gegen alle Klassen von Menschen zu vereinigen, der nichts zu wünschen übrig zu lassen schien, trug dieses Fräulein bei der entschiedensten Verwerfung aller ernsten Maßregeln, die auch nur von ferne zu einer soliden Volksbildung oder zu irgend einer Art von wahrhaft helfenden Vorbeugungsmitteln der Uebel, die die niedere Menschheit drücken, hinzulenken geeignet sind, um das blinde Auge des Zeitgeistes zu befriedigen, eine Volksthümlichkeitslarve, hinter welcher der Mangel einer wesentlichen Kraft und eines reinen Willens, dem Volke zu dienen, ganz unsichtbar war. Je mehr ihr aber die wahre Liebe zum Volke fehlte, desto mehr richtete sie ihre Aufmerksamkeit auf das augenblickliche physische Elend der Armen und war ungemein thätig, dasselbe, da es dem in sinnlicher Schwäche raffinirten ästhetischen Halbsinne des Zeitalters abstoßend erschien, zu verdecken.

Um sich auf diese Weise auch in den höhern Bemühungen der Menschlichkeit und des Christenthums, wie die Einäugigen unter den Blinden, auszuzeichnen, stellte sie sich an die Spitze einer großstädtischen, von Helidor selbst besuchten, begünstigten und belobten Wohlthätigkeitsgesellschaft, die im höchsten Großton einer Staatsanstalt selber monatlich einmal bei einem großen diner zusammenkam und größtentheils bis weit nach Mitternacht bei einander blieb. Diese Gesellschaft hatte ihren Präsidenten, ihren Secretär, ihren Kassirer und zwei Weibel. Sie hatte innere und äußere, zahlende, denkende und handelnde Mitglieder. Sie führte ein Protocoll ihrer Einnahmen und Ausgaben mit großer Ordnung und genauer Gerechtigkeit, und war auch an den Versammlungstagen immer ein paar Stunden mit dem Theil der Armenversorgung, den das Protocoll und der Herr Präsident auf die Tagesordnung brachte, beschäftigt; auch wurde von vielen Mitgliedern Geld für ihre Zwecke mit großem Eifer zusammengetrieben, aber die Gedankenlosigkeit, mit der es ausgegeben wurde, konnte höchstens die augenblickliche ekle Erscheinung des Elends verdecken, ohne die Quellen der Uebel wirksam zu verstopfen.

In dieser Gesellschaft spielt Fräulein von Wildheim immer eine große Rolle. Es ist in ihrem großen Kreise Niemand, der für ihre Zwecke mehr Geld zusammenbringt. Sie geht in den vielen und großen Cerclen, die sie besucht, gar oft mit dem Teller in der Hand den ganzen Kreis der sitzenden Damen herum und drängt sich in die Haufen der stehenden Herren, um für diesen oder jenen unglücklichen Armen Hülfe anzusprechen, nimmt dann aber den ganzen Tag über den wärmsten Antheil an Lebensweisen, die, indem sie das häusliche Leben in seinen wesentlichen, heiligen Fundamenten in allen Ständen gleich untergraben, die Quellen des sittlichen, geistigen und bürgerlichen Elends, gegen deren Folgen sie Silber und Gold zusammenbettelt, täglich mehr verstärken und vergiften.

Es konnte nicht fehlen, sie zog durch diese Handlungsweise die Aufmerksamkeit vieler Zeitgenossen und auch vieler Hofleute auf sich. Die in Rücksicht auf Sittlichkeit kraftlosesten Menschen sind gewöhnlich in Rücksicht auf die Noth und Armuth ihrer Mitmenschen mehr gedankenlos als hartherzig; die Zahl der Menschen, die trotz ihrer sittlichen Kraftlosigkeit doch für einen gewissen Grad von Weichlingstugenden immer noch Sinn haben und sich besonders Augenblicksgefühlen von Mitleiden und Barmherzigkeit gern überlassen, ist auch in den verdorbensten Cerclen unsers Hofs und unsrer Hauptstadt noch sehr groß. Und es ist wirklich eine merkwürdige Erscheinung, daß viele dieser Menschen auch beim Verlust der letzten Spur der wahren Kraft der Sittlichkeit und der wirklichen Anhänglichkeit an Wahrheit, Liebe und Recht dennoch eine Art ästhetischen Sinn, eine Art Liebhaberei für todte Gemälde und leblose Statuen der Sittlichkeit und ihre höhere Wahrheit und Reinheit in sich selber erhalten; selbst in den nächsten Umgebungen Helidors gab es viele solche ästhetische Dilettanten der Sittlichkeitskraft, deren innere Wahrheit sie jedoch in sich selber verloren hatten. Fräulein von Wildheim war ganz dazu gemacht, diesen kraft- und seelenlosen Sinn eines sittlichen Dilettantenlebens zu befördern und dadurch die wahre Sittlichkeit zu Grunde zu richten. Der Nachtheil ihres Einflusses war groß und allgemein; sie beförderte durch die Bedeutung, die sie einigen ihrer sentimentalen Augenblickshandlungen zu geben wußte, die in ihren Umgebungen immer steigende Kunst und Neigung, die Noth und die Leiden des Volks in der reinen Wahrheit ihrer Ursachen und Quellen, wodurch denselben abgeholfen werden konnte und sollte, aus den Augen zu rücken, indem sie ihnen den Trugschein solcher Augenblickshandlungen als das Wesen der Volksbeglückung und als die Weisheit und Tugend, nach der sie streben müßten, in die Augen fallen machte, und bewirkte dadurch bei dem schwachen Zeitgeschlecht ihrer Umgebungen, daß ihm die Tugend der Menschlichkeit in ihrer wahren Kraft und Höhe in Rücksicht auf das Volk und die Armuth beinahe überflüssig scheinen mußte. Dieses war auch im ganzen Kreis ihrer Umgebungen wirklich so allgemein der Fall, daß man bestimmt sagen mußte, solche Wildheimische Blendwerkserscheinungen einiger einzelner Liebeswerke thaten dem wahren Interesse des Volkswohles mehr Abbruch, als selbst die derbsten Handlungen der entschiedenen und offenen Herzensverhärtung.

Auf den Herzog ging jedoch ihr Einfluß nicht so weit. Ihre Erscheinung und ihr Benehmen bei Hofe, an den sie durch Helidor berufen ward, erregte freilich auch die Aufmerksamkeit des Herzogs, aber doch nicht in dem Grade, daß sie ihm die wahren Zwecke der Sittlichkeit völlig aus den Augen rücken konnte. Nein, es war durchaus nicht die Comödiantentäuschung von Wildheimischen einzelnen Wohlthätigkeitshandlungen, wodurch der Herzog von dem hohen Sinn des wahren Volkswohles, der so lange in ihm lebte, abgelenkt wurde, im Gegentheil, es waren nur die vielseitigsten und ununterbrochenen Erfahrungen von der Schlechtigkeit und Niederträchtigkeit von hundert und hundert Menschen, die ihn durch den Schein der Sorgfalt für das öffentliche Wohl und hoher, menschenfreundlicher Zwecke dahin gebracht hatten, den Glauben an die Möglichkeit einer soliden Hülfe für das Volk endlich gänzlich zu verlieren. Aber auch bei diesem Unglauben, in den er versunken war, und bei dem Verluste alles Vertrauens auf irgend ein Mittel seiner alten Zwecke, trug er dennoch den Traum dieser Zwecke, ob er ihn gleich für nichts weiter ansah, mit Wärme in seinem Herzen.

Indessen waren diese Kleinlichkeitshandlungen der Menschenfreundlichkeit, wie sie in den Cerclen einer Wildheim erschienen und durch sie befördert wurden, ob der Herzog sie gleich in seinem Herzen nicht hoch achtete und für die Beförderung des eigentlichen Volkswohlstands ganz unwirksam hielt, dennoch von einer Natur, daß er gern daran Theil nahm und sie als Zwerggestalten, die trotz ihrer Kleinheit und Unförmlichkeit dennoch etwas Aehnlichkeit mit der großen Riesengestalt der wahren Menschlichkeit hatten, die er so viele Jahre mit so warmem Herzen verehrte, gerade nicht ungern vor seinen Augen sah. So vermochte die Wildheim die Aufmerksamkeit des Herzogs auf sich zu ziehen. Er hatte sie in der Stimmung, in der er jetzt war, auch wirklich gern um sich und nahm sogar oft selbst an ihren Spöttereien über seine höhern Menschlichkeitsträume Theil. Sie verglich diese einmal in seiner Gegenwart mit dem Thurm zu Babel, der bis an den Himmel reichen sollte, aber nirgend breiter war als am Boden, wo er fest am Koth der Erde klebte und der oben immer kleiner und dünner ward, je mehr er von der Erde gegen den Himmel hinaufstieg. Der Herzog lachte und fand das Gleichniß gar nicht übel, und da er nunmehr allen Glauben an das Höhere, Göttliche der Menschennatur so gut als verloren hatte und gegen Vieles, das er ehemals hoch und heilig hielt, eine tiefe Verachtung in sich einwurzeln ließ, so fand er oft an ihrer bösen Zunge, selbst wenn sie über dieses Heiligste und Höchste ihr größtes Gespött trieb, einen Gefallen. Sie schonte das Höchste und Heiligste nicht. Sie schonte weder die Armen, für die sie Almosen sammelte, noch die Reichen, bei denen sie die Almosen für sie bettelte; beide waren der Gegenstand ihres Spottes, selber in den Handlungen, durch die sie sich den Namen der Menschenfreundlichkeit und liberaler, philanthropischer Gesinnungen zu geben suchte. Sie achtete und behandelte die Welt als ein Narrenhaus und meinte, die Selbstsorge, die sie aber in ihrem innersten Sinn nicht von der rohen Selbstsucht trennte, sei der einzige wirkliche und wahre Mittelpunkt, um den sich alles Thun und Streben des Menschengeschlechts drehe. Sie behauptete geradezu, dieses könne niemals mit Vernunft und Erfolg aus diesem Mittelpunkt, an den es von der Natur selbst, wie die Schnecke an ihr Haus angekettet sei, herausgeführt und als von ihm unabhängig ins Auge gefaßt werden, und die Bestrebungen der Menschen müßten immer in dem Kreise der Beschränkung, die daraus hervorgehe, festgehalten werden. Woraus sich aber am klarsten ergab, wie weit sie dieses Anketten alles menschlichen Thuns an die Selbstsorge trieb und wie derb sie den Begriff dieser Selbstsorge in sich selbst mit dem=

jenigen der Selbstsucht vermischte, beweist die sonderbare
Aeußerung, die ihr nicht selten entschlüpfte, der Mensch
müsse durch seine Selbstsorge es dahin zu bringen suchen,
daß er nicht für sich zu sorgen brauche, und er sorge am
besten für sich, wenn er machen könne, daß er nicht viel
an sich selber zu denken brauche. Man muß den Gebrauch
der Worte in unserer Zeit sehr wenig kennen, wenn man
unter dieser Aeußerung etwas anderes versteht, als der
Mensch sorge am besten für sich selber, wenn er machen
könnte, daß andere Leute für ihn sorgen müßten, und daß
das, was er gern habe, ihm auf eine Weise in die Hand
falle, daß er seinethalben keine Sorge zu haben brauche.

Da der Herzog in seiner jetzigen Stimmung auch gern
sich selber vergaß, konnten ihm einige Aeußerungen dieses
Weibes in gewissen Augenblicken, so sehr sie dem Innersten
seines Herzens zuwider waren, nicht mißfallen. Sie war
auch im Augenblick des Diamantenraubes, von dem Bylifsky
in seinem Brief an Arner schrieb, beim Herzog im Garten.

---

57. Ein Mann, der sicher die fünfte Bitte im Vater= unser: „Führe uns nicht in Versuchung" nicht recht gebetet.

Die Geschichte dieses Raubes ist folgende. Eines Abends,
da der Herzog mit diesem Fräulein im Garten spazierte
und Helidor noch in Sr. Durchlaucht Cabinet einen Brief
vollenden wollte, den er für ihn angefangen hatte, war er
wegen eines Vorfalls, der ihm gestern Abend begegnet, ganz
sturm. Er wurde auch an diesem Abend von einer be=
deutenden Anzahl Hofgaukler und Hofgauklerinnen, die,
von ihm berufen, aus der Privatkasse des Herzogs bezahlt
werden sollten, mit dem schrecklichen Wort: „Wir gaukeln
nicht mehr, nein, nein, wir gaukeln nicht mehr" auf
das Aeußerste gedrängt und die erste Tänzerin sprach das
Wort: „Ich tanze nicht mehr," und die erste Sängerin

das: „Ich singe nicht mehr" vor ihm mit einem Ernst aus, wie ein Jude das Wort: „Ich zahle nicht mehr" einem leichtsinnigen Schuldenmacher, dessen Umstände zweifelhaft geworden. Er wußte kein Geld und durfte dem Herzog, der sich über das immer tiefere Verschulden sowohl des Herzogthums, als seiner Privatkasse noch gestern mit lebhaftem Unwillen geäußert hatte, es auch nicht sagen. Er vergaß den Brief, den er ausfertigen sollte und dachte, den Kopf auf seine Hand gestützt, nur nach, wie es möglich sei, diesen Abend, wo ein paar von diesen Leuten, deren Forderungen die stärksten waren, wieder zu ihm kommen würden, sich aus der Noth zu helfen. Der Schlüssel steckte eben an dem Geheimschrank des Herzogs, in dem zwar auch nicht viel Geld lag, aber in einer Schachtel, die Helidor auch kannte, waren zwei Diamanten, deren Werth in die Hunderttausende ging. Die Noth war groß und der Augenblick dringend. Frechheit half jetzt nichts, Großthun auch nichts, es mußte Geld her. Er sagte zu sich selbst: Wenn der erste Tänzer im Staat nicht mehr tanzen und die erste Sängerin nicht mehr singen will, weil ich sie nicht bezahle, so kann vielen von den Leuten, denen ich schuldig bin, der Mund auf eine Weise über mich aufgehen, wie ich ihn nicht aufgehen lassen darf. Ich thue es, sagte er dann wieder, der Herzog fragt Monate lang den Kleinodien nicht nach, und in der kurzen Zeit habe ich wieder Geld.

Das war freilich nicht wahr und nicht sicher, aber in der Noth, in der er jetzt steckte, genug, um ihn blind für die Gefahr zu machen, in der er sich befand. Eben weil es Gefahr hatte, mußte er sich in seiner Täuschung verhärten. Er sprach ein Mal über das andere aus: Es hat keine Gefahr, es hat gewiß keine Gefahr, und in dieser Zeit finde ich wieder Geld, ich finde gewiß wieder Geld. Zwischen hinein klopfte ihm wieder das Herz, aber dann sagte er wieder: Es muß sein, es muß sein; es muß heute sein, ich kann nicht warten bis morgen, und plötzlich, fast unwillkürlich, fällt ihm die Hand in die Schachtel. Das Kleinod ist in seiner Hand und plötzlich fällt es wie im Blitz mit seiner Hand in seine Tasche.

Womit will ich seine That vergleichen? Er schnappte das Kleinod weg, wie ein hungriger Hund einen Braten vom Tisch wegschnappt und mit dem Braten im Mund sich vor der Hundspeitsche fürchtet, vom Tisch wegspringt, sich mit dem Braten in den hintersten Winkel verbirgt und ihn da frißt. So sprang jetzt Helidor mit dem Kleinod in der Tasche aus des Herzogs Zimmer in seine Stube. Aber er war so blaß, als er heimkam, daß seine Haushälterin fast erschrak und ihn fragte, was ihm doch begegnet sei, er sehe aus, wie wenn er von einer Ohnmacht aufstünde.

Es ist nichts, gar nichts, sagte er, aber ich muß allein sein.

Er hatte Ursache. Das Kleinod war jetzt in seiner Hand, aber damit hatte er noch kein Geld. Dem Hofjuden, der, wo er sicher ist, Geld leiht, so viel man will, die Kleinodien offen in die Hand geben, das ging nicht, denn er kannte sie. Was jetzt machen? Er ging zu zwei Männern, die reich und in Verhältnissen mit ihm waren, daß sie thun mußten, was er wollte. Diesen zeigte er die Kleinodien und bat sie, das Schächtelchen, darin er sie gebracht, beiderseits mit ihren eignen Siegeln zu versiegeln und ihm dann das Zeugniß auszustellen, daß die in diesem von ihnen versiegelten Päckchen enthaltenen Diamanten ungefähr den Werth hätten, den sie ihnen selbst geben sollten. Dieses Versiegeln und dieses Zeugnißgeben gefiel zwar den Männern nicht ganz. Aber sie thaten's und Helidor ging jetzt mit dem Zeugniß und dem Päckchen zum Hofjuden und forderte auf das Unterpfand dieses, mit dem Zeugniß der zwei dem Hofjuden bekannten reichen Männer belegten Päckchens einen Drittheil des von ihnen anerkannten Werths desselben auf zwei Monate. Der Jude sah das Päckchen freilich mit einem Blick an, wie wenn er's lieber offen gehabt hätte. Doch es war Helidor, der das Geld forderte und dieser hatte ihm schon oft den Weg zu Geldkisten gezeigt, zu denen er ohne ihn keinen Schlüssel gefunden, und dabei war das

Zeugniß vom dreifachen Werth des Unterpfands deutlich, die Männer, die es unterschrieben hatten, sicher, der Termin kurz, der Zins groß und zum Voraus berechnet. Er glaubte, er könne das Geld geben, und gab's, doch mit der klaren Bedingung, daß die Rückzahlung desselben in acht Wochen gewiß sein müsse.

Jetzt bezahlte Helidor die Leute, die ihm gestern mit dem Wort: „Wir gaukeln nicht mehr", beinahe den Schweiß ausgetrieben. Er konnte auch diese Nacht wieder besser schlafen. Aber der Traum, der Herzog frage den Kleinodien in Monaten nicht nach, war bald verschwunden. Wenige Tage nach ihrer Entwendung suchte der Herzog etwas in diesem Schrank und fand, daß sie fehlten.

58. Die Mitternachtstunde eines Vaters.

Ich verlasse den Mann gern, dessen unmenschlicher und unchristlicher Sinn schon zum Voraus für Arner und sein frommes, christliches Bestreben so viel Böses ahnen läßt und wende mich wieder zum guten Thun dieses lieben Herrn, der mit Hülfe seines Glülphi, seiner Gertrud und mehrerer guten Leute, die er unter den Seinigen fand und an sein Herz zog, seinem armen, zerrütteten Bonnal wieder aufzuhelfen suchte.

Ich verließ ihn an dem Abend, an dem er die Weide von Bonnal vertheilt, jeder armen Haushaltung zu einer Geiß verholfen und beschlossen hatte, auf dem Ried einen großen Baumgarten anzulegen, unter dessen Schatten einst seine besser versorgten Bonnaler sich des Erdensegens, den Gott allen Menschen verliehen und wovon er Niemand ausgeschlossen, freuen sollten. Nun nahte der Tag, an dem das Volk in Bonnal mit dem Vogt rechnen und alle Lumpen, die ihm schuldig, bei der Linde zu dieser Rechnung erscheinen sollten. Arner hatte diese Nacht nicht gut geschlafen. Das Volk, das morgen also mit dem Vogt rechnen und die Schande seines Lebens selbst öffentlich an den Tag bringen

sollte, und der Gedanke, daß die Regierung seines Groß=
vaters die Hauptursache an dem Unglück dieser so tief ver=
dorbenen Menschen sei, lag ihm schwer auf dem Herzen.
Ach Gott! ach Gott! sagte er in dieser Nacht mehrere Male
zu sich selbst, er hat aus meiner alten Burg ein Schloß
gemacht, wie eines Königs Haus und mir ein Volk hinter=
lassen, an das ich ohne Scham und Sorgen nicht denken
darf. Ach Gott! ach Gott! wiederholte er etliche Mal zu
sich selber, lieber, lieber Großvater! Hättest du mir doch
meiner Ahnen zimmerleere Burg und meiner Ahnen schand=
leeres Volk hinterlassen!

Sein Karl, der neben ihm im gleichen Zimmer lag,
hörte ihn gegen zwölf Uhr so beklemmt athmen und sagte
zu ihm: Fehlt dir etwas, Papa, daß du nicht schlafen
kannst?

Nein, Lieber, es fehlt mir nichts, sagte Arner.

Doch, lieber Papa, es fehlt dir etwas, es ist dir angst
auf morgen, sagte das Kind.

Warum das, du Lieber? erwiederte Arner.

Karl. Meinst, ich wisse es nicht? Es ist allen Leuten
angst wegen der Rechnung.

Arner. Wer hat dir das gesagt?

Karl. Etliche Buben; aber einer vorzüglich. — Denk,
Papa, er war bei den andern Buben, aber er hat gar nicht
mögen lustig sein und ist so herumgestanden, daß man ihm
angesehen, es fehle ihm etwas. Da bin ich zu ihm hinge=
gangen, habe ihn bei der Hand genommen und gefragt,
warum er so traurig sei. Zuerst hat er mir's nicht sagen
wollen, aber ich habe nicht nachgelassen und da hat er mir
gesagt, seine Leute daheim, der Vater und die Mutter und
die Schwestern, weinten sich fast zu todt, sie seien dem Vogt
auch etwas schuldig und jetzt müsse die Schwester morgen
vor dich, mit ihm zu rechnen; aber ich sollte doch nichts
sagen, daß er mir's gesagt habe, und das Weinen ist ihm
da so angekommen, daß er sich umgekehrt und hinter einem
Haag verborgen, damit ihn Niemand sehe; es hat mir doch
auch so weh gethan und ich bin mit ihm hinter den Haag

gegangen und bei ihm geblieben, bis man ihm nicht mehr angesehen, daß er geweint hat.

Arner. Das ist brav, Lieber. Wie heißt der Bub?

Karl. Er heißt Jacobeli und ist ein schöner Bub, mit einem glatten, weißen Haar, und ein guter Bub, du kannst nicht glauben, wie gut und wie lieb er mir ist.

Arner. Aber wem gehört er?

Karl. Er wohnt grad unten am Kreuzbrunnen; es sind so drei Tritte vor dem Hause.

Arner. Aber du weißt nicht, wie seine Leute heißen?

Karl. Nein. Aber du bist auch morgen nicht so gar bös mit ihnen; sie haben jetzt schon seit dem Sonntag nichts gethan als geweint.

Arner. Ich will mit Keinem von Allen bös sein; aber, du Lieber, ich muß, wie mit dir, wenn sie sich etwas Böses angewöhnt haben, doch auch machen, daß sie es sich wieder abgewöhnen, und du weißt gewiß an dir selbst, wie schwer das Abgewöhnen allen Menschen ankommt, und wie noth es thut, daß man ihnen den Ernst zeige, damit sie es thun.

Karl. Ja, Papa, ich weiß das wohl, aber wenn sie es dann nicht mehr thun, so bist du wieder gut mit ihnen?

Arner. Du weißt doch wohl, daß ich immer gern und bald wieder gut bin.

Ich weiß das wohl, erwiederte der Karl, und schlief bei diesem Wort wieder ein.

---

59. Der Anfang einer großen Morgenangst.

Arner stand an diesem Tage sehr früh auf. Er hatte am Abend vorher schon dem Weibel befohlen, am Morgen um 5 Uhr zu ihm zu kommen. Dieser kam auf den Schlag und der Junker gab ihm jetzt das aus des Vogts Hausbuch genau aufgenommene Verzeichniß aller Personen, die diesem schuldig, und die nun diesen Morgen, um mit ihm zu rechnen oder vielmehr ihre Schuld gegen ihn anzuerkennen, unter die Linde kommen mußten, und sagte, da er ihm das Papier in die Hand gab, mit seiner gewohnten Gutmüthigkeit noch zu ihm: Es thut mir leid um die vielen Leute, denen dieses Verzeichniß Verdruß machen wird.

Der Weibel gab ihm zur Antwort: Es geschieht ihnen nur Recht, sie haben's so haben wollen, und dachte nichts weniger, als daß sein liebes Töchterlein in diesem Verzeichniß oben an stehe.

Der Junker sah ihn bei diesem Worte steif an, der Weibel aber ahnete nichts weniger, als daß dieser Blick sein liebes Töchterchen betreffen könnte, und eilte, da er noch nüchtern war, ohne das Verzeichniß anzusehen, heim, setzte sich hinter den Tisch, trank ruhig seinen Morgen=Kaffee, um dann sogleich den Lauf durch das Dorf zu nehmen. Erst bei der letzten Tasse warf er einen Blick auf sein Verzeichniß und verschüttete die Tasse Kaffee, die er eben in der Hand hatte, als er den Namen seines lieben Kindes an der Spitze des Lumpenvolks sah. Er rief wie Mordio der Mutter, die eben in der Küche war. Als sie kam, schrie er wie wüthend: Wo ist dein verfluchtes Kind?! Wo ist dein verfluchtes Kind?! Ich will, ich muß es ausprügeln, bis kein Fetzen mehr gut an ihm ist.

Die Frau wußte schon, was es war; aber sie that nicht so und fragte ihn, warum er so wüthe. Er wußte kaum, was er antwortete und sagte nur: Schaff' mir das Kind im Augenblick her; es muß seinen Lohn haben; geh', geh', daß ich's unter meine Hände kriege. Ich wollte fast lieber, es hätte mir das Haus angezündet. Was ist es denn? er= wiederte die Frau noch einmal. Jetzt sagte er: Es hat Wirthshausschulden und muß jetzt mit allem Lumpengesindel vor den Junker unter die Linde. Das ist erschrecklich, sagte die Frau. Aber sie wußte schon Alles und hatte das Kind schon ausgefragt, was an der Sache sei. Das Kind ant= wortete ihr, es sei nicht wahr, es sei dem Vogt nichts schuldig. Aber sie glaubte es ihm nicht und befahl ihm, sich hinter den Heustock zu verbergen, wo es kein Mensch finden könne, ging dann wieder zum Weibel und sagte ihm, sie habe es im ganzen Haus gesucht und nicht gefunden, es müsse außer dem Haus sein. Das ist verflucht, sagte der Weibel, daß du es nicht findest, aber ich muß jetzt fort. Beherrsche dich jetzt nur ein wenig und mache, daß es kein Gerede unter den Leuten gebe; je stiller wir es abstrafen, wenn es gefehlt, desto besser wird es sein, sagte die Frau.

Er mußte jetzt gehen. Sobald er fort war, eilte sie auf der Stelle hinter den Heustock und fragte das Kind, wie es sich denn eigentlich mit der Schuld verhalte. Es antwortete, es habe an des jungen Kienasten Hochzeit mit den andern Mädchen vor dem Wirthshaus gestanden und habe im Spaß mit ihnen getanzt, da sei der Hummel mit einer Bouteille Wein und mit einem Teller Wurst und Schinken heraus= gekommen; sie hätten es angenommen und alle mit einander zahlen wollen; der Vogt aber habe das Geld nicht ange= nommen und gesagt, es werde von der Hochzeit bezahlt und koste nichts.

Aber darf ich darauf zählen, daß es nichts Anderes ist? erwiederte die Mutter. Es antwortete: Der Vater soll nur den Vogt selber fragen, er wird gewiß nichts anders wissen und sagen müssen, es sei so. Drohend sagte jetzt die Mutter: Aber wenn es etwas Anderes ist und du mich mit einem Lug unter die Linde schickst, so sieh dann, wie es dir geht. Es ist gewiß nichts Anderes, versicherte sie ihr Kind noch.

Jetzt ging die Mutter unter die Linde, winkte ihren Mann beiseite und erzählte ihm, wie sich die Sache verhalte. Glaubst du, ich dürfe der Sache trauen? erwiederte ihr Mann. Ich glaube fast, du dürfest darauf trauen, antwortete sie.

Eilend ging er jetzt zum Junker und bat ihn, den Vogt über die Schuld seines Kindes zu befragen. Dieser gestand auch wirklich ein, daß sich die Sache so verhalte und daß die Schuld nicht hätte ins Buch eingetragen werden sollen. Jetzt war dem Weibel ein großer Stein von dem Herzen und er sagte zum Junker: Sie werden also mein Kind vor= rufen? Natürlich werde ich es nicht vorrufen, sagte der Junker, und der Weibel winkte nach seiner Frau, die etwas ferne von ihm stand, sie könne jetzt nur gehen und dies auf eine Weise, daß sie wohl sah, es sei gut gegangen und Alles in Ordnung. Er aber sagte dann noch zu sich selbst: Hätte ich das nur vor einer Stunde gewußt, so wäre ich nicht wie ein Narr im Dorf herumgelaufen. Und es ist wahr, er war wirklich die ganze Zeit, in der er den Leuten anzeigen mußte, daß sie vor den Junker unter die Linde kommen sollten, fast wie nicht bei sich selber. Der Schrecken über sein Töchterlein hatte ihn so verwirrt, daß er, da er zum Haus hinaus war, noch nicht wußte, was er that. Er verirrte sich in den Straßen und mußte oft, weil er ein Haus in einer Gasse vergessen, zweimal wieder in dieselbe zurück. Einmal hatte er sogar unter einer Hausthür nachgesehen, was er darin zu thun habe und wußte es schon nicht mehr, als er die Treppe hinauf und in die Stube hinein kam.

Aber so verwirrt wie er waren die meisten Leute, die er unter die Linde entbieten mußte. Sobald er es ihnen anzeigte, waren die meisten so verdrüßlich, daß er über die Art, wie sich viele ihrer Wirthshausschulden halber entschuldigen wollten und über das Geschwätzwerk, das sie darüber anfingen, bei sich lachen mußte. Am meisten und am unanmuthigsten wollte ihn die Barbel, die man im Dorf die Fromme heißt, aufhalten.

Sie hatte ihre beiden Hände auf der offenen Bibel über einander, kehrte das gelbe Weiß in den Augen um wie ein Bock, wenn man ihn schlachtet, und sah gen Himmel, als er ihr sagte, warum er da sei. Um Gottes Willen, Weibel, antwortet sie ihm, was denkt ihr auch, daß ihr zu mir kommt? Behüt' mich Gott davor, ich bin mein Lebtag dem Vogt weder viel noch wenig schuldig gewesen, es muß hier Jemand anders gemeint sein, es heißen ja noch mehr Leute wie ich.

Der Weibel wußte nicht, wer; sie nannte ihm aber sogleich das Spinnerbabeli. Da sagte er: Der Vogt hätte diesem Bettelmensch nicht 5 Batzen, geschweige 5 Gulden anvertraut. Was wißt ihr, Herr Weibel, wie das hat kommen können? Ihr werdet einmal müssen gehen und fragen; denn jetzt seid ihr bei meinem Gewissen am unrechten Ort.

Nun ich kann wohl gehen, es wird sich dann zeigen, sagte der Weibel, und ging eben, wo er von ihr hingewiesen war, zum alten Spinnerbabeli. Sobald dieses ihn von der frommen Nachbarin die Gasse hinaufkommen sah, ging es ihm entgegen und sagte, ehe er es noch anredete: Ja, ja, ich weiß, was ihr wollt, und es wird sich wohl machen, ich will nicht fehlen zu kommen und zu zahlen. Aber bist du dem Vogt so viel Geld schuldig? sagte der Weibel. Was willst jetzt so viel fragen, es ist manchmal besser, man wisse nicht Alles, erwiederte das Babeli.

Du hast Recht, sagte der Weibel, ich hab' heute auch schon viel erfahren, davon ich lieber hätte, ich wüßte es nicht. Aber er merkte das Spiel, das die fromme Barbel mit dem armen Spinnerbabeli treiben wollte, und sagte zu sich selber: Das kommt gewiß nicht so, wie sich der Narr einbildet.

---

60. Das reinste Gold liegt im Koth der Erde und im Gestein der Gebirge.

Gegen 9 Uhr kamen die Leute, die er bestellt, unter die Linde. Aber wer will den Haufen beschreiben, wie sie dastanden, vom alten Meyer an, der über 20 Jahre alle Tage beim Vogt saß, bis auf des Hallori Kind, das noch vor wenig Wochen das Unglück hatte, seiner Mutter den ersten Batzen zu stehlen und ihn dem Vogt zu bringen? Wer will diese 125 Menschen beschreiben, Männer, Weiber und Kinder, und wer will den Unterschied treffen zwischen denen, die Speck bei ihm aßen, denen, die Branntwein bei ihm soffen, und denen, die Butter und Honig bei ihm schleckten und Kaffee bei ihm tranken? Wer will es ausdrücken, wie sie einander an Leib und Seel, an Händen und Füßen, an Nasen und Ohren so ungleich und dann wieder auf eine andere Art gleich sahen?

So gleich das Lumpenleben sie unter einander machte, so ungleich machte es sie auch. Es konnte nicht anders. Wie sie ob ungleichen Gelüsten ihm schuldig worden und in sein Buch hineinkamen, so kamen sie auch wieder auf eine ungleiche Weise aus demselben heraus. Die wenigsten bezahlten ihn mit Geld, sehr viele, die meisten Weiber und Kinder bezahlten ihr armes Fressen und Saufen mit gestohlener Baumwolle; einige Männer mit gestohlenem Eisen, das sie bei Nacht und Nebel von Pflug und Wagen abbrachen und mit vielerlei ungerechtem Gut. Aber ich habe die Elendesten und Verruchtesten unter ihnen allen noch vergessen: einige zahlten mit falschen Zeugnissen und falschen Eiden. Die Armen, Elenden zahlten ihm ihr Fressen und Saufen damit, daß sie sich nach ihrer eigenen Ueberzeugung dem leidigen Teufel verpfändeten.

Ich eile von diesem Bilde weg. Es schreckt mich im Innersten meiner Seele, wie es den Junker im Innersten seiner Seele erschütterte.

Dieser saß, ehe er unter die Linde ging, mit großer Wehmuth neben dem Pfarrer und redete sehr wenig. Doch plötzlich kam ihm in den Sinn, was ihm sein Karl diese Nacht von den Leuten gesagt, die nahe beim Kreuzbrunnen wohnten und einen Buben hätten, der Jacobeli heiße. Er fragte den Pfarrer, was das für Leute seien, und sagte noch, damit dieser schneller darauf komme, es wären drei Tritte vor ihrem Hause.

Wenn der Pfarrer seinen Kragen auf die Kanzel mitzunehmen vergessen hätte, er hätte nicht mehr können betroffen sein, als daß er es vergessen, mit dem Junker von dieser Haushaltung zu reden, wie er sich vorgenommen. Er sagte es ihm jetzt und erzählte ihm, daß ihn keine von den Leuten, die unter die Linde mußten, wie diese dauerten, weil sie bis auf den letzten Winter sich vor allen Wirthshausschulden gehütet; die Frau aber sei vom Herbst an bis auf den Frühling bettlägerig gewesen und ihr Mann habe mehrentheils die ganze Nacht durch bei ihr wachen müssen. Sie können wohl denken, Junker, sagte der gute Pfarrer, wie es dann geht; die Nächte sind lang, und wenn ein Mann den ganzen Tag über arbeitet, schlechte Speisen hat und dann noch die Nacht durch wachen muß, was will man darüber sagen, wenn er dann ein Glas Wein mehr gelüstet, als er sollte?

Er rühmte die Haushaltung sehr und sagte, sie seien noch vom alten Vogt Lindenberger her, und wo noch ein Bein von dem Mann herstamme, so sei es ehrenfester und schamhafter, als alles andere Volk. Die Tochter, welche den Wein geholt und in des Vogts Buch eingeschrieben stehe, sei daran ganz unschuldig; sie hätte keinen Tropfen davon getrunken; auch sage ihr Vater alle Stunden zu ihr, sie solle die Schande nicht ausstehen, er sei schuldig und er wolle unter die Linde, aber sie wolle ihn nicht lassen und bitte ihn um tausend Gotteswillen, er solle das nicht thun, aber sie habe denn doch vom Morgen bis in die Nacht feuerrothe Augen vom Weinen.

O Gott! Wie viele dieser Menschen wären anders, wenn man anders mit ihnen umgegangen wäre, sagte der Junker wieder zu sich selbst und auch dieser Vorfall füllte sein Herz mit Güte für diese Unglücklichen und machte ihm eine gute Weile den Anblick erträglicher, den er unter der Linde hatte.

---

61. Das reine landesväterliche Herz meines Mannes.

Er bedauerte die Kinder am meisten. Er ließ sie aber auch zuerst rufen, damit sie aus der Angst kämen und sagte Keinem viel mehr, als: Bist du auch da? Etlichen bot er noch die Hand und sagte ihnen mit Vatergüte: Thu doch das dein Lebtag nicht mehr! —

Aber das Ganze, das ihm vor Augen stand, war entsetzlich. Der Fehler, um dessentwillen sie da waren, machte ihm weniger Sorge, aber das Bild der Heuchelei und Verstellung, der leiblichen Abschwächung und der geistigen Zerrüttung, der Seelenlosigkeit und der Herzlosigkeit, die allenthalben zu Tage trat, drückte und empörte ihn.

Die meisten Weiber thaten, wie wenn sie vor Scham und Angst in den Boden sinken wollten, er aber sah, wie wenig es ihnen ernst war und sagte zu etlichen mit Unwillen: Es ist dir nicht halb so, wie du thust. Einem sagte er sogar: Ich meine, wenn gerade jetzt ein Krug Wein vor dir stünde und du allein wärest, daß dich Niemand sähe, dein Jammer würde bald aus sein.

Aber Eine verstellte sich nicht. Es war ein Elend, sie anzusehen. Sie weinte laut, ihr Herz schlug sichtbar, ihr Mund lag über einander, wie wenn er zusammengewachsen sei und wenn sie redete, schnappte sie nach Luft. So stand die Rabserbäurin vor seinen Augen. Was ist dir, Frau? Bist du krank, oder was fehlt dir? sagte der Junker. Sie konnte nicht reden, aber sie fing an zu weinen, und mit dem war ihr leichter, daß sie hintennach sagen konnte, sie sei jetzt 60 Jahre alt und habe ihr Lebtag schinden und schaben müssen, wie eine Bettelfrau, und ihr Mann mißgönne ihr das Brod und gebe ihr nicht, wie recht ist, zu essen, sonst wäre sie, das wisse Gott im Himmel, nicht in diesem Unglück.

Ihr Anblick machte den Junker blaß. Er frug links und rechts, ob ihr Mann wirklich so mit ihr umgehe, wie sie sage, und links und rechts war die Antwort, es sei, wie sie sage, es habe der Frau ihr Lebtag kein Mensch nachgeredet, daß sie ein Glas Wein zu viel getrunken, als wozu sie die liebe Noth selber gedrungen. Der alte Renold setzte hinzu, sie habe zwanzig Kinder gehabt, die aber alle bis auf zwei todt seien, und die Frau hätte die rohen Speisen, die sie um seines Geizes willen essen sollte, nicht mehr erleiden mögen, sonst sei ganz gewiß unter der Sonne kein Grund, daß sie ins Geheim dann und wann ein Glas Wein aus dem Wirthshaus habe kommen lassen. Als der Junker sich davon ganz überzeugt, sagte er zur armen Frau: Wenn's so ist, so will ich dir helfen; wenn dir dein Mann nicht zukommen läßt, was du zu deiner Leibesnothdurft brauchst, so sag' du nur dem Herrn Pfarrer, in welchem Haus im Dorf du den Rest deiner Tage gern verleben möchtest, und ich will dann schon dafür sorgen, daß dir dein Mann, was du nöthig hast, sicher in dieses Haus bringen lassen wird.

Aber diese und die Lindenbergerin waren auch die einzigen, mit denen er von Herzen gut sein konnte.

Es freute ihn recht, als die letztere kam. Sie hob kein Aug vom Boden, und da der Schreiber ihr vorlas, was sie dem Vogt schuldig, sagte sie kein Wort zu ihrer Entschuldigung, sondern legte, ohne ihren gegen den Boden gerichteten Kopf nur aufzuheben, das Geld für die Schuld auf den Tisch. Der Junker, den dieses Benehmen rührte, redete sie freundlich an und sagte: Kind, warum sagst du nichts zu deiner Entschuldigung? Auf dieses Wort sah sie den Junker zum ersten Mal an, aber redete nicht. Nun, wenn du es nicht sagen darfst, fuhr Arner fort, so will ich es sagen. Ich weiß es, eure Haushaltung hat sich bis auf den letzten Herbst vor allen Wirthshausschulden hüten können, und wenn deine Mutter nicht einen so elenden Winter gehabt, so wäret ihr auch jetzt dem Vogt keinen Heller schuldig.

So entriß der gerechte Landesvater vor allem Volk dies gute Kind seiner Schande. Aber es that den hundert und zwanzigen wehe, zu hören, daß eines besser unter ihnen, als sie alle, und es war kein Krüppel an Leib und Seele unter der Linde, der nicht zu sich selber sagte: Ja, wenn er wüßte, wie ich's gehabt habe, er würde gewiß das und noch mehr auch zu mir sagen.

Die Lindenbergerin aber antwortete jetzt dem Junker mit einem Aug, das Freude und Dank sichtbar aussprach: Wie danke ich Gott, daß Sie wissen, wie wir's gehabt haben. Ich weiß auch, sagte der Junker ferner, daß du keinen Tropfen von dem Wein getrunken, um dessentwillen du da bist, und daß dein Vater dich noch gebeten, du solltest ihn sich verantworten lassen, er wolle unter die Linde gehen; aber du bist ein braves Kind gewesen und hast lieber die Schande auf dich genommen, als deinen Vater hierher kommen lassen.

Jetzt nahm das Kind die Hand vor die Augen, die

ihm überliefen, und sagte schluchzend: Mein Vater, Niemand als mein Vater, mein lieber Vater hat Ihnen das gesagt. Nein, sagte der Junker, dein Vater hat es mir nicht gesagt, dein Bruder, der Jacobeli, hat es meinem Karl erzählt, in welchem Unglück ihr euch wegen dieser Schuld befindet und wie ihr euch alle darob fast zu todt geweint, und mein Karl hat es mir diese Nacht, da ich nicht schlafen konnte, selbst mit Thränen erzählt und mich gebeten, daß ich auch nicht bös mit dir sein solle, und nicht wahr, setzte er noch hinzu, ich bin jetzt nicht bös mit dir gewesen? Das Kind konnte vor Rührung nicht reden. Aber der Junker fuhr fort und sagte ihm noch: Sage doch deinem Bruder, er soll am Sonntag zu meinem Karl in Schloß kommen; er ist ihm gar lieb.

Jetzt wußte das gute Mädchen, wer dem Junker das Alles erzählt und sagte zu sich selbst: Das muß doch ein guter Bub sein, dieser Karl, der Jacobeli soll am Sonntag gewiß zu ihm. Ihr Auge war voll Freudenthränen. Sie sprang von der Linde heim, dem Vater und der Mutter zu sagen, wie gut es ihr gegangen und wie väterlich der Junker mit ihr geredet. Im Heimgehen wiederholte sie sich selber einmal über das andere: Der liebe Gott hat es doch gut mit mir gemeint.

---

62. **Das Frechheitsspiel der bösen Menschen mit den guten gelingt ihnen doch nicht immer.**

Diese Güte des Junkers wollte das Lumpenvolk, das unter der Linde war, mißbrauchen; aber es gerieth ihm nicht. Eine Speckmolchin stieß bei diesem Versuch den Kopf hart an. Da sie sah, wie liebreich und gut der Junker mit diesem Mädchen war, kam ihr in Sinn, mit so einem guten Herrn lasse es sich probiren, ob man nicht etwa mit dem Leugnen aus dieser Wirthshausschande herauskommen könnte. Sie trat ganz keck vor die Herren an den Tisch und sagte, der Hummel habe sie wie ein Schelm und wie ein Dieb in seinem Buch aufgeschrieben, sie sei ihm weder Heller noch Pfenning schuldig und sie wüßte sich bei Jahr und Tag nicht zu besinnen, daß sie das Geringste mit ihm gehabt oder ihm nur ins Haus hinein gekommen.

Darüber empört, antwortete der Hummel, man solle nur ein Tischtuch und ein Handtuch ansehen, die auf dem Tische lägen und die sie ihm versetzt, es werde sich dann wohl zeigen, ob sie nie im Haus gewesen. Das machte sie noch nicht irre. Sie behauptete keck, sie habe ihr Lebtag diese Tücher weder gesehen, noch in Händen gehabt. Dein Name ist ja darauf gezeichnet, sagte jetzt der Vogt. Das verwirrte sie einen Augenblick, aber dann sagte sie doch, sie müßten ihr gestohlen worden sein, wenigstens das sei gewiß und das könne sie behaupten, daß sie es ihm nicht gegeben habe.

Der Junker aber, dem ihre äußerste Frechheit auffiel und der sicher war, daß sie wider Wissen und Gewissen also redete, antwortete ihr, er wolle sie vorläufig für 14 Tage ins Zuchthaus einsperren; er wisse, daß dieses Haus schon vielen Lumpenleuten wieder zu einem guten Gedächtniß geholfen, es werde sich dann auch zeigen, wie weit das Zuchthaus dazu helfen könne, sich dieser Schuld halber zu erinnern, was daran wahr sei. Aber die Frau wollte die Gedächtnißcur im Zuchthaus nicht machen, und als der Harschier auf einen Wink des Junkers gegen den Tisch hervorkam, fing sie an zu heulen und sagte, sie wolle es ja bekennen, er solle sie doch um Gotteswillen nur wieder heim lassen. Jetzt ließ sie der Junker vor allem Volk, das umher stand, die Worte laut und verständlich nachsprechen, der Hummel sei deswegen, daß er in seinem Buch aufgeschrieben, sie sei ihm so und so viel schuldig, weder ein Schelm noch ein Dieb.

Sie konnte diese Worte fast nicht zum Mund herausbringen. Aber es mußte sein, und als es endlich geschehen, mußte sie ihm noch die Hand bieten. Aber als sie die drei Finger des Vogts erblickte, die der Henker ihm unter dem Galgen angestrichen und die noch schwarz waren, zog

sie ihre Hand wieder zurück und that einen Schrei, wie
wenn man sie morden wollte. Das half nichts. Sie hätte
entweder mit dem Harschier, der neben ihr stand, ins Zucht=
haus müssen oder dem Vogt die Hand bieten. Sie that
es endlich, aber vor Wuth fast außer sich und feuerroth.
Da es geschehen und sie nun weg und heim durfte, sagte
sie hinterrücks zum Vetter Weibel: Ich hätte doch nicht
geglaubt, daß der Junker so mit mir umgehen würde, und
er antwortete: Und ich hätte nicht geglaubt, daß du so
dumm wärest.

---

63. Betschwesterarbeit nnd der Basler Todtentanz neben einander.

Bald nach ihr kam das Spinnerbabeli hervor. Aber
der Junker sah, daß Alle die Köpfe zusammensteckten und
er fragte die Vorgesetzten, was das sei. Der Weibel ant=
wortete sogleich, man glaube, das sei nicht die rechte Barbel.
Da fragte der Junker den Vogt, ob das die Barbel sei, die
ihm schuldig.

Der Vogt erwiederte, nein, die rechte Barbel, die hätte
kommen sollen, heiße die Fromme; aber der Hochmuth lasse
es ihr nicht zu, selber zu kommen; sie fürchte natürlich, es
möchte ihr an ihrem guten Frömmigkeits=Namen schaden,
wenn es ihr auskomme, daß sie, wie andere Leute, Wirths=
hausschulden habe; sie sei auch seit dem Sonntag alle Nächte
vors Haus gekommen und habe ihm mit Sprüchen aus der
Bibel und mit weiß nicht was zugesetzt, daß er um Gottes=
willen doch so barmherzig sei und das Maul halte, wenn
das andere Barbeli für sie unter die Linde komme und
zahle. Er setzte hinzu, er habe, damit er sie los werde,
geantwortet, wenn Niemand etwas sage, so wolle er auch
schweigen.

Der Junker fragte darauf das andere Barbeli: Aber
was hat sie dir Lohn gegeben, daß du für sie da hervor=
gekommen? Es antwortete: Einen halben Gulden, und setzte

hinzu, sie sei ein armes Weib, und sie habe gedacht, es schade Niemand, wenn sie das thue. Aber hast du nicht gedacht, es schade dir selber, deinem guten Namen, so an den Lumpentisch hervorzutreten? sagte der Junker. Sie: Ich habe gedacht, es glaube das Niemand. Der Junker mußte lachen. Ueber die andere lachte er nicht. Er rief dem Harschier und befahl ihm, den Augenblick die rechte Barbel zu holen und hierher zu führen.

Die Barbel saß in diesem bittern Stündlein der Trübsal ob dem Buch Hiob, las das Leiden des Mannes vom ersten Kapitel bis aufs letzte und deutete alle Trübsal, die ihm der Teufel und sein Weib machten, nur auf sich und ihren heutigen Jammer. Es war mit dem Buch Hiob fertig, aber das Stündlein ihrer Trübsal ging leider erst an; sie hatte ihre Dienstmagd und Mithalterin ihrer stillen Abendtrünke oben an die Kirchgasse geschickt, um von dort aus zu sehn, wie es unter der Linde ablaufen würde. Diese sah nach langem und langem Warten endlich, daß das Spinnerbabeli zum Tisch hervorwackle, aber zugleich auch, wie jetzt Alles die Köpfe zusammenstecke und wie es mit diesem Babeli nicht vorwärts wolle, wie mit andern, wie der Junker lange mit dem Vogt und dem Weibel rede und jetzt gar, wie der Harschier zu ihm hervortrat. Sobald sie diesen sah, zweifelte sie gar nicht mehr, die Sache sei fehlgeschlagen, die Wahrheit sei ausgekommen und der Harschier werde ihre Barbel auf der Stelle unter die Linde abholen müssen.

Als aber die Magd mit diesem Bericht zu der Barbel kam, schlug diese die Hände über dem Kopfe zusammen und rief einmal über das andere: Herr Jesus! ach, mein Gott! und dann wieder: Der Teufel hat es mir wohl müssen in den Sinn geben, daß ich das Mensch habe unter die Linde schicken müssen; es hat mir's jetzt in Gottes Namen noch selber ausgebracht. Sie seufzte einmal über das andere: „Hilf, Helfer! hilf in Angst und Noth," und ihre Dienstmagd mußte ihr die Thür zumachen, so gut es immer möglich. Aber Alles half nichts. Der Harschier kam nach wenigen Minuten und klopfte an der Thür, und da sie Niemand aufmachte, gab er ihr kurzweg mit den Schuhen einen Tritt und sie war bald offen. Er kam dann zu der Barbel in die Stube und sagte, daß sie mit ihm unter die Linde müsse. Jetzt bat sie um Gottes Erbarmen, er solle doch nur wieder gehen, sie wolle nachkommen. Er aber wollte nicht und sagte, es sei des Junkers Befehl, sie müsse mit ihm. Jetzt that sie, wie wenn ihr ohnmächtig würde und fiel von ihrem Stuhl auf den Boden. Der Harschier aber sah, daß sie ihre Ohnmacht nur heuchle, und gewohnt, dergleichen Arten von Ohnmachten beim Lumpengesindel nach seiner Art zu behandeln, sagte er zu ihr: Wenn du nicht im Augenblicke aufstehst, so will ich dich mit dem Ochsenschwanz-aufstehen machen, wie du in deinem Leben nie aufgestanden bist, und damit nahm er sie beim Arm und zog diesen auf eine Weise in die Höhe, daß die Füße im Augenblick auch geradeauf standen, und so mußte sie mit ihm fort.

Aber man muß den Basler Todtentanz im Kopfe haben, wenn man sich vorstellen will, wie sie mit einander unter die Linde gegangen.

Der Junker hatte das Spinnerbabeli warten lassen, bis die wahre Barbel mit dem Harschier ankam; als sie da war, ließ er sie neben dem Spinnerbabeli auf der steinernen Bank niedersitzen und da warten, bis alles andere Lumpenvolk, das noch mit dem Vogt zu rechnen hatte, fertig war, und ohne sie ein Wort reden zu lassen, sagte er nur noch, sie hätte dem Spinnerbabeli für die Mühe, die es für sie habe übernehmen müssen, zu wenig Lohn gegeben, sie müsse ihm noch einen halben Gulden geben, und solle ein andermal nicht mehr probiren, die Schande des Lumpenlebens so wohlfeil zu verkaufen, als sie diesem Babeli habe verkaufen wollen.

64. Eine durch eine scharfe Kur gelungene Heilung.

Wie die fromme Barbel also wegen ihrer Heuchler=
schlechtigkeit auf der steinernen Bank bei der Linde zur
Schau da saß, stellte sich wegen ihrer Hoffahrtsschlechtigkeit
eine andere zur Schau dar. Gerade nach der Barbel kam
die Hürnerbeth. Sie trug Sammetbänder und ihre ganze
Kleidung war auffallend hoffährtig.

Arner kannte seine Eltern aus dem Almosenverzeichniß
und fragte: Bist du des Hürner Jacob Tochter? Diese
Frage gefiel dem eiteln Kind schon nicht. Es verlor schon
seine Farbe, da es ja sagte. Und der Junker fragte weiter:
Wie kommst du zu Seide und Sammet? Es antwortete
nichts. Aber der Junker fragte weiter: Wie kommst du zu
Seide und Sammet? und es brachte unter Herzklopfen end=
lich die Antwort hervor: Ich habe verdient, was ich trage.
Ich will dich nicht fragen, wie, ich will dich nur fragen,
ob es dir anstehe, es zu tragen? Es schwieg wieder.

Der Junker aber sagte: Ein Kind, das vom Almosen
erzogen worden und sich vor seinem Dorf nicht schämt, sich
kostbarer zu kleiden, als Leute, die von Niemand etwas
haben und von Niemand etwas wollen, ist ein böses Exempel,
dem ich vorbeugen muß. Und einen Augenblick darauf sagte
er ihm: Wie viel Geschwister hast du?

Es sagte fünf, und er wieder: Gehen sie auch so
hoffährtig daher? Es schwieg, und er fragte zum andern=
mal: Gehen sie auch so hoffährtig daher? Es antwortete:
Nein. Er fuhr fort: Aber haben sie Schuhe und Strümpfe
und ganze Hemden? Es zitterte und schwieg wieder, und
er wiederholte: Haben sie Schuhe, Strümpfe und ganze
Hemden, deine fünf Geschwister? Es mochte wollen oder
nicht, es mußte nein sagen. Und dein Vater und deine
Mutter, fuhr der Junker fort, können sich diese vor Kälte
und Nässe schützen und sich Kleider kaufen? Es schwieg
wieder, und er: Ich sehe wohl, auch das ist nein, und du
schämst dich nicht und fürchtest dich nicht der Sünde, so
daher zu kommen? Dann befahl er ihm, jetzt heim zu gehn

und Vater und Mutter und alle Geschwister, wie sie gingen und ständn, hierher zu bringen.

Das Elend selber, wenn man es abmalen wollte, könnte nicht elender sein, als diese sieben Menschen.

Der Junker ließ sie vor sich hin, die Hoffahrtsbeth auf die eine und Vater und Mutter und Geschwister auf die andere Seite stellen. Da sie so vor ihm einander gegenüber standen, sagte er zu der Beth: Ist das dein Vater? Ihre Lippen bebten, ihre Augen standen ihr starr und ihre hangenden Hände zitterten, als sie ja sagte.

Er fuhr fort: Und bist du des Mannes Tochter?
Beth. Ja.
Junker. Und der Frau da ihr Kind?
Beth. Ja.
Junker. Und das sind deine Geschwister?
Beth. Ja.
Junker. Haben diese Kinder mit dir unter einem Herzen gelegen?

Es schluchzte. Der Junker sah es jetzt streng an und sagte: Und wenn ich dich jetzt heimschicke und dir befehle, in eben den Lumpen, in denen deine Mutter jetzt dasteht, wieder hierher zu kommen und auch da auf einer Bank neben uns zu sitzen, hast du das nicht verdient? Das Mädchen sank fast in den Boden und Vater und Mutter baten für sie. Er befahl ihr jetzt, heim zu gehen, Vater und Mutter aber, noch eine Weile zu bleiben, redete dann freundlich mit diesen und sagte der Mutter: Ich will gar nicht, daß dein Kind in Lumpen gehüllt wieder hierher komme, aber ich habe geglaubt, es habe diesen Schrecken verdient und er thue ihm wohl.

Da er so mit ihr redete, weinte die gute Mutter und sagte zu ihm: Sie haben in Gottes Namen ganz Recht, und ich habe es dem unvernünftigen Kind hundert und hundert Mal gesagt, es könne es vor Gott nicht verantworten, wie es Vater, Mutter und Geschwister im Elend sehe, und doch Alles, was es auftreiben könne, an die Hoffahrt wende.

Die eitle Tochter fürchtete wirklich, sie müsse, in der Mutter Lumpen gehüllt, wieder unter die Linde, und war, als die Mutter heim kam, fast außer sich vor Angst und Sorgen. Da sie ihr aber jetzt sagte, es komme dem Junker kein Sinn daran, er habe mit seinem Drohen nur dahin wirken wollen, daß sie in sich selber gehe und das Unrecht ihres Benehmens erkenne, war sie innig gerührt und sagte zu Vater und Mutter: Verzeiht mir, ich erkenne, wie sehr ich gefehlt. Sie trennte auch noch an diesem Tag einige Sammetbänder, die sie auf den Kleidern hatte, ab. Sie gab auch einige Hoffahrtssachen, die sie hatte, der Mutter zum Verkaufen und ist von dieser Stunde an so brav und eingezogen worden, daß ihr kein Mensch mehr etwas vorzuwerfen hatte wegen der Hoffahrt.

65. Wie und wie weit Lumpenvolk, wenn es sich im Vortheil spürt, das Maul braucht.

Es ist nicht zu sagen, was es bei der Linde alle Augenblicke für Auftritte gab. Eine Kreblerin, die schon mehr als vor einem halben Jahre ihres Mannes silberne Schnallen dem Vogt versetzt hatte und, damit er sie nicht im Verdacht habe, ihre Dienstmagd, die allein im Haus war, als eine Diebin auf der Stelle fortgeschickt, hatte auch eine Hiobsstunde.

Die Schnallen lagen jetzt unter der Linde auf dem Tisch, und des Josen Conrad, der der Bruder war von der Margreth, die sie gestohlen haben sollte, kannte sie im Augenblick und sprang, was gibt's, was hast, heim, seiner Schwester zu sagen, was er für eine Entdeckung gemacht.

Das war ein Jubel für Bruder und Schwester. So geschwind als er heim kam, so geschwind sprangen beide wieder zur Linde, dem Krebler und seiner Frau jetzt den Meister zu zeigen. Dieser aber, als er die Margreth und ihren Bruder von ferne daherspringen sah und die Schnallen auch schon als die, so seiner Frau gestohlen sein sollten,

erkannte, roch Feuer, ging der Margreth und ihrem Bruder
eilends entgegen, stellte sich vor sie hin, bot ihnen freundlich
die Hand und sagte, sie sollten doch einen Augenblick halten,
wenn etwas Ungerades in seinem Haus vorgefallen, so wolle
er machen, daß sie könnten zufrieden sein.

Nein, nein, antworteten sie. Die Betrügerin, deine Frau,
muß zu Schanden gemacht werden, wie sie es verdient, so
hängt sie ein andermal Niemand mehr den Schelmennamen
an, der ihr gebührt. Ja, ja, sagte die Margreth, sie ist
eine Betrügerin, eine Seelenmörderin, deine Frau, so hat
es mir in meinem Leben noch Niemand gemacht und den
Lohn dazu noch abgedrückt. Sie thaten beide wie wild, und
die Margreth noch oben drein, wie wenn sie die Augen
trocknen wollte. Diese aber hatten das gar nicht nöthig, sie
waren so trocken, als wenn sie eben zum Ofen heraus ge=
kommen wären. Das andere Wort, das sie redete, war, wie
unglücklich sie jetzt sei, daß sie so um Ehr und guten Namen
gekommen.

Macht doch jetzt nicht so viel Wesens, sagte der Krebler,
sie muß euch Ehr und guten Namen wieder geben, so lieb
er euch ist; — denn es machte ihm Angst, daß die Leute
es oben an der Kirchgasse alle hörten, so laut redeten sie.
Ja, ja, sagte die Margreth, es ist bald gesagt; Ehr und
guter Name ist nicht so leicht wieder zu geben, wenn man
es Einem genommen. Was ich für Schaden und Nachtheil
von dieser Sache gehabt, ist mit keiner Zunge zu beschreiben.
Und ihr Bruder: Ja, ja, es ist nicht zu beschreiben. So
machten sie Lärm; aber sie wollten nur Geld, und der
Krebler, der wohl sah, daß hier nichts anderes zu machen,
als den Seckel zu ziehen, sagte endlich: Nun, was kostet
es denn, damit wir von einander kommen?

Da sagte die Margareth, ich bin jetzt bald Dreiviertel=
jahr daheim und habe keinen Dienst finden können, weil sie
mich als eine Diebin zum Haus hinaus gejagt. Von an=
derm will ich gar nicht reden. Und ihr Bruder: Es ist da
nicht an uns zu fordern, wenn du es also willst, so kannst
du nur bieten, was du geben wollest, es wird sich dann

zeigen, was wir dazu sagen wollen. Kurz sie brandschatzen ihn um 30 Gulden. Als sie aber diese hatten, war weiter von Ehre und gutem Namen keine Rede.

Den Sigrist und Schulmeister ließ der Junker spät rufen, damit sie recht lang unter den andern Wirthshauslumpen da stehen mußten. Diese wollten noch eine Predigt halten, wie es gekommen, daß der eine dem Vogt fünf und der andere sieben Gulden schuldig geworden sei. Er sagte aber beiden: Haltet doch das Maul.

Auch der Kriecher wollte so predigen. Er sagte ihm aber: Ich kenne dich ja schon.

Keiner machte es, ich möchte fast sagen, so gut, als der alte Meyer; — der kam hervor, wie Einer, dem noch viel heraus gehörte, und sagte: Was ich schuldig, das will ich zahlen, und weiter und ferner ist es kein Schelmenstück, wenn's Einer hat und vermag, wenn er trinkt, bis er genug hat.

Es ist ganz richtig, daß Saufen kein Schelmenstück ist, sagte der Junker, aber es führt leicht zu vielen. Ich habe mein Lebtag gehört, die größten Schelme hüten sich vor dem Vollsaufen, sagte der Meyer, und der Junker mußte lachen.

Aber alle Augenblicke kamen Männer und Weiber, denen er gestern armuthshalber das Geld für eine Geiß vorgeschossen. Er wollte wissen, wie viele von diesen zusammen da seien und sagte, daß wer immer von diesen 27 Haushaltungen da sei, Männer, Weiber oder Kinder, die sollten sich zusammen stellen, und es fand sich, daß von den 27 Haushaltungen nicht 3 waren, aus denen nicht entweder der Vater, oder die Mutter, oder ein Kind Wirthshausschulden halber jetzt vor ihm standen. Er sagte ihnen: Ihr habt doch, wie es scheint, Vermögen, Wirthshausschulden zu machen, wenn ihr schon nicht vermöget euern armen Kindern täglich ein Glas Milch zukommen zu lassen. Es zerschnitt ihm fast das Herz, wie die Leute alle aussahen; doch er ließ sie jetzt gehen ohne weiter ein Wort zu ihnen zu sagen.

Aber der Eindruck, den ihm dieser Morgen machte, war

bedrückend und er ging fast ohne Hoffnung, mit einem
Volk, unter welchem so viele Lumpen, noch etwas auszurichten, und mit beklemmtem Herzen von der Linde weg ins
Pfarrhaus.

---

66. Wie sehr die Ansichten über das Heirathen auch
unter den Strohdächern verschieden sind und wie sie
sich auch unter solchen Dächern auf die gleiche
Weise, wie in Palästen, aussprechen.

An eben diesem Morgen war Gertrud eine Stunde bei
ihrem guten Hübelrudi, der, seitdem er die Meyerin das
letzte Mal gesehn, alle Stunden mehr Hoffnung schöpfte, es
könnte ihm mit ihr vielleicht doch noch mehr gerathen. Es
war ihm den ganzen Tag, er sehe sie mit seinen Augen, wie
sie freundlich vor ihm stand, ihm helf dir Gott sagte
und ihm anrieth, er solle auch vor andern Häusern ein
Almosen heischen. Die Gertrud war gar nicht ohne Hoffnung für ihn und that mit gedoppeltem Eifer in seinem
Haus und für seine Kinder Alles, damit von dieser Seite
der Sache kein Hinderniß aufstoße.

Auch die Meyerin dachte von dieser Stund an mehr an
den Hübelrudi, als sie in ihrem Leben geglaubt hätte, daß
sie je an ihn denken würde. Auch an seine Haushaltung,
und sogar an seine Matte und an seine schöne Kuh dachte
sie oft und wiederholte sich oft: Ich möchte dem guten
Mann doch gönnen, daß er bald wieder wohl versorgt würde. Doch glaubte sie noch nicht, daß sie sich entschließen könnte, ihn zu heirathen, da er so alt und der
Kinder so viele seien; aber dennoch kam ihr seit dieser Zeit
der Hans Ulrich Ochsenfeist, den ihr der Untervogt und
seine Frau geben wollten, immer widriger und unerträglicher
und oft im Schlaf also vor. Die Untervogtin wußte zwar,
daß sie einigen Ekel vor ihm habe, aber sie meinte bis auf
die heutige Stunde doch, es müsse so sein und sie müsse

ihren reichen Vetter und keinen andern heirathen. Sie hatte es ihm auch heilig versprochen, es solle nicht fehlen, er müsse sie bekommen, und sie zweifelte um so weniger daran, da sie bis auf den heutigen Tag kein Wort davon wußte, daß Gertrud mit ihr etwas Anderes im Schild führe. Sie hätte sich auch in ihrem Leben nicht vorstellen können, daß der Hübelrudi ihrem reichen Vetter, dem Ochsenfeist, bei einer Heirath in den Weg kommen könnte und daß in der Welt ein Mensch daran denken könnte, ihrer Schwägerin diesen Rudi anzutragen, als sie diesen Morgen vernahm, daß im Dorf wirklich im Ernst die Rede davon sei, es wäre möglich, daß die Meyerin den Hübelrudi heirathen könnte, daß die Gertrud dahinter stecke, daß auch der Junker davon wisse und selber mit dem Untervogt dem Rudi zu Gunsten davon geredet und daß sogar die Meyerin selber sich ganze Stunden lang in des Rudi Haus aufgehalten und mit der Gertrud Arm in Arm in seiner Matte, in seinem Stall und allenthalben in seinem Haus herumgezogen. Sie ward darüber wie wüthend und fluchte über ihren Mann, daß er sich unterstehe, so etwas zu wissen und ihr nichts davon zu sagen. Aber sie konnte nicht mit ihm zanken, er war unter der Linde bei dem Junker; warten konnte sie auch nicht, bis er heim kam, das war ihr unmöglich. Es trieb sie, daß sie auf der Stelle zu seiner Schwester, der Meyerin, hinlaufen mußte, um von ihr Auskunft zu begehren, was an dieser Sache wahr sei. Zu dieser Haue will ich wohl einen Stiel finden, das muß mir nicht sein, sagte sie wohl zehnmal zu sich selber, da sie jetzt halb wüthend von ihrem Haus weg zu ihrer Schwägerin hinsprang.

Aber sie kam bei der Meyerin nicht gut an. Sie hatte, wie wir wissen, diese Nacht nicht wohl geschlafen und der Traum von dem feisten Ulrich lag ihr noch lebendig im Kopf. Die Vogtin sah ihr die böse Laune schon beim Willkomm an und sagte: Es scheint, du hast diese Nacht nicht wohl geschlafen. Nein, ich hab' nicht gut geschlafen, antwortete die Meyerin, es hat mir von deinem schönen

Vetter geträumt und ich bin vor ihm erschrocken, daß mir jetzt noch alle Glieder weh thun. Ha, du mußt doch nicht glauben, daß du völlig mit einem Kind zu thun habest, sagte die Vogtin, ich habe diesen Morgen Sachen vernommen, daß ich mir gar wohl einbilden kann, warum du mir jetzt so mit einem Traum kommst. Die Meyerin erwiederte: Meinst etwa, es sei nicht wahr? Frag nur das unschuldige Kind, das bei mir schläft, was ich für einen Schrei ausgestoßen und wie ich ein Mal über das andere pfui Teufel! pfui Teufel! gerufen.

Dieses Pfui=Teufelrufen über ihren Vetter brachte die Vogtin außer Fassung. Sie gab ihr zur Antwort: Bitte du nur unsern Herr Gott, daß du niemals mit offenen Augen über Jemand anders pfui Teufel rufen müssest, wie du sagst, daß du mit geschlossenen Augen über meinen Vetter gerufen.

Meyerin. Was willst du jetzt damit?

Vogtin. Ha, wenn du etwa den Bettelbuben meinst, von dem man deinethalben jetzt schon im Dorf redet, so wirst du wohl mit offenen Augen genug pfui Teufel zu rufen haben.

Meyerin. Meinst du etwa den Hübelrudi?

Vogtin. Gerade diesen.

Meyerin. So? —

Vogtin. Ja, es ist eine Schande, daß du seinetwegen unr läßt von dir reden.

Meyerin. Schwägerin, verschone mich damit, denn ich muß dir über diesen Punkt kurz sagen: Du bist weder meine Mutter, noch meine Großmutter; diese beiden sind mir in Gottes Namen gestorben und ich wüßte nicht, woher dir irgend ein Recht zukommen sollte, dich über diesen Punkt an ihre Statt zu stellen.

Vogtin. Man darf doch wohl noch ein Wort mit dir reden?

Meyerin. Es ist ein Unterschied, mit Einem zu reden, und ein Unterschied, grad mit Bettelbuben zu kommen und mit Unglücksprophezeiungen herumzuwerfen.

Vogtin. Du mußt das nicht so nehmen; aber ich meine auch, wenn man könne das Bessere haben, so sollte man nicht das Schlechtere nehmen, und dann kann ich doch auch nicht sehen, was du gegen meinen guten Vetter haben kannst.

Meyerin. Ich habe nichts anderes wider ihn, als daß mir ein paar Sachen an ihm zuwider sind, die du wohl weißt.

Vogtin. Meinst du wieder das Speckessen und das Metzgen?

Meyerin. Du weißt es ja wohl.

Vogtin. Es ist doch auch nicht zu begreifen, daß ein vernünftiger Mensch, wie du, aus so einem Nichts etwas machen kann.

Meyerin. Ich bin einmal so.

Vogtin. Es sind doch auch unser so viel Geschwister und in unserer ganzen Verwandtschaft wüßte ich keinen einzigen Menschen, dem ob so etwas graust.

Meyerin. Du hast mir ja manchmal gesagt, ich sei nicht aus deiner Verwandtschaft.

Vogtin. Das ist jetzt wieder ein Stich.

Meyerin. Nein, nein, es gibt dergleichen Verwandt= schaften, wo es den Leuten gar nicht so leicht graust.

Vogtin. Ich möchte nicht, daß ich wäre wie du.

Meyerin. Ich glaub' dir's wohl.

Vogtin. Aber du thust ihm doch Unrecht. Er ißt auch nicht so viel Speck als du thust, und gewiß nicht mehr als ein anderer.

Meyerin. Nein, Schwägerin, das ist jetzt nichts; er mag entsetzlich viel essen, und dann ist es noch so unver= schämt, wie er den Speck in's Maul hineinstößt. Es ist mir, ich sehe ihn mein Lebtag noch vor mir sitzen; die Andern haben mir Gesundheit getrunken, da er just das Maul davon voll hatte, da ist er mit seiner Gesundheit den Andern fast eine Viertelstunde hintennach gekommen und ich bin mit dem Danken für alle Andern fertig gewesen, ehe er nur noch das Maul abgewischt hatte.

Vogtin. Da sieh jetzt, wie du redest. Wer wollte auch glauben können, es hätte eine Viertelstunde gedauert?

Meyerin. Nu — es kann etwas minder gewesen sein.

Vogtin. Und so kann der Mundvoll auch kleiner gewesen sein.

Meyerin. Nein, nein, für den Mundvoll kann ich gut sagen.

Vogtin. Aber — — gesetzt — — Du kannst doch sicher sein, er ißt keinen Mundvoll mehr vor deinen Augen, wenn du's nicht gern siehst.

Meyerin. Das wäre mir leid, wenn er um meinetwillen den Speck verstohlen essen müßte, es könnte ihm nicht wohl thun.

Vogtin. Du ziehst alles nur in Spaß.

Meyerin. Nein, im bittern Ernst, ich möchte nichts weniger, als ihm dieses zumuthen.

Vogtin. Er thut's doch so gern. — Und mit dem Metzgen thut er dir gewiß auch keinen Stich mehr, wenn du nicht willst.

Meyerin. Du machst doch auch gar die liebe Stunde aus ihm, und er ist so feist.

Vogtin. Das Feistsein wird ihn doch nicht hindern, zu thun, was du gern hast.

Meyerin. Das kann man doch eigentlich nicht sagen. Gar zu fett sein hindert den Menschen an Leib und Seel an Vielem.

Vogtin. Du weißt nicht, was du anbringen willst. Aber es ist doch besser, gesund und reich und feist sein, als arm, mager und schwindsüchtig.

Meyerin. Das ist gewiß wahr.

Vogtin. Aber du erkennst es nicht, und ich sehe wohl, du bist in dieser Sache am einen Aug blind und mit dem andern siehst du mehr, als da ist.

Meyerin. Aber wenn du etwa den Rudi meinst, so ist er doch weder schwindsüchtig noch arm.

Vogtin. Ich möchte nicht reden, wenn du ihm die Schwindsucht nicht ansiehst.

Meyerin. Ich sehe sie ihm einmal nicht an.

Vogtin. Nu, ich kann dich nicht sehen machen, was du nicht sehen willst. Aber mit der Armuth, — wenn du etwa meinst, seine Matte sei etwas, so mußt du wissen, es sind fünf Kinder da und das Muttertheil fort.

Meyerin. Die Matte ist unter Brüdern 3000 Gulden werth, und es ist nicht 500 Gulden Muttergut da gewesen.

Vogtin. Ich möchte von 3000 Gulden nicht reden. Wenn des Hummels Düngung nicht mehr auf die Matte kommt, du wirst sehen, wie sie abnimmt, und auch jetzt im besten Flor gäbe ihm Niemand 2000 Gulden dafür.

Meyerin. Ich glaub' nicht, daß er sie feil hätte.

Vogtin. Um deßwillen ist sie nicht mehr werth. Aber wir wollen jetzt das dahin gestellt sein lassen; gelt, du nimmst ihn doch nicht?

Meyerin. Siehe, Schwägerin, wenn er mich heute fragte, ob ich ihn wollte, so sagte ich ihm gewiß nein, aber weil du mich fragst, so sage ich weder ja noch nein.

Vogtin. Aber warum auch?

Meyerin. Ich hab' es dir schon gesagt, in diesem Stück will ich völlig und allein Meister sein.

Vogtin. Willst du denn vom Vetter gar nichts mehr hören?

Meyerin. Hören was du willst, aber keine Antwort geben; wenigstens jetzt nicht.

Vogtin. Das ist so viel als nichts.

Meyerin. Wenn du mir jetzt mit siebenzehn Heirathsvorschlägen kämest, so gäb' ich dir keine andere Antwort, und ich kann nicht. Mein kleiner Finger muß hierin nicht wissen, was ich thue, bis ich es selber weiß.

Vogtin. Du weißt es schon.

Meyerin. Nein, wahrlich, in dieser Sache ist halbwissen nichts wissen; und wenn ich es recht weiß, so thue ich es auch.

Vogtin. Und sagst mir es denn auch, wenn du es gethan hast?

Meyerin. Ja freilich, ich sag's und theile es euch mit.

---

67. Die Ueberwundene meistert ihren Mann.

Weiter konnte die Vogtin die Meyerin nicht bringen. Sie ging mißmuthig von ihr weg. Ihre Ungeduld stieg mit jedem Augenblick, und sie lief, ehe ihr Mann heim kam, noch allenthalben im Dorf herum, um auszuspüren, was sie über diesen Gegenstand noch vernehmen könne. Jetzt hörte sie sogar, daß ihr Mann dem Junker selber versprochen, es solle an ihm nicht fehlen, er wolle dem Hübelrudi bei seiner Schwester zum Besten reden. Sie wollte das nicht glauben und konnte das nicht glauben, aber man versicherte sie heilig, es sei ganz sicher und sie könne sich darauf verlassen und erzählte ihr umständlich alle Worte, die er zum Junker geredet.

Ihre Wuth stieg jetzt aufs Höchste. Du bist nicht mehr ein Mensch, du bist ein völliges Vieh, was du die Zeit über für Streiche machst, war das erste Wort, das sie zu ihm sagte, als er zur Thür hineinkam. Warum? warum? sagte er. Das ganze Dorf sagt, du helfest der Gertrud, deine Schwester zu verführen, daß sie den Hübelrudi nehme. Er antwortete: der Junker — der Junker — Du Narr! unterbrach sie ihn, der Junker, — der Junker! — Hast du ihm nicht sagen können, du seist nicht für's Kuppeln Untervogt, und hättest du ihn nur an mich gewiesen, weil du so ein Narr bist und nie weißt, was du thun sollst, ich wollte ihm gewiß die Nase anders gedreht haben. Und dann bald darauf: Es ist verflucht, es ist verflucht, wenn aus dieser Sache etwas werden sollte.

Er erwiederte: Es ist aber ja noch nicht gewiß und ich möchte etwas zu Mittag essen; ich bin hungrig. Die Vogtin sagte: Wenn du nur zu essen hast, so ist dir Alles gleichviel, stellte ihm aber doch vor, was er gern aß und ein gutes Glas Wein dazu, und er aß und trank jetzt so ruhig in seine gute Haut hinein, daß die Vogtin lachen mußte und zu sich selber sagte: Er ist auch gar nicht, wie ein anderer Mensch, man mag ihm in der Welt sagen, was man will, es macht ihm nichts; aber das Beste ist, er thut am Ende doch immer was man will, und sagte dann bald darauf: Aber du kannst mir doch sagen, ob du meinst sie nehme ihn oder nicht.

Vogt. Ich kann's nicht sagen, aber ich glaube es nicht.

Vogtin. Aber warum glaubst du's nicht?

Vogt. Da sie gestern mit mir geredet, ist sie über des Maurers Frau wie wild worden und hat nicht warten mögen, um von mir weg zu kommen. Ich bin sicher, sie ist zu ihr gelaufen, um mit ihr zu zanken.

Vogtin. Hast du nicht nachschleichen und vor dem Fenster hören können, was sie etwa mit einander geredet?

Vogt. Du meinst auch, ich sei dir zu Allem gut genug, und ich hätte nicht einmal können, es war noch Tag.

Vogtin. Du kannst nie etwas.

Vogt. Es ist desto besser, daß du Alles kannst.

Vogtin. Du mußt doch noch einmal mit ihr reden und sehen, was du mit ihr ausrichtest. Es hat mir diesen Morgen auch geschienen, es sei noch nicht so gar gefährlich, oder wenigstens noch nicht ganz richtig, daß sie ihn nehme.

Vogt. Hast du auch schon mit ihr geredet?

Vogtin. Ja freilich.

Vogt. Was hat sie dir darüber gesagt?

Vogtin. Des Rudi halber hat sie sich gar nicht ausgelassen; des Vetters halber aber ist sie mit ihrer alten Klage gekommen.

Vogt. Mit dem Speck und mit dem Metzgen?

Vogtin. Sie weiß sonst in der Welt nichts wider ihn anzubringen.

Vogt. Ich glaube bald, sie treibe den Narren mit uns über diese zwei Punkte.

Vogtin. Nein, es ist ihr gewiß ernst.

Vogt. Es ist möglich. Sie hat ihr Lebtag solche Wunderlichkeiten gehabt, daß ihr manchmal der oder dieser ob etwas widrig vorgekommen, das kein anderer Mensch an ihm geachtet hat.

Vogtin. Aber ich bitte dich, geh' jetzt noch einmal zu ihr, und sieh, ob du etwas bei ihr ausrichten kannst. Es ist mir Alles daran gelegen, daß ich dem Vetter mein Wort halten könne; ich habe ihm heilig versprochen, er müsse sie bekommen.

Vogt. Ich will wohl — aber wenn dann der Junker vernimmt, daß ich wider den Rudi rede?

Vogtin. Du bleibst ein Kind, wenn du hundert Jahr alt wirst. Ich will meinen Kopf zum Pfand setzen, wenn sie auch heute den Rudi nimmt, sie sagt dem Junker ihr Lebtag kein Wort, das dir zum Nachtheil gereichen kann.

Vogt. Das glaube ich auch.

Nun so geh' einmal, sagte ihm die Frau. Und er mußte gehen, und zwar diesen Nachmittag zweimal. Es war vergebens. Er traf sie beide Mal nicht an. Aber seine Frau glaubte es ihm nicht und meinte vielmehr, er sei nicht einmal hingegangen, sondern er gebe es ihr nur an, und er mußte ihr eine Weile links und rechts Rechenschaft geben, wie? wo? und wann? ehe sie ihm glaubte. Damit aber hatte sie doch noch nicht, was sie wollte. Sie ließ die Meyerin noch dringend bitten, nach dem Nachtessen zu ihrem Bruder zu kommen, er habe etwas Nothwendiges mit ihr zu reden. Sie kam wirklich und die Vogtin that alles Mögliche, sie dahin zu bringen, daß sie den Rudi aus dem Kopf schlagen und ihr versprechen wolle, daß sie ihn nicht nehme. Aber die Meyerin war unbeweglich auf ihrem Entschluß, hierüber weder ja noch nein zu sagen und bat sie freundlich, aber dringend, ihr hierüber Ruhe zu lassen. Das mußte sie endlich, und ihr Mann war herzlich froh, daß sie ihm dieser Sache halber wenigstens einige Tage Ruhe, oder, wie er sich ausdrückte, Galgenfrist lassen müsse.

68. Ungleiches Benehmen von drei Weibern, bei gleichen Zwecken und bei gleicher Liebe.

An diesem Morgen hatten Gertrud und die Reinoldin und das Mareili alle Hände voll mit dem Kinderzug zu thun. Nachdem dieses Letztere gestern vor des Halori Haus den bösen Weibern, die das Juchheien der Kinder ob dem „Batzen sparen," und den zehntfreien Aeckern nicht leiden konnten, das Maul gestopft, und die Hügin, die das Vorroß gemacht, nebst ein paar andern ihres Gelichters vom Platz gejagt hatte, versprachen die Spinnerweiber dem Mareili, Alles zu thun, den Kinderzug zu dem Junker auf Morgen so schön zu machen, als nur immer möglich, und das Mareili sagte, es wolle für die, so es am nöthigsten hätten, saubere Hemden und Strümpfe, was es finde, zusammen suchen und zusammen betteln. — Und ich auch, und ich auch, sagte die Reinoldin, nahm auf der Stelle Abschied vom Mareili, und suchte, bis es Nacht war, bei ihren Geschwistern und wo sie konnte, gewaschene Hemden, Strümpfe, Schuhe und reinliche Kleider für ihren Kinderzug zu entlehnen, und gab selbst von dem, was ihre Kinder hatten, dazu, was sie immer entbehren konnte.

Sie konnten vor Freuden die Nacht durch nicht schlafen, weckten fast alle ihre Mütter vor Tag auf, daß sie aufstehen und sie für den Zug recht zurüsten sollten. Und da sie gehört, daß der Junker nicht leiden könne, wenn Jemand nicht sauber gewaschen und gekämmt vor ihn komme, gingen die Kinder mit ihren Müttern zum Bach und zum Brunnen, ließen sich Hals und Kopf und Hände reiben, wie noch nie, und schrieen nicht, so sehr diese ihnen im Kämmen die verwirrten wilden Haare rauften. Und was jede Mutter im hintersten Winkel Schöneres und Besseres hatte, das mußte sie ihnen anziehen. Dieses war aber nicht viel. Ihrer viele hatten nichts anderes, als schwarze Lumpen. Was will ich sagen? Ihrer viele konnten ihre Kinder nicht einmal recht kämmen und waschen.

Es kommt mir schwer übers Herz zu sagen, wie weit es

mit armen Leuten in solchen elenden Dörfern kommt, wenn sie, das Jahr kommt und das Jahr geht, keinen Ehren- und keinen Freudenanlaß haben, der sie auch etwa zur Ordentlichkeit oder Säuberlichkeit aufmuntern könnte, und sie sogar am heiligen Sonntag nicht einmal ein ganzes und sauberes Hemd anzuziehen haben. Darum hatten die Gertrud, die Reinoldin und das Mareili vom Morgen alle Hände so voll zu thun, als vor Jahren die Mütter in Zürich am Bächtelitag (Neujahrstag). Diese guten Weiber wuschen und kämmten ihrer viele noch einmal und entlehnten ihnen Schuh, Strümpfe und Kleider, was sie auftreiben konnten, daß der Zug schön werde.

Aber wer sonst noch so gut mit ihnen war, gab ihnen doch nicht gern etwas zu diesem Zug. Es fürchtete sich bald ein Jedes vor dem Gerede, das es im Dorf absetzen könnte, wenn es bekannt würde. Der Reinoldin ihre eigne Schwester, da sie ihr einen ganzen Bündel Kinderzeug gab, bat sie, sie solle doch machen, daß es Niemand vernehme. Das machte die Reinoldin so wild, daß sie in der ersten Hitze ihr das Bündel wieder an den Boden warf und ihr sagte, auf diese Art brauche sie nichts von ihr. Einen Augenblick darauf nahm sie es doch wieder vom Boden und sagte: Wenn dir Jemand den Kopf dafür abbeißt, so will ich dir ihn wieder aufsetzen.

Das Mareili machte es nicht so. Wenn es nur brav Zeug bekam, daß der Zug recht schön würde, so ließ es dazu sagen, was ein Jedes wollte und gab, wer nur Miene machte, daß er sich fürchte, zur Antwort: Es ist gar nicht nöthig, daß Jemand etwas davon wisse.

Und beim obern Brunnen, wo es mit einem solchen Bündel unter dem Arm einen ganzen Haufen Bauernweiber antraf, gab es auf die Frage, was es da trage, zur Antwort: Ihr wißt ja wohl, daß das Baumwollen=Mareili immer herumschleppen muß. Da glaubten die Weiber, es sei Baumwollengarn, obschon das Bündel einem Baumwollenbündel gar nicht ähnlich sah.

Gertrud entlehnte gar nichts und sagte: Man muß für

Niemand anders etwas entlehnen, außer man könne es bezahlen, wenn es verloren geht und zu Grund gerichtet wird; aber sie gab, was sie selber hatte und nur immer entbehren konnte.

Bis um neun Uhr hatte eine jede von diesen drei Weibern daheim das Haus voll dieser Kinder. Um neun Uhr ging Alles zum Mareili, wo sich der Zug versammelte.

---

69. Das Kind eines Mannes, der sich selbst erhängt; und ein Ausfall wider das Tändeln.

Sie waren kaum bei einander, so sagte das Mareili: Jetzt haben wir auch schön vergessen, unserm Zug eine Königin zu suchen und sie einen Spruch für den Junker zu lehren. So geht's, sagte die Reinoldin, wenn jetzt unser nur eins gewesen wäre, so wäre das gewiß nicht vergessen worden. Sie gingen jetzt alle drei zu den Haufen Kindern, die auf der Matte bei einander versammelt standen und ließen ihre Augen herumgehen, unter ihnen eines dafür auszusuchen.

Im Blitz sagte die Reinoldin: Ich weiß eins. Gleich darauf das Mareili: Ich auch, und dann die Gertrud: Wenn wir jetzt alle drei das gleiche meinten? Es war so. Sie nannten es alle aus einem Mund. Es stand da unter einem prachtvollen Birnbaum, der noch nicht ausgewachsen. Er war sein Bild. Es wußte es nicht und staunte ihn an.

Der ganze Haufe sah neugierig den Weibern auf den Mund, wer Königin sein sollte. Das Kind allein stand nebenaus, wie wenn es das nichts anginge und hörte selbst seinen Namen nicht, da ihn die Weiber jetzt nannten. Es war ärmlich gekleidet. Sein weißes Hemd war der Gertrud und seine Schuhe und Strümpfe der Reinoldin. Aber es war schön, wie der Tag. Sein gelbes Haar rollte sich auf der hohen Stirne und sein blaues Auge glänzte, wenn es dasselbe vom Boden aufhob. Seine Haut ist zart, wie

wenn es im Kloster erzogen wäre und seine Farbe frisch,
wie wenn es von den Bergen herab käme.

Es ist das älteste von den zehn Kindern des unglücklichen
Mannes, der an einem dunkeln Abend mit dem Hummel
gerechnet, ihn ins Thal Josaphat eingeladen und dann am
Morgen drauf, ehe die Sonne aufstand, sich an einer Eiche
erhängte.

Man konnte das Kind nicht genug anschauen, wie es
in seiner Unschuld anmaßungslos und unbefangen, aber dabei
in sich selbst gekehrt und niedergeschlagen da stand.

Es war mit seinen Gedanken nicht an dem Orte, wo
es stand und nicht bei den Menschen, die es umgaben, es
war bei seinem Vater. Es ist immer bei ihm, seitdem er
gestorben; aber er war auch ein guter Vater und hatte es
innig lieb und alle seine Kinder. Er ist auch nur darum
gestorben, weil er in dieser dunkeln Stunde, die ihm der
Vogt machte, glaubte, es sei ihm unmöglich, die armen zehn
Geschöpfe vor tiefem Elend zu bewahren.

Er war in der unglücklichen Nacht bis um 11 Uhr auf,
und kam da noch in seines Babeli Kammer und wünschte
ihm eine gute Nacht; aber er wußte nicht, wie er thun
wollte, und war so freundlich und so ängstlich; er konnte
nicht von ihm weg, so daß es dem Kind selbst vorkam, er
mache, wie wenn er auf eine weite Reise wollte und nicht
wisse, ob er wieder zurück kommen und es wieder sehen
würde.

Als er fort war, mußte das Babeli (so hieß das Kind)
ein paarmal seufzen, aber es dachte doch, es sei nichts
Anderes, er sei jetzt ins Bett; — aber ein paar Stunden
darauf, als die Mutter kam und sagte, er sei nicht ins
Bett gekommen, sagte das Kind im Augenblick: O mein
Gott! o mein Gott! Da ist etwas vorgefallen! — raufte
sich die Haare und konnte fast nicht erzählen, daß er gerade
ehe es eingeschlafen, in seine Kammer gekommen und wie
Abschied von ihm genommen und vor schwerem Herzen fast
nicht mehr zur Kammer hinaus können.

Jetzt trägt das arme Kind Tag und Nacht, wo es geht

und steht den guten Vater im Herzen, und wenn die Mutter um Mitternacht meint, es schlafe in seinem Bett, so ist es in der einsamen Wildniß bei seinem Grabe.

Das liegt zwischen Felsen und Dornen. Ob ihm ist eine steile Bergwand und unter ihm ein Abgrund. Ein schwarzer Bach mit grauem Schaum rauscht neben dem Grab hin und fällt unter ihm in ein Becken in den Abgrund. Zwischen alten Tannen und grauen Eichen ist der weite Himmel hier enge und die Sonne kommt erst gegen Mittag von der Felsenwand herab und am Nachmittag verbirgt sie sich wieder hinter den Buchen. Da, auf moosigen Steinen liegt das Kind ganze Nächte zwischen Dornen und Steinen auf seinem Grab und hat rund umher Blumen gepflanzt, so viel und so schön, als in diesem Schattenloch wachsen. Blaue Veilchen, blasse grünliche Tulpen, helle weiße Sternblumen, blaß rothe Rosen, — in der Mitte steht eine große Sonnenblume. Es staunt oft, wenn sie blüht, ihr hohes sich neigendes Haupt an; und an den vier Ecken sind Passionsblumen, und das gute Kind kann sich bei diesen Passionsblumen in Gedanken über das Schicksal seines Vaters verlieren, wie ein Schriftforscher in heiligen Büchern über das Schicksal des Himmels und der Erde.

Rings um das Grab sind dicke Hecken wider das Wild. Es legte sie mit seiner Hand an und flocht die Dornen selber in einander, und den einzigen Fußweg für Menschen hat es eine lange Strecke mit Dornen und wildem Gesträuch überlegt.

Allemal, wenn es in der Nacht kommt, thut es die ganze Strecke Dorn und Gesträuch wieder weg, und wenn es heimgeht, legt es sie wieder sorgfältig zu. Auch hat noch kein Fußtritt, als der seine, das Grab betreten. Wenn es am Morgen heimkommt, bringt es dürre Reiser und Kienholz, wie wenn es am Morgen früh darum in den Wald gegangen wäre; aber unter den Reisern hat es den ganzen Sommer durch Blumen, seine blauen Veilchen, seine grauen Tulpen und seine blassen Rosen.

Und es wartet dieser Blumen von des Vaters Grab

mit frischem Wasser im Schatten neben seinem Kasten, und wenn sie welken, so sammelt es noch ihre Blätter und Stengel. Seine ganze Bibel und sein großes und kleines Gebetbuch sind voll von diesen Blättern, und die dürren Stengel hat es in seinem Kasten in einer Schachtel, in der es das einzige schöne Halstuch, das es von seiner Pathe hat und nie trägt, aufbewahrt. Es steht oft Stunden lang vor dem Kasten und netzt Halstuch und Stengel mit seinen Thränen.

Ich bin kein Veilchentändler und liebe nichts weniger, als daß der Mensch vor Blumen schmelze und ob Mücken weine. Sie sind vorbei, die Tage solcher Thränen. Ich habe erfahren, daß der Mensch, der ob Blumen schmilzt, sein Brod nicht gern im Schweiß seines Angesichts ißt, und daß ein solches Weib nicht gern Kinder gebiert, daß es sich abschwächt und Gottes Ordnung widerspricht. Darum mag ich dieses Geschlecht nicht. Es gehört nicht in unsere Welt, die Dornen und Disteln trägt, sondern in eine, wo artige Engel mit Himmelszauber für ihre Bewohner den Boden bauen und zu den Steinen sagen: Werdet ihr Brod, damit die Müßiggänger essen. Aber auf unserm Boden taugt es nicht, und ich sage es gerade so, wie ich es denke: Ein Bauernkind, das eine Blumentändlerin wäre von dieser Art, würde ein armes, elendes Weib, und es wäre ihm besser, es wäre eine Zigeunerin geworden.

Aber das Babeli ist nicht deren eine. Unschuld und Vaterliebe und Gottes Führung machten aus ihm, was es ward; und es ist, was es so ist, im Verborgenen und in der Mitternachtsstunde. Den Tag über ist es die Magd seiner Mutter, die krank ist, und die Mutter seiner Geschwister, die unerzogen sind, und du kannst weit und breit fragen, ob du eine kranke Frau findest, die eine bessere Magd, und unerzogene Kinder, die eine bessere Mutter haben, du wirst keine finden.

Erst um Mitternacht, wenn Alles im Bett liegt und schläft, schleicht es von seinem Spinnrad weg zum Fenster hinaus über den Holzstoß und wandelt zu des Vaters Grab.

Und wenn das Jahr sich wendet und der Monat des Unglücks da ist, so verbirgt es der Mutter den Kalender, daß sie den Jammertag nicht bemerke, und treibt diese Woche alle Arbeit zusammen, daß sie nicht Zeit habe zu sinnen und darauf zu fallen.

Aber es selber vergißt ihn nie und würde es donnern und blitzen und Schloßen regnen, die tödten, es würde nicht weichen und ließe sich tödten auf seinem Grab.

70. Noch einmal das Kind des Erhängten.

Das ist das Kind, das unter dem Birnbaum stand und nichts hörte, als die drei Weiber es zur Königin des Kinderzugs machten.

Die Reinoldin sprang von hinten auf sie zu, schlug sie mit beiden Händen auf die Achsel und sagte ihm ins Ohr: Du bist's.

Es erschrak, kehrte sich feuerroth um und wußte nicht, was sie wollte, bis sie sich wieder erholte.

Da umringte Alles das gute Kind, bot ihm die Hand und freute sich, daß es die Königin des Zugs sei. Da schossen ihm Thränen in die Augen, denn seitdem sein Vater todt ist, dachte es in seinem Herzen nie mehr: Die Menschen sind gut; es dachte nur immer: Der Vater war gut; und floh die Menschen. In diesem Augenblicke dachte es wieder, die Menschen sind gut und Thränen schossen ihm in die Augen.

Da nahm es die Reinoldin bei der Hand und sagte: Komm jetzt, ich will dich rüsten, wie eine Braut und dich einen Spruch lehren, wie ein Pfarrer.

Aber als sie ihm daheim das Gotten=Schäppeli*) auf den Kopf legen und ein sehr feines weißes Kleid anziehn wollte, bat das Kind, sie solle das doch nicht thun und be=

---

*) „Gotten=Schäppeli," ein Geschenk der Gotte, Pathe, ist ein großes, breites, glänzendes Stirnband, mit dem sich die Bauerntöchter bei Hochzeits= und Taufanlässen schmückten.

denken, was der Junker und das ganze Dorf sagen würde, wenn es sich in solcher Hoffahrt zeigte. Die Reinoldin gab ihm zur Antwort: Laß das mich nur verantworten, es ist für den ganzen Zug und des Junkers wegen, daß du jetzt hoffährtig sein mußt, und nicht um deinetwillen. — Und damit zog sie ihm ihren glänzenden, weißen Rock an und band ihm das schönste Gotten=Schäppeli, das im Dorf ist, um die Stirne; dann lehrte sie es den Spruch, den es dem Junker für den Kinderzug halten sollte, ihm zu danken für die zehntfreien Aecker, die sie so sehr freuten. Das Kind konnte den Spruch fast im Augenblick auswendig; dann nahm die Reinoldin es bei der Hand und führte es wieder in des Mareili Matte, wo der Kinderzug versammelt war.

Die Reinoldin ist unter den Dorfältestenweibern vielleicht die einzige, die, wenn sie einen schönen Rock hat, wie keine andere, nicht darauf stolz ist und sich nicht damit brüstet; aber jetzt war sie stolz auf ihr Kleid, darin die Rickenbergerin als Königin des Zugs zu ihren Gespielen mit ihr zurückging.

Es waren Aller Augen auf dieses Kind gerichtet, da es jetzt in diesem Kleid mit ihr zurückkam. Die Bauerntöchter und Bauernweiber thaten unter allen Fenstern Mund und Augen auf, als sie es kommen sahen. Wer ist das? wer ist das? fragte eine die andere; denn keine kannte das Kind, und als sie jetzt hörten, es ist das Kind des Rickenbergers, der sich erhängt, stand ihnen das Wort im Mund still und der Neid preßte einigen reichen Töchtern Thränen aus den Augen. Man kann aber keinen Engel schöner malen, als es mit gesenktem Haupt vor den vollen Fenstern, die nach ihm gafften, vorbei ging und Niemand ansah.

Sein Kleid war weiß, wie der eben gefallene Schnee, und glänzte wie dieser, wenn nach einem Regen seine Oberfläche verhärtet und dann die Sonne auf den Eisglanz scheint, in den der Schnee sich verwandelt. Ein breiter, rother Gürtel umwand das glänzende Kleid, und flog in gedoppeltem Band von seiner Seite bis an den Boden. Seine Goldzöpfe wallten um und über den glänzenden

Kranz seiner Gotten=Krone und zwei weiße Sternblumen glänzten zwischen Rosen auf den Bändern des Brusttuchs, die weiß und roth waren, wie die Rosen und Stern= blumen.

So stellte die Reinoldin das Kind des Rickenbergers dem Zug vor. Es ließ sich führen, wohin sie es führte, und stellen, wohin sie es stellte. So willenlos geht ein Lamm an der Hand seines Führers und so willenlos sieht ein Wiegenkind, das man hochgeschmückt auf einen Thron legt, von dieser Stelle hinab auf die nach seinem Glanz gaffende Menge.

71. Ein Hund, der dem Zug das Geleit gibt und sich tapfer hält.

So kam es in den Kreis der versammelten Spinner= mädchen*) und der Zug war jetzt bald in Ordnung; aber indem sie sich dazu anschickten, um ins Pfarrhaus zu ziehn, wo der Junker, nachdem seine Morgenarbeit vollendet war, hinging, äußerten einige Kinder, wenn sie jetzt nur vor den großen Häusern vorbei wären.

Warum, warum? sagten jetzt Gertrud und das Mareili; aber die Reinoldin unterbrach sie und sagte: Ich weiß, ich weiß, was sie fürchten; sie glauben, es gebe unverschämte Leute in den großen Häusern, aber ich will ihnen sicher Schutz schaffen, ich weiß ein Mittel dafür.

Mit diesem Wort sprang sie heim, kam aber im Augen= blick mit einem kleinen Hund wieder und sagte: Der wird euch schon das Geleit geben, wenn euch Jemand etwas thun will. Der Hund war abgerichtet. Wenn man nur ein paar Worte zu ihm sagte, so fing er einen Lärm an und ein Bauzen, wie wenn ihrer sieben Hunde bei einander

---
*) Damals spannen in Bonnal noch fast lauter Mädchen und sehr wenige Knaben Baumwolle, daher diese auch keinen Antheil am Zug nahmen.

wären, und hörte nicht auf, bis man ein anderes Wort zu ihm sagte.

Wenn euch jetzt das Geringste begegnet, sagte die Reinoldin zu ihrem Aeltesten, so ruf' du nur: Diana, gib du Bescheid! und laß ihn dann nur seine Sache recht machen, ehe du ihm wieder rufst: Schweig jetzt, du hast genug geredet!

Es kam ihnen wohl, daß sie diesen Hund bei sich hatten; denn es zeigte sich bei vielen großen Häusern ein ganz unverschämtes Benehmen. Man lachte aus den Fenstern laut über die geputzten Bettelkinder und erzählte sich dies und das, was ihr denken könnt, über die Frechheit der Rickenbergerin, die jetzt die Königin des Zugs war. Es thäte besser, sagten viele laut, daß es an seinen Vater dächte, als daß es sich für heute so in eine Narrenhoffahrt hineinstecken ließe. Das Kind der Reinoldin hätte den Hund schon siebenmal gehetzt, doch die Rickenbergerin hielt es immer ab und rief ihm zu, es solle es doch nicht thun, sie wollten lieber geschwind vorbei und weiter.

Aber bei des Kalberleders Haus war seine Geduld aus. Der junge Bengel lud eben Mist und sein Wagen stand an der Straße, als sie vorbeizogen; da warf er eine große Gabel voll so stark über den Wagen aus, daß er auf der andern Seite hinunter in die Gasse und so nahe an den Zug fiel, daß es keinen halben Schuh gefehlt, des Krumhäußlers Betheli wäre über und über voll Mist geworden. Jetzt rief das Kind: Diana, gib du da Bescheid! und zeigte ihm mit dem Finger den Kalberleder jenseits des Mistwagens.

Der kleine Hund, wie ein Blitz darunter durch, sprang an den großen Bengel an. Er warf ihm die Mistgabel nach, dann viele Steine und endlich ein Pflugsrädli; aber er traf ihn nicht. Der Hund war wie ein Windspiel ihm alle Augenblick an den Beinen, und alle Augenblick wieder davon. Der Bengel aber war wie rasend vor Zorn, daß er ihn nicht traf, und rief mit einem Schaum vor dem Maul die Kinder an: Ruft euern Hund zurück, oder ich schlage ihn todt.

Aber die Kinder lachten ob dieses Todtschlags noch lauter, als der Hund bellte, und alle Fenster an der ganzen Gasse und alle Thüren waren offen; Alles sah jetzt nicht mehr nach dem Zuge, sondern dem Hund und dem Kalberleder zu, und das Kind der Reinoldin that's nicht, wenn die Rickenbergerin es schon bat, es solle ihn zurückrufen; es ließ den Hund sein Spiel forttreiben, bis er heiser war; erst da rief es: Diana, schweig jetzt, du hast genug geredet.

Ich liebe das Abrichten sonst gar nicht, aber dieser abgerichtete Hund hat seine Sache so gut gemacht und sich für die armen Kinder so tapfer gehalten, daß ich mich um seinetwillen fast mit der ganzen Armseligkeit der Abrichtungskünste versöhnen und ihr Lobredner werden könnte. Der brave Hund hat mit seiner Kunst und mit seinem Muth fast die ganze Stimmung der Zuschauer des Zugs umgekehrt.

Des Bengels Vater war so giftig darob, daß, da er endlich vom Wagen weglief und in die Stube hineinkam, er ihm eine Ohrfeige gab; und das that dem Kerl fast so weh, als daß er dem Hund nicht Meister geworden. Er sagte dem Vater: Du hast doch auch zum Fenster hinaus gelacht, da ich die Gabel Mist hinüber geworfen, und ich habe so wenig wissen können als du, daß sie so einen Ketzerhund bei sich haben. Der Alte erwiederte ihm: Halt's Maul, du Ochsenkopf. Aber er hatte doch Recht. Wenn zwei oder drei Kinder von dem Mist voll geworden wären und sich der Hund gar nicht darein gelegt hätte, so hätte der Alte gelacht und dem Ochsenkopf statt der Ohrfeige ein Glas Wein aus dem Keller dafür gereicht. So geht's in der Welt.

Der alte Kalberleder war indeß nicht der einzige, der des Hunds halber so den Mantel nach dem Winde hing. Die meisten Leute, die unter den Thüren und Fenstern dem Zug zusahen und selber viele von denen, die in dem Augenblick, da er den Mist über den Wagen gegen den Zug hinwarf, überlaut lachten, sagten jetzt: Es geschehe ihm recht, warum habe er den Zug nicht ruhig gehen lassen.

Viele aber mißbilligten das auch schon im Anfang und sagten, das sei nicht recht, daß er den Mist so über den Wagen fast in den Zug hineingeworfen, und einige unbefangene alte Leute nahmen herzlichen Antheil an diesem schönen Zug. Ein paar alte Frauen, die in ihren Gärten waren, als sie vorbeizogen, brachen für sie die schönsten Blumen ab, die sie hatten, und boten sie ihnen unter der Gartenthür an. Auch erzählten einige alte Leute, sie hätten von ihren Vorfahren gehört, daß in der alten guten Zeit unter einem Junker, der fast hundert Jahre alt worden und den Leuten gar lieb gewesen, die Kinder aus allen seinen Dörfern mit Kreuz und Fahnen, weil da noch alles katholisch gewesen, und mit allen seinen Pfarrern und Frühmessern alle Jahr einmal in die Burg gezogen wären und da mit dem Junker und allen seinen Leuten den ganzen Tag über Freude gehabt hätten.

Diese Blumen und diese Theilnahme und besonders der Sieg, den ihnen die brave Diane über den bösen Muthwillen des reichen Bengels verschafft, freute die Kinder, man kann nicht sagen, wie sehr. Sie zogen jetzt froh und munter und von nun an ungeschoren ihres Wegs fort ins Pfarrhaus.

---

72. Die Erquickung eines Mannes, der eine hohe Erquickung verdient.

Arner war schon eine Weile von der Linde zurück. Er ging mit beklemmtem Herzen und beinahe ohne Hoffnung, daß mit einem Volk, unter welchem so viele junge und alte Leute so tief im Lumpenleben versunken, noch irgend etwas Gutes auszurichten sei, dahin, spazierte einsam in den Garten des Pfarrers und setzte sich unbemerkt am Ende desselben in eine dunkle Laube, die wie für seine Stimmung gemacht zu sein schien. Das Bild der Menschen, die heute bei der Linde vor seinen Augen standen, schwebte ihm noch vor. Der Gedanke: Wie lange wird's dauern, bis ein solches Volk etwas anderes ist, als es jetzt ist? lag ihm schwer auf dem Herzen. Er saß auf einer Rasenbank in dieser Laube und lag da in sich selbst gekehrt, den Kopf auf seinen Arm hinlehnend, als ihn das Geräusch der Kinder, die den Garten hinaufkamen, wie aus dem Traume erweckte, da er sie nicht eher gehört hatte, als bis sie schon hinter der Laube standen, in der er sich befand. Er fuhr wie im Schrecken auf, kehrte sich um und sah die Reihe Kinder den ganzen Garten hinab, wie wenn sie nicht aufhörte und den Engel im weißen Kleid an ihrer Spitze vor seinen Augen, und alsobald redete das Kind ihn an:

Lieber Junker Vater! Wir sind arme Spinnerkinder von Bonnal und kommen, Euch zu danken, daß Ihr so gut mit uns seid und uns eine so große Wohlthat versprochen, wenn wir zu dem Geld, daß wir verdienen, Sorge tragen und es ordentlich aufsparen. Lieber Junker Vater! Wir haben eine gar große Freude an dem, was ihr uns versprochen, und auch dafür, lieber Junker Vater, danken wir Euch herzlich, daß Ihr eine Schule bei uns errichten wollt, in welcher wir mehr lernen können, als wir bis dahin Gelegenheit hatten und zu Allem, was uns an Leib und Seele nützlich und nothwendig ist, Hülfe und Handbietung finden werden. Wir haben eine große Freude an diesem Allen und versprechen Euch, weil wir jung sind und wenn wir alt werden, recht zu thun und uns Eurer Gutthaten würdig zu machen. Gott vergelte Euch in Zeit und Ewigkeit, was Ihr an uns thut!

Und „Gott vergelte Euch in Zeit und Ewigkeit, was Ihr an uns thut!" sprach jetzt die ganze Reihe bis ans Ende des Gartens hinab der Rickenbergerin nach).

Der Eindruck, den die plötzliche Erscheinung dieser Kinder auf ihn machte, ist unbeschreiblich. Er wußte einen Augenblick fast nicht, ob er träume oder wache, so übernahm ihn ihre Erscheinung. Er blickte sie fast wie mit einem starren Aug an. Er verstand beinahe nicht, was die Rickenbergerin ihm sagte, er zeigte auch in diesem Augenblick noch keine Freude. Er mußte nur zu sich selbst sagen: Sind

das die Kinder der Leute, die heute vor meinen Augen
gestanden? Es verging eine Weile, ehe er sich so weit erholt
hatte, um mit Ruhe und Freude an ihrer Erscheinung Theil
nehmen zu können.

Wundert euch nicht, ihr Menschen! Wenn ein Vater
den Liebling seines Herzens und seinen Erstgebornen un-
wiederbringlich verloren sieht, mit seinem Angesicht sich auf
den Boden hinwirft und diesen mit seinen Thränen benetzt,
wenn dann seine andern Kinder zu ihm kommen, ihn zu
trösten, so empfindet er zuerst auch keine Freude, und wenn
auch ihre Mutter an ihrer Spitze steht, kehrt er sich doch
von ihr weg. Er muß sich vor allen Dingen erst beruhigen,
er muß Athem und Luft schöpfen. Erst wenn es ihm
wieder leichter ums Herz wird, fällt er der Mutter in den
Arm; erst dann setzt er ihren Unmündigen auf seinen Schoß
und fängt an, sich seiner übrigen Kinder wieder zu er-
freuen und sich wegen seines verlornen Erstgebornen zu
trösten.

Arner mußte sich jetzt auch erholen, und nach einigen
Augenblicken, wo er wie versteinert da stand, gab er der
guten Rickenbergerin seine Hand und sagte: Kind, wessen
bist du? — Aber er sah noch so verwirrt aus und seine
Sprache war noch so hart, da er das sagte, und so voll
Unruhe, daß das gute Kind vor seinem Anblick gleich erschrocken wie von seiner Frage seine Farbe verlor und mit
Zittern antwortete: Mein Vater — mein Vater — ist —
Dann konnte es nicht mehr. Seine Lippen starrten, und
es deckte mit beiden Händen sein Augesicht, das es tief
gegen die Erde hinab bog.

Was ist das? — Was ist das? — fragte Arner und
war fast so erschrocken, als die Rickenbergerin. Da sagte
ihm ein Kind, das neben ihm aber etwas entfernt von der
Rickenbergerin stand, so leise als immer möglich: Es gehört dem unglücklichen Rickenberger.

Es that dem Junker so Leid. Er nahm seine Hand
und sagte: Es ist mir Leid, daß ich dich das gefragt. Das
Kind hatte sich aber auch wieder erholt und sagte: Verzeiht

mir doch, was mir begegnet, ich hab' einmal nicht anders können.

Der Junker erwiederte ihm: Es ist brav, daß dir dein Vater so lieb ist, ich weiß aber auch, daß er diese Liebe verdient und daß er ein guter Vater war, und so lange er mit ihm redete, hatte er seine Hand in der seinen.

So die Hand des Kindes in seiner Vaterhand, erholte er sich wieder ganz. Allmählich verschwand in ihm das Bild ihrer Eltern, die diesen Morgen vor ihm standen. Er sah jetzt nur ihre Kinder. Ihr Anblick erhob sein Herz. Freude und Hoffnung für sie entkeimten seiner Seele. Er fühlte sich als ihr Vater. Er fühlte sie als seine Kinder, als seine hoffnungsvollen Kinder. Er blickte jetzt mit Vateranmuth in ihre Reihen hinein und sagte ihnen: Ihr könnt nicht glauben, Kinder, wie sehr es mich freut, daß ihr so zu mir gekommen. — Dann setzte er sich, von ihrem Anblick erquickt, zu ihnen auf die Rasenbank hin, ließ sie näher zu sich kommen und die Kleinsten hart zu sich stellen.

Er nahm von diesen Kleinsten bald das eine, bald ein anderes auf seinen Schoß und wollte mit ihnen sprechen. Im Anfang gaben sie ihm keine Antwort und sahen ihn nur steif an; bald aber fingen sie doch an, auf das, was er sagte, mit den Augen und mit dem Kopf ja und nein zu nicken; etliche drückten aber dabei mit den Händen die Lippen so über einander, wie wenn sie sagen wollten, sie hätten keinen Mund für ihn.

Aber auch die Kleinsten von des Rudi und der Gertrud Kindern gaben ihm Antwort, sobald er mit ihnen redete, und das that denn den andern bald auch den Mund auf. Zuerst antworteten sie ihm nur ein Wörtchen, dann zwei, dann drei, dann so viel er wollte, und bald darauf gingen ihnen die Mündchen wie eine Wasserstampfe. Sie setzten sich ihm jetzt von selbst auf den Schoß, faßten ihn bald mit den Händen um den Hals, und thaten bald völlig mit ihm, wie wenn sie den Aetti daheim unter den Händen hätten.

Das Bären-Anneli machte auf seinem Schoße gar, wie

wenn es eine Geißel in der Hand hätte, hü — hü — es verstand das. Es hatte es bei seinem Großvater Lehmann vor Altem auch so gemacht, wenn er es auf dem Schoße hatte, und wollte, daß er mit ihm reite. Er setzte das Kind auf seine Knie und machte mit ihm das Reiterspiel:
So reiten die Herren, die Herren,
So reiten die Bauern, die Bauern,
So reiten die Knaben, die Knaben,
So reiten die Jungfern, die Jungfern.
Da ging's an ein Lachen und an ein Treiben auf seinem Schoße. Er nahm eins nach dem andern, und ließ es so auf den Knien reiten, wie auf dem Roß. Die guten Kinder machten bald mit ihm, was sie nur immer wollten, und wenn zu Zeiten die ältern Kinder es den kleinern verwehren wollten, nickten sie ihnen mit dem Kopf nein, nein, und sagten ihnen leise ins Ohr: Er hat's nicht ungern, er hat's gewiß nicht ungern. Da der Junker merkte, was sie sich winkten und ins Ohr sagten, gab er ein paar großen, von denen er merkte, daß sie die kleinern abwehren wollen, die Hand und sagte: O laßt sie nur machen, sie machen mir Freude.

Sie hingen sich ihm an Rücken und Hals und faßten Alles an, was er Schönes und Glänzendes anhatte. Sie nahmen ihm Hut, Schnallen, Ordenszeichen, Uhrenkette in die Hand und spielten damit. Sie boten einander auch seine Tabaksdose herum, thaten als wenn sie von dem verschlossenen Deckel eine Prise genommen und jetzt nießen müßten; er ließ sie mit Allem machen, nur den Degen wehrte er ihnen, den sie ausziehen wollten. Mitunter fragte er sie allerhand über ihren Zug; unter Anderem auch, ob die Kleider, die sie jetzt trügen, alle ihnen gehörten. — Nein, nein, antworteten sie, zeigten ihm, wie dem Vater daheim das Hemd unter dem Halstuch und den Strumpf am Bein, sagten ihm alle Stücke, von wem sie's hätten, und erzählten ihm dann hintennach, daß sie Alles am Abend den drei Frauen wieder bringen müßten.

Ihr müßt es ihnen nicht mehr bringen, sagte da der

Junker. Das geht nicht, sagten die Kinder, freilich müssen wir es wieder bringen. Einige sagten: Wir brauchen's ja morgen nicht mehr, du bist ja morgen nicht da. Er sagte noch einmal: Ich will machen, daß ihr's behalten könnt. Aber sie konnten es fast nicht glauben, und nickten ihm mit dem Kopf, wie wenn sie nein sagen wollten. So tändelte er mit ihnen, bis der Pfarrer und der Lieutenant zum Essen heim kamen. Beide waren aufgehalten worden und kamen sehr spät.

Sie hörten schon unten an der Gasse das Lachen der fröhlichen Kinder im Garten, erkannten die Stimme des Junkers und schlichen neben dem Pfarrhaag hinauf, stellten sich dann hinter eine Haselstaude und sahen zu, wie die Schaar der Kinder mit dem Junker umging und wie sie ihn zurichteten. Das war ein Anblick, der ihr Herz erquickte. O wie gern, wie gern hätten sie ihm lange, recht lange zugesehen, ohne daß man sie bemerkt hätte; aber es ging nicht lange, so sah sie ein Kind, das er auf dem Schoße hatte und drehte ihm seinen Kopf gegen die Seite, wo die Herren hinter dem Gartenzaun standen und sagte zu ihm: Sieh da, wer ist da?

Da riefen Glülphi und der Pfarrer ihm zu: Bravo, bravo, Junker! Das geht gut! und er stand mit einem Gefühl auf, das durch die Freude über seine Kinder innerlich so gehoben war, daß es ihm schien, er habe seine Freunde noch nie mit der Wärme umarmt, als in diesem Augenblicke.

Die Kinder wollten jetzt heim, denn es war schon Mittag vorüber, aber Arner ließ sie nicht gehen und sagte zu ihnen, der Herr Pfarrer habe Kühe im Stalle und Brod im Hause, und die Frau Pfarrerin mache ihnen gern eine Milchsuppe und, Kinder, ich will selber bei euch bleiben und eure Suppe mit euch essen. — Er wollte in der That nicht zu Tische gehen, sondern bei den Kindern bleiben und ihre Suppe mit ihnen essen; aber da er es der Frau Pfarrerin sagte, merkte er bald, daß sie darüber betroffen ward. Es war natürlich; sie war den ganzen Morgen in der Küche

und beim Feuer gewesen, um ihm ein gutes Mittagessen zu
machen; jetzt wollte er nicht zu Tische kommen und nur mit
den Kindern im Garten eine Milchsuppe essen und ihr Fisch
und ihre Vögel waren doch so wohl gerathen. Wie ein
Schriftsteller, wenn er einen vollendeten Bogen einer guten
Arbeit verliert, über seine verlorne Arbeit betroffen ist,
fast eben so betroffen war die Frau Pfarrerin über ihre
verlorne Küchenarbeit an dem Fisch und an dem Braten.
Sie stand verlegen vor dem Junker und zeigte gar keine
Freude an seinem Gelüst nach der Milchsuppe. Er merkte
die Ursache bald und sagte ihr: Ich sollte euch strafen und
nicht zu Tische kommen, denn ich sehe, daß ihr euch abermal
Mühe meinetwegen gemacht habt; aber ihr seid mir zu lieb,
als daß ich euch plagen könnte, ich komme zu Tische, sitze
eine halbe Stunde bei euch und versuche Alles, was ihr
mir vorsetzt; aber dann stehe ich auf, gehe zu meinen Kindern
in den Garten und esse noch mit ihnen Milchsuppe.

Die Frau Pfarrerin war jetzt königlich zufrieden, nahm
ihn traulich bei der Hand und sagte ihm: Sie sind doch
immer gleich brav, lieber, guter Junker. — Wahrlich, es
war ihr wie ein Stein von dem Herzen, daß sie ihre Fische
nicht vergebens gekocht hatte. Er kam denn auch wirklich
eine halbe Stunde aus dem Garten ins Pfarrhaus zu Tische,
lobte der guten Frau ihre Suppe, ihren Fisch und was weiß
ich mehr, trank auf ihre Gesundheit und auf die Gesundheit
ihrer Köchin und sagte ihr so viel Freundliches und Lieb-
liches, als er nur konnte. Aber als seine halbe Stunde
vorüber, stand er plötzlich auf und war in einem Augenblick
die Treppe hinunter bei seinen Kindern.

73. Goldäpfel, Milchsuppe, Dankbarkeit und Er=
ziehungsregeln.

Unter der Thür traf er seinen Karl an. Der gute Bub
hatte bei Lindenbergers noch länger als der Lieutenant auf
dem Ried und der Pfarrer bei seinen Kranken das Mittag=

essen vergessen. Er war den ganzen Morgen bei seinen
Buben im Dorf, und im Herumspringen kam er gegen
elf zum Kreuzbrunnen; da stand der Jacobeli unter dem
Hause. Da sprang der Karl von den andern Buben weg
zu ihm und fragte ihn: Du, wie ist es heute doch auch
gegangen? Nicht wahr, der Papa ist nicht bös gewesen?
Das glaub' ich, ist er nicht bös gewesen, sagte der Bub;
aber komm doch auch mit mir in die Stube hinein; meine
Schwester muß dir auch erzählen, wie gut der Papa mit
ihr war. Das freut mich, das freut mich auch, sagte der
Karl, und sprang mit ihm in die Stube hinein.

Da zog der Vater die Kappe vor ihm ab und die
Großmutter stand von ihrem Stuhle auf und ging an ihrem
Stabe ihm etliche Schritte entgegen, ihm die Hand zu bieten
und zu danken. Ich bin ja nicht der Papa, sagte der Karl
zu der alten Frau, denn er meinte, sie sei etwa blind oder
irre sich. Aber da dankten ihm auch der Vater und die
junge Frau, die krank war, und die Tochter, die unter die
Linde mußte. Er aber fand sich bei diesem Danken unbe=
haglich, kehrte sich gegen den Jacobeli und sagte zu ihm: Du
hast mir ja gesagt, sie wollten mir etwas erzählen.

Da nahm ihn das Mädchen, das heut am Morgen unter
die Linde mußte, bei der Hand und sagte: Ja, ja, er hat
mir's gesagt; ich muß dir's erzählen, wie gut der Papa
mit mir gewesen, und erzählte dann alle Worte, die er mit
ihr geredet.

Das freut mich auch, das freut mich auch, sagte Karl
einmal über das andre. Indessen suchte ihm der Vater im
Keller unter dem Stroh ein halb Dutzend Goldäpfel von einem
jungen Bäumchen, das dies Jahr die erste Frucht getragen
und zwar die schönsten, die im Dorfe wuchsen. Sie hatten
sie den ganzen Winter über gespart ohne einen einzigen
davon zu essen; und da er sie ihm gab und ihm selbst in
die Tasche hineinthat, sagte er ihm noch: Aber iß sie auch
selbst und gib sie nicht weg. Da dankte der Karl und sagte:
Das sind doch auch gar zu schöne Aepfel! — Aber kommt
am Sonntag der Jacobeli auch gewiß zu uns? Der Papa

hat ihn eingeladen, und ihr müßt mir versprechen, daß er gewiß komme.

Da ihn der Junker so an der Hausthür antraf, fragte er ihn: Wo bist du so lang gewesen? Der Karl antwortete: Ja, Papa, bei den Leuten, von denen ich heute Nacht mit dir geredet habe. Ich weiß jetzt Alles, wie es gegangen ist, aber du mußt doch auch den Buben sehn, den du auf den Sonntag zu mir eingeladen; er ist noch eben da vor der Thür, er hat mich bis dahin begleitet.

Hiermit sprang er vom Papa weg, rief den Jacobeli zurück, brachte ihn an der Hand zum Papa und erzählte, wie gut sein Vater, seine Mutter, Großmutter und Schwestern mit ihm gewesen, und das darum, sagte er, weil du mit ihnen auch so gut gewesen; sie haben mir gesagt, du seist mit keinem Andern so gut gewesen, als mit ihnen, aber dann haben sie mir gedankt, als wenn ich du gewesen wäre, aber das habe ich nicht gern gehabt; dann nahm er auch einen von den Gold=Aepfeln, die sie ihm gegeben, aus der Tasche, zeigte ihn dem Papa und sagte: Du hast keine schönern in allen deinen Gärten. Aber ich muß die Aepfel allein essen, ich darf Niemanden einen davon geben, sie haben mir es dreimal gesagt, und ich hab' es ihnen versprochen.

Der Junker freute sich, den Jacobeli, der seinem Karl so lieb war, kennen zu lernen und sagte ihm, er solle mit ihnen in den Garten kommen, es seien viele Kinder da, die sollten eine Milchsuppe mit einander essen. Der Jacobeli schämte sich und sagte, er habe schon zu Mittag gegessen. Karl aber sagte ihm, du lügst, du hast noch nicht gegessen, und mußt jetzt kommen. Damit zog er ihn am Arm mit sich fort hinter dem Papa in den Garten. Die Milchsuppe war noch nicht da, die Frau Pfarrerin hatte sich mit Fleiß ein wenig verspätet, damit sie ihren lieben Junker einige Augenblicke länger an ihrem Tisch aufhalten könne.

Als sie kamen, brachte der Hans und die Köchin eben die großen Schüsseln voll Milchsuppe und einen ganzen Haufen hölzerner Löffel. Sie hatten sie bei den Nachbarn entlehnt, denn so viel hatten sie nicht im Haus. Sie brachten auch etliche silberne für den Junker und den Karl, den sie jetzt mit dem Junker vom Pfarrhaus weg in den Garten gehen sahen; aber der Junker und der Karl wollten beide nur hölzerne, und der Karl warf gar in der Freude über den hölzernen den silbernen, den ihm die Magd anbot, weit weg in den Garten. Aber da der Junker dieses sah, winkte er ihm, und er mußte wirklich von der Milchsuppe und von den Kindern weg aufstehen, den Löffel wieder suchen und vor dem Thor beim Brunnen abwaschen, ehe er ihn der Magd wieder geben durfte.

Die Kinder und die Magd wollten alle für ihn gehen, aber der Karl sprang, da der Papa gewinkt, wie ein Windspiel mit dem Löffel zum Brunnen. Da sagten die Kinder zur linken und zur rechten dem Junker: Ihr seid doch nicht bös mit ihm um deswillen, und die, so aus der Schüssel aßen, an der auch Karl saß, wollten nicht fortessen, bis er wieder da sei. Aber der Junker ließ diese nicht warten und sagte zu ihnen: Meine Kinder, esset nur, ihr müßt nicht auf ihn warten, wenn er fertig ist und vom Brunnen zurückkommt, kann er sich wieder zu euch setzen. Die guten Kinder wiederholten fast alle aus einem Munde: Aber du bist doch auch nicht bös mit ihm? Nein Kinder, ich bin nicht bös mit ihm, aber er muß nicht unartig sein und folgen lernen, wie ihr auch.

Als er jetzt den Löffel beim Brunnen gewaschen und zurück kam, schlich er dem Papa hinten zu an den Rücken, faßte ihn mit beiden Händen um den Hals, legte ihm den Kopf über seine Schulter an die Augen und sagte ihm dann: Gelt, Papa, du verzeihst mir das? War es lustig, so von der Milchsuppe weg laufen und den Löffel waschen zu müssen? sagte jetzt der Papa. — Nicht so sehr, erwiederte der Karl, und der Vater: Setz' dich jetzt nur wieder zu den Kindern und zu der Milchsuppe und besinn' dich ein ander Mal, was du machst.

Die Kinder sagten alle, sie hätten ihr Lebtag keine so gute Suppe und kein so lindes Brod gegessen. Sie war halb Rahm und voll Eier, das Brod darin zerging wie

Butter im Munde, und einige Kinder sagten zu einander, ob das Brod wohl auch von dem gleichen Korn sei, das bei ihnen wachse. Was denkt ihr auch? sagte ihnen der Karl, es ist nur reiner gemahlen und mehr Krüsch davon weggethan. Aber dann sagte er, er wolle die Suppe lieber, als was man ihm sonst in der Welt vorsetzte, so gut sei sie.

74. Der Namenstag eines alten Junkers.

Als sie so bei Tische saßen, hörten sie Pferd und Wagen. Ei, sagte der Karl, die Mama kommt, die Mama kommt! sprang von seiner Suppe auf und lief ihr entgegen. Sie war es wirklich. Der Junker stand auch auf, und alle Kinder, so viel ihrer da waren, liefen mit den Löffeln in den Händen hinter ihm her, der Mama entgegen. Sie hatte den Rollenberger und ihre zwei ältern Kinder bei sich und kam, den Papa wieder heimzuholen. Weit und breit tönte jetzt das Geschrei der laufenden Kinder vom Garten: Die Mama! — die Mama! — die Mama! — und die Kinder in der Kutsche, die es hörten, riefen zurück: Der Papa! der Papa! — der Papa! — Und Therese stieg, ehe sie bei ihnen waren, aus dem Wagen und war, wie wenn sie flog, in Arners Armen.

Sie frug im Augenblick hinter dem Kuß: Was machst du mit allen diesen Kindern? Sie essen mit mir eine Milchsuppe, und du mußt sie auch mit ihnen essen, sagte Arner. Das freute Therese. Sie sprang an seiner Hand den Garten hinauf und die ganze Reihe Kinder hinter ihr her, und setzte sich neben Arner zu den Kindern und ihrer Suppe. Auch die Frau Pfarrerin und der Herr Pfarrer und der Lieutenant kamen jetzt vom Pfarrhaus herunter, grüßten Therese und setzten sich alle zu den Kindern und ihrer Milchsuppe.

Da sie so alle traulich bei einander waren, fast das ganze Schloß, das ganze Pfarrhaus und fast alle Kinder aus dem Dorfe, sagte Therese: Das mahnt mich an den Namenstag, den einer

meiner Ahnherren alle Jahre feierte und von dem mein
Großvater mir selbst viel erzählt hat. Arner, dessen Herz
mit dem Herzen dieses Ahnherrn gleich schlug, sagte zu seiner
Frau: Wir wollen jetzt thun, wie wenn wir in dieser alten
Zeit lebten und mit diesen Kindern so traulich beisammen
sein, wie dein Ahnherr an seinem Namenstage; aber du
mußt uns dann weitläufig und umständlich erzählen, was er
alles an diesem Tag that.

Sie freuten sich alle und Therese erzählte den ganzen
Hergang am Namensfeste ihres Ahnherrn, wie er mit allen
Kindern seines Dorfs zu Mittag gegessen, und wie er Jahr
ein und Jahr aus nie so fröhlich gewesen, wie an diesem
Tage. Er trank dann das erste Glas auf seinen Herzog,
der ihm so lieb war, und das zweite auf die Armen. Er
war selber, sagte Therese vor allen Kindern, nichts weniger
als reich. Er hatte nur ein einziges Dorf, und wenn er
den Becher oben am Tisch hoch in der Hand hielt, sagte er:
Gott segne die hölzernen Schüsseln und die, so daraus essen!
Dann ging's wie ein Rundgesang um den Tisch. Zuerst
bot er der lieben Ehefrau den Becher, die hielt ihn dann
hoch wie der Ahnherr, und sagte: Es geht unserm Herzog
wohl und den Edeln im Land, wenn die hölzernen Schüsseln
und die, so daraus essen, gesegnet sind. Dann ging's hinunter
bis zum Knecht, der am Tisch saß. Alles mußte den Becher
nehmen und ein Wort sagen zum Lob des Bauernstands
und zum Trost der Armen, und wer dann das schönste
Wort zum Lob des Bauernstandes und zum Trost der
Armen gesagt, der mußte sich oben an den Tisch zum lieben
Ahnherrn setzen.

Währenddem sie so erzählte, nahm der Junker die beste
Flasche, die in der Laube stand, und das größte Glas, und
schenkte einen rothen ein, ähnlich dem Schweizerblut,*) das
vor mehr als 40 Jahren Leute, die jetzt nicht mehr leben,
zum Lobe der Schweizerfreiheit und des Schweizervaterlands
in Schinznach vereinigt tranken. Der Junker hielt sein

---

*) Eine Art rother Wein, der bei St. Jacob bei Basel, in der
Nähe eines alten Schweizerischen Schlachtfelds wächst.

Glas jetzt auch hoch, wie der Ahnherr, und sagte: Gott segne die hölzernen Schüsseln und die, so daraus essen!

Dann bot er Therese den Becher und sie hielt den Becher auch hoch, wie die Ahnfrau und sagte: Es geht dem Herzog wohl und den Edeln im Land, wenn die hölzernen Schüsseln gesegnet sind, und die, so daraus essen! — Dann bot sie ihn weiter, und ein Jeder mußte ein Wort sagen, zum Lob des Bauernstandes und zum Trost der Armen. Der Pfarrer sagte:

    Der Erde Schmutz auf Schuh und Kleid
    Und der Stirne heißer Schweiß
    Macht den Bauer zum braven Mann,
    Bringt ihm Gottes Segen.
    Der Erde Schmutz im Herzen
    Und auf der Stirne Stolz,
    Und die Haut in Seide
    Macht den Bauer zum schlechten Mann
    Und raubt ihm Gottes Segen.

Dann die Pfarrerin:

    Das reine Wasser wäscht Schmutz
    Von Schuh und Kleid und Stirne,
    Und am Sonntag kommt der Bauer
    Ohne Schmutz zur Kirche.

Der Rollenberger:

    Eigen Brod ist Gottes Brod,
    Gleichsam aus der ersten Hand;
    Auch fremdes Brod ist Gottes Brod,
    Aber aus der zweiten Hand.

Der Lieutenant:

    Das ist wahr,
    Säest du dein Korn mit eigner Hand,
    Schneid'st du dein Korn mit eigner Hand,
    So hast du Gottes Segen
    Gleichsam aus der ersten Hand;
    Kaufst du dir Korn, kaufst du dir Wein,
    Kaufst du dir Gottes Segen,
    Gleichsam aus der zweiten Hand.

Arner wiederholte Theresens Wort und setzte hinzu: Gott gebe, daß der, der mit goldenen Löffeln aus silbernen Schüsseln ißt, mit immer mehr Erfolg für den sorge, der mit dem hölzernen Löffel aus der hölzernen Schüssel ißt.

Ja, sagte des Junkers Klaus, der unten am Tisch saß, als es an ihn kam, es braucht mir noch ein Vorjahr, ehe der Silbermann und der Goldherr mit einem Erfolg für den sorgen können, der mit hölzernen Löffeln aus hölzernen Schüsseln ißt, daß er es auch spürt und Gott dafür dankt.

Was für ein Vorjahr meinst du, Klaus, das dem Gnadenjahr einer wahrhaft guten Versorgung des Volks vorhergehen müsse? sagten jetzt Arner, Therese, Glülphi und alle.

Ich meine, antwortete der Klaus, das Vorjahr, das einem solchen Gnadenjahr vorhergehen muß, ist ein Jahr, in welchem kein Silbermann und kein Goldherr dem Mann, der aus hölzernen Schüsseln ißt, ungestraft seinen Löffel aus der Hand schlagen und seine Schüssel ihm vor seinen Augen mit Füßen treten darf.

Unwillkürlich standen jetzt Arner, Glülphi und Alle auf und aus einem Mund tönte das Wort: Ja, ja, diesem Gnadenjahr, das wir suchen, diesem göttlichen, muß so ein menschliches vorhergehen, ehe man für den Mann, der aus Holz ißt, also wird sorgen können, daß er versorgt ist, in dem kein Silbermann und kein Goldherr dem Mann, der aus Holz ißt, seinen Löffel aus der Hand schlagen und seine Schüssel mit Füßen treten weder kann noch darf.

Aber Glülphi nahm jetzt das Wort und sagte: Ohne dieses Vorjahr kann das Gnadenjahr, das wir suchen und dessen die Welt bedarf, nicht kommen. So lange das Menschengeschlecht und Niemand anders und nichts anderes die Welt ist, so hat die Welt ein Recht zu diesem Vorjahr. Ja, sagte jetzt Arner, sie hat wohl ein Recht, dieses Vorjahr zu suchen, und Glülphi erwiederte: Arner und Männer, wie Sie, werden dieses Vorjahr mit Mitteln herbeiführen, die Sie dazu brauchen, und es wird Ihnen mit diesen Mitteln gelingen.

Jetzt saß die Richterin des Wettkampfs auf ihrem Stuhle oben am Tisch, Arner klingelte, und Therese sprach nun, wie ehemals die Ahnfrau, das Wort: Der Klaus hat das beste Wort zum Lob des Bauernstandes und zum Trost der Armen geredet, und er mußte nun oben an sitzen am Tisch, zwischen Therese und Arner, und man trank noch einmal aus dem Rundbecher, der nun wieder um den Tisch herumging, von Arners rothem, köstlichem Wein, der dem Schweizerblut glich, das ich, aber es ist lange seither, zur Ehre des Volks, zum Lob der Freiheit und zum Segen des Landes mit Männern getrunken, die ihres Gleichen suchen.

75. Noch einmal die Feier des Vaternamens.

Im Hochgefühl dieser Stunde, im Hochgefühl, daß Arner einer der Männer sei, der mit seinen Bestrebungen und mit seinen Mitteln etwas dazu beitragen könne, das Vorjahr des Segenszustandes herbeizuführen, dessen die Welt und die Armuth bedürfen; im Hochgefühl, daß ihr Mann im Geist und in der Wahrheit den edelsten alten Rittern, die für Gott, für das Vaterland, für ihren Fürsten und für den Unterdrückten und Leidenden im Land, für Recht, Wahrheit und Ehre lebten und starben, gleich denke und handle; im Hochgefühl dieser Stunde und des hohen Wortes, das der gute Klaus zum Lobe des Bauernstandes und zum Trost der Armen geredet, wandte sie, von dieser Scene bis zu Thränen gerührt, jetzt wieder einen Blick auf die Spinnermädchen, die in einer langen Reihe noch an ihrer Milchsuppe saßen und dem Wettkampf zum Lobe des Bauernstandes und zum Trost der Armen zusahen, und erst jetzt fiel ihr die Nickenbergerin auf, die, da diese sich immer bescheiden hinter die andern zurückzog, ihr bis jetzt noch nicht ins Aug gefallen war.

Ihre Augen standen ihr fast im Kopf still, als sie sie

jetzt sah und zu Arner sagte: Welch ein Engel ist das? Wer ist das? — Arner nahm sie beiseits und erzählte ihr die Geschichte des Kindes und was er von ihr wußte. Jetzt ging Therese an Arners Hand zu diesem guten Kinde hin, nahm es bei der Hand und bat es, den Spruch, den es diesen Morgen Arner gehalten, ihr jetzt zu wiederholen. Aber sie konnte das Kind fast nicht mehr fortreden lassen, als es anfing „Junker Vater" zu sagen. Sie unterbrach es, und sagte zu Arner: Ach Gott, dieser Name war noch zu der Zeit des Ahnherrn, dessen Andenken wir eben feierten, der gewohnte Name, den das Volk seinen Edeln im Land gab, und jetzt geben dir ihn unsere Kinder wieder. Als es den Spruch vollendet, umarmte Therese den Engel, nahm dann den kostbaren, breiten, buntfarbigen Gürtel, den sie eben trug, und band ihn um sein weißes Kleid, steckte ihm alle Blumen, mit denen sie selbst geschmückt war, auf Kopf und Brust, und sagte: Nimm das zum Pfand, daß die Frau deines Junkers Vater deine Mutter sein wird, so lang du lebst und recht thust.

Arner hatte das Wort Junker Vater bei der ersten Anrede der Kinder nicht recht verstanden, so sehr übernahm ihn der Anblick der Kinder, da er betrübt und erschüttert von dem Anblick ihrer Eltern, die unter der Linde eben vor ihm standen, auf der Rasenbank, in sich selbst gekehrt, da lag und sie so unerwartet und so rührend vor seinen Augen sah; aber jetzt ging ihm der Vatername innig zu Herzen und er sagte zu Therese: Ich hatte diesen Namen schon so lange gern; er war unter den lieben Alten so schön, so bedeutungsreich und so erhebend; aber ich hätte nicht das Herz gehabt, es auszusprechen. Die alte Zeit war in vielen Rücksichten so einfach und so schön, aber ich bin fern davon, sie ganz wieder zurück zu wünschen. Aber der Vatername freut mich doch. Meine Leute müssen mir ihn geben bis an mein Grab.

Therese. Gott Lob, daß du ihn wieder hast; deine Leute werden dir ihn gern wieder geben, bis an dein Grab.

Pfarrer. Ich gehöre auch zu Ihren Leuten und Sie erlauben auch mir, Ihnen diesen lieben Namen zu geben, bis ans Grab.

Arner. Von wem sollte er mir lieber sein, als von Ihnen? Aber ich gebe ihn Ihnen zurück. Er gehört Ihnen zuerst. Ich heiße sie von nun an bis an mein Grab lieber Vater Pfarrer.

Da küßte der Pfarrer dem Junker mit nassen Augen die Hand und redete kein Wort. Der Lieutenant unterbrach den Augenblick dieser Stille und sagte: Auch ich gehöre zu den Ihrigen und will zu ihnen gehören, bis an mein Grab; auch ich sage Junker Vater. — Und ich Ihnen Vater Schulmeister.

Das gibt mir doch eine ganze Menge Väter, sagte jetzt die Frau Pfarrerin und setzte hinzu: Wenn ihr nur Sorge tragt, daß ihr wenig Wittwen und Waisen hinterlasset.

In dem Augenblicke, da sie das sagte, hob Arner seine Augen gegen sie auf; man sah, daß es einen tiefen Eindruck auf ihn gemacht. Auch Therese bemerkte es. Sie fuhr wie im Schrecken auf und sagte zu Arner: Was ist dir? Arner erwiederte: Nichts, nichts; aber sein Herz schlug und sein Blick war ernst. Der Lieutenant und der Pfarrer bemerkten's beide und suchten das Gespräch auf etwas Anderes zu lenken. Es gelang ihnen. Sie sagten beide: Wir wollen jetzt mit einander noch einmal den lieben Vaternamen feiern.

Das wollen wir, sagten alle, und alle Kinder, die da waren, von des Junkers Karl an bis auf des Kuhhirten Elsi, mußten jetzt im Reihen zu ihnen hinzu, ihnen die Hand geben und ihnen Vater und Mutter sagen.

Wenn da keine Engel diese Eltern und diese Kinder umschwebten, so umschweben nie Engel den Menschen, er mag Reines und Heiliges thun auf Erden, was er will.

76. Des Junkers Karl macht den Nachtwächter.

Der Junker hatte sich vorgenommen, diesen Nachmittag die Bäume, die er vor ein paar Tagen seinen Bonnalern

gegeben, auf dem Ried setzen und den großen Baumgarten
anlegen zu lassen, den er zu dem Platz bestimmt, an welchem
sie einst das Fest der dankbaren Armuth, das er für sie stiften
wollte, feiern sollten. Therese ist auch mit dem Glülphi
und Rollenberger deshalb angekommen, um beim Anlegen
dieses Baumgartens gegenwärtig zu sein, und das halbe
Dorf wartete, bis der Junker vom Mittagessen im Pfarrhaus
auf den Gemeindeplatz kommen werde, wo sich Alles ver=
sammelte, um mit ihm aufs Ried zu ziehn.

Aber alle, alle im Pfarrhaus hatten über den Freuden
des Vaternamens das Baumsetzen auf dem Ried vergessen,
und daß der Junker versprochen, um zwei Uhr auf den
Gemeindeplatz zu kommen; die Knaben im Dorfe, die seit
dem Mittagessen sich immer mit ihren Geißen beschäftigten,
vergaßen es nicht. Sie sahen alle Augenblicke auf den
Kirchthurm, ob es nicht zwei Uhr sei, und sobald die Glocke
geschlagen und der Junker und alles im Garten noch still
saß und kein Zeichen zum Aufbruch gab, und es bald drei
Uhr schlagen wollte, machten die Buben einen Anschlag, mit
ihren Bäumen auf der Achsel und mit ihren Geißen an der
Hand vor das Pfarrhaus zu ziehn und den Junker und ihre
Schwestern auf das Ried abzuholen. Und der Karl, der,
wie gewohnt, seine Augen immer in allen Ecken herumgehen
ließ, sah die Knaben zuerst gegen den Pfarrhof anrücken,
sprang zu ihnen hinaus und das erste Wort, das er zu
ihnen sagte, ehe er sie grüßte, war: Warum habt ihr doch
die Geißen bei euch? Sie können euch ja nicht helfen Bäume
setzen. Ja, aber sie können auf dem Ried weiden, wenn
wir Bäume setzen und unsere Schwestern, die da sind, müssen
mit uns aufs Ried; sie können sie dann ja hüten, erwiederten
die Knaben.

Das ist wahr, das ist recht, sagte der Karl; dann baten
ihn die Knaben, er solle jetzt doch auch machen, daß der
Junker und alle, die mit wollten, bald kämen, es sei bald
drei Uhr; sie wollten dann einen schönen Zug anstellen und
ihre Schwestern müßten dann in ihren schönen Kleidern mit=
kommen, wenn sie auch nicht Bäume setzen könnten. —

Mit den Geißen? sagte Karl und lachte. — Ja, mit den lieben Geißen, erwiederten die Buben, lachten auch und sagten: Wir haben noch Trommel und Pfeife bei uns, es muß schön gehen; aber geh' doch jetzt, geh' doch und mache, daß der Papa und wer mit will, bald kommen. — Das will ich, das will ich, erwiederte Karl, sprang in den Garten, stellte sich vor den langen Tisch, an dem Papa, die Herren, Frauen und alle Kinder saßen, und rief dann das Nachtwächterlied: Höret, ihr Herren und Frauen, was soll ich euch sagen? die Glocke die hat zwei Uhr geschlagen, zwei geschlagen! schon lang zwei geschlagen!

Alles lachte ob dem Nachtwächterruf und der Junker sagte: Es ist wahr, ich habe den Nachtwächterruf verdient. Um zwei Uhr habe ich versprochen, auf's Ried zu kommen, und jetzt ist's ja bald drei Uhr, wir wollen jetzt gleich gehen. Der Karl erwiederte: Alle Buben warten mit ihren Bäumen und mit ihren Geißen vor dem Garten auf dich, und ihre und meine Schwestern müssen auch mitkommen; es muß ein großer und schöner Zug werden. Alles stand jetzt auf, und die Spinnerkinder sprangen auf die Straße zu ihren Brüdern.

Auch Arner, der Pfarrer und Glülphi standen auf, den Zug zu sehn, den die Knaben vorhatten, um ungesäumt mit ihnen auf's Ried zu ziehn. Aber es ging mit der Einrichtung des Zugs nicht vorwärts. Die Knaben, die ihn allein einrichten wollten, standen in einem Wirrwar unter einander und hatten einen Freudenlärm, daß man sein eigen Wort nicht mehr hörte. Da Glülphi kam, rief er: Still ihr Knaben! und hatte den Zug in einem Augenblick in Ordnung.

Die Trommel und Pfeife mußten voraus, dann der Karl mit der Fahne, dann ein Knabe und ein Mädchen; der Knabe hatte Bäume auf der Achsel, und das Mädchen führte die Geiß. Die so Geißen hatten, waren die ersten, die andern hinter ihnen. Der Karl, der mit seiner Fahne hinter sich sah, rief jetzt denen, die Geißen hatten und ihm näher standen: Ihr marschirt jetzt zu dreien und die andern zu zweien. Buben und Mädchen antworteten ihm: Zählst du die Geißen auch zu uns, daß du uns zu dreien rechnest? Er erwiederte: Warum nicht? ich kann bei den Geißen eins, zwei, drei zählen, wie bei euch.

Jetzt ging's aufs Ried. Der Zug war lustig und schön; aber der Unterschied zwischen den Knaben und Mädchen war groß. Die Knaben waren in ihren Alltagskleidern und in der ganzen Unreinlichkeit ihres gewohnten Seins aus dem Dorfe, die Mädchen aber waren von ihren Müttern und den drei Frauen so schön geputzt, als nur immer möglich.

Der Junker und der Pfarrer, denen dieser Unterschied auffiel, sagten beide zu einander: Will's Gott, wird das bis nach einem Jahr auch anders werden. — Ja, sagte Therese, wenn ihr immer mehr Leute findet, die euch darin so an die Hand gehn, wie es heute diese drei Weiber gethan haben. Es ist wahr, solche Leute, wie diese drei Weiber, haben wir nöthig und müssen sie suchen, sagten einstimmig Arner, der Pfarrer und der Lieutenant.

Suchet, sagte jetzt Therese, meinethalben morgen und bis übers Jahr, wen ihr weiter dazu braucht und findet, heute will ich mit dem ganzen Zug den drei Weibern, die die Spinnerkinder für diesen Zug so angezogen und geputzt, danken. Das ist brav, das ist brav, das ist brav, sagten jetzt der Junker, der Pfarrer und Glülphi, wir gehen mit dem Zug vor ihren Häusern vorbei. Und als die Spinner=kinder das hörten, schrien sie alle: Ja, ja, wir wollen dem Mareili, der Gertrud und der Reinoldin danken. Und der Zug ging vorwärts. Aber jetzt hatten die Kinder vor den großen Häusern gute Ruhe. Einige der reichen Bauern=Kinder weinten fast, daß sie nicht auch wie der Reinoldin Kinder, mit ihnen durften, und der Kalberleder, der wieder Mist lud, lief, sobald er den Zug unten an der Gasse er=blickte, von seinem halb geladenen Wagen weg und ließ sich eine halbe Stunde nicht mehr vor dem Haus sehen.

Diane aber roch ihn noch, sprang ihm unter dem Wagen durch bis zur Hausthür nach, die aber zu war, und es mußte Alles, selbst der Junker lachen, da sie den

Hund so sahen an der Thüre scharren und einen Laut
geben, wie wenn er seinen Mann wieder herausfordern
wollte.

77. **Die Demuth des Baumwollenmareili ist neben
der Therese eben so rein und eben so groß, als sein
Muth neben den Meisterkatzen im Dorf rein und
groß war.**

Das Mareili hatte eben die Stube voll Spinnerweiber,
die ihm Garn brachten und dankten, daß es sich ihrer
Kinder so angenommen, als der Zug die Gasse hinauf gegen
sein Haus kam. Alle Spinnerweiber liefen ans Fenster, zu
sehen, was es wieder Neues gebe; es allein blieb an seinem
Tisch, wog der Rebhäuslerin ihren Bündel Garn wie sonst
fort, gab ihr ihre Baumwolle dagegen und zahlte ihr den
Lohn noch, ehe es auch ans Fenster ging, um zu sehen, wo
dieser Zug hin wolle. Es sah kaum zum Fenster hinaus,
so stand der Zug vor ihm still; die Trommel tönte, die
Pfeife pfiff, die Fahne wehte, und es sagte zu sich selber:
Was ist das für ein Narrenstück, daß sie eben da stehen
bleiben? Das ist jetzt dir zu Lob und zu Ehren, sagten die
Weiber, und indem sie das sagten und immer noch zum
Fenster hinaus schauten, war die Junkerin schon in der
Stube und rief: Wo ist jetzt das Mareili?

Das Mareili kehrte sich um und mit ihm alle, die am
Fenster waren; aber es wußte nicht, wie ihm war, da
Therese es sogleich erkannte. Diese ging auf sie zu, nahm
sie bei der Hand und dankte ihr dann im Namen des
Junkers und des Pfarrers und des ganzen Zugs, daß es sich
der armen Kinder so angenommen. Das Mareili stand da
wie versteinert, es wußte nicht was es der Junkerin antworten
sollte; Scham, Rührung und Freude durchkreuzten sich in
seiner Seele, daß es durchaus nicht wußte, wie ihm war.
Es konnte lange kein Wort hervorbringen; endlich sagte es

doch: Gnädige Frau, das habe ich gewiß nicht verdient, und mein Bruder gewiß auch nicht; was wir bisher gethan und was wir ferner thun können, ist unsere Schuldigkeit, und dafür hat uns Niemand zu danken.

Sein Bruder, der Baumwollenmeyer, war diese ganze Zeit über in der Nebenstube, und hörte alle Worte, die Therese und seine Schwester mit einander redeten; aber der Zug und das Trommeln und Pfeifen vor seinem Haus behagte ihm nicht. Er kam auch nicht aus seiner Stube hervor, sondern zog sogar die Vorhänge vor sein Fenster, damit auf der Gasse Niemand merke, daß er zu Haus sei. Er war selber über das Gespräch der Junkerin mit seiner Schwester verdrüßlich. Es sind herzgute Leute, sagte er zu sich selber, der Junker und die Frau; sie meinen es trefflich und es ist recht, daß sie uns danken; aber zu viel ist zu viel, und ich fürchte das Zuviel oft mehr, als das Zuwenig, und Geräusch ist Geräusch. So etwas, wie der Zug vor seinem Haus und die Junkerin in der Stube neben Baumwollenspinnerweibern war seinem ganzen Lebensgang fremd und mißfiel ihm wirklich.

Arner, der Pfarrer und Glülphi, die bei den Kindern auf der Gasse vor der Thür standen, dachten nicht so; es war keine Rede davon, daß sie jetzt so mit den Trommeln und Pfeifen aufhören und still vom Hause wegziehen sollten, worum das Mareili Therese dringend bat. Die Herren wollten das, was sie fröhlich, laut und herzlich angefangen, jetzt auch fröhlich, laut und herzlich vollenden, und als Therese jetzt das Mareili, das um diesen stillen Abschied bat, verließ und es mit der Junkerin unter die Hausthür kam, hörte zwar die Trommel und Pfeife auf einmal auf, aber der Karl zog den Hut ab und rief: „Es lebe das gute Mareili!" und augenblicklich darauf der ganze Zug, daß es die ganze Gasse hinauf und hinab tönte: „Es lebe das gute Mareili!"

Es aber lief von der Thüre und von der Junkerin weg und kam feuerroth in die Stube, so sehr machte es das, was ihm unter der Thüre begegnet, betroffen, und wollte jetzt, da es wieder in die Stube hinein kam, sogleich mit seiner Arbeit fortfahren, den Spinnerweibern ihre Bündel Garn abnehmen und sein Geschäft treiben, wie immer; aber die Spinnerweiber dachten jetzt nicht an ihre Bündel Garn, nicht einmal an ihren Spinnerlohn. Wie wenn sie sonst nichts zu thun hätten und gerade nur um deswillen da wären, standen sie jetzt alle um das Mareili herum. So lange Bonnal steht, sagten sie ihm alle, ist eine solche Ehre, wie jetzt dir, Niemand wiederfahren; aber du hast es auch verdient. Es antwortete ihnen: Laßt mich jetzt damit ruhig; es ist gut, daß es vorüber, und bringt mir jetzt euer Garn, daß ich es wäge und wieder in die Ordnung komme, in der es mir wohler ist, als wenn man mir vor den Fenstern trommelt und pfeift.

---

78. Falschheit zerreißt alle Bande der Erde.

Vom Mareili weg ging der Zug zur Meinoldin. Dieser ihre Mutter zankte schon ein paar Stunden mit ihr, daß sie sich des Lumpenzugs also angenommen und ihre Kinder mit dem Bettelgesindel mitlaufen und dem Narrenjunker für etwas danken lassen, wofür ihm Alles, was im Dorf Ehre im Leib hat, mit dem Teufel danken möchte. Was sie am meisten erbitterte, war, daß sie noch bei ihren Schwestern Hemden und Strümpfe und Schuhe dafür entlehnt. Meinst du, sagte sie, noch ein paar Minuten vorher, ehe der Zug vor ihr Haus kam, ich hätte nicht genug daran, daß du so ein ungerathenes Kind bist und dir alle Leute über den Kopf richtest? Willst du auch noch deine Schwestern ins Geschrei bringen, daß sie seien wie du, und machen, daß sie in keinem Ehrenhaus mehr eine Heirath finden? Auch sagte sie ihr: Wenn dein Mann nicht auch ein Narr wäre, der eine Strafe vom Himmel verdient hätte, so hätte er dich gewiß nicht genommen; aber es muß mir will's Gott mit den andern Kindern nicht so gehen. Was hast du vom Junker und was geht dich der Narr an? Warum begreifst du doch nicht, daß wer im Dorf ist, es mit dem Dorf halten muß, und mit denen, die im Dorf etwas haben und darin Meister sind, und nicht mit Bettelvolk und mit Leuten, mit denen man keinen Hund zum Ofen herauslocken könnte? Aber du thust mir das nur zu Leid; du weißt, daß es mir Verdruß macht, und wenn du mich könntest mit deinem Trotzkopf ins Grab bringen, du würdest es nicht sparen. Du hast es mir dein Lebtag immer so gemacht.

Sie hatte das Wort: Du hast es mir dein Lebtag also gemacht, noch auf ihrer Zunge, als sie die Trommeln und Pfeifen des Zugs hörte, der sich ihrem Haus näherte. Jetzt schwieg sie plötzlich und sagte: Das wird wieder der Narren-Zug von heute morgen sein. Damit sprang sie an's Fenster und sah den Zug die Gasse hinauf gegen ihr Haus zu kommen; aber als er gerade vor ihren Fenstern still stand und die Junkerin vom Zug weg gerade gegen ihr Haus zu ging, schlug sie das Fenster plötzlich zu, wandte sich an ihre Tochter und sagte: Was ist das? Sie will, glaube ich, zu uns. Was hat sie bei uns zu thun?

Ich weiß nicht, sagte die Tochter. Und die Mutter: Wisch' dir doch die Augen, daß nicht alle Leute sehen, was du für ein Narr bist. Sie wischte sie wirklich ab, aber sie konnte mit dem Abwischen das Rothe im Aug nicht weiß machen. Was die Mutter immer sagte, es half nichts; sie sah aus, wie Jemand, der sich die Augen fast aus dem Kopf heraus geweint. Jetzt trat Therese zu ihr hinein, gab ihr freundlich die Hand und dankte ihr, wie dem Mareili, im Namen des ganzen Zugs und des Junkers für alle Sorgfalt und alle Liebe, mit der sie sich der guten Spinner=kinder angenommen u. s. w. Aber die Reinoldin konnte in dem Gemüths=Zustand, in den sie die Mutter hineingebracht, kein Wort hervorbringen.

Die Alte biß die Zähne über einander. Ihre Augen glühten vor Zorn gegen ihre Tochter. Indessen nahm sie plötzlich das Wort und dankte der Junkerin mit geschliffenen Worten und mit einem erzwungenen Lächeln für die Ehre, die sie ihrer Tochter erweise, und sagte, die Junkerin habe sich auch gar zu viel Mühe genommen für sie; sie habe nichts anderes gethan, als was ihre Schuldigkeit gewesen und möchte nur wünschen, daß sie mehr Gelegenheit hätte, ihr oder dem Junker zu dienen. Dann setzte sie noch hinzu: Die gnädige Frau solle doch ihrer Tochter verzeihen, es sei einmal so ihre Natur, wenn sie etwas übernehme, sei es Freud oder Leid, so könne sie nicht anders, es bringe sie sogleich zum Weinen.

Das ist eine glatte, sagte Therese, sobald sie so für ihre Tochter das Wort nahm, zu sich selber, sah ihr, so lang sie redete, mit unverwandten Augen auf den Mund, und als sie ausgeredet, gab sie nicht ihr Antwort, sondern wandte sich noch einmal an die Tochter, die dann endlich so weit gefaßt war, daß sie ihr sagen konnte: Das Wenige, das sie für den Zug habe thun können, habe ihr Freude gemacht und sie habe dafür keinen Dank verdient. Die Junkerin wiederholte noch, wie bei dem Mareili, daß der Junker und sie Alles, was sie den Armen in ihrem Dorf und ihren Kindern Gutes thäten, so ansähen, als ob es ihnen selbst geschehen. Dann sagte sie ihr noch, daß der Junker sie mit dem Mareili und der Gertrud und dem Baumwollenmeyer diesen Abend im Pfarrhaus erwarte.

Als sie Abschied nahm, begleitete sie ihre Mutter unter hundert Höflichkeitsbezeugungen unter die Thür und als jetzt Karl und der ganze Zug, wie bei dem Mareili, den Hut abzog und rief: „Es lebe die gute Reinoldin!" konnte die Mutter fast nicht aufhören, mit der Hand dem Zug zu danken, und als er fortging und die Reinoldin schon längst wieder in der Stube und hinter dem Ofen war und weinte, blieb die Mutter unter der Thür stehen, bis sie kein Bein mehr vom Zug sah.

Als aber auch sie wieder in die Stube hineinkam, war es das erste Wort, das sie zu ihrer Tochter sagte: Du hast dich wieder einmal schön aufgeführt; mit dem Zusatz: Du thatest das mir zu Leid und hast nichts damit gesucht, als mich zu Schanden zu machen. Aufgebracht und bitter antwortete ihr jetzt die Tochter: Ich möchte doch nur auch wissen, was ich in der Welt thun müßte, von dem ihr nicht sagtet, ich thäte es euch zu Leid, wenn's euch darnach im Kopf ist. Ja, ja, du bist ein schönes Mensch, sagte die Mutter, red' nur viel. Die Tochter aber war in diesem Augenblick ihrer selbst nicht mächtig und antwortete ihr: Ich wollte lieber, ihr hättet mir die Hand auf den Mund geschlagen, als daß ihr der Junkerin vor meinen Augen so gute Worte gegeben, da ihr doch hinter ihrem Rücken vom Junker und von ihr redet, wie wenn sie in keinen Schuh hinein gut wären.

Mutter. Das ist eben deine Narrheit, daß du meinst, man müsse mit und vor Jedermann reden, wie man denkt.

Tochter. Ja, ich meine das und sage es unverholen, es ist vor Gott und Menschen nicht recht, wie ihr mit der Junkerin redet.

Mutter. Du unverschämtes Kind! Das ist jetzt der Dank, daß ich mich deiner so angenommen, da du vor ihr standest, wie der Ochs am Berg.

Tochter. Dafür kann ich euch nicht danken. Ich wollte lieber, ihr hättet mich vor ihr stehen lassen, wie der Ochs am Berg und ihr gerade herausgesagt, ihr denkt über diesen Zug nicht wie ich. Ich kann es nicht ausstehen, wenn man mit den Leuten so wider Wissen und Gewissen redet.

Mutter. Mich kannst du nicht ausstehen. Du hast deine Freude daran, wenn du mich und die Deinigen alle immer recht zu Schanden machen kannst.

Die Tochter fühlte endlich, daß sie nur zu lang und zu viel geredet und schwieg jetzt ganz. Die Mutter aber zankte fort und endlich noch darob, daß sie ihr keine Antwort mehr gebe. Zuletzt stand die Reinoldin von ihrem Winkel hinter dem Ofen auf und ging aus der Stube; die Mutter aber rief noch ihre Schwester, die dem Zank auszuweichen in die Küche gegangen war, und erzählte ihr, was für eine schlechte Schwester sie hätte und fragte sie zuletzt noch, ob sie jetzt noch glaube, so ein Kind könnte in den Himmel kommen, wenn es stürbe?

Diese erwiederte, sie wolle das Beste hoffen — und die Mutter: Es wird einmal schwer halten, glaube mir's nur.

79. In der Unschuld und Einfachheit niedern Schatten entfalten sich Keime des Hohen und Erhabenen, und sprechen sich immer in tiefer Demuth aus.

Von ihr weg ging der Zug zur Gertrud. Diese war ganz allein in ihrer Stube, ihre und des Rudi Kinder waren alle im Zug oder bei demselben, als dieser vor ihrem Haus still stand und Therese in ihre Stube hineintrat und ungefähr die nämlichen Worte zu ihr sagte, wie zu dem Mareili und zur Reinoldin. Gertrud erröthete. Sie wußte nicht, wie ihr geschah. Wie aus dem tiefsten Erstaunen über etwas ganz Unbegreifliches fielen ihr die Worte: Was hab ich denn gethan, daß ich das verdiene? aus dem Mund. Therese sagte, wie sehr es sie und den Junker freue, daß sie sich des Kinderzugs so angenommen und wollte mehr sagen, als Gertrud erwiederte: Der gute, gnädige Herr, den wir jetzt haben, hat meinem Mann und mir und uns allen aus den tiefsten Nöthen, darin Menschen stecken können, geholfen, und uns allen ein gesegnetes und glückliches Leben verschafft, jetzt kommen Sie, mir zu danken, daß ich ein paar Kindern etwas armselige Kleider geliehen. Dann bat sie die Junkerin, eben wie das Mareili, dringend, sie solle doch befehlen, daß man mit dem Trommeln und Pfeifen vor ihren Fenstern einhalte und sagte, dergleichen Sachen schickten sich nicht für sie und ihr Haus. Laß das jetzt gut sein, die Kinder haben Freude daran, sagte Therese und setzte hinzu: Auch unser neuer Schulmeister dankt dir für die Hülfe und den Rath, die er in seiner neuen Laufbahn bei dir findet.

In dem Augenblick, da Therese dieses sagte, trat der Lieutenant aus dem Kinderzug heraus, kam zur Gertrud in die Stube und sagte: Ich kann die Junkerin dir nicht allein danken lassen, ich muß es selbst thun und dir sagen, in welchem Grad ich von dir Hülfe, Rath und Handbietung zu meinem so schweren und wichtigen Berufe erwarte und wie sehr ich Gott danke, dich zu kennen und durch dich die Wichtigkeit des häuslichen, mütterlichen Sinns und seine hohe Kraft kennen gelernt zu haben.

Er ließ sie nicht antworten. Er drückte ihr nur noch die Hand und war mit einem Sprunge wieder beim Zug. Die Trommel tönte wieder und Therese nahm Abschied. Der Karl schwang wieder den Hut und rief mit dem ganzen Zug: „Es lebe die gute Gertrud!"

80. Kinderfreuden und landwirthschaftlicher Volksunterricht.

Von der Gertrud weg ging der Zug aufs Ried. Es war ein frohes Getümmel den Berg hinan.

In der hohlen Gasse oben am Dorf, beim großen Echo, das rund um den Berg läuft und durch das ganze Thal hinab sich wiederholt, standen der Junker, der Pfarrer und Glülphi still, und das genau an dem Ort, wo man sich hinstellen muß, wenn man das Echo am vernehmlichsten und am längsten sich austönen hören will. Die Knaben kannten den Ort, wußten also, warum die Herren still standen und auf einmal ertönten hundert Stimmen. Die Buben jauchzten, Trommel und Pfeifen tönten so laut sie konnten; es schien sogar, die Geißen selber meckerten lauter, damit das Echo auch recht schön töne. Das frohe Getümmel dauerte, bis sie oben auf dem Berg und dem Ried ganz nahe waren, auf das sie hin wollten. Auf dem Platz, auf dem sie die Bäume setzen sollten, hielten sie still; da redeten die Knaben noch mit ihren Schwestern und baten sie, daß sie die Geißen wohl hüten möchten, während sie ihre Bäume setzten. Da sagte der Eine zu seiner Schwester: Such' ihr doch einen guten Platz, wo sie viel Gras findet, zum Weiden; ein Anderer: Es hat in der Nähe am Bach junge, schöne Erlen, such' doch, daß du etwas von diesem Laub bekommest, die Geißen fressen es lieber als Gras. Aber nicht alle waren so freundlich mit ihren Schwestern. Einer sagte: Wenn du mir die Geiß verlierst oder wenn sie hungrig heimkommt, wirst du sicher den Lohn dafür kriegen.

Nachdem sie ihre Geißen, der Eine besser, der Andere schlechter versorgt, suchte jeder Knabe seinen Vater und führte ihn an der Hand an den Platz, den ihm der Lieutenant für seine Bäume angewiesen und mit einer Nummer bezeichnet. Nun ging's an das Graben der Löcher, in die man die Bäume hineinsetzen wollte; aber der Rollenberger und der Glülphi sahen bald, daß fast Jedermann das Geschäft ungeschickt angreife, und daß die Väter in Bonnal und ihre Buben vom Baumsetzen ungefähr so viel verstünden, daß sie den Baum nicht bei den Aesten und nicht der Länge nach ablegen, sondern ihn bei der Wurzel in den Boden hineinthun und der Höhe nach aufstellen müßten; aber auch nicht mehr. Der Rollenberger, der das noch weit besser verstand als der Glülphi, zog seinen Rock aus, sprang von einer Ecke zur andern, zeigte ihnen, was man wissen muß, wenn man einen Baum recht setzen will, z. B. auf welche Seite ein jeder seinen Baum kehren müsse, damit er wieder gegen die Sonne so zu stehen komme, wie er vorher gestanden u. dergl. Er vertheilte ihnen die Wurzeln, schnitt das Unnütze und Schadhafte ab, wie ein Gärtner; er machte ihnen den Heerd rein, zeigte ihnen, wie sie in der Ordnung und gleichförmig den Baum zulegen und andrücken, und auch, wie sie denselben vor dem Gegenwind und dem Wild sicher stellen müßten.

Die Nachbarn, obgleich die meisten von ihnen Alles sehr ungeschickt angriffen, hatten doch allgemein so viel Bauernsinn, zu spüren, daß er Recht habe und das Baumsetzen besser verstehe, als sie. Sie bestrebten sich auch wirklich unverstellt, was er ihnen angab, zu machen, wie er wollte, und es zeigte sich auch an diesem Beispiel, wie sehr man den Bauern Unrecht thut, wenn man von ihnen behauptet, sie wollten von Niemand etwas annehmen, sondern immer hartnäckig nur beim Alten bleiben. Das ist sicher unrichtig;

die Bauern sind weder so dumm, noch so ungelehrig und so hartnäckig, als man glaubt, und es ist durchaus nicht wahr, daß sie im Feldbau von den Herren nichts Neues annehmen wollen; sie wollen nur, daß die Herren es ihnen nicht blos mit dem Mund und in den Büchern, sondern mit den Händen zeigen und zur Probe ihren eigenen und nicht bloß der Bauern ihren Geldbeutel daran setzen. Aber leider, Gott erbarm, zeigen ihnen eben wenig Herren etwas, das ihnen dienen könnte und noch weniger auf eine Art, wie sie es brauchen und sich zu Nutz machen könnten.

Alle Augenblicke sprang ein Bub mit seinem Vater zum Rollenberger und bat ihn: Lieber Herr, helft uns auch unsere Bäume setzen und zeigt uns auch, wie man es recht mache. — Auch der Lieutenant sprang eben so bereitwillig herum, zu thun, worum sie ihn baten.

81. Zusammenhang dieser Bauernarbeit mit guten Erziehungsgrundsätzen und ein Beweis, daß des Junkers Karl bei seinem Rollenberger in dieser Beziehung unter guten Händen ist.

Es war dem Junker eine Lust, zuzusehen, wie Glülphi, und besonders sein Rollenberger seinen Bauern bei dieser Arbeit an die Hand gingen und wie freundlich die meisten annahmen, was sie ihnen zeigten. Am allermeisten aber rührte ihn, daß sein Karl sich die ganze Zeit in diesem Geschäft äußerst belebt und thätiger zeigte, als die Bauernknaben. Er konnte nicht anders, als jeden Augenblick zu sich selbst sagen: Ich sehe auch hier, daß mein Karl unter guten Händen ist, wenn schon unsere Sylvia alle Tage lauter darüber Lärm macht und dem guten Onkel darüber in den Ohren liegt, der Sohn eines Reichsfreiherrn dürfe nicht länger unter den Händen eines Mannes gelassen werden, der eines Bauernamtmanns Sohn und, wie sie sagt, von den Kühen und den Stieren weg der Erzieher eines Edelmanns geworden sei.

Im Anfange, als Karl aufs Ried kam, sprang er eine Weile mit seiner Geiß allenthalben herum, zu sehen, wie es gehe und wie der Rollenberger den Bauern im Baumsetzen allen Rath gebe; dann aber, da kein Bub mehr seine Geiß an der Hand hatte, sprang auch er mit seiner Geiß zu seiner Schwester, gab ihr dieselbe am Seil in die Hand und sagte zwei Mal: Hüte sie mir recht, hüte sie mir doch recht; ich gehe jetzt meinen Baum zu setzen. Dann nahm er den schönen, großen Baum, den er sich zu Hause ausgelesen, und stellte sich mit demselben auf der Schulter vor seinen Papa und sagte: Jetzt, wenn du willst, kannst du auch kommen und mir helfen meinen Baum setzen, die andern Aetti (Väter) helfen ihren Buben auch. Das will ich, sagte Arner, und ging an seiner Hand mit ihm an den Platz, den der Lieutenant ihm für seinen Baum angewiesen.

Dieser Platz war in der Mitte des Rieds auf einer leichten Höhe und die andern zweihundert und fünfzig kamen alle rund um ihn herum, in zwölf langen Reihen, die sich alle an den Mittelpunkt, auf dem Karls Baum stand, anschlossen. Da der Karl das sah, sagte er zum Junker: Das ist ein schöner Platz; hat der Hr. Lieutenant das meinem Baum zu Gefallen gethan? Ja, das hat er, du kannst ihm nur danken, sagte der Junker. Da sprang Karl zu ihm hin und an ihm hinauf, dankte ihm und küßte ihn herzlich für den schönen Platz, den er ihm für seinen Baum auserjehen.

Dann nahm der Junker den Karst, der schon da lag, in die Hand, und machte dem Baum seines Karl ein Loch in den Boden und hackte den Heerd so leicht auf, wie wenn er es sein Lebtag gewohnt gewesen wäre.

Jetzt wollte Alles, was da war und den Junker an dieser Arbeit sah, auch daran Theil nehmen und den Baum mitsetzen helfen. Der Rollenberger sprang von der hintersten Ecke hinzu und der Lieutenant, der Pfarrer, die Frauen, Alles kam herbei und wollte auch daran Theil nehmen; aber der Karl, der gern seinen Baum mit dem Papa allein gesetzt hätte, murrte ein paar Mal halb laut, er brauche diese Hülfe nicht. Der Rollenberger merkte, was er murre und sagte ihm: Sag's doch nur laut. Da sagte der Karl ganz laut: Ja, es ist einmal mein Baum, und ich möchte ihn mit dem Papa allein setzen. Alle lachten und machten ihm Platz, und er half jetzt dem Papa so fleißig, daß er schwitzte. Und da er fertig war, stampfte er noch rund um den Baum her mit seinen Füßen den Boden eben, daß der Heerd sich recht setze und an die Wurzel anlege. Dann sprang er wieder zu den andern Buben, die noch nicht fertig waren, und da die meisten, wenn sie ihre Bäume gesetzt, noch den Hut abzogen und „Das walt' Gott!" dazu sagten, sprang Karl auch wieder zu seinem Baum zurück, zog den Hut ab und sagte: „Das walt' Gott, du liebes Bäumchen!".

Das freute den Junker und den Pfarrer. Beide zogen, neben dem Baum stehend, auch den Hut ab und sagten: „Das walt' der liebe Gott!" und von allen Bauern, die um sie her standen, war nicht Einer, der nicht auch den Hut abzog und das Wort wiederholte.

82. Von Volksfesten, vom Holzmangel und vom Volkselend.

So ging der Abend dem Junker, den Kindern und allem Volk, das da war, fröhlich und heiter vorüber. Alles ging nun heim. Vater, Mutter, Brüder, Schwestern, Geißen, Alles zog mit; der Lieutenant, die Frau Pfarrerin und der Rollenberger waren schon einige Schritte voraus und der Junker, der mit dem Pfarrer einige Schritte zurück war und still stand, rief dem Lieutenant, sie sollten nicht auf sie warten, sie würden gleich kommen, und er kehrte sich dann wieder mit dem Pfarrer gegen die eben gesetzten Bäume, und war voll von den Gedanken, daß einst sein Bonnal unter ihrem Schatten das erste Fest feiern werde, dessen Stiftungsbrief er bei sich hatte.

Dann nahm er diese Urkunde hervor und sagte mit einem Blick, dem tiefe Besorgniß zum Grund zu liegen schien, zum Pfarrer, er wolle sie auf den Fall seines Todes in seine Hände legen und wünsche in diesem Fall, daß sie in dem Augenblick, in dem man ihn in sein Grab hinein= senke, allem Volk, das ihn zum Begräbniß begleite, vorgelesen werde, setzte dann aber gleich hinzu: Wenn ich aber lebe, so darf das nicht vor zehn oder fünfzehn Jahren geschehen; denn ich will nichts weniger, als mit einer solchen Handlung unter einem unversorgten und unglücklichen Volk bei meinem Leben eine Komödie spielen.

Der Pfarrer verstand kaum halb, was er sagte, so sehr übernahm ihn die ernste Art, der Blick, der in seinen Augen lag, als er von dem Fall seines Todes redete. Er nahm ihm den Brief fast zitternd ab und antwortete ihm mit den sichtbarsten Zeichen der Bestürzung: Aber Sie sind doch nicht krank, lieber Junker, daß Sie also reden?

Junker. Ich bin nicht krank, lieber Herr Pfarrer, aber auch nichts weniger als gesund. Mein Blut wallt seit einiger Zeit ganz ungewöhnlich in mir und es geht mir Alles so stark nahe, daß ich mich nicht enthalten kann, mir vorzustellen, es möchte eine schwere Krankheit in mir stecken.

Pfarrer. Das wird, will's Gott, doch nicht sein.

Lassen Sie das jetzt gut sein, wir wollen von etwas Anderm reden, sagte der Junker, und im Augenblicke, in dem er's sagte, kam sein Förster. Arner fragte ihn, wie es im Wald gehe. Es wird eben immer viel gefrevelt, war die Antwort des Försters. Aber warum wird so viel gefrevelt? sagte der Junker. Was machen? sagte der Förster. Ehe die Leute den Winter über erfrieren, nehmen sie in Gottes Namen Holz, wo sie finden; eignes haben sie nicht.

Dem Junker entrann eine Thräne. Einen Augenblick darauf sagte er ihm: Thu deine Pflicht; es wird, will's Gott, einmal anders kommen. Damit ließ er den Förster gehen, wandte sich wieder an den Pfarrer und sagte zu ihm: Lieber Herr Pfarrer, auch diese Anzeige des Försters zeigt

uns klar, wie weit wir noch davon entfernt sind, von Herr=
schaftswegen Freudenfeste fürs Volk stiften zu können.

Aber wann wird man dahin kommen? sagte der Pfarrer
wie halb im Traum.

Der Junker erwiederte ihm: Die Zeit, öffentliche Freu=
denfeste von Herrschaftswegen für das Volk zu stiften, ist
für einen wahrhaft edeln Herrschaftsherrn erst da, wenn er
wirklich dahingekommen, daß in seiner Herrschaft des Lebens
Nothdurft keiner braven, redlichen und arbeitsamen Haus=
haltung mehr mangelt. Ein Edelmann, der dieses Namens
wahrhaft würdig ist, kann und darf an die Stiftung solcher
Feste nicht denken, bis er die Thränen der Unschuld, die den
Augen der Seinigen entquellen, getrocknet und er sich selbst
im Heiligthum seines innersten Bewußtseins das Zeugniß
geben darf, daß er weder durch Lebens= noch durch Standes=
fehler, am allerwenigsten aber durch Fehler seines herrschaft=
lichen Einflusses, sei es in Justiz=, Finanz= und Polizeihinsicht
tiefgreifendes, allgemeines Unglück in die Eingeweide des
Volks hineinbringe. Es ist eines Edelmanns unwürdig,
Leuten, die durch seine Schuld das ganze Jahr aller Noth
und allem Elend des Lebens ausgesetzt sind, mit solchen
Festen ein paar Gaukeltage zu verschaffen, deren Genuß
ihnen das Leben, das morgen darauf sie wieder erwartet,
nur desto schwerer machen muß.

Der Pfarrer erwiederte: Nur bei solchen Ansichten kann
ein solches Fest als ein christliches Fest angesehen werden,
und beide waren darüber ganz einig, Volksfeste müßten
wesentlich aus reiner Dankbarkeit gegen den Stifter hervor=
gehen und geeignet sein, einen wahren, dauernden Frohsinn
im Volk zu erzeugen und zu begründen. Wo immer, sagte
der Junker wiederholend, in irgend einem Land irgend ein
Mensch noch durch ein unvorsichtiges Wort oder weil er
einem beamteten Stadt= oder Dorfblutsauger mißfällt oder
im Wege steht, durch eine erlogene Anklage um Alles ge=
bracht werden könne, was ihm in der Welt lieb und werth
sei, da sei der Gedanke an die Stiftung eines Volksfests
für noch unpassend anzusehn. Ich, setzte er endlich noch

hinzu, will wenigstens, so lange noch in irgend einem Dorfe meiner Herrschaft der Mangel an allgemeiner Sorgfalt für das Volk durch das Dasein solcher Gefahren auffallen muß, wie er jetzt auffällt und so lange sich in einem derselben Elend und Verbrechen noch durch einander winden, daß man nicht wissen kann, welches von beiden an dem einen oder andern mehr Schuld ist, meinem Volk kein solches Fest bereiten; ich würde es unter diesen Umständen nur für ein Trugfest und ein Gaukelspiel ansehen, das man mit Ehrenleuten und auch mit Leuten, die man zu Ehrenleuten machen will, nicht treiben darf. Er fügte noch bei: Es ist gut, die jungen Bäume sind auch noch nicht geeignet, großen Schatten zu geben und machen es ihrer Natur nach nothwendig, zu warten, bis sie groß gewachsen, ehe es möglich ist, daß man unter ihrem Schatten sich ihrer freuen darf. Ich sehe aber, sagte er endlich zum Pfarrer, daß durchaus Alles, was für das Volk gethan werden kann, für dasselbe vorbereitet werden muß, ehe es gethan werden kann. Die Urkunde, die ich in Rücksicht auf die Wahl der Vorgesetzten verfassen muß und verfassen will, kann auch nicht eher ausgefertigt und in Wirkung gesetzt werden, bis dafür gesorgt ist, daß es auch wirklich dergleichen Leute im Dorf gebe, wie die, deren Auswahl man durch eine Wahlordnung sichern will, sein müssen.

---

83. Um dem zu helfen, der in der Tiefe Hülfe bedarf, muß man den Zustand, in dem der Hülfsbedürftige wirklich ist, von oben herab in seiner Tiefe zu erkennen suchen.

Und wie werden wir's machen, sagte der Pfarrer, daß wir bald dergleichen Leute in Bonnal finden?

Der Junker erwiederte: Glülphi sagte mir gestern, er setze diesfalls große Hoffnung auf den Baumwollenmeyer und die drei Weiber, die diesen Abend zu ihm ins Pfarrhaus kommen würden.

Er hat Recht, sagte der Pfarrer, von dieser Seite ist weit mehr für das Dorf zu erwarten, als man denken möchte. Und der Junker: Ich sehe es selbst so an; sie sind Dorfgenossen und in gewisser Beziehung so viel als Hausgenossen derer, denen sie helfen sollen, und das macht einen unglaublichen Unterschied für unsern Zweck oder vielmehr für das Bedürfniß des Dorfs.

Der Pfarrer erwiederte: Sie erinnern mich hiermit an das Wort eines Mannes, dem in einer großen Verlegenheit hundert und hundert Leute, die ihm fremd waren, Rath geben wollten; er sagte: Die Meinigen können mir in dem Meinigen am besten Rath geben.

Der Junker sagte: Der Mann hatte ganz Recht, und freute sich, den Baumwollenmeyer und die drei Weiber im Pfarrhaus anzutreffen.

Sie waren alle drei schon eine Weile im Pfarrhaus, ehe die Herren vom Ried heimkamen. Beim Theetrinken sagte Gertrud zu Therese: Ich denke mein Lebtag an den Thee und die Milch, die der Junker an jenem glücklichen Tag unter der Linde vor dem Schloß mir und meinem Kinde gab und die uns beiden den ganzen Heimweg so wohl that. Die Frau Pfarrerin sagte lachend: O es hat dir damals etwas ganz Anderes den ganzen Heimweg wohl gethan. Das ist wahr, ich bin ungeschickt, daß ich nicht zuerst davon redete, sagte Gertrud, und Therese fiel ihr ins Wort und sagte: Es soll so ein engelschönes Kind sein, sagte mir der Junker, das du bei dir hattest, ich wollte es doch gern auch einmal sehen. Hole es doch!

Gertrud. Aber wenn's jetzt schläft und dann weint, wenn ich es bringe, so nehmen Sie es doch nicht übel?

Therese. O wenn es schläft, so bring' es doch nicht.

Gertrud. Ich bring' es gewiß.

Sie fand es wachend und lachend. Eilend zog sie es an, so schön sie konnte, nahm's dann auf den Arm, sprang mit ihm in der Reinoldin Haus, nahm ihren Pausbacken, der auch erwacht war, zur Wiege heraus, trocknete ihn, wickelte ihn ein, machte ihn schöner noch als ihren eigenen, und brachte dann beide auf ihren Armen ins Pfarrhaus.

Die Reinoldin sprang auf gegen ihren Kleinen, als sie ihn auf der Gertrud Arme in die Stube herein kommen sah. Auch Therese stand auf, nahm der Gertrud einen nach dem andern von dem Arm, setzte einen nach dem andern auf ihren Schoß, und wie Gertrud auch immer bat, sie solle die Kinder doch ihr geben, behielt sie sie doch auf dem Schoß, bis Arner mit dem Herrn Pfarrer vom Ried jetzt auch heim kam. Dieser erkannte der Gertrud Kind sogleich und sagte zur Therese: Das ist der Engel, von dem ich dir schon so oft geredet; aber wem ist das andere? Wahrlich, ich könnte nicht sagen, welches das schönere wäre.

So lobten und küßten Arner und Therese diese Kinder. Dann aber fing Arner an und redete ihnen vom Kinderzug, der ihn diesen Morgen so sehr erfreut, dankte ihnen noch einmal für Alles, was sie an diesen Kindern gethan und sagte dann, sie sollten den Spinnerkindern die Kleider, die sie ihnen geliehen, lassen, und er wolle sie ihnen zahlen. Das wäre bald richtig, sagte die Reinoldin, wenn sie nur unser wären, aber wir haben das Meiste entlehnt. Das Mareili setzte hinzu: Und die, so es uns gegeben, fürchten sich vor dem Eifer im Dorf und haben nicht gern, daß es ihnen auskomme, sie hätten sich des Zugs angenommen.

Wenn es so ist, so nehmt dann, was ihr entlehnt, zurück, aber kauft ihnen dafür neues, und ich will euch dann das Neue und was euer ist, zahlen, daß ihr zufrieden sein könnt, sagte der Junker. Nein, nein, sagten jetzt die Weiber einstimmig, was unser ist, sollen Sie uns nicht zahlen, Sie sollen uns die Freude lassen, ihnen auch etwas zu geben. Ich will euch diese Freude gern lassen, erwiederte der Junker. Ja, sagte die Reinoldin, wir haben heut schon im Sinn gehabt, ihnen zu lassen, was unser ist. Aber das Mareili hat uns gesagt, weil die Kinder so unordentliche Eltern hätten, so sei es ihnen besser, wir ließen sie Alles wieder zurückbringen, damit wir dazu sehen können, daß es für sie in Ordnung gehalten werde; indessen hätten wir es ihnen doch an den Sonntagen, oder wenn sie es sonst brauchen, wieder gegeben. Wollet ihr das, was ich den Kindern geben will, auch so an euch nehmen und ihnen dafür Sorge tragen? sagte der Junker. Warum das nicht? erwiederten die Weiber. Und der Junker: Es ist zehnmal mehr werth, als Alles, was man ihnen geben kann, wenn ihr sie lehrt Sorge dazu zu tragen, und ich bin euch Dank dafür schuldig.

Mit diesem Wort nahm er seinen Karl auf den Schoß und sagte ihm: Nicht wahr, die Frauen sind dir auch lieb, daß sie sich der armen Kinder so annehmen? Ja gewiß, Papa, sind sie mir lieb, erwiederte Karl; die armen Kinder haben nicht so eine Mama, wie ich, die ihnen dafür sorgt.

Auf dieses Wort stand die Reinoldin vom Stuhl auf, so freute sie sich über den Knaben. Sie ging mit beiden Armen auf ihn zu, nahm ihn bei der Hand und sagte: Wenn du jetzt nur ein anderer Bub wärest, und nicht ein Junker, so würde ich dich für dieses Wort küssen, daß du dein Lebtag an meinen Kuß denken würdest. Lachend nahm der Junker seinen Karl, stellte ihn vor die Reinoldin hin und sagte: Nun, das will ich doch jetzt sehen, wie du ihn küssen kannst, daß er sein Lebtag daran denkt.

Die Reinoldin ließ sich das nicht zwei Mal sagen. Sie küßte und drückte ihn, daß er den Kopf schüttelte und zu ihr sagte: Das ist doch auch zu hart. O das magst du wohl erleiden, du bist ein kecker Bursch, daß es keinen keckern im Dorf gibt, sagte jetzt die Reinoldin, und es freute Arner innig, daß sein Karl ein Bursch sei, daß es keinen keckern im Dorf gibt. Er sagte zur Reinoldin: Es ist gut, recht gut, daß die Herren in den Schlössern auch keck werden und nicht nur die Bauern.

Glülphi, Therese und Alles lachte jetzt über Arners Aeußerung, daß es Noth thue, daß die Herren in den Schlössern auch keck würden und die Bauern es nicht allein blieben, und Arner nahm den Karl und gab ihn der Gertrud; diese küßte ihn mit einer Thräne im Auge, aber sie berührte ihn kaum mit dem Munde. Da das Mareili ihn küßte, sagte es: Man muß unter der Sonne nichts für unmöglich halten; ich hätte in meinem Leben nicht geglaubt, daß unser eines dahin kommen könnte, einem Junkerkind seine Liebe auf diese Weise zu zeigen.

Als Gertrud der Reinoldin Kind aus der Wiege nahm, sprang ihr die Diane nach bis ins Pfarrhaus, und ließ sich, was sie auch immer that, nicht von ihr zurück jagen; aber sie schloß im Pfarrhaus die Thür zu, denn sie wollte nicht, daß der Hund mit ihr hinaufkomme. Er wartete aber vor der Thür, bis sie einmal aufging, dann war er wie ein Blitz in der Stube. Sobald ihn der Karl sah, sprang er von der Gertrud, an deren Seite er eben stand, weg, und rief: „Das ist die Diane," — und Therese und der Junker und Alles, was in der Stube war, freute sich, die Diane zu sehn, die dem Kinderzug so ein gutes Geleit gab und den jungen Kalberleder so lustig von seinem Mistwagen weg in die Stube hineinjagte. Er mußte dem Junker und der ganzen Gesellschaft alle seine Künste vorstellen, und der Karl sagte zur Reinoldin: Ich will jetzt der Kalberleder sein und euch etwas zu Leid thun, dann hetzt mir ihn an. Die Reinoldin that's. Es war zum Todtlachen, wie sich der Karl und der Hund mit einander benahmen. Der Karl kriegte ihn einmal bei den Ohren; aber der Hund durfte nicht beißen, dafür sorgte die Reinoldin, aber bauzen und lärmen und ihn anspringen und dann wieder fliehn, wenn er ihn packen wollte, das machte er völlig wie beim Kalberleder.

Der Junker fragte die Reinoldin: Wie bist du auch darauf gekommen, ihn auf die Worte: „gib du Bescheid" und „du hast jetzt genug geredet" abzurichten?

Sie antwortete: Ich hatte vor etlichen Jahren ein paar Nachbarweiber, die, wo sie mich sahen, mir die Ohren voll schwatzten und mich so manchmal damit geplagt haben, daß ich bei jedem Nichts Stundenlang mit ihnen plaudern mußte. Ich wußte lange nicht, wie ich sie los werden könnte, bis ich endlich diesen Hund gekauft hatte, der so gelehrig ist, daß er allerhand Narrenspossen mit der größten

Leichtigkeit lernte, und da mir im Anfang diese Possen Freude
machten, kam mir an einem Abend plötzlich in den Sinn,
ich wollte meinen Hund auf diese Worte abrichten. Die
Weiber haben auch bald verstanden, daß ich mit dieser Ab=
richtung meines Hundes mir ihr Geschwätzwerk vom Hals
schaffen wollte und es ist mir vollkommen gelungen.

Arner sagte: Ich sollte mir gelegenheitlich auch einen
solchen Hund anschaffen, um mir einige Leute von dem Hals
zu schaffen.

Ich denke selber, sagte Therese, wenn wir einen gewissen
Besuch bekämen, so könnten wir diesen Hund entlehnen; aber
ich weiß nicht, ob die Person, die ich meine, auch so bald
wie deine zwei Nachbarweiber merken würde, was das „gib
du Bescheid" und „du hast genug geredet" für sie bedeuten
würde.

Leser! Meinst du etwa, die Erscheinung dieses Hundes
und das Spiel, das man jetzt mit ihm trieb, schicke sich gar
nicht für den Zweck, zu dem Arner und der Pfarrer diese
Bauernweiber ins Pfarrhaus hatten kommen lassen? Meinst
du etwa, die Herren und Frauen hätten, wenn es ihnen
recht ernst gewesen wäre, durch die bravsten Leute im Dorfe
auf das ganze Dorf zu wirken, jetzt von ganz andern Dingen
mit diesen Weibern reden sollen? Du hast Unrecht. Das
erste, das sie für ihre Zwecke thun müssen, ist, diese Leute
heimisch zu machen, daß sie sich bei ihnen wie zu Haus,
ich möchte sagen, wie bei Vater und Mutter, wie in ihrer
Wohnstube, frei fühlen. Freiheit bringt die Herzen der
Menschen zusammen; Mangel an Freiheit entfernt selbst die
edelsten Herzen von einander, und wo diese von einander
entfernt sind, da werden sie dadurch unfähig, zu einem ge=
meinsamen Ziel hinzulenken. Also ist die Diane recht gut
in dieser neuen Gesellschaft, die sich zum gemeinsamen
Dienst vereinigen soll, aber sich unter einander noch
fremd ist.

Als der Junker einmal meinte, es achte Niemand darauf,
fragte er die Gertrud, wie es mit der Meyerin und dem
Hübelrudi gehe. Sie antwortete, sie hoffe, nicht übel. Aber

die Reinoldin, die merkte, was der Junker sie gefragt, fing an zu lachen und sagte: Ja, wenn nur dieser nicht wäre, und damit machte sie Pausbacken und ein Hangmaul, so groß sie konnte. Was machst du Närrisches? fragte sie jetzt der Junker. Gertrud antwortete: Der Schalk will Ihnen den Sonnenwirth abmalen, der dem Rudi im Wege steht. Aber sie macht es auch gar zu stark. Die Reinoldin aber behauptete, es sei gar nicht zu stark, sie könne sein Hangmaul nicht einmal stark genug nachmachen; sie wenigstens glaube nicht, daß sie ihn nehme. Gertrud erwiederte ihr: Aber wenn sie ihn auch nicht nimmt, so ist damit noch nicht bewiesen, daß sie den Rudi nehme. Das ist freilich damit noch nicht bewiesen, aber du bist doch diesfalls nicht ohne Hoffnung, erwiederte die Reinoldin. Und die Gertrud: Ich bin nichts weniger als ohne Hoffnung, aber ich wäre des guten Rudi halber gern völlig sicher.

Der Junker, der Pfarrer, Gertrud, das Mareili und alle, die da waren, nahmen den innigsten Antheil an dem Hübelrudi und alle, die die Meyerin kannten, sagten einstimmig, es sei nicht möglich, daß er besser versorgt werden könnte, als mit dieser Person, und der Junker ward allmählich in dieser Gesellschaft so fröhlich und heiter, daß ihm die traurige Stimmung, in der er noch diesen Nachmittag war, als er dem Pfarrer die Stiftungsurkunde übergab, kein Mensch mehr angesehen hätte. Der Gedanke, daß eine gefährliche Krankheit in ihm stecke und selber das Gefühl von dieser Krankheit war ganz aus ihm verschwunden.

84. Scenen beim Mondschein, die sich mit Himmelsfarben malen ließen.

Sie reisten sehr spät beim hellen Mondschein ab. Während sie auf dem Heimweg waren, fast um die Mitternachtstunde, war des Rickenbergers Babeli noch auf dem Grabe seines Vaters.

Seine arme Mutter hatte schon seit dem Mittag vernommen, daß die guten Weiber es zur Königin des Zugs

gemacht und alle Ehren und alle Freuden, die es gehabt.
Sie saß stundenlang, in Freudenthränen fast schwimmend,
auf ihrem Krankenstuhl und sehnte sich nach seiner Rückkunft,
wie eine fromme Seele beim nahenden Tod sich nach den
Himmelsfreuden sehnt. Jetzt kam es. Seine Geschwister,
die es schon von Ferne kommen sahen, liefen jubelnd in die
Stube und sagten es der Mutter. Diese stand jetzt, so
mühselig als es ihr war, von ihrem Stuhl auf, nahm ihre
Krücken unter die Arme und ging, auf dieselben gestützt,
ihrem Babeli, so weit sie konnte, auf die Straße hinaus
entgegen. Sie ist, seitdem ihr Mann gestorben und sie von
Schrecken über seinen Tod krank geworden, niemals mehr
vor ihre Hausthür hinaus gekommen und ging nur mit
großer Mühe an ihrer Krücke in der Stube herum; aber
jetzt ging sie ihrem Babeli, so weit sie konnte, auf die
Straße hinaus entgegen. Als dieses sie erblickte, sprang es
von den Kindern weg, war im Augenblick bei ihr und fiel
ihr an den Hals. Beide konnten nicht reden, so voll war
ihr Herz. Sie eilten so schnell sie konnten mit einander
unter ihr Dach. Da glich das Weinen ihrer innigen Freude
dem stummen Schmerz, der an ihrem Herzen nagte. Die
Brüder und Schwestern des Kindes, so jung sie waren,
hingen ihm an allen Seiten um sein Kleid und zogen es
fast der Mutter vom Hals weg. So ein Kleid, so einen
Gürtel und so eine Gotten=Krone hatten sie in ihrem Leben
nicht gesehn. Es gab ihnen seine schönen Bänder und
Blumen und die Gotten=Krone von dem Kopf und den
Gürtel von dem Leib. Dann zog es noch seinen Rock ab,
warf sich in sein Alltagskleid und ging der Mutter und den
Kindern ihre Suppe und ihre Betten zu machen.

Seine Thränen flossen auf den Feuerheerd und auf die
Betten, die es machte. Es eilte die Suppe auf den Tisch
zu stellen, aber es aß keinen Löffel voll und sagte zu seiner
Entschuldigung, es habe zu viel zu Mittag gegessen und
eilte dann mit den Kindern ins Bett, und als es ihnen gute
Nacht gesagt und auch die Mutter bald in ihre Kammer
und ins Bett ging und ihr Licht auslöschte, eilte es auch in

seine Kammer, that das Fenster auf gegen den scheinenden Mond, setzte sich bei seinem Schimmer seine Gottenkrone wieder auf, zog sein weißes Kleid wieder an, band sich seinen bunten, seidenen Gürtel um, den ihm Therese gab, nahm noch ein weißes Tuch unter seinen Arm und eilte zu seines Vaters Grab. Da spreitete es sein Tuch auf den Boden, damit das thauende Gras und die feuchte Erde sein weißes Kleid nicht beflecke und kniete da nieder.

Himmel und Erde, Mond und Sterne schienen ihm jetzt schöner, als sie ihm je schienen. Die Blumen auf des Vaters Grab dufteten ihm Wohlgeruch, wie sie ihm noch nie dufteten. So lag es auf den Knieen, sein Antlitz auf den Boden gesenkt und seine Lippen an der Erde, unter der seines lieben Vaters arme Hülle ruhte. Jetzt hörte es plötzlich unten im Thal Wagen und Pferde. Es waren Arner und Therese, die im Heimfahren beim stillen Mondschein, das Kutschendach hinter sich gelegt, langsam gegen diese Jammerstelle anrückten. Ihr Lobgesang an Gott, der den Mond und den Menschen geschaffen, tönte unter ihm herauf an den Ort, auf dem es lag. Als sie näher kamen, erkannte es ihre Stimmen und sagte zu sich selbst: Mein Vater! mein Vater! Daß du auch sterben mußtest, ehe du ihn kanntest, den Vater des Landes und den unsern! Mein Vater! mein Vater! wäre er da gewesen, so wärest du nicht gestorben!

Seine Thränen flossen häufig und netzten das Tuch, auf dem es saß, so lange es noch einen Ton von dem Lobgesange hörte, der aus dem Thal zu ihm herauf tönte.

Es blieb bis gegen Morgen auf seines Vaters Grab. Gott und Ewigkeit, sein Vater, Arner und Therese, und dann seine Mutter daheim und seine Geschwister füllten seine Gedanken. Es betete, dankte und freute sich weinend des Lebens, wie es sich seit seines Vaters Tod des Lebens nie wieder gefreut hat.

Auch andere Leute hatten heute eine schlaflose Nacht. Viele Eltern und sehr viele Kinder redeten bis lange nach Mitternacht vom Junker und von diesem Tage. Viele

Kinder, die von des Rudi und der Gertrud Kindern gehört, daß sie am Abend und am Morgen für ihn, wie für Vater und Mutter beteten, baten ihre Eltern, ehe sie ins Bett gingen, ob sie nicht auch so für ihn beten dürften? Es schlug es ihnen Niemand ab, ob es schon vielen Leuten wunderlich vorkam, daß so eine neue Mode in der alten Gebetsordnung aufkommen sollte. Selbst der Marx von der Reuti murrte nur, als ihm sein Kind erzählte, daß viele Kinder dieses thäten, und ihn fragte, ob es dasselbe nicht auch thun dürfe. Er antwortete ihm: Wenn er dir so lieb ist, so kannst du meinetwegen thun, was du willst. Aber da es mit seinen Geschwistern zu Nacht betete und in voller Freude mit lauter Stimme damit anfing; „Behüt mir Gott meinen lieben Junker und meinen lieben" lag es bei diesem Wort am Boden und blutete aus Mund und Nase. Der Vater hinter ihm gab ihm bei diesem Wort einen Tritt mit den Schuhen, daß es der Länge nach zu Boden fiel. Was hab' ich denn gemacht? sagte das Kind schluchzend durch die Finger, und hielt beide Hände vor den blutenden Mund und die blutende Nase. Du weißt jetzt für ein ander Mal, sagte der Vater, für wen du zuerst beten mußt, für mich oder für Jemand, der dir dein Lebtag noch keinen Mund voll Brod gegeben hat.

Es scheint unbegreiflich, daß ein Vater sich so weit vergessen und sein Kind in der Gebetstunde so weit mißhandeln konnte, aber auch das Unglaublichste ist einem Heuchler nicht unmöglich, und daß er ein Heuchler, ein abscheulicher Heuchler ist, das wisset ihr schon, wenn ihr euch erinnert, wie er, da der Hummel zu ihm gekommen, ihm anzuzeigen, daß er Taglöhner am Kirchbau sei, seine Kinder unter dem Dach eingesperrt, und als ihn der Vogt fragte, wo sie seien, ihm geantwortet, sie äßen bei seiner Frauen Schwester zu Mittag, indessen sie vom Schnee und Wind, der zum Dach hinein drang, fast zu Grund gingen. So ein schlechter Mensch der Vogt war, so fand er dieses Benehmen doch so abscheulich, daß er zu ihm sagte: Du bist ein Hund und ein Heuchler und hast das um deines verdammten Hochmuths willen schon oft so gemacht. Jetzt wundert ihr euch nicht mehr, daß er seinem Kind in der Gebetstunde einen Tritt gab, daß ihm Mund und Nase bluteten. Wer das Eine zu thun im Stand ist, dem ist auch das Andere möglich.

---

85. Ein Vorspiel zu vielem Bösen, das hernach kommt.

Als Arner heim kam, übergab man ihm einen Brief, der diesen Abend angekommen war. Er erkannte ihn sogleich an der Handschrift der Sylvia und sagte: Wenn ich wüßte, daß er nichts vom Onkel enthielte, ich würde ihn ungelesen ins Feuer werfen. Sie ist ein Teufel, der kein Wort reden und kein Wort schreiben kann, ohne jedem ehrlichen Mann das Herz im Leib klopfen zu machen.

Er hatte mehr als Recht; der Brief lautete wörtlich also:

Hochwohlgeborner Reichsfreiherr!
Werthgeschätzter Herr Vetter!

Ich hatte eben im Sinn, Sie mit einer Person bekannt zu machen, die, weil sie für ihren Stand eine ausgezeichnete Bildung hat und aus einem Ort her ist, dessen Herrschaftsherren auch meine Vorältern waren, bei mir schon lange freien Zutritt hat. Werthgeschätzter Vetter! Ich will es Ihnen offenherzig sagen, ich habe geglaubt, Sie könnten, da Sie in Ihren Umgebungen ganz gewiß nichts Besseres und nicht einmal etwas so Gutes haben, von dieser Person einigen Gebrauch für die Erziehung Ihrer Kinder machen. Diese, werthgeschätzter Herr Vetter! muß ich Ihnen frei sagen, sind für ihren Stand gegenwärtig durchaus nicht in guten Händen. Sie bedürfen doch ganz gewiß in Gesellschaft von Menschen zu sein, die eine etwas feinere Bildung haben, als die zwei rohen Kameraden, der Rollenberger und der Lieutenant, in deren Händen ich sie bei meinem letzten Besuch in Arnheim antraf. Ich kenne Ihre Unaufmerksamkeit auf Alles, was diesfalls Ihrem Stand und Ihren Verhältnissen angemessen wäre, ganz, und habe zum Voraus gedacht, Sie hätten diese Person, die in Bonnal wohnt, nicht einmal bemerkt. Ich wollte Ihnen deshalb ihretwegen schreiben und Sie auf die Vortheile aufmerksam machen, die Sie und Ihr Haus von ihr ziehn könnten. Ihr Onkel, der General, ist völlig mit mir einverstanden und mein Brief an Sie war schon halb fertig, als ich einen von dieser Person selber empfing, worin sie mir die, eines jeden gebildeten, ich will nicht sagen Edelmanns, sondern auch nur eines halbgebildeten bürgerlichen Ehrenmanns, unwürdige Art, wie sie selbige in Ihrem Schloß empfangen, berichtete. Ihr Onkel, der diese Person, wie ich, kennt, findet mit mir, daß sich auf Gottes Boden nichts Unverschämteres und Gewaltthätigeres denken läßt, als die, ich möchte fast sagen, henkersmäßige Härte, mit welcher Sie diese Person behandelt. Ich muß Ihnen sagen, Ihr Onkel und ich finden beide, die Art, ein so weit gebildetes, wenn auch nur bürgerliches Frauenzimmer wegen einer kleinlichen, noch unbewiesenen Maulsünde also zu behandeln, ist für unsere Zeit eine Erscheinung, wozu es eine Ungezogenheit braucht, die der Ihrigen gleich ist, die man aber sonst in der Welt selten findet. Nur wenn man etwas so Kleines, als Ihr Benehmen ist, mit etwas Größerm vergleichen darf, so könnte man sagen, es gleiche der Art und Weise, mit welcher die H. Hermandad in Spanien hie und da einen armen Teufel, der ihr sonst verhaßt ist, ob so kleinlichen, oft unbewiesenen Maulsünden, durch ihre Sbirren einziehn und in Löcher einsperren läßt, wo weder Sonne noch Mond scheint. Aber wie Ihnen diese Person so verhaßt worden, als der H. Inquisition der Menschenverstand verhaßt ist, kann ich mir nur dadurch erklären, daß ich denke, Sie haben vernommen, daß sie mir bekannt sei und in dieser Rücksicht die hohe Wohlgewogenheit, die ich von Ihnen zu genießen die Ehre habe, auf sie übertragen wollen. Wenn aber das der Fall ist, wie ich kaum daran zweifeln darf, so bitte ich Ew. Hochfreiherrliche Gnaden, zu bedenken, daß ein Dienst des andern werth ist, und daß ich vielleicht früher als Sie es wünschen möchten, auch Gelegenheit finden könnte, Ihnen das Verdienst, daß Sie sich durch eine solche Handlungsweise um mich erworben, schuldigerweise gehörig erwiedern zu können. Ich kann meinen Unwillen nicht unterdrücken; Sie machen durch Ihr Benehmen Jedermann, der Sie näher oder ferner angeht, Schande, und ihre Herrschaft zu einem Nachteulennest, auf das freilich weder Ihr Herr Onkel, noch Jemand anders, der in der Welt mit Ehren da zu stehen sucht, so leicht wieder hinfliehen wird. Der Spott, der bei Hof und in der Hauptstadt über Ihr Benehmen schon so laut ist, macht Ihrem Herrn Onkel, wie Sie wohl denken können, Verdruß genug. Sie können wohl denken, daß er fühlen muß, Ihr Benehmen werde einen Schandflecken auf Ihren Namen und auf Jedermann, der ihn trägt, hinwerfen. Das aber macht Ihnen nichts. Ihrer Gattung Leute leben in Wolken von Menschenbildungs- und Weltverbesserungsträumen, wie weiland der Eulenspiegel seiner Zeit auch in Träumen lebte. Ich glaube inzwischen gar nicht, daß der Inhalt meines Briefs einigen Eindruck auf Sie machen werde; ich konnte mich aber doch nicht enthalten, Ihnen, wenn auch vergebens, zu sagen, was ich weiß, was in Ihren jetzigen Umgebungen Niemand sagt, was Sie aber eben darum doppelt zu wissen nothwendig hätten.

Sylvia von Arnheim.

Da diese Sylvia in der Folge unsrer Geschichte eine große Rolle spielen und auf die Angelegenheiten Arners und Bonnals großen Einfluß haben wird, so geben wir jetzt ihre Lebensbeschreibung.

---

86. Lebensbeschreibung der Sylvia von Arnheim. Ein Beitrag zur Aufklärung einiger Streitfragen über die Menschennatur und Menschenbildung.

Sylvia ist eine nahe Verwandte von Arner. Ihr Vater war ein guter Kopf voll Geist und Leben, aber ein Taugenichts ohne Gleichen. Er hatte sein Vermögen schon in seinen zwanziger Jahren bis auf den letzten Heller durch-

gebracht, war dann später bei der Armee angestellt, aber von
ihr schlechten Betragens wegen weggejagt worden und mit
Schand und Spott beladen frühzeitig gestorben. Sie war
auch, wie ihr Vater, voll Geist und Leben, aber schon als
ein kleines Kind, ich möchte sagen, von rasend belebten
Keimen nicht nur der menschlichen Erbsünde, sondern auch
der väterlichen Erbsünden voll. So lange dieser lebte, zog
sie, da ihre bessere Mutter vor Gram frühe gestorben, mit
ihm bald mit einer Comödiantenbande, bald mit einer Spieler=
gesellschaft in mehrern Ländern herum. Einmal lebten er
und sie ein ganzes Jahr lang mit Falschmünzern in den
unterirdischen Höhlen eines abgelegenen Landschlosses. Nach
ihres Vaters Tod nahm sich ihr Verwandter, der General
von Arnheim ihrer an und that sie in ein Töchterinstitut in
Pension. Sie trat innerlich verwildert und äußerlich aller
Rohheiten, Derbheiten und Schlechtigkeiten des Gesindellebens
gewohnt, in dieselbe; aber sie ward auch schon am dritten
Tag dem General mit der Bemerkung zurückgesandt, man
müsse sie zuerst wenigstens Jahr und Tag in ein Zuchthaus
thun, um sie da vorzubereiten, in ein ehrliches Töchterinstitut
einzutreten. Empört über diese Antwort, aber in der Ueber=
zeugung, daß sie in der Wahrheit gegründet, wollte sie der
General wirklich in einem Haus solcher Art, und zwar in
einem, das hundert Stunden weit von ihm entfernt sei,
versorgen. Dieser Meinung war seine Gemahlin, die eine
etwas derb erzogene Landjunkerstochter, aber dabei eine sehr
edle, gradsinnige Frau war, gar nicht. Du wirst sie, sagte
sie zu ihrem Mann, durch diesen Schritt doppelt zu Grund
richten und sie für ihr Lebtag unglücklich machen. Sie be=
schlossen endlich, sie in ein Kloster zu bringen, aber die
Wahl war schlecht. Sie wählten ein Kloster, dessen Aeb=
tissin den Ruf hatte, die kraftvollste und gewandteste Stifts=
dame zu sein, die ihre adeligen Klosterfrauen in einer Ordnung
halte, wie dieses weit und breit in keinem bürgerlichen
Kloster statt finde, und da diese berühmte Aebtissin zugleich
im Rufe stand, daß sie für ihr liebes Gotteshaus äußerst
geizig sei, so übergab der General seine Verwandtin mit

dem Versprechen an die Aebtissin, daß wenn diese Tochter in Jahr und Tag oder früher so zahm und gezogen wieder herauskomme, daß man sie, ohne Schande an ihr zu erleben, in eine ehrliche Pension bringen könne, so wolle er dem Kloster das Dreifache, was sonst eine Pension koste, für sie bezahlen und je früher sie also herauskomme, desto lieber sei es ihm.

Jetzt war das halbe Kloster auf den Beinen, an dieser Sylvia ein Meisterstück der höchsten Klosterkunst auszurichten.

Es war freilich auch ein Stück Arbeit, wie von den erfahrensten dieser Frauen sich noch keine erinnerte, ein solches in ihrem Gotteshaus gehabt zu haben. Das Kind war in Allem, was es suchte, wollte und that, einer gebornen Zigeunerin gleich. Es schneuzte sich die Nase mit der Hand durch die Finger; es spie an die Wand und auf den Tisch; es brachte den Braten ohne Messer und Gabel mit den Händen zum Mund; es sprang halb nackend in den Zimmern herum; es gab jeder seiner Gespielen, die ihm im Wege stand, einen Tritt mit den Füßen; es stieß sie selber in der Gebetstunde auf beiden Seiten mit den Ellbogen und zerkratzte schon in der ersten Woche dem Mädchen, das mit ihm im gleichen Zimmer schlief, mit den Nägeln sein ganzes Gesicht. Die ehrliche Aufseherin dieses Zimmers äußerte am Morgen darauf der hochwürdigen Frau Priorin, sie meinte, es wäre für die Ruhe und die Ehre des Klosters am Besten, wenn man das wilde Mädchen wieder dahin zurückschicke, wo es hergekommen. Die hochwürdige Frau Priorin gab ihr aber zur Antwort, es sei nicht an ihr, hierüber etwas zu verordnen; doch wolle sie den traurigen Fall mit allen Umständen, die sie ihr erzählt, der gnädigen Frau Aebtissin hinterbringen. Aber diese antwortete der Frau Priorin, es seien Gründe da, um derentwillen das Kloster alle seine Kunst und alle seine Geduld bei diesem Mädchen aufbieten müsse, und sie solle der guten Frau, die mit ihrem Rath, das Mädchen wieder dahin zu senden, woher es gekommen, zu voreilig gewesen, nur sagen, es könne

hiervon keine Rede sein, man müsse im Gegentheil das
Aeußerste versuchen, die Erziehung dieses Kindes gelingen
zu machen, man habe auch alle nöthige Vollmacht zu allen
Mitteln, die hierzu erforderlich seien; es sei aber ihr Wille,
daß man für's Erste noch mit aller möglichen Geduld und
Schonung mit dem Kind zu Werk gehe. Es ward also für
ihre Rohheiten nicht einmal ernsthaft gestraft, es bekam nur
von der Frau Priorin einen mündlichen Verweis darüber.
Es lachte ihr ins Gesicht, und sie, die den Ernst, mit
welchem die gnädige Frau Geduld und Schonung für dieses
Kind gefordert, mit klösterlicher Aufmerksamkeit aufgefaßt,
that kaum, wie wenn sie das spöttische Lächeln des Kindes
bemerkte. Doch sagte sie beim Weggehen zu ihm: Kind,
Kind, wir sind wohl eine Weile geduldig, aber mache, daß
wir nicht ungeduldig werden müssen. Das Mädchen, das
Sylvia so gekratzt, ward nur aus ihrem Zimmer genommen
und ihr eine dienende Klosterschwester Tag und Nacht zur
Aufsicht zugegeben. Aber es ging nicht besser. Sie zigeunerte,
stampfte und stieß mit Füßen und Ellbogen, wie vorhin,
und einmal, als Sylvia so halbnackt im Zimmer herumsprang,
die Klosterschwester sie etwas derb zwingen wollte, sich an=
ständig anzuziehn, nahm sie das Waschbecken und schüttete
es über sie aus.

Nun ward sie doch in engere Verwahrung gebracht.
Man ließ sie zwei Tage ganz allein und gab ihr das Essen,
wie einer Gefangenen, durch eine kleine Oeffnung hinein.
Jetzt wüthete sie, versuchte die Thür zu sprengen, aber die
war zu dick und zu hart; dann wollte sie zum Fenster
hinausspringen, aber es war eng vergittert; jetzt wälzte sie
sich am Boden, heulte, zerschlug Tisch und Stühle und
zerschmetterte das Becken, darin man ihr das Essen brachte,
in tausend Stücke. Sie zerriß die Kleider und das Bettzeug,
daß die Federn davon im ganzen Zimmer herumflogen.
Man ließ sie zwei Tage machen und wüthen, wie sie wollte;
am dritten Morgen kam eine starke Magd in ihr Zimmer,
warf ihr eine kleine Klosterkutte um den halbnackten Leib
und führte sie mit Gewalt in das Zimmer einer Klosterfrau,

die sie, sobald sie ihr näher kam, so freundlich bei der Hand nahm, daß kaum eine Mutter je einem in diesem Grad fehlenden und wüthenden Kind so freundlich die Hand bietet und bot ihr von dem Klosterconfect an, davon ein Teller voll vor ihr auf dem Tisch stand. Es nahm etliche Stücke wild von dem Teller, verschluckte sie schnell und schüttelte sich während des Essens in seiner Kutte, wie ein Pudel, der naß aus dem Bach kommt und rief: Laß mich doch fort, ich mag nicht hier sein. Die Klosterfrau erwiederte: Aber wo willst du hin? Deine Verwandten nehmen dich nicht auf. Das macht nichts, sagte das Mädchen, ich will lieber durchs Land laufen und betteln. Wir dürfen nicht, sagte endlich die Frau. Aber Sylvia wiederholte die Bitte noch viermal, und mit jedem Mal heulender und wüthender, und da das Mädchen immer fort wüthete, setzte die Klosterfrau mit jedem Mal, wenn sie ihre Bitte mit den Worten: Kind, in Gottes Namen! wir dürfen nicht! — abschlug, noch hinzu: Jesus! Maria und Joseph! Wie du auch wüthest! Ach mein Gott, ach mein Gott! Wüthe doch nicht so! — Jetzt sah das Kind sie plötzlich wie eine Rasende an und sagte mit starrem Blick zu ihr: Ihr wollt mich also nicht gehen lassen? In Gottes Namen, wir dürfen nicht, erwiederte die Klosterfrau noch einmal. Nun spie ihr Sylvia ins Gesicht und sagte: So will ich mich denn tödten, wenn ihr mich nicht gehen laßt. Diese kam gar nicht außer Fassung. Wie ein Parlamentscandidat in Westmünster vor gegnerischen Wahlmännern, um deren Stimmen er sich bewirbt, sich gelassen gegen diese bückend die Eyerdotter oder den Schmutz vom Gesicht wegwischt, so wischte — — — Doch nein, ich will die fromme Selbstüberwindung der guten Klosterfrau nicht durch die profane Vergleichung mit doch zu pfiffiger Selbstüberwindung von Candidaten bei Volkswahlen entwürdigen; nein, nein, ich will sie gern den Werth ihrer Selbstüberwindung mit ihren eignen Worten bestimmen lassen. Nachdem sie sich mit einem schneeweißen, sehr feinen Taschentuch abgewischt hatte, sagte sie mit dem Ausdruck der höchsten Klosterruhe zur Sylvia: Kind, so wie du es mir machst, haben es einst böse Juden unserm Heiland auch gemacht; er hat es mit Geduld ertragen, und ich will seinem Beispiel folgen und die Schmach, die du mir anthust, wie er, mit Geduld tragen — und hielt ihm dann den Heiland an einem alten, schwarzen, hölzernen Kreuz vor die Augen. Es sah nicht, was sie machte, hörte nicht, was sie sagte, und rief immer nur: Ich will fort! Ich will fort!

Die Klosterfrau antwortete jetzt kein Wort mehr, sondern hielt ihm immer nur den Heiland am Kreuz vor die Augen. Aber es rief noch einmal mit dem Ausdruck der höchsten Wuth: Ihr wollt mich also nicht fortlassen? und da sie immer nicht antwortete, sondern ihm immer nur das Kreuz vor die Augen hielt, schlug es ihr dasselbe mit einer Gewalt aus der Hand und an die Wand, daß die Stücke davon in der ganzen Stube herumflogen. Der erste Gedanke, der der erschrockenen Frau dabei in den Sinn kam, war jetzt, das Kind sei vom leidigen Satan besessen, sonst hätte es ihr das heilige Kreuz unmöglich mit einer solchen Gewalt aus der Hand schlagen können, wie es dieses gethan, und als sie mit der Magd die zerbrochenen Stücke desselben in allen Ecken zusammenlas und lange ein ganzes Bein vom hölzernen Bild des Heilands nicht zu finden vermochte, konnte sie sich einbilden, der Teufel, der leibhaftig in diesem Kind stecke, folglich auch leibhaftig bei ihnen in der Stube sei, habe dieses Bein verschwinden lassen und in seine Gewalt bringen können und das könnte dem heiligen Kloster früher oder später zum schrecklichen Nachtheil gereichen. Sie war auch schon voller Gedanken, was für Maßregeln, nicht blos von der Frau Aebtissin, sondern vom ganzen Convent genommen werden müßten, der schrecklichen Gefahr, in der sich das heilige Kloster jetzt befinde, vorzubeugen, als ihre Magd das verlorne Bein eben hinter einer Bettstelle hervorlangte. Jetzt war ihre Seele wieder beruhigt. Gott Lob! Gott Lob! du hast das heilige Bein dem Teufel aus den Klauen gerissen, sagte sie zu ihrer Magd. Dann wandte sie sich an die Sylvia und sagte zu ihr: Aber von dir muß ich fort und aus dieser Stube heraus; du bist vom

Teufel besessen; ohne seine Hülfe hättest du nicht Kraft gehabt, mir den Heiland am Kreuz mit einer solchen Gewalt aus den Händen zu reißen.

Da verließ sie ihr Zimmer und ließ das Kind wieder in seine Zelle hinschleppen, aus der man es herausgenommen und zu ihr geführt. Auch befahl sie der Magd, die Thür seiner Zelle mit der höchsten Sorgfalt zu verschließen, auch keinen von allen vier Riegeln, die daran seien, offen zu lassen und bei einem jeden derselben, wenn sie ihn schließe, auf Stirn und Brust ihr Kreuz zu machen und sich zu behüten und zu besegnen, damit ihr nichts Böses begegne. Dann eilte sie zur Frau Priorin und erzählte ihr mit der höchsten Umständlichkeit die schreckliche Geschichte, die ihr mit dem Kind begegnet. Diese aber, die in der Klosteraufklärung um einen Grad höher stand, als die Klosterfrau, glaubte nicht an die leibhafte Gegenwart des Teufels, weder im Kind noch im Zimmer, widersprach aber der frommen Ansicht der Klosterfrau mit keinem Wort, kreuzte und segnete sich vielmehr jedesmal, wenn diese vom Teufel und der Gewalt, die er über dieses Kind ausgeübt hat, redete, und war auch mit ihr vollkommen einverstanden, das Kind müsse ohne Weiteres und so geschwind als möglich aus dem Kloster weggeschafft werden; aber die Frau Aebtissin fand, die Stunde, in der dieses thunlich und schicklich sein könne, habe noch nicht geschlagen. Sie sagte im Gegentheil: Liebe Frau Priorin, wir wollen und dürfen uns hier nicht übereilen; wir haben dem frommen Mann, der so viel Zutrauen zu unserm Gotteshaus gehabt hat, Hoffnungen gemacht, von denen wir nicht zurückstehen dürfen, bis wir Alles, auch das Aeußerste versucht haben, was zu unserm Ziel dienen kann.

Etwas heftig erwiederte die Priorin: Aber was können wir auch noch mehr versuchen, als was wir gethan haben? Freilich, freilich kann das H. Gotteshaus noch weit mehr thun, als es bisher gethan hat. Wir müssen jetzt die Mittel des Ernstes zur Hand nehmen, da diejenigen der Güte nichts zu fruchten vermochten, und über diese ließ sie sich dann mit einer merkwürdigen Umständlichkeit aus. Ich weiß wohl, fing sie an, alle strengern Zuchtmittel in den Klöstern sind in unserm bösen Jahrhundert außer Uebung gekommen, und der Weltgeist, der jetzt herrscht, macht es nothwendig, daß man selbst in den Klöstern so wenig als möglich von ihnen rede und noch viel weniger Gebrauch davon mache; aber es gibt außerordentliche Fälle, die hierin eine Ausnahme machen. Wo das Wohl der Kirche und das Heil eines Gotteshauses selbst ihre Anwendung erfordern, da darf man sich auch kein Bedenken machen, sie wieder aus dem Staub hervorzusuchen, und der Fall bei diesem Heidenmädchen, das keinen Tropfen Christenblut in seinen Adern hat, ist von einer Natur, daß ganz gewiß Strafmittel, die auf Heiden= fleisch und Heidenblut Einfluß zu haben vermögen, ange= wandt werden müssen. Sie setzte hinzu: Auch der Teufel ist der Klostergewalt unterworfen und kann gebändigt werden, wenn man die rechten Mittel dafür braucht. Man muß in solchen Fällen nur den Glauben und die Hoffnung nie aufgeben, und auch die Gewalt, die man hat, nicht kleiner glauben, als das Recht ist, das man dazu hat, und nicht schwächer anwenden, als dieses Recht es fordert.

Die Priorin, die seit kurzem Priorin geworden und noch nichts von solchen Strafmitteln gehört, stand verwundert still vor der Aebtissin und redete kein Wort.

Die Aebtissin fuhr fort und sagte: Ich sehe, wie du dich verwunderst. Du kennst die Klostergewalt und die Kloster= mittel noch nicht, die man ehemals brauchte, wenn der Teufel seine Gewalt gegen die unsre brauchen wollte; ich kannte diese Mittel auch nicht, bis ich Aebtissin geworden und die geheimen Schriften meiner Vorfahren in meinem Archiv zu meinem Gebrauch vorfand. Ich las sie alle durch und fand Geschichten darin, über deren Kühnheit und Glück ich oft in das höchste Erstaunen gerieth. Das Archiv ist voll der lehrreichsten Wegweisungen über alles Mögliche, das in einem Kloster begegnen kann, und ein Fall ist darin, der mir jetzt vorzüglich zu statten kommt. Man wollte nämlich vor 167 Jahren ein Fräulein aus Familiengründen zu einer Kloster=

frau machen und diese benahm sich, da sie ins Kloster gebracht wurde, aufs Haar wie sich jetzt diese Sylvia benimmt; aber die damals regierende Aebtissin Cäcilia nahm Maßregeln, daß das Fräulein in Zeit von acht Tagen eine vollkommen gute Novizin geworden und hernach im Kloster sich so gut zu benehmen gewußt, daß sie selber als Aebtissin darin gestorben.

Die Priorin konnte nicht genug hören und die Aebtissin fuhr fort: Die Art, wie man damals das Fräulein von ihrem Heidensinn und ihrer Heidengewalt geheilt, ist im XVII. Band meines Folianten=Archivs umständlich beschrieben, und ich bin entschlossen, zu befehlen, daß Alles, was damals mit dem Fräulein geschehen, auf das Pünktlichste und zwar ohne die allermindeste Schonung jetzt auch mit der Sylvia vorgenommen werde. Dann setzte sie noch hinzu: Hüte dich vor den Schwächlingsgefühlen unsrer Tage. In Fällen, wie der gegenwärtige und viele andere sind, müssen diese Modegefühle unsrer Schwächlingszeit, die schon so viele Klostermauern untergraben haben, von einer jeden Klosterfrau, die etwas zu befehlen hat, mit Ernst unterdrückt werden, damit sie in jedem Fall das, was ihr Klosterverhältniß ihr zur Pflicht macht, ohne darüber zu grübeln, erfülle und auch nicht den entferntesten Gedanken in ihre Seele hineinkommen lasse, der sie von der heiligen Pflicht des unbedingtesten Gehorsams ablenken könnte.

Damit ließ sie sogleich den XVII. Band ihres Folio=Archivs in ihr Kabinet bringen, öffnete aber das Archiv mit eigner Hand, stand neben der Klosterschwester, die den Folioband herausnehmen mußte, bis sie wieder zum Archiv hinaus war, schloß dieses wieder mit eigener Hand, suchte die Stelle, von der sie mit der Priorin geredet, selbst auf, ließ sie selbige lesen, entzog ihr aber auch kein Auge, bis sie damit fertig war und sagte dann: Du weißt jetzt, was gethan sein muß, und ich will, daß es genau befolgt werde, aber daß auch kein Mensch im Kloster ein Wort davon vernehme, als die drei oder vier Personen, die wir zur Ausführung dieser Sache nothwendig brauchen, und ich erwarte, daß du diese mit der höchsten Sorgfalt auswählest. Das war noch nicht genug. Ehe sie sie entließ, fing sie von Neuem an und sagte: Der Fall ist mir so wichtig, daß ich dir für denselben das Gelübd des unbedingtesten Gehorsams und der vollkommensten Verschwiegenheit abfordern muß.

Die Priorin that das Gelübde, aber sie war todtblaß, als sie es that. Die Aebtissin sah es und sagte: Schäme dich, du wirst blaß, wie eine Novizin, über das, was deine Klosterpflicht ist. — Diese aber, da sie sah, welch ein Gewicht die Aebtissin auf diese Sache legte, nahm sich vor, so sehr sich auch ihr Herz darob empörte, mit der höchsten Festigkeit zu Werke zu gehen und den Willen der Aebtissin mit der höchsten Pünktlichkeit zu erfüllen.

Sie ließ jetzt die Sylvia zuerst über das Morgentrinken in der Zelle eingesperrt, ohne daß das Kind auch nur einen Mund voll Brod zu sehen bekam. Nach dem Morgentrinken sandte sie zwei starke Klostermägde zu ihm, die das Kind mit Gewalt aus seiner Zelle heraus- und durch mehrere lange Gänge in einen abgelegenen Thurm hinschleppten, sie allda auf einem am Boden fest gemachten Block anbanden und unbarmherzig so lang durchpeitschten, bis das Mörder- und Zetergeschrei, das sie anhub, das aber in diesem entfernten Thurm kein sterblicher Mensch hören konnte, während des Schlagens selber nachließ. Dann ließen sie es, so wie es war, angebunden auf dem Block liegen, gingen von ihm fort, kamen dann nach zwei Stunden wieder, lösten es vom Block ab und sagten, sie hätten Befehl, es zu fragen, ob es nun recht thun wolle, und da es mit einer Stimme, wie wenn es halb todt wäre, antwortete: Ja, ja — sagten sie ihm, sie hätten Befehl, diese Antwort der Frau Priorin zurückzubringen, die es dann der gnädigen Frau Aebtissin hinterbringe und dann werde es wohl zu einer von beiden hin müssen.

Nun wollten sie wieder gehen, aber es fiel vor ihnen auf die Knie und bat sie, sie sollten es doch um Gotteswillen nur aus dem Thurm herauslassen; es habe Ratten darin, die auf ihm herumkröchen; es habe fast den Tod gelitten, da sie, so auf dem Block angebunden, sich nicht einmal gegen sie habe wehren können. Die Mägde antworteten, sie dürften das nicht und es werde auch Niemand kommen, es herauszulassen, bis die ehrwürdigen Frauen ihre Gebetstunden vollendet und ihre Mittagmahlzeit genossen; dann, glaubten sie, werde eine von ihnen zu ihr kommen und sie zu der hochwürdigen Frau Priorin oder zu der gnädigen Frau Aebtissin hinführen; indessen sei sie jetzt ja losgebunden und wenn ihm die Ratten zu nahe kommen wollten, so könne es sich ja gegen sie wehren. Jetzt heulte und jammerte das Mädchen, sie sollten es doch um Gotteswillen nur aus dem Thurm herauslassen; sie könnten es ja vor der Thüre anbinden, wie sie nur wollen, wenn es nur zur Thüre heraus sei.

Alles Bitten war umsonst. Sie kehrten ihm den Rücken und als es mit Gewalt mit ihnen zur Thüre hinaus wollte, stießen sie es mit Gewalt zu Boden und verriegelten die Thür, und es dauerte noch gegen zwei Stunden, ehe die Klosterfrau, die sie gestern so angespieen und die der Priorin den Rapport über ihr Benehmen gemacht, zu ihr in den Thurm hineintrat, sie freundlich bei der Hand nahm und zu ihr sagte: Kind, ich habe dich gewarnt; du hast mir in's Gesicht gespieen; ich ließ mich aber durchaus nicht abschrecken und versuchte Alles, was ich konnte, dich zur Vernunft zu bringen, aber du hast mich nicht hören wollen und deinen lieben Heiland, den ich dir, um dich zu dir selber zu bringen, vor die Augen gehalten, mit einer Gewalt, die dir nur der leidige Satan in die Hand gelegt, an die Wand geworfen, daß er in tausend Stücke zerbrochen. Solch einen Greuel konnte das heilige Kloster nicht ungestraft lassen. Du hast jetzt die Folgen deines abscheulichen Benehmens erfahren und ich muß dir sagen: Deine Strafe ist noch nicht vorüber, du mußt jetzt mit mir zur hochwürdigen Frau Priorin, die eben wie die gnädige Frau Aebtissin über dein Benehmen so empört ist, daß ich sie, so lange sie Priorin ist, nie so empört gesehn. Man wird dir dann sagen, was weiter über dich beschlossen worden. Ich hoffe, du unterziehst dich Allem mit Geduld, und erkennst und bereust das Abscheuliche deines Benehmens von Herzen. Unterwirfst du dich Allem, was die Frau Priorin oder die gnädige Frau Aebtissin über dich verhängen und führst du dich dann hernach auf, daß man mit dir zufrieden sein kann, so kann noch Alles gut gehen; aber setzest du den Trotzkopf noch einmal, auch nur ein wenig auf, so ist das, was dir jetzt begegnet, gegen das, was dir bevorsteht, nur der Schmerzen Anfang, und ich will dich noch einmal warnen, folgst du nicht, so hast du Alles, was dir weiter begegnet, dir selbst zuzuschreiben.

Ich will ja Alles thun, was man will, sagte jetzt Sylvia, aber um Gotteswillen gebt mir etwas zu essen, was es immer ist, ich bin noch nüchtern. Die Klosterfrau erwiederte: Das darf ich nicht. Ich habe meinen Klostereid darüber und die Klostergesetze sind in einem solchen Fall äußerst streng. Ich darf nicht.

Jetzt wurde es in das Zimmer der Frau Priorin geführt, mußte aber sogleich bei der Thür niederknien und da warten, bis die Frau Priorin, die bei ihrem Pult saß, vorher einer Menge Leute noch Audienz gegeben. Endlich klingelte sie und nun trat eine Klosterfrau herein, ließ die Sylvia aufstehen, zu der Frau Priorin hervortreten, dann vor ihr niederknien. Fast ohne sie nur anzusehen, sagte jetzt diese: Du gehst nun mit der wohlehrwürdigen Frau in die Bußkapelle, betest die Zahl Rosenkränze, die sie dir befiehlt, und bleibst nüchtern, bis das geschehen ist.

Das Wort nüchtern war der Frau Priorin kaum aus dem Mund, so konnte sich das Kind nicht mehr halten. Um Gotteswillen, gebt mir doch nur einen Mund voll Brod, ich kann's nicht mehr aushalten, ich sterbe vor Hunger, sagte jetzt das Kind und wollte fast einsinken. Aber die Frau Priorin bewegte auch nicht einmal den Kopf gegen dasselbe und die Klosterfrau nahm es beim Arm, und führte es zur Thür hinaus in die Bußkapelle. Ob es einsinke oder nicht einsinke, darauf achtete sie gar nicht. Es mußte die Zahl Rosenkränze und Bußpsalmen, die ihr vorgeschrieben wurden, nachbeten. Ein schlechtes Becken voll Suppe und Wasser und Brod stand neben ihm, aber es durfte es nicht anrühren, bis es ausgebetet. Erst nachdem dieses geschehen, durfte es von den Knien aufstehen, sich auf den Boden setzen und da seine Suppe und sein Brod essen und sein Wasser trinken.

Von nun an that Sylvia freilich, was man wollte. Der äußere Schein ihrer Gesindelangewöhnungen verlor sich auch täglich mehr, aber der innere Geist desselben verstärkte und verhärtete sich zugleich in ihm in dem Grad, als sie den äußern Schein davon ablegte. Darum aber bekümmerte sich weder Priorin, noch Aebtissin, noch irgend eine Klosterfrau; im Gegentheil, nach einem Vierteljahr fand die gnädige Frau Aebtissin auf den Bericht, den ihr die Frau Priorin von der Sylvia abgestattet, das Kind habe die außerordentlichen Fehler, die es ins Kloster gebracht, ganz abgelegt und das heilige Gotteshaus habe an ihm Alles geleistet, was man von demselben gefordert, und man dürfe mit Fug und Recht auf die dreijährige Pension, die man ihr dafür versprochen, Anspruch machen, und der General ward mit einer weitläufigen Anzeige, wie glücklich das Gotteshaus in seinen Bemühungen mit seiner lieben Niece gewesen, eingeladen, zu ihr zum Besuch ins Kloster zu kommen. Er und seine Gemahlin waren über die auffallende Veränderung, die sie in allem äußern Benehmen derselben fanden, so entzückt, daß sie der Frau Aebtissin nicht genug sagen konnten, wie sehr sie die Gewalt, die ihre Klosterfrauen über verwilderte Kinder hätten, bewunderten. Die Aebtissin erwiederte: Wir schreiben den glücklichen Erfolg unsrer Bemühungen gar nicht uns selbst zu; es ist ganz die göttliche Gewalt, den die heiligen Klostergesetze über das verdorbene Menschenherz haben, dem wir diesen Erfolg zuschreiben.

Die Sylvia konnte sich bei diesem Wort eines kleinen Lächelns nicht enthalten. Die Aebtissin bemerkte es schnell, hob ihren Zeigfinger klösterlichleicht und von Niemand anderm bemerkt gegen sie auf, und Sylvia ward wieder im vollen Schein der ungetrübten Seelenruhe, die sie sich trotz des innern Brandes wüthender Gefühle in ihrer Zuchtzelle angewöhnt hatte. Die Frau Aebtissin aber strich die volle Summe der drei Jahrpensionen, die der General ihr auszahlte, mit einer Sorgfalt und Gewandtheit zusammen, wie kaum ein Wechsler auf der Börse sein Geld sorgfältiger und gewandter einzustreichen versteht, und legte es mit der Bemerkung in eine zu diesem Zweck auf den Tisch gestellte Cassette: Der Hochwohlgeborne Herr General und seine Frau Gemahlin können versichert sein, daß dieses Geld alles nur zur Ehre Gottes und zum Heil armer Seelen verwandt wird — und entließ sie dann mit dem Wunsch, daß die talentreiche Tochter den heiligen Joseph und den heiligen Nepomuk, den Schutzpatron ihres Klosters, zu ihren Schutzpatronen erwählen und anrufen möchte.

Die Sylvia war fast außer sich vor Freuden, daß sie aus dem Kloster, welches sie von der ersten Stunde an bis zur letzten als ein Gefängniß ansah, erlöst wurde; aber die Gefühle und Gelüste, die sie selbst im Augenblick der heißen Freude dennoch ersticken mußte, wirkten in diesem Augenblick in entgegengesetzter Richtung so gewaltsam auf ihr klopfendes Herz, daß sie, sobald sie zum Klosterthor hinaus war, todtblaß wurde und fast ohnmächtig einsinken wollte. Der General und seine Gemahlin frugen erschrocken: Was ist dir? Nichts, gar nichts, erwiederte sie, es ist nur die frische Luft, die ich wieder einathme, was mich so alterirt; ich habe drei Monate lang auch keinen Athemzug davon mehr eingeschluckt. Das ist eine kleine Bosheit, sagte jetzt der General. Sylvia erwiederte: Nein, nein, ich habe in den Klostermauern gewiß keinen Augenblick frischen Athem geschöpft. Das glaub' ich wohl, sagte der General, aber nicht um der Luft willen.

Als sie jetzt heim kam und gar nichts mehr von ihrem alten, wilden Zigeuner= und Lazzaroniwesen an sich blicken ließ, sondern gehen, sitzen, essen, stehen, hören und reden konnte, wie ein anderes ehrliches Christenkind, und nicht mehr, wie eine wilde Katze, die man einsperren will, aus einer Ecke in die andere sprang, verwunderten sich alle

Menschen, die sie vorher gesehen. Alle Knechte und Mägde sprangen zusammen, um die Wundercur zu sehn, die mit dem Landstreichermädchen im Kloster vorgenommen worden, und nach ein paar Tagen wäre die halbe Stadt nach dem Haus des Generals gelaufen, um sie, wenn auch nur am Fenster oder im Garten, sehen zu können; aber der General, dem so ein Gelaufe gegen sein Haus nicht angenehm gewesen wäre, verreiste schon am zweiten Morgen vor Tage mit ihr aufs Land, um sie von da aus in eine Töchterpension zu bringen, sobald dahin geschrieben und alles dazu Nöthige in Ordnung gebracht sein würde.

87. Fast unglaubliche Auftritte in einer Pensionsanstalt.

Sylvia ging nicht gern dahin; aber da sie sah, daß es sein mußte, bat sie wenigstens, daß sie nicht wieder in diejenige Pension gebracht werde, aus der sie vor drei Monaten weggeschickt worden. Sei darüber ruhig, erwiederte der General und seine Gemahlin, wir haben nie daran gedacht, dich wieder in die nämliche Pension zu thun. Es ist sicher, es könnten da Rückerinnerungen zum Vorschein kommen, die für dich nicht die angenehmsten sein möchten. Du wirst es, wo du hin kommst, gewiß gut haben. Wissen Sie es gewiß? Hat's keine Ruthen in der Pension? sagte die Tochter. Was Ruthen? was Ruthen? sagte der General und die Frau.

Das Kind wurde feuerroth, denn es hatte noch kein Wort von dem Block im Thurm, auf dem es angebunden und gepeitscht worden, gesagt. Einerseits schämte es sich davon zu reden, anderseits hatten die Klosterfrauen es ihm verboten und als eine Todsünde, für die kaum der H. Vater in Rom den Ablaß zu geben im Stande sei, auf das Gewissen gebunden, von den um seiner Seele Seligkeit willen mit ihm vorgenommenen Züchtigungsmaßregeln gegen irgend einen Menschen ein Wort fallen zu lassen. Aber jetzt mußte das Kind, ob es wollte oder nicht, die Geschichte von dieser

Einthürmung und von Allem, was diesen Tag über mit ihr vorgenommen worden, dem General und seiner Gemahlin umständlich erzählen.

Das ist doch kalmukisch für so fromme Klosterfrauen, sagte der General, und das hätte ich doch nicht geglaubt, seine Gemahlin: Aber jetzt wunderten sich auch beide nicht mehr, daß diese frommen Frauen die drei Jahrspensionen so geschwind und blos in drei Monaten hatten verdienen können, und der General, der beim ersten Versprechen doch nicht wohl mag bedacht haben, wie hoch die Klosterfrauen ihm eine dreijährige Pension mit allen Zugaben berechnen würden und den die große Geldsumme, die es auswarf, bei aller seiner Generosität, seitdem er sie bezahlt, doch alle Stunden mehr zu reuen anfing, sagte zu seiner Gemahlin: Hätten wir gewußt, wie sie das machen, wie wir es jetzt wissen, so hätten wir dieses Geld ersparen und selbst verdienen können. Aber seine Gemahlin erwiederte: Wenn du es siebenmal gewußt hättest, du hättest dieses Geld doch in Ewigkeit nicht verdienen können; und der General fand das bei weiterer Ueberlegung selbst. Aber es war doch sehr viel, sagte er noch zu seiner Gemahlin. Du bist selbst Schuld, du hast ihnen die drei Jahrespensionen angeboten, erwiederte seine Gemahlin. Es ist wahr, sagte er, und dann zur Sylvia: Du siehst, wie viel Geld du mich kostest und ich will auch jetzt noch nichts an dir sparen; ich will dich in eine Pensionsanstalt thun, wo weder Thurm, noch Block, noch Ruthen, die ich so theuer habe bezahlen müssen, dich mehr ziehen sollen. Du sollst es sicher gut haben; aber mach' nur, daß du brav werdest und wir keine Schande mehr an dir erleben.

Sylvia wurde jetzt in eine Pensionsanstalt gethan, die freilich weit und breit berühmt, aber eigentlich außen für und innen nix und nur dazu geeignet war, das Verderben der herzverhärtenden Klostergewalt durch das hinzugekommene Blendwerk des raffinirten Welttons noch zu verstärken und die innere Fortdauer der belebtesten Gefühle ihres alten Gesindellebens in ihr nur mit großer Kunst zu decken, ohne im Geringsten das verderbliche Gift desselben zu schwächen. Indessen ging es in dieser berühmten Anstalt dem Schein nach vortrefflich. Sylvia lernte tanzen, singen, auf dem Klavier und auf der Harfe spielen, besser als keine ihrer Gespielen. Sie declamirte die feierlichsten und muthwilligsten Schauspielerstücke wie ein Komödiant und redete vortrefflich französisch. Von der außerordentlichen Generosität des Generals hingerissen, that die abgefeimte Erzieherin aber auch Alles, was sie konnte, diesen Schein der Vortrefflichkeit ihrer Anstalt bei Sylvia in seinem höchsten Glanz hervorstechen zu lassen und behandelte sie immer mit einer auffallenden Auszeichnung. Aber als sie nach zwei Jahren glaubte, sie habe jetzt Alles gelernt, was sie in der Pension lernen könne und sei jetzt im Stande, sich in der Welt zu zeigen, wo sie wolle, und sogar darin zu brilliren, machte die Vorsteherin dem General Vorstellungen dagegen und bat ihn, er solle die glücklich begonnenen Fortschritte seiner Niece nicht durch eine allzufrühe Entfernung aus ihrer Pension still stellen und sie wenigstens noch ein Jahr da lassen, mit dem Beifügen, sie wolle dieselbe, wie bis dahin, mit aller möglichen Auszeichnung behandeln und alles Mögliche thun, ihr den Aufenthalt so angenehm als nützlich zu machen.

Sylvia that hingegen Alles, den General zu bereden, daß er sie doch jetzt heim nehme. Da es ihr aber nicht gelang und der General unerbittlich blieb, so schrieb sie ihm endlich, sie wolle doch wenigstens in diesem Jahr noch reiten lernen, und der General war so schwach, ihr sogleich ein gutes und sicheres Pferd zum Geschenk zu senden, und die Vorsteherin war so niederträchtig und dumm, ihr auch diese Auszeichnung vor ihren Mitschülerinnen zu gestatten. Das aber brachte den Unwillen der bessern und den Neid der schlechtern Töchter der Pension, der schon lange in ihnen keimte, zum vollen Ausbruch. Schon in den ersten Monaten, nachdem sie in die Pension trat, bemerkten die bravsten ihrer Mitschülerinnen, sie sei falsch wie Galgenholz und berede sie alle mit einander, wo sie nur könne. Auch klagten schon im Anfang ihres Daseins mehrere Töchter der Anstalt bei der Vorsteherin über sie, aber diese, von der Generosität des Generals und von den Talenten dieses bösen Kindes geblendet und erfreut, mit ihr brilliren und der Pension Ehre machen zu können, redete ihr immer das Wort, und es gelang ihr bisher, den öffentlichen Ausbruch des Unwillens ihrer Mitschülerinnen gegen sie zu verhüten. Aber jetzt, da sie ihr Reitpferdchen bekam und gegen alle Gewohnheit der Pension täglich mit einem Reitknechte ein paar Stunden auf der Reitschule zubringen durfte und ihr Stolz gegen ihre Mitschülerinnen täglich anstoßender und drückender wurde, brach auf einmal der Unwille gegen dieselbe in der ganzen Pension allgemein so aus, daß die Töchter, ohne der Vorsteherin ein Wort davon zu sagen, mit einander verabredeten, sie wollten alle ihren Eltern schreiben und ihnen umständlich berichten, wie parteiisch sich die Vorsteherin und wie unverschämt die Sylvia sich gegen sie benehme, und daß sie deshalb nicht weiter gern in der Pension bleiben möchten. Die Briefe waren schon alle auf der Post, als eine Tochter, mehr aus Dummheit, als aus Falschheit der Vorsteherin erzählte, was geschehen.

Die erschrockene Vorsteherin nahm jetzt freilich, was Sylvia auch immer sagte und wie sehr sie stampfte und drohte, ihre Erlaubniß, daß sie täglich mit ihrem Jockey ausreiten und die Reitschule besuchen dürfe, zurück. Sie mußte aber auch wohl. Sechs Töchter bekamen auf einmal Befehl, die Pension auf der Stelle zu verlassen und der Vorsteherin mündlich zu sagen, sie seien nicht gemacht, der Schuhlumpen des anmaßlichen Fräulein von Arnheim zu sein, deren lumpigen Vater sie alle nur zu gut kennten. Diese Berichte waren kaum da, so schrieb die Vorsteherin an den General, die ganz außerordentlichen Talente seiner ausgezeichneten Niece hätten unglücklicherweise und, wie sie überzeugt sei, ganz ohne ihre Schuld einen so wüthenden Neid und Haß ihrer Mitschülerinnen gegen sie erregt, daß ihr schon sechs aus derselben weggelaufen seien und sie nicht wisse, wie viel von den andern das Nämliche thun würden. Sie müsse also, so schmerzlich es ihr auch sei, den hochwohl=

gebornen Herrn General bitten, seine Niece ungesäumt und so geschwind als möglich, spätestens in acht Tagen, aus ihrer Pension zurückzuziehen, und sie wäre genöthigt, wenn dieses nicht in diesen acht Tagen geschehe, sie alsdann mit der Postkutsche von hier abzusenden.

Der General ward über den Brief der Vorsteherin empört. Das ist doch nach allen Lobreden, die sie ununterbrochen von ihr gemacht, sagte er zu seiner Gemahlin, keine Manier, an mich zu schreiben. Wenn sie eine ihrer Mitschülerinnen die Treppe hinuntergeworfen oder gar probirt hätte, ihr Haus anzuzünden, sie hätte nicht unverschämter auf ihre Rücknahme dringen können. Er wollte auch, da sie keine wesentlichen Fehler seiner Niece berechtigten, sie so zu behandeln, die Vorsteherin rechtlich zwingen, die Sylvia wenigstens noch ein Vierteljahr in der Pension zu behalten; aber seine Gemahlin war billiger und sagte: Wir haben uns diese Unannehmlichkeit mit dem verfluchten Pferdchen, das wir ihr bewilligt haben, selbst zugezogen. Die Auszeichnung war zu grell und die Vorsteherin eine Närrin, daß sie dieselbe zugegeben. Ich weiß, was solche Auszeichnungen auf ein Töchterinstitut wirken, und wenn einmal der Teufel gegen eine Tochter, die man also zu zwingen die Unvorsichtigkeit hatte, los ist, so thut's kein gut mehr. Wir müssen sie zurücknehmen. Sie kann nicht mehr bleiben.

Der General fühlte die Wahrheit dieser Bemerkung, aber im Unwillen über den Vorfall sagte er doch noch: Ich mag sie einmal auf diesen Brief von der Vorsteherin nicht abholen. Seine Gemahlin antwortete: Ich gehe unter diesen Umständen so wenig als du und bin gewiß mit der Vorsteherin eben so unzufrieden als du; aber gleich nach dem Essen muß die Kammerfrau mit dem Wagen fort, mit der Ordre, ohne mit der Vorsteherin ein Wort zu verlieren, Sylvia ins Wirthshaus kommen zu lassen und die Rechnung von der Vorsteherin durch den Kutscher abholen zu lassen.

88. Das schlimme Ende einer blendenden Täuschung im Erziehungsfache.

Gesagt, gethan. Sylvia war in wenig Tagen beim Onkel in der Hauptstadt und man fand sie so schön, so gebildet, so artig, so ungenirt und, wie man sich ausdrückte, in ihrer Erziehung so vollendet, in jeder guten Gesellschaft so präsentabel und sogar fähig, im besten Thun der ausgezeichnetsten Gesellschaften in Geist und Kunst zu brilliren, daß der General der Vorsteherin den Mißgriff ihres mißfallenden Schreibens gänzlich verzieh und ihr bei der Berichtigung ihres Contos ein Dankschreiben zusandte, wie sie keines von ihm mehr erwartet hätte. Aber diese las den alten Gespielen des Fräulein von Arnheim von dem Dankschreiben des Generals dennoch keine Silbe vor, im Gegentheil, sie war davon so still als ein Mäuschen und herzlich froh, wenn kein Mensch in der Pension mehr der Sylvia mit einem Wort gedachte.

Der General aber war so entzückt über das gerathene Zigeunermädchen, von dem er für seine Familie im Anfang so viel Schande erwartete als von ihrem Vater, daß er jetzt nicht satt werden konnte, sich und seiner Familie mit ihr Ehre machen zu wollen. Selbst die vollendete Form der Andacht, mit der sie auch in der Kirche ihre Rolle spielte, gefiel ebenso wie ihr Benehmen bei den Tänzen. Sie hatte es auch wirklich in den Kunstformen unsrer Zeitbildung so weit gebracht, daß sie selbst die schwierige Kunstform der höhern Andacht in der Kirche zur Bewunderung gut nachmachte und in dieser Rolle so gut gefiel, als auf dem Liebhabertheater, auf dem sie tragische und komische Rollen so gut spielte, daß man eigentlich nicht sagen kann, ob sie von der schönen Welt wirklich mehr beklatscht oder beneidet wurde. Selbst die Reitkunst, die den Haß ihrer Gespielen in der Pension zum Ausbruch reif machte, brachte ihr jetzt den größten Beifall; sogar Offiziere, die in dieser Kunst Niemand nachstehen, gestanden, sie reite beinahe so gut als sie. Auch ihre bons mots gefielen und viele davon wurden im Anfang in allen Cercelen herumgetragen und etliche Tage nach einander wiederholt. Aber diese waren es doch, woran das Blendwerk ihres plötzlichen großen Ruhms zu scheitern anfing. Der alte Zigeunergeist schimmerte hindurch. Man fand bald viele derselben frech, zweideutig und beleidigend und mit dem, was man in den größern Cercelen guten Ton hieß, anstößig, und der Neid, den sie erregte, ergriff die schwache Seite, die hierin in ihr durchschimmerte, mit Lebendigkeit. Man trug jetzt einige ihrer bons mots zum Spott gegen sie umher. Aber sie war nicht gemacht, von der guten Lehre Vortheil zu ziehen. Sie zeigte offene Verachtung über Alles, was man von ihr sagte. Sie war grob, sobald ihr Jemand mißfiel. Sie fing mit ihrem Stolz so allgemein zu beleidigen an, als sie im Anfang mit ihrer Kunst zu brilliren allgemein gefiel. Ihr Auge erschien mit jedem Tag frecher, und böser Hohn spielte auf ihren Lippen, wenn ihr nicht immer Weihrauch gestreut wurde.

Die Folgen dieses Benehmens konnten nicht fehlen. Es ging nicht lange, so flüsterte man sich hie und da ins Ohr: Aber was steckt zuletzt hinter diesem stolzen Mädchen? Sie ist eine Bettlerin; ihr Vater ist kaum dem Galgen entronnen und wer weiß, es ist ein altes Sprichwort: Der Apfel fällt nicht weit vom Stamm. Und dann wieder: Sie ist im Grund doch noch das nämliche Ding, das vor drei Jahren wie eine Zigeunerin aussah und darum auch aus einer sehr guten Pension schon am dritten Tag weggeschickt werden mußte.

Freilich in den abgeschliffenen Gesellschaften, die den General umgaben, zeigte kein Mensch auch nur eine Miene, die ihn im Geringsten hätte ahnen lassen, daß das öffentliche Urtheil über seine Nichte diese Richtung nahm; der Sylvia hingegen fing man an, mit jedem Tag weniger zu verbergen, was man über sie denke. Sie fühlte es in tausend Blicken und fing an, sich selbst zu überzeugen, die hohe Rolle, die sie spielen wolle, sei ihr fehlgeschlagen, und das, was eigentlich in der Hauptstadt sich zu den höhern Kreisen zähle; rechne

sie nicht unter sich, und es stecke hie und da hinter den
Höflichkeiten, die man ihr erweise, tiefe Verachtung gegen
sie. Sie täuschte sich über ihre Lage auch nicht lange und
sprach, sobald sie diese veränderte Stimmung gegen sie fühlte,
bestimmt aus: Ich bin für mein Lebenstag verloren, wenn
ich nicht zu Geld komme. Geld, Geld ist das Einzige, das
mich, wie ich nun einmal bin, vor einem Leben voll Schmach
und Schande zu erretten vermag.

Geld war jetzt auch das einzige, wonach sie strebte. Im
Gewühl des Lebens, das beim General statt fand, war es
leicht, hie und da etwas zu stehlen. Das that sie auch
richtig, wo sie immer konnte. Aber es langte nicht weit,
und sie setzte sich dann in den Kopf, es sei vielleicht möglich,
den General dahin zu bringen, daß er sie zur Erbin ein=
setze. Das wollte aber auch nicht gehen. Sie that zwar
Alles, was eine schöne Tochter, die solche Zwecke hat, gegen
einen alten Onkel zu thun vermag und zwar auf eine Weise,
daß der General an ihr fast blind war und gar nicht daran
dachte, daß hinter ihrem Artigthun gegen ihn so ein Zweck
stecken könnte.

Seine Gemahlin war nicht so blind. Sie merkte bald,
was Sylvia mit ihrer Artigkeit gegen den General im
Schild führe und eben so, daß, seitdem sie im Haus war,
hie und da Sachen von Bedeutung auf die Seite kamen,
welches vorher doch nicht der Fall war. Sie sagte auch
ihre Besorgnisse ihrem Mann; aber sie starb bald darauf
und äußerte gegen Sylvia auf dem Todtbett gerade heraus,
sie habe großen Verdacht auf sie. Natürlich leugnete sie
der Sterbenden Alles weg, vergoß Comödiantenthränen, ihre
Unschuld zu beweisen und sagte zum Onkel, bei einem starken
Fieber sei das nicht auffällig, wenn den Kranken solche Ge=
danken, die ihnen in gesunden Tagen nie in Sinn gekommen,
vorschwebten. Bei sich selber aber schrieb sie den Verdacht
der Tante nur Einflüsterungen zu, die von Arner und
Therese herkämen.

Als die Tante starb, hoffte sie doch noch zu ihrem Ziele
zu gelangen. Sie verdoppelte alle Aufmerksamkeiten auf

den Onkel und versuchte alles Mögliche, was schlaue Bettle=
rinnen immer zu thun vermögen, um sich einen reichen
Onkel auf Tod und Leben geneigt zu machen. Aber die
Aeußerungen seiner Gemahlin auf dem Todbette hatten auf
ihn mächtig und entscheidend gewirkt und Arner und Therese,
die wohl merkten, was ihnen bevorstehen könnte, thaten
ihrerseits auch alles Mögliche, was sie mit Würde und An=
stand thun konnten, ihren Zwecken bei ihrem Onkel entgegen
zu arbeiten. Das gelang ihnen auch um so leichter, da der
Sylvia Vater den Vater Arners in eine Bürgschaft hinein
verflochten, die ihn um einen ganzen Drittheil seines Ver=
mögens gebracht, und der General war zu edel, etwas zu
thun, wodurch seinem Vetter zum zweiten Mal ein Unrecht
geschehen würde, das so weit langen konnte.

Sylvia brachte es auch mit allen ihren Künsten beim
General nicht weiter, als daß sie nach dem Tod seiner Ge=
mahlin die Honneurs des Hauses auf eine Weise machen
konnte, die ihr für die Gegenwart lustige Tage und alle
Fülle himmlischer Genießungen verschafften, und den Onkel
nebenbei hie und da ansehnlich zu bestehlen, ohne daß er es
im Geringsten merken konnte. Weiter sah sie jetzt selbst, daß
sie es mit dem Onkel nicht bringe und fühlte zugleich, daß,
so brillant sie auch die Honneurs des Hauses machte, sie von
der höhern Gesellschaft, die den General besuchte, doch immer
nur als eine arme Tochter, die bei ihrem Onkel das Gnaden=
brod esse, angesehen und zum Theil behandelt wurde.

In dieser Lage benutzte sie ihren Aufenthalt in der Haupt=
stadt, um Aventüren aller Art nachzugehn, durch die sie auf
irgend eine Weise dahin kommen konnte, das sich nun einmal
angewöhnte Großthun ihres Lebens bis an ihr Grab fort=
setzen zu können. Bei einem dieser, zwar verunglückten,
Versuche war es, daß sie mit Helidor, der immer, wo es
um eine bedeutende Intrigue zu thun war, seine Hand mit
im Spiel hatte, in Bekanntschaft gerieth. Aber auch auf
diesem Wege glückte es ihr nicht, großen Trost für die Zu=
kunft zu finden. In dieser Lage leidenschaftlich über diese
Zurücksetzung empört, die sie jetzt selbst für endlos erklärte,

und die sie gänzlich nur dem stillen Einfluß Arners und Theresens auf den Onkel zuschrieb, verbarg sie ihren Haß gegen beide, wo sie immer Gelegenheit dazu hatte, gar nicht mehr, und jammerte laut über das Unglück, das sie durch den Tod von Arners Großvater getroffen. Das war auch gar natürlich. Sie war bei ihm die Henne im Korb und benutzte das flotte Leben, das unter ihm im Schloß herrschte, so gut als immer der Hummel mit seinem Anhang. Sie brachte alle Jahre mit dem General die schöne Jahreszeit daselbst zu und hatte bei dem Leben, das sie führte, keinen Menschen, der ihr bei so Vielem, das man nicht auf geraden Wegen erreichen konnte, so brauchbar war und so thätig an die Hand ging, wie der Hummel. Auch war sie immer die größte Lobrednerin dieses Mannes bei dem alten Junker, und sagte laut, daß auf hundert Stunden weit herum keine Herrschaft einen treuern, geschicktern und ihrem Interesse ergebenern Beamten hätte, als Hummel es sei.

89. **Ein Beleg von der Zuverlässigkeit der Weltgeschichte in den ungleichen Urtheilen der Zeitgenossen des Vogt Hummel über diesen Mann.**

Er war aber auch ein Mann, der schon seit zwanzig Jahren in der Hauptstadt viel von sich reden machte. Man kannte ihn allgemein als einen pfiffigen Teufel, der beim Junker an einem guten Barren stehe und sich daran wohl zu füttern verstehe, und sehr viele Leute, die in der Hauptstadt auch mehr und minder an solchen guten Barren stehen und sich daran füttern, lobten ihn als einen für seine Stelle vorzüglich tüchtigen Mann, der das Interesse des Schlosses mit Thätigkeit befördern, aber freilich auch auf eine ausgezeichnete Art mit dem seinigen zu vereinigen wisse. Andere und überhaupt die ganze selbstständige Bürgerklasse, die Weib und Kind ohne Futter dieser Art zu versorgen gewohnt und im Stand ist, achtete ihn unbedingt für einen der verruchtesten Blutsauger, die je gelebt und das Verhältniß

zwischen der Herrschaft und dem Volk durch tägliche Greuel=
thaten vergiftet haben.

Seine letzte Geschichte, die ihn unter den Galgen brachte,
machte in der Hauptstadt auch großes Aufsehen und war
einige Tage nach einander das Tagesgespräch aller Gesellschaften.
Auch entzweite man sich in den ersten Tagen in vielen der=
selben förmlich über diesen Vorfall; während die braven und
unabhängigen Leute daselbst Arner allgemein lobten, daß er
dem verruchtesten Dorftyrannen, der im Herzogthum lebe,
den Lohn ertheilt, den er verdient, redeten ihm viele, die bei
der gesetzlosen Unordnung, die im Land herrschte, ihre Kühe
in der Hauptstadt wie er die seinigen auf dem Dorf melkten
und eben so, wie er, mit gestohlnem Futter erhielten, das
Wort, und legten aus Gründen, die beim Hummel offen
auffielen, ein sehr großes Gewicht auf den Grundsatz, daß
es überhaupt im höchsten Grad unanständig, dem Interesse
der Herrschaften nachtheilig und dem so allgemein nöthigen
Ansehen der Obrigkeit gefährlich sei, wenn im Dienst und
Amt stehende Personen bei Fehlern, die sie sich zu Schulden
kommen lassen, wie unnotable Leute und wie gemeine Schelme
behandelt würden, und dann bemerkten einige noch mit
Hinweisung auf die Pflichten der Dankbarkeit, Arner hätte
mit einem Manne, der seinem Großvater so lieb gewesen
und ihm so viele Jahre, wenn es die Noth erforderte, selbst
gegen seine Mitbürger und gegen sein Dorf, treu und eifrig
gedient, durchaus nicht so verfahren sollen, wie man in solchen
Fällen höchstens gegen einen fremden Landstreicher oder gegen
einen unbedeutenden Hallunken und Bettler im Land zu
verfahren gewohnt sei. Der Hummel sei zwanzig Jahre
des Junkers rechter Arm gewesen und der Teufel möchte in
Zukunft so den Herren dienen und sein Lebtag thun, was
sie wollten, wenn man Gefahr liefe, am Ende auf diese Art
seinen Lohn zu bekommen. Arner habe durch dieses Urtheil
über den Vogt das Andenken an seinen Großvater unter
dem Boden auf eine Weise geschändet, wie es vielleicht in
hundert Jahren kein Nachfolger einer Herrschaft gegen
seinen Vorfahren gethan. Er hätte ohne alle Widerrede in

seinem Urtheil über diesen Mann auf die treuen Dienste, die er seinem Großvater geleistet, Rücksicht nehmen und ihn mit Schonung und Billigkeit behandeln sollen, die wahrlich des gnädigen Herrn Pflicht gewesen wäre. Man ging sogar, diese Ansicht zu rechtfertigen, in das Umständliche des Vorfalls hinein und behauptete, der Junker habe dem Vogt auf die Klage einer armseligen Bettelfrau, die aber schön und eine gute Schwätzerin sei, gedroht, sein Wirthshaus zu schließen oder ihm den Vogtdienst zu nehmen; und nachdem der Mann, dem wenige Jahre vorher fast sein ganzes Hab und Gut durch eine Wasserfluth zu Grund gerichtet wurde, durch diese Drohung zur Verzweiflung gebracht worden, habe der arme Teufel sich in dieser Verzweiflung eines Abends übertrunken und sei im Rausch, folglich ohne daß er eigentlich wußte, was er im Sinn habe, mit Schaufel und Karst auf den Berg in den Wald gelaufen und habe allda in der Nähe eines Marksteins vom Junker ein paar Karststreiche gethan, sei aber von einem muthwilligen Hühnerträger, den er im Rausch für den Teufel geachtet, erschreckt, sinnlos den Berg hinab und ins Dorf gelaufen, und für diesen eigentlichen Rausch und diese Narrencomödie habe ihn der Junker unter den Galgen stellen lassen.

Sylvia, die als Verwandte von Arner bekannt und von allen Seiten über diese Geschichte befragt ward, antwortete, sie wisse eigentlich nicht, was vorgefallen, aber die langen Verdienste des Mannes um das Schloß kenne sie bestimmt und sei versichert, daß der alte Junker sich im Grab umkehren würde, wenn er vernehmen könnte, wie Arner diesen Mann wegen einer armseligen Narrensache, die er noch im Rausch gethan, behandelt habe.

Diese Ansicht des Gegenstands hätte vielleicht im ganzen Herzogthum allgemein werden und als eine, mit genugsamen Zeugen belegte, historische Wahrheit und als ein Beleg der Abscheulichkeit der Feudalrechte im Allgemeinen angeführt werden können, wenn nicht ein glücklicher Umstand die Verirrung der schon oft an der Nase herumgeführten Geschichtschreiberei diesmal verhütet hätte. Der Herzog hatte nämlich in seinen schönern Tagen die Preßfreiheit als den ersten Pfeiler der öffentlichen Wahrheit, als einen nothwendigen Kappzaum der Frechheit und Hinterlist schlechter Beamten und dadurch als ein heiliges Mittel der Sicherung des Volks und seines Wohlstands angesehen und auch, seitdem ihm böse Umgebungen seine alten Menschenfreundlichkeitszwecke zum Ekel gemacht, dennoch durchaus nichts von Einführung eines Preßzwangs hören wollen.

Helidor und seine Clique thaten freilich Alles, was sie konnten, seine Gesinnungen hierüber zu ändern. Ein Spottvogel dieser Zeit ließ sogar in die Hofzeitung einrücken, der Herzog habe seine blinde Lieblingstochter Amalia Volksfreundin verloren und biete dem eine Krone, der sie finde und wieder zu Haus und Hof bringe. Die Zeitung kam eben beim Mittagessen. Ein kühner Höfling las den Artikel laut, der Herzog aber lachte nur dazu; Helidor lachte mit, aber sagte zu dem Höfling, der neben ihm stand: Das war ein dummer Streich; der Herzog merkt's selber, wir verderben uns damit unser Spiel. Es war auch wirklich von dieser Zeit an weniger als je von der Einschränkung der Preßfreiheit im Herzogthum die Rede. Darum aber ist auch das selbstsüchtigste Cliquengeschwätz über Arners Urtheil ohne alle für ihn nachtheiligen Folgen geblieben und die Leute, die Arners Urtheil über den Mann so frech und hinterlistig entstellt, schwiegen jetzt sämmtlich davon still und waren froh, wenn ihnen Niemand mehr etwas davon sagte.

90. Arners Schloßeinrichtungen von einer hochadeligen Närrin ins Aug gefaßt.

Aber der Haß der Sylvia gegen Arner und Therese war auch durch diesen Vorfall nur von Neuem angeregt. Der Frühling war jetzt da und es konnte keine Rede davon sein, daß sie in ihrem Leben mehr einen Sommeraufenthalt in Bonnal aufschlagen und sich mit des Generals und Arners

Geld daselbst so lustige Tage und so gute Freunde machen könne, wie sie das bisher und so lange gekonnt. Sie war seit des alten Junkers Tode ein einziges Mal in Arnheim gewesen und fand das alte, flotte, hochadelige Leben daselbst so ganz verschwunden und Alles, was sie vor Augen sah, so gemeinbürgerlich auf Pflicht, Arbeit und Hausordnung berechnet, daß sie sich nicht enthalten konnte, wenige Stunden nach ihrer Ankunft dem General zu sagen: Es ist mir, wir logirten bei einem Schneider oder Schuhmacher, der vom Morgen bis am Abend an der Arbeit sein muß, sein Brod zu verdienen und keinen Augenblick finden kann, mit einem Fremden ein Wort zu reden, ohne daß er einen Rock, den er flickt, oder einen Schuh, den er macht, in der Hand hat.

Auch der General fand, daß sich Arner und Therese zu kleinbürgerlich eingerichtet und widersprach der Sylvia nur schwach, als sie behauptete, Arner lebe völlig, wie ein lumpiger Bauernamtmann, der sich durch Besorgung der Küh- und Schweinställe, der Schütte und Keller seines Herrn jährlich ein paar hundert Gulden zu ersparen suchen müsse. Sie sagte ferner, auch der Rollenberger, dem sie die Erziehung ihres Sohns übergeben hätten, sei eines solchen Bauernamtmanns Sohn und gewiß weitaus besser dazu erzogen, Viehställe und Schütten und Keller zu versorgen, als den erstgebornen Sohn aus einer der ersten Familien des Herzogthums zu erziehn.

Das ist die Sylvia, an die die Eichenbergerin den Brief, von dem ich oben geredet, geschrieben, und von der wir, ehe die Geschichte Arners vollendet ist, noch so viel hören werden, das ihrer Geburt und ihrer Erziehung werth ist.

Inhalts-Verzeichniß.

	Seite
Lienhard und Gertrud. Dritter Theil	3
Einleitung	5
Vorrede Pestalozzi's zur ersten Ausgabe	25

1. Wirkung dieser Predigt.
2. Es erscheint ein Mann, auf den man, nach einer alten Redensart, Häuser bauen könnte.
3. Auch das Baumwollenspinnen ist eine Ursache von der Schlechtigkeit des Volks, aber nicht eine der ersten.
4. Das tiefste Verderben der Baumwollenspinner kommt von Leuten her, die nicht Baumwolle spinnen.
5. Man muß dem Volksverderben zu Stadt und Land durch die Bravsten im Land abzuhelfen suchen, und man kann es auch, wenn man es will und versteht.
6. Fortsetzung der Ursachen, warum die Stillen im Land keinen Einfluß auf das haben, was dem Land nützt und noth thut.
7. Die Dorfkinder geben dem Baumwollenmareili ein gutes Zeugniß, indem sie in ihrer Angst und Noth Rath bei ihm suchen.
8. Des Menschen Herz in drei verschiedenen, aber gleich schlechten Gestalten.
9. Weiber-Jammer und Mutter-Irrthum.
10. Der Feuerheerd und ein gutes Weiberwort.
11. Die große Aenderung des guten Lienhard und die neue Noth, in die ihn die Schlechtigkeit seiner Tagelöhner beim Kirchbau gebracht.
12. Vaterfreuden.
13. Folgen der Erziehung oder vielmehr der Nicht-Erziehung.
14. Eine Art von Wiedergeburt in der irdischen Hülle.
15. Weiberkünste gegen ein Weib.
16. Ein Großmuttergemälde.
17. Eine Maurersfrau, deren Herz sie so richtig und so weit führt, als den Baumwollen-Meyer sein Kopf.
18. Nicht Kunst, nicht Buch, das Leben selbst ist das Fundament der Erziehung und des Unterrichts.
19. So wie das Leben das Fundament der Erziehung und des Unterrichts ist, so ist Glauben und Liebe, Freiheit und Freude das Fundament des Lebens selber.
20. Der Junker, der Pfarrer und Glülphi erkennen die Würde der Menschennatur in der Stube einer armen Maurersfrau.
21. Glülphi's Nacht, in der er sich entschließt, Schulmeister in Bonnal zu werden.
22. Ein Ruhepunkt.
23. Glülphi erklärt sich, Schulmeister zu werden.
24. Der Unterschied in der Art, wie drei edle Männer von den

Ansichten des Baumwollen-Meyer und dem Thun in der Wohnstube der Gertrud ergriffen und zu einer eignen Selbstthätigkeit hingerissen wurden.
25. Abermal ein edler Herrschaftsherr, ein guter Pfarrer und ein welterfahrner Soldat in der Stube einer armen Baumwollenspinnerfrau, deren Herz sie Menschenbildungshalber so weit führt, als der beste Kopf einen edeln Mann hinzuführen im Stand ist.
26. Gertrud sorgt wieder für ihren guten Rudi.
27. Glülphi spricht die Gertrud bei seinem Vorhaben, Schulmeister zu werden, um Hülfe an.
28. Wenn sich ein schwacher, charakterloser Mensch doch nur gar keiner Sache in der Welt annehmen wollte.
29. Wenn die Milch kocht und überlaufen will, so schütten die Weiber nur ein paar Tropfen kaltes Wasser hinein.
30. Eine sonderbare Heirathsanfrage.
31. Wie sich der Mensch an Seel und Leib krümmt und windet, wenn er etwas will, und meint, er wolle es nicht.
32. Auch der beste Mensch kann immer nur halb, was er gern will.
33. Zusammenhang des Mutterherzens mit dem innern Wesen einer guten Schule.
34. Ein Blick in den Zusammenhang einer wahrhaft väterlichen Dorfversorgung mit den höhern Zwecken und Ansichten der Staatskunst.
35. Die Frage: „Was man Volksbildungshalber thun dürfe" läßt sich nur durch die vorhergehende richtige Lösung der Frage: „Was man Volksbildungshalber thun müsse" beantworten.
36. Ein Mensch, der den Stand, in dem er geboren, verachtet, macht jedem Stande Schande, in den er hinschmeckt und zu dem er hinkriecht.
37. Tief innere Verworfenheit, die selber in den Briefstil zweier innerlich ganz gleichen Personen übergegangen.
38. Der böse Neid der Reichen und der Muth, mit dem ein guter Knecht dem frechen Buben eines reichen Bauern den Meister zeigt.
39. Vom Litilariwesen in den Schulen.
40. Unschuld gibt Muth.
41. Ein Wort darüber, was die Bauern sind, wie und wo und wann sie zeigen, was sie sind — und was sie nicht sein dürfen.
42. Die Neigung zur Unverschämtheit geht aus Schlechtigkeit und Schwäche hervor, und um einen unverschämten Menschen zu sich selber, d. i. zum Gefühl seiner Schwäche und Schlechtigkeit zu bringen, darfst du selber weder kraftlos noch unverschämt sein.

43. Was ist süßer, als Kinderfreude, und was ist reiner, als Kindergüte?
44. Der Junker thut Vaterwerke und macht Geißhirtenordnungen.
45. Von Jugend auf drei Batzen sparen, ist ein Mittel wider den Ursprung der Verbrechen, gegen die man sonst Galgen und Rad braucht.
46. Reine Herzensgüte eines Maurergesellen, der vor Arners Einfluß auf Bonnal schon ein halber Schelm war; des Junker Karl Unschuld und Anlagen zur Kraft und Selbstthätigkeit und endlich der Mensch verglichen mit der schönen Natur.
47. Die Gottesfurcht ist zu allen Dingen nütze, das ist ganz wahr; aber das Träumen über die Gottesfurcht und das Maulbrauchen darüber ist nicht zu allen Dingen nütze und hat keine Verheißung weder des gegenwärtigen, noch des zukünftigen Lebens.
48. Das Andenken an eine Großmutter.
49. Das erste Hinderniß des Wohlstands und der bessern Erziehung der armen Kinder — ihre eignen Mütter, oder schlechter Männer schlechte Weiber.
50. Das zweite Hinderniß der gleichen Sache: der Neid der Reichen.
51. Die Geschichte der Erlösung dieser Kinder aus der Hand ihrer Feinde.
52. Ein von Natur gutes Weib und ein auf die rechte Art geschultes neben einander, und hinter ihnen das Schicksal der Meisterkatzen und ihrer Männer Notharbeit.
53. Der Alte von Bonnal steigt an dem Babylonischen Thurm, auf dem er eine Weile herumguckte und das Land beschaute, eine Treppe höher, wo er einen weitern Horizont und eine ausgedehntere Aussicht hat.
54. Ein Beitrag zur Erklärung des Wortes: Es ist leichter, daß ein Schiffseil durch ein Nadelöhr gehe, als daß ein Reicher ins Reich Gottes gelange.
55. Ein Unmensch erscheint.
56. Auch tief verdorbene Menschen fühlen das Bedürfniß des Edeln und Guten, und sagen selber, um ihrer Schlechtigkeit willen und durch sie, dem Scheine desselben nach.
57. Ein Mann, der sicher die fünfte Bitte im Vaterunser: „Führe uns nicht in Versuchung" nicht recht gebetet.
58. Die Mitternachtstunde eines Vaters.
59. Der Anfang einer großen Morgenangst.
60. Das reinste Gold liegt im Koth der Erde und im Gestein der Gebirge.
61. Das reine landesväterliche Herz meines Mannes.
62. Das Frechheitsspiel der bösen Menschen mit den guten gelingt ihnen doch nicht immer.
63. Betschwesterarbeit und der Basler Todtentanz neben einander.
64. Eine durch eine scharfe Kur gelungene Heilung.

65. Wie und wie weit Lumpenvolk, wenn es sich im Vortheil spürt, das Maul braucht.
66. Wie sehr die Ansichten über das Heirathen auch unter den Strohdächern verschieden sind und wie sie sich auch unter solchen Dächern auf die gleiche Weise, wie in Palästen, aussprechen.
67. Die Ueberwundene meistert ihren Mann.
68. Ungleiches Benehmen von drei Weibern, bei gleichen Zwecken und bei gleicher Liebe.
69. Das Kind eines Mannes, der sich selbst erhängt; und ein Ausfall wider das Tändeln.
70. Noch einmal das Kind des Erhängten.
71. Ein Hund, der dem Zug das Geleit gibt und sich tapfer hält.
72. Die Erquickung eines Mannes, der eine hohe Erquickung verdient.
73. Goldäpfel, Milchsuppe, Dankbarkeit und Erziehungsregeln.
74. Der Namenstag eines alten Junkers.
75. Noch einmal die Feier des Vaternamens.
76. Des Junkers Karl macht den Nachtwächter.
77. Die Demuth des Baumwollenmareili ist neben der Therese eben so rein und eben so groß, als sein Muth neben den Meisterkatzen im Dorf rein und groß war.
78. Falschheit zerreißt alle Bande der Erde.
79. In der Unschuld und Einfachheit niedern Schatten entfalten sich Keime des Hohen und Erhabenen, und sprechen sich immer in tiefer Demuth aus.
80. Kinderfreuden und landwirthschaftlicher Volksunterricht.
81. Zusammenhang dieser Bauernarbeit mit guten Erziehungsgrundsätzen und ein Beweis, daß des Junkers Karl bei seinem Rollenberger in dieser Beziehung unter guten Händen ist.
82. Von Volksfesten, vom Holzmangel und vom Volkselend.
83. Um dem zu helfen, der in der Tiefe Hülfe bedarf, muß man den Zustand, in dem der Hülfsbedürftige wirklich ist, von oben herab in seiner Tiefe zu erkennen suchen.
84. Scenen beim Mondschein, die sich mit Himmelsfarben malen ließen.
85. Ein Vorspiel zu vielem Bösen, das hernach kommt.
86. Lebensbeschreibung der Sylvia von Arnheim. Ein Beitrag zur Aufklärung einiger Streitfragen über die Menschennatur und Menschenbildung.
87. Fast unglaubliche Auftritte in einer Pensionsanstalt.
88. Das schlimme Ende einer blendenden Täuschung im Erziehungsfache.
89. Ein Beleg von der Zuverlässigkeit der Weltgeschichte in den ungleichen Urtheilen der Zeitgenossen des Vogt Hummel über diesen Mann.
90. Arners Schloßeinrichtungen von einer hochadeligen Närrin ins Auge gefaßt.

www.ingramcontent.com/pod-product-compliance
Lightning Source LLC
Chambersburg PA
CBHW021153230426
43667CB00006B/378